U0932230

教育部 财政部高等学校特色专业教材建设·教育学

教育学 易连云 总主编

学校管理学

JIAOYUBU CAIZHENGBU GAODENG XUEXIAO TESE ZHUANYE JIAOCAI JIANSHE JIAOYUXUE

王德清 主 编

张振改 副主编

国家一级出版社 全国百佳图书出版单位 西南师范大学出版社 XINAN SHIFAN DAXUE CHUBANSHE

《教育部 财政部高等学校特色专业教材建设·教育学》

从书编写指导委员会

丛书总编委会

总　序

西南大学教育学院发展历史悠久，学术渊源深厚。其前身西南师范学院教育系始建于 1950 年。1952 年全国院系调整时，复旦大学相辉学院教育系、四川大学教育系、重庆大学教育系、国立女子师范学院教育系、四川省立教育学院教育系、川东教育学部教育系和公民训育系、华西协和大学家政系、昆明师范学院教育系、贵州师范学院教育系等 9 个高校教育类专业相继并入。2011 年 7 月，为了建设一批国内一流、国际上有影响的高水平学科，推动高水平、研究型综合性大学的建设进程，学校以教育学院为主干、联合教育科学研究所、高等教育研究所、教育部西南基础教育研究中心等教育类教学科研机构进行整合成立了以研究型发展为特色的西南大学教育学部。

2007 年原教育学院教育学专业被获准为教育部财政部（教高函［2007］25 号）第一批特色专业，教育学这个历史悠久的专业从此具有了新的发展契机进而进入到一个新的发展阶段。4 年来，原教育学院认真落实特色专业建设规划，立足学院优秀学术传统，以高水平的教育教学研究为平台，不断铸造新的本科培养模式，彰显出鲜明特色。

经过半个多世纪的发奋图强，教育学部在人才培养、科学研究和学科建设方面取得了卓越的成就。现拥有 5 个本科专业；教育学博士后科研流动站；教育学一级学科博士学位授权点，涵盖了近 20 个教育学与心理学二级学科博士学位授权点。

在近几年的特色专业建设中，教育学部成功申报了课程与教学论国家重点学科；重庆市教育学一级学科重点学科；课程与教学论国家级教学团队，教育学、课程与教学论、教师教育基础课程 3 门重庆市教学团队；课程与教学论、比较教育学、课程教学技术与艺术 3 门国家级精品课程，课程与教学论、比较教育学、课程教学技术与艺术、大学生心理健康教育、高校美育等 5 门重庆市精品课程；西南基础教育研究中心、心理健康教育研究中心 2 个重庆市人文社会科学重点研究基地。

西南大学教育学专业在人才培养方面积累了丰富的经验且取得了较为突出的成绩。在半个多世纪的发展历程中，教育学部构建了从本科生到博士后的人才培养体系，不仅走出了一大批享誉中外的学人大家，而且为国家培养了众多优秀的人民教师、高水平教育管理干部和教育科学研究专门人才，同时也积累了丰富的教育教学经验，探索了一系列教师职前培养与职后培训的新模式。

根据专业建设与发展的需要，学院鼓励教师从事高水平的教育教学科研，特别注重教学科研的成果转化，着力建设高水平的教材、精品课程、高水平的教学团队，同时注意学生的科研意识培养与科研能力的提高。我们组织编写了以教师为主的本科特色专业教材建设和以免费师范生科研为主的学生科研论文系列两套丛书。

本套丛书主要针对特色专业教材建设，我们选择了教育学大类中重要的基础课程进行教材建设和改革，从指导思想到编写体例均试图有所创新，以期适应现代教育理论发展和学生自身发展的需要，同时也为了满足高水平职后教师培养的需要。

我们深深的知道，目标虽然清楚，可要达到它却未必轻松，已经作出的努力也未必尽如人意。瑕疵自然在所难免，望广大同行指正，是为序。

易连云

前　言

学校管理改革在不断深入,需要解决的学校管理实践问题也不断产生,这就促进了学校管理理论著作内容的日新月异。自我国实施改革开放政策以来,学校管理学教材和专著出版了不少,但人们仍不满足于现有的收获,无论就理论框架还是就体例来说,人们不满意的地方甚多。这似乎到了一个高原期,都企求突破,但都感到筚路褴褛,崭新的局面一下子难以出现。怎么办?只有不断摸索,逐渐积累,以量变求质变,从而达到理想境界。正是基于这种认识,我们编写了这本书,以期能为更科学的学校管理理论体系的建设做一些探索。

本书由王德清任主编并统稿,张振改任副主编,刘小强做了大量的稿件组织工作和整理工作。本书的编写分工为(以章为序):

王德清(西南大学):绪论、第一、三、四、六章

刘小强(西南大学):第二、八章

罗腊梅(西南大学):第五章

陈晶玉(四川大学):第七、十四、十五章

曾　瑜(重庆科技学院):第九、十章

张振改(西南大学):第十一章

王　华(南方翻译学院):第十二、十三章

方晓田(西南大学育才学院):第十六、十七章

刘　波(西南大学):第十八章

本书的作者参阅并引用了一些学者有关著作的材料和观点,吸收了学术界的一些新的研究成果。我们除尽可能注明出处外,还特别在此致以衷心的谢意!

王德清

目录 MU LU

绪 论

【本章知识结构】

- 学校管理学的理论体系
  - 过程结构式
  - 部门工作组合式
  - 二元结构式
  - 多元结合式
- 学习和研究学校管理学的意义
- 学校管理学研究的对象
- 学校管理学的产生和发展
  - 古代的学校管理
  - 20 世纪初的学校管理
  - 新中国成立后我国的学校管理
- 学校管理学的研究方法

【学习目标】

1. 了解学校管理学的研究内容、对象和方法。
2. 认识到学习和研究学校管理学的意义。
3. 掌握学校管理的概念及学校管理同一般管理的联系和区别。

第一节　学校管理及学校管理学的理论体系

一、学校与管理

学校，作为人类社会的特有现象，从产生开始就成为向下一代传授生产、生活经验的专门场所。它按照一定的社会要求，有目的、有计划、有组织地向受教育者施加影响，使受教育者在这里接受系统的知识、实用的技能和先进的思想，在一定期限内，成为符合一定规格的人才。在学校里进行的这种育人活动就是学校教育。学校教育与其他形式的社会教育相比，有着突出的专门性、选择性和控制性等特点和优点。正由于此，学校教育在整个社会教育中居于主导地位，它对社会的发展和进步起着极其重要的作用。千百年来，人们对如何提高学校教育的成效、培养社会需要的人才苦苦地探索着。这就是说，学校与管理就像太阳下面的人和他的影子，有了学校就必然需要管理，学校工作是产生管理活动的根源，管理活动是学校工作的产物。二者紧紧相随、互为依托。管理是学校工作得以正常运转的保证，学校是管理赖以进行的载体。不能设想没有有效管理的学校可以存在，更不能设想管理混乱的学校可以求得办学的高绩效。

随着社会经济、政治的发展，学校规模越来越大，学校形式越来越多样，学校组织系统越来越复杂，学校承担的任务也越来越繁重。现代社会的学校已发展成为种类繁多、系统庞大的“网络”。从学校层次上看，有实施初等教育、中等教育、高等教育的各类学校；从学校性质上看，有实施基础教育的中小学、实施专门教育的各种专业学校和大学，以及面对特殊人群开办的特殊学校；从办学形式上看，有全日制学校、半工半读学校和业余学校；从管理体制上看，有公办学校、私立学校、集体所有制单位举办的学校及民办学校。这些种类众多的学校要为社会输送高质量的人才，必须靠有效的管理才能得以实现。系统庞大的学校，仅是培养人才的一个基础条件，要使这个基础条件有尽可能大的“产出”，关键在于提高管理效能。当今世界，各国都在谋求自身的发展，要使国家尽快发展，就须大力发展学校教育。学校教育的规模、程度的发展取决于生产力水平和政策制度，学校教育水平和效益状况取决于学校的管理水平。因此，许多国家都进行着各具特色的教育改革，综观这些改革，管理的改革是其重要的或主要的方面，它是决定教育效益的核心问题。

管理可以使投省效宏，管理可以开掘各种对象的潜能，一句话，管理可以带来学校的活力和生机。那么，管理是什么呢？虽然目前尚无定论，但它的构成要素是清楚的，即管理活动中必然包括的管理者——具有一定职权和能力的个人或集体；管理对象——管理活动所涉及的客体，如人、财、物、时间、信息、事件等；管理方式——管理活动赖以进行的条件和途径，如组织机构、权力职责、规章制度、方法手段、物资设备等；管理结果——管理活动所要实现的最终目标，如目的、任务等。我们可以看出，管理是一种活动，而活动的特性是一个过程。至此，我们可以形成一个概念：管理是管理者通过一定的方式，协调各种关系，发挥人员的积极作用，有效利用人力、物力、财力实现组织目标的过程。那么，学校管理就是学校管理者通过一定的方式，协调各种关系，发挥全校人员的积极作用，有效利用学校的人力、物力、财力实现教育目标的过程。

学校管理是以普通管理为基础的部门管理，是把一般管理原理应用于学校这个特殊部门的管理过程。因此，它就有了跨学科的性质。

管理是一门科学，同时又是一门艺术。学校管理就更具这一特性。学校管理的主要对象是人，而学校中的人又主要分两大部分，一是教师，二是学生。教师有着许多与其他行业人员不同的特点，思想、心理、行为模式都更为复杂。学生通常都是生理、心理成长中的青少年，其不稳定性和可塑性都很突出。这就使得学校管理工作具有复杂性，更需讲究科学和艺术。同时，教育过程是个充满矛盾、极其生动的运动过程，无处不讲究科学原理的指导，这些都使得学校管理工作更具复杂性，自然也就更具科学性和艺术性。正如学校管理专家康达柯夫所说：“学校工作管理与社会生产生活其他领域的管理是有本质区别的。因为学校管理不是简单地配备与协调力量，以及建立各种相互联系与相互依存关系的体系，而是对教育教学过程所有方面施加目标明确的教育组织影响的问题。”并认为“这一点对学校管理来说具有突出的重要意义。因此，深入研究教育教学过程管理，以及培养正在成长的人的过程管理，是学校管理研究的核心”。①

二、学校管理学的理论体系

在我国，对学校管理学的系统研究起步较晚，因而理论基础薄弱。到目前，一方面尚未形成成熟的理论体系，另一方面又出现了研究上的“高原现象”，对某些问题的研究甚至进入了误区。正是因其不成熟性和适逢以“百花齐放”为指导方针的时代背景，学校管理学出现了派别众多、主张各异的局面。就已出版的论著看，其所涉及的研究内容和理论体系大致可以归纳为以下几类。

（一）过程结构式

这种理论体系是以学校行政管理自身的构成要素和矛盾运动过程为依据构建框架的。管理活动是一种过程，故这种体系以过程来包容和联结管理中的诸要素，如“学校目标管理”、“管理方法”、“管理体制”、“规章制度”等等。这一体系的优点是有利于从宏观角度探讨学校管理的基本原理，揭示学校管理赖以成功的规律，深化人们的认识。其不足之处在于难以顾及学校微观方面即具体工作成效的探索，难以给人们提供可供操作的具体方法和技巧。

（二）部门工作组合式

这种体系是把学校部门的工作作为着眼点，以管理方法、管理技术为依据，探讨“怎么管理”的问题。按这一逻辑构建的体系往往罗列出“学校组织机构”、“学校领导者”、“教师管理”、“学生管理”、“思想政治工作管理”、“教学工作管理”、“课外活动管理”、“总务工作管理”、“体育卫生工作管理”等。这一体系的优点是就事论事，示范性强，对象鲜明，针对性强，有利于给人们提供具体的操作方法。其不足是容易停留在直观的经验描述上，难以在更高的层面上对其进行抽象概括和提高，因而往往缺少系统的理论主张和内在逻辑。

（三）二元结构式

二元结构式即把上述两个方面的内容合为一体，形成管理过程的基本原理和学校部门具体工作的管理方法相加的组合体系。它反映两条线上的管理，并有纵横交错的关系，故有人称它为“矩阵排列式”。② 这种体系结构由于包容较宽，基本原理和操作方法互相弥补，学习者可以得到综合提高，亦可以各取所需。但由于是特点殊异的两部分的拼合，令人有失去关联之感。

（四）多元结合式

多元结合式是把管理过程理论、学校部门工作的管理方法和西方企业管理理论以及现代管理理论中的系统论、信息论、控制论等融合在一起形成的带有更强综合性的体系。

---

① ［苏］M. N. 康达柯夫著，李玉兰等译. 学校管理学理论基础［M］. 北京：教育科学出版社，1990. 2

② 黄云龙. 关于学校管理学学科体系的现实思考［J］. 上海师范大学学报，1989(3)

在构建这一体系时，有的偏重使用企业管理的模式，或用系统论作为理论基点来阐述学校管理活动。此种体系通常把“计划管理”、“质量管理”、“组织管理”作为要点。它的长处在于相互借鉴，相互融通，为学校管理增加了新思想和新方法，也便于认识管理的共性。但问题在于学校管理的自身特点即个性是什么？学校管理究竟存不存在专门的研究范围？这些是不易得到答案的。

从以上的介绍可以看出，学校管理的研究还远没有把握住本学科的特殊性，还没有从本质上揭示出学校管理的内在逻辑联系，因而，理论体系缺乏完整性和稳定性，其中存在的松散、拼凑现象使人常常怀疑它的科学性。这些都表明学校管理学尚处于不成熟的阶段，其不成熟性主要表现在以下几个方面：

第一，还未形成一套完整准确的概念体系。

一门成熟学科的重要标志之一就是有一套明确的概念体系。而学校管理学目前所使用的一系列概念、术语多属移植、借用或衍化相邻学科的概念、术语，其内涵缺乏严格的界定，同一个概念或术语在不同的地方可以有多种理解，这样在学术上就造成了各地区之间的巨大分野。

第二，内容泛化、范围不清。

本学科与相邻学科在内容上没有清晰的界限，可以到处“拿来”和随意“舍弃”，本学科自身也没有内容的层次，无所谓基本内容和从属内容，也无所谓主干和枝蔓。因而，在某些著述中很难避免重复和混乱。

第三，在体系结构上，逻辑起点不清、内在联系不紧。

没有公认的体系框架，编写教材时去掉一章或更换若干章也不会对体系有损。

第四，研究对象模糊。

明确研究对象是建立学科理论体系的前提，研究对象不明或模糊，学科本身就失去了赖以存在和发展的基础。目前，我国学校管理学究竟研究什么实际上是不明确的，因而在论述这一问题时意见纷呈，各执一端。有的著作把学校管理学的研究对象表述为“是以研究学校管理的体制、组织机构、人员的组成和职责及其活动方式、学校管理的目标、学校管理的过程、原则和方法，以及管理的制度等等”，这与其说是研究的对象，不如说是研究的具体内容和范围。有的著作则表述为“是研究在社会主义制度下，如何运用学校内外资源条件，科学地进行组织筹划，充分发挥学校内部人、财、物及时间、信息的最佳组合效能，以保证最优的教育质量，为社会主义现代化建设服务”。① 这里更像是在给学校管理下定义，但定义还不能等同于研究对象。

总之，学校管理学的研究对象还处于“泛化”阶段，在研究中往往把研究对象的内容、目的和研究对象本身搅和在一起，未能真正揭示出本学科的特殊性。

因此，有人认为学校管理学学科建设的当务之急，是应对本学科的发展状况进行理性思考，广泛展开学科体系的研究，努力促进我国学校管理学理论体系走向科学化。具体地说，应对学科的研究对象、内涵与外延、逻辑结构、体系层次等问题进行有重点的深入探

① 齐亮祖.普通学校管理学[M].沈阳：辽宁教育出版社，1986.3

讨。[①] 这个意见无疑是正确的。不过，还需有科学的研究态度和正确的研究方法，方能使学科的发展大大地推进一步。

第二节 学习和研究学校管理学的意义

学校是社会这个大系统中的一个子系统，学校管理是一种部门管理，是管理的一般原理在学校的具体应用。学校是向学生传授前人知识、经验，从而帮助学生形成其能力、发展其智力的育人机构，是优化了的环境。它的根本任务是培养社会所需要的各种人才。因此，学校管理也就具有不同于其他管理的特殊性。

学校管理者是否了解学校管理的特殊性，是否懂得学校管理的规律，直接关系到办学的效率和育人的质量。特别是现代学校，涉及内外因素越来越多，要求管理者具备丰富的管理知识和经验。因此，作为现代管理者和教育工作者，研究学校管理学有着重要的意义：

第一，可以帮助我们树立科学的学校管理思想，形成现代化的管理观念。

现代学校反映着新时代的要求，肩负着为现代化建设培养高质量人才的重任。这就必然要求学校管理者和一切从事教育工作的人员树立科学的管理思想，进而形成现代化的管理观念。“以半部《论语》治天下”的时代早已过去，“凭经验就可以管理”、“管理就是按上级的指示办事”的观念也已十分陈腐。现代化管理观念能正确地反映现代社会对学校管理的要求，它要求我们准确地把握管理原理、管理措施在现代社会中得以实现的条件。如果没有科学的管理思想，没有现代化的管理观念，就不可能有现代化的管理实践。

第二，可以使我们系统地掌握学校管理的基本理论，并运用理论指导管理实践，增强管理能力，提高管理水平。

没有理论指导的实践，是盲目的实践，盲目的实践是难以达到预期效果的。学校管理实践也是如此，随着学校管理的内容越来越丰富，面临的实际问题越来越多，管理理论的指导作用的重要性也越来越显示出来。在实际管理工作中，我们常常看到，有的管理人员由于掌握了管理理论，就能根据当时的条件恰当地分配人力、物力、财力，合理高效地组织各项活动，表现出较强的管理能力和高超的管理艺术。而有的管理人员不懂管理理论，不会遵循管理原理办事，盲目施管，主观蛮干，因而管理效果不佳，管理能力低下。因此，要想增强管理能力，提高管理水平，就必须认真学习和研究学校管理学。

第三，可以帮助我们正确总结管理经验，并使经验上升为理论，从而指导管理实践，为培养高质量的人才服务。

学校管理人员的实践经验对其进一步做好学校管理工作是有益的，但它对管理工作的指导作用又是非常有限的，只有当经验上升为理论时，才具有普遍的适用性；而没有科学理论的指导，是不能实现由经验到理论的转化的。因此，为了及时地、不断地总结经验，并使之上升为理论，用以规范自己的行为，我们必须努力学习和研究学校管理学，增强管理素养。

---

① 孙灿成．学校管理学基础[M]．上海：上海教育出版社，1984．7

第三节　学校管理学的研究对象

一门科学能够独立存在，首先在于它具有特定的研究领域，具有不为其他科学所专门研究的对象。“科学研究的区分，就是根据科学对象所具有的特殊的矛盾性。因此，对于某一现象领域所特有的某一种矛盾的研究，就构成某一门科学的对象。”①学校管理学理论体系的确立，就是源于学校管理活动所具有的特殊矛盾性。学校管理活动所具有的特殊矛盾性产生于学校管理学研究对象的独特性。

那么，学校管理学的研究对象是什么呢？对此，学校管理学界的认识不甚一致。

一种观点认为，学校管理学主要研究的是学校管理的原则、制度和方法，揭示领导学校、管理学校的规律，其范围包括学校内部工作的各个方面。②

另一种观点认为，学校管理学以内部管理现象及其规律为主要研究对象，同时研究学校内部诸因素与整体教育系统和社会系统中诸因素的相互影响及其规律。③

再一种观点认为，学校管理学是研究学校内部管理的现象及其规律的科学，它以学校管理的目标、过程、方法、体制、机构、制度，以及各部门具体工作的管理为研究对象。④

还有一种观点认为，学校管理学主要应考虑在特定的社会制度下，有效地运用学校内外资源条件，科学地进行组织规划，充分发挥学校内部人、财、物、时间、信息的最佳组合效能，以保证最优的教育质量，为国家培养高质量的人才。⑤

不难看出，在以上观点中，有的从教育学角度来认定学校管理学的研究对象，有的则立足于管理学角度来看问题。之所以出现这种情况，其原因是学校管理学是一门既涉及教育学又涉及管理学的交叉学科。由于人们看问题的角度不同，因而对学校管理学研究对象的认识也不同。这实际上是对学校管理学学科性质不同认识的反映。

学校管理学的知识来源离不开教育学理论，离不开政策法令和实际经验，但决不应把这些看做是可以代替学校管理学的知识体系。学校管理学应当是在教育学和实际经验的基础上，运用现代管理学的理论来分析和解决学校管理中的问题，把它提高到科学理论的层面上来认识，找出学校管理工作中的规律性。

学校管理学与教育学既有联系又有区别。教育学研究的是在学校这一组织体系中如何培养青少年的规律；而学校管理学则着重研究学校管理者如何计划和部署学校工作，如何组织各种力量(包括人、财、物)，创造条件以实现学校的培养目标。教育学研究的是教育活动的规律性；而学校管理学研究的是管理教育活动，管理学校中的人、财、物的规律。因此，学校管理学一方面把教育学理论作为基础，另一方面是研究管理学校工作规律的理论体系。离开教育学的基本理论去谈学校管理，就会迷失方向，忽视或违背学校教育的特点和规律，就达不到提高教育质量的目的。但如果不着重研究学校管理工作的特殊规律，

① 毛泽东选集(第1卷)[M].北京：人民出版社，1956.284

② 北京教育行政学院.学校管理[M].北京：海军出版社，1980.6

③ 张济正.学校管理学导论[M].上海：华东师范大学出版社，1990.8

④ 盛绍宽.学校管理学[M].长沙：中南工业大学出版社，1986.9

⑤ 齐亮祖.普通学校管理学[M].沈阳：辽宁教育出版社，1986.10

忽视其矛盾的特殊性，完全照搬教育学原理或教育规程和法令，学校管理学就没有自己独立的研究领域，就没有其存在的必要和可能了。

学校管理学与一般管理科学既有联系又有区别。管理学研究的是一般的管理原理和原则，而学校管理学则把管理学所阐明的管理规律、管理知识运用到学校管理工作的实际，阐明学校管理的原则和方法。一般的管理原理也是构成学校管理学的基础理论之一。这是由管理过程具有的普遍性所决定的。因为管理过程是一切有组织的活动不可缺少的一个特征。尽管各种组织具有各自不同的目标，但管理过程总是不变的。管理过程的共同性，使不同行业的管理人员的高度互换性成为可能。掌握管理过程的基本理论，对从事各种行业的管理工作无疑都是一个很有利的条件，是搞好具体部门管理工作的基础。从事党、政、企业部门管理工作的人，如果他掌握了管理学的基本理论，熟悉管理业务，一旦到学校担任管理工作，是有管好学校的基础的。这说明学校管理学与一般管理科学是密切联系的。但是，我们也要看到一般管理科学与学校管理学又是有区别的。学校管理学是专门研究学校教育过程的一切活动，研究如何进行计划、组织、指导与调节，是专门揭示学校这一组织体系的管理工作规律的。任何有效的管理都受职能融合性的影响。具有管理职务的人所履行的管理职能和其他职能两者应该区别开来。学校管理人员在执行管理职能时，一定要与学校的业务结合起来。不了解、不研究学校的教育、教学业务知识，要管理好学校是不可能的。所以，完全用管工厂、管机关、管军队的办法去管学校是不行的，只有把管理职能与各部门的业务特点结合起来才能管理得好。

由此可见，对于学校管理学的研究对象，可以得出这样的结论：学校管理学是研究学校管理活动及其规律的一门科学。它包括学校教育教学活动的合理组织、学校内部有关部门的协调、学校的领导体制和规章制度等方面的工作、活动及规律。

第四节　学校管理学的产生和发展

一、古代的学校管理

学校管理活动产生于学校教育活动，有了学校就必然有学校管理行为，有了学校管理行为就必然会逐渐出现研究它的学问——学校管理学。由此看来，学校管理活动在学校产生时就产生了，只不过学校产生之初，其管理活动非常简单罢了，随着学校规模的发展、管理实践经验的积累，逐渐出现了学校管理理论。到一定时期，这一理论系统化就成为学校管理学。

我国学校产生于夏代，后来又有了庠、序、学等办学机构。《孟子·滕文公》中记载："夏曰校，殷曰庠，周曰序。学则三代共之，皆所以明人伦也。"这被认为是可以证明学校产生的信史。西周时期则形成了两个学校系统——国学和乡学。国学是专为贵族子弟设立的学校，按学生的年龄和知识程度分为大学和小学两个阶段，小学设在宫廷附近，大学设在城市近郊，天子之大学称辟雍，诸侯之大学称泮宫。乡学是为教化一般奴隶主和庶民子弟而设立的，按当时的行政区划设立，名称有所不同。据《周礼》记载："乡有庠，州有序，党有校，闾有塾。”可见，当时地方就有了庠、序、校、塾之类的学校。

随着学校的产生，学校管理这种职能活动也就出现了。从上面可以看出，我国学校产生之初，在管理体制上，就已经形成了由王宫管辖国学和由地方掌管乡学的制度，这可以看做后世的由中央管理国学、地方行政部门管辖地方学校的体制雏形。从学校管理人员来看，在学校萌芽时期的西周以前，就产生了兼管学校的官吏——大司乐，也就是礼官。乡学的管理事务多由氏族中德高望重的长者承担。这可以看做后世校长的萌芽。

著于战国末期的《学记》则更详尽地记载了我国先秦时期学校管理的情况。如关于招生考试制度，有“比年入学，中年考校，一年视离经辨志，三年视敬业乐群，五年视博习亲师，七年视论学取友，谓之小成。九年知类通达，强立而不反，谓之大成”的记载。关于入学仪式，有“大学始教，皮弁祭菜，示敬道也”的记载。关于管教方法，有“入学鼓箧，孙其业也；夏楚二物，收其威也”的记载。在教学安排上，有“时教必有正业，退息必有居学”的记载。

《学记》还认为，教师在教学中的主导作用是教学成功的关键。它认为教师的职责就是“长善救失”，即发挥学生的长处，弥补学生的短处。教师只有深入了解学生，帮助他们认识到自身的不足，才能促成教学的成功。

总之，《学记》在总结先秦私学的实践经验的基础上，对学校的管理活动做了较全面的论述。其中的某些道理，对我们今天的学校管理工作仍然有启发和借鉴意义。

秦始皇统一六国后，实行了“设三志以掌教化”的学校管理体制。

西汉时期，汉武帝下令，天下郡国皆立学校官管理官学。中央太学由太常统管，地方郡县学校先由地方行政官吏主管，后设学官管理学校。

汉代由于推行了“独尊儒术”的文教政策，使儒家经典在社会政治生活中的作用越来越重要，这必然引起学校内部管理，特别是教学管理的变革。

汉代太学的教学内容便是儒家的五经。为了使儒经的传播不致于随心所欲，汉代释经严守师法和家法。一般来说，西汉重师法，东汉重家法。汉代学者如不遵守师法和家法，考试就不合格。所以这也成为汉代太学通行的教学原则。

说到古代的学校管理，不能不提到中国的书院管理，其管理体制和教学管理都是很有特色的。

书院是中国封建社会后期出现的一种新型教育组织。它最早兴于唐代，但当时只是藏书之所。作为教学性质的书院，始于五代南唐的白鹿洞书院，大盛于宋代，延续于元、明、清。虽然书院没有正式列入封建国家的学制体系，但自宋至清末，书院都是封建官学教育的重要补充。从总体看，书院教育与官学教育的最大区别在于为学术而不主要为科举。

作为教育机构的书院，起源于私人讲学。从孔墨私学，经稷下学宫、精舍或精庐到书院，代表着我国私学发展的不同阶段，其组织结构直接受到私学传统和佛教禅林两种因素的影响。中国古代的私学大师以学术为标榜，设门授徒，集教学与管理于一身；禅林寺庙以长老或住持独掌山门，其资格也必须是声望远播的佛学大师。仿照这一模式，书院采用了山长负责制。

书院实行山长负责制是由书院的性质决定的。书院的宗旨以发扬学术为重，以探明圣贤之学为真旨,务求修身齐家治国平天下之功效。实行山长负责制可以突出山长的学术作用,可以少受学术以外其他因素的干扰,可以强化书院的教育功能。当然,如果山长本身不学无术,仅为利禄而挂名于此,书院的发展便会受到极大的影响。自元代开始,封建统治者为控制书院而由官府委派山长,使山长的质量大受影响。

一些规模较大的书院还设有副山长、副讲、助教等职,以协助山长。以后又逐渐增设了其他管理人员,主要由书院学生充任。从总体上看,书院的管理结构较为简单,行政首脑与学术专家集于山长一身,有利于按学术研究的规律主导书院的运作。书院的专职管理人员较少,可减少书院的衙门习气,加强书院的学术氛围。

书院的产生乃至其发展的动力,在于其宗旨是为讲学而不是为科举,是为修身而不是为出身,因而其教学管理呈现着与封建官学截然不同的特色。尤其是那些以讲学为主的书院,其教学管理更多地继承了古代教学管理中的优良传统,体现了封建社会后期学校教学管理改革的方向。

书院教学管理的特色主要体现在学规上。书院的学规是书院教学的总方针,它将书院教学的方针和办学的程序、方法以院规的形式公之于众,包括教学规则、学生生活和读书守则。书院学规指出了教学和修身的方向。

第一个系统、完整的书院学规是朱熹制定的《白鹿洞书院教条》。内容为:

父子有亲,君臣有义,夫妇有别,长幼有序,朋友有信。

上五教之目,尧舜使契为司徒,敬敷五教,即此是也。学者学此而已。而其所以学之之序,亦有五焉,其别如下:

博学之,审问之,慎思之,明辨之,笃行之。

上为学之序。学问思辨四者,所以穷理也。若夫笃行之事,则自修身以至。处事接物,亦各有要。其别如下:

言忠信,行笃敬,惩忿窒欲,迁善改过。

上修身之要。

正其谊,不谋其利;明其道,不计其功。

上处事之要。

己所不欲,勿施于人。行有不得,反求诸己。

上接物之要。

这个学规文字虽然简单,但其内涵深刻。它不仅揭示了传统教育的根本宗旨,展示了人们为学的方向,而且提出了修身、处事、接物的基本要求,以此作为实际生活和思想教育的准绳。

《白鹿洞书院教条》成为历代书院学规的典范。各书院大师依照此例,将自己的讲学宗旨、讲德和为学的基本要求及书院生活的基本守则结合起来,形成了特色各异的书院教学制度。

随着社会生产力的提高,科学技术的发展,学校教育及其管理也不断发展。就学校制度来说,到了唐代,出现了既有中央直辖的六学二馆(六学:国子学、太学、四门学、律学、书学和算学;二馆:东宫的崇文馆和门下省的弘文馆),又有地方设的州学、府学和县学的系统而繁盛的局面。

同时，随着学制的复杂化，学校内部管理也更条理化和制度化。如清代张伯行编的《学规类编》就整理辑录了宋、元、明各朝有关学校管理的制度和规则，其中详细记有学校的政务、教务管理和对生员的行为规范要求，特别是对生员的学礼、坐、行、立、言、辑、诵、书等规定得非常具体。

在西方，古埃及、巴比伦和亚述最早产生的学校有宫廷学校、祭司学校、神庙学校。学校出现后就必然有了学校管理活动，不同类型的学校形成了不同特点的管理。宫廷学校设在王宫内，专供王子和大臣的子弟就学，学习的内容主要是奴隶主阶级的道德和政治准则。祭司学校设在大寺庙里，专供高级僧侣人员的子弟就学。它主要是训练和培训未来的高级僧侣，故又称僧侣学校。僧侣学校的教学内容除道德和政治准则外，把宗教内容置于重要地位。管理者和教学人员多为官吏和僧人。神庙学校附设在神庙内。神庙里的僧职人员也就是神庙学校的教师。古埃及和巴比伦等地神庙的僧职人员一般都是一身三任，既是僧侣，又是政府官吏，也是学校管理者和教师。

在古希腊时期，典型的城邦国是斯巴达和雅典。斯巴达被称为军事政治国家，雅典被称为民主政治国家。因此，它们各自的学校也拥有与其国体相一致的管理体系。

斯巴达学校管理的特点有四个方面。一是高度军事化。学校采用军队的管理方法，注重艰苦的军事生活锻炼，学校中纪律严明、令行禁止，注重培养学生对教师进而对国家的绝对服从精神。二是管教人员组织严密，拥有极大的权力。任何一级管教人员都有权命令、指挥和责罚学生。三是整个管理和教育过程都贯穿道德内容。道德教育渗透在体育、音乐、舞蹈和军事训练之中。一切管理措施都是为了培养学生的爱国主义、英雄主义和遵纪守法的精神，使他们将个人的意识、思考、情爱、利益统统融注于国家利益之中。四是实行开放式管理。每个斯巴达公民都有权利和义务随时责罚和教育任何一个学生，国家还经常选派德高望重的官吏或长者到学校对学生进行政治思想教育，官吏或长者经常出席学校举行的对学生进行的各种测验活动。

雅典的学校管理也有独特的方面。一是此时的学校尚未出现分班教学制度，音乐和文法采取个别教学的形式，体育在日常训练中也是个别教学。二是雅典学校终年授课，每周上学 7 天，只有国家休假日例外，加上当时教学物质条件很差，学生的学习生活十分艰苦。三是初等学校已有分科型教师，分别担任文法、音乐和体育的教学工作，国立体育馆由馆员负责管理，教仆由有品德的奴隶担任，负责协助学生在 18 岁以前的学习，并监督其行为。四是雅典的学校管理对学生较少约束，既强调教师的指导和监督，又注重学生的自由与活动，成功地把国家的意志和纪律与青少年的内在需要巧妙地结合在一起。五是雅典的学校同样实行开放式管理，经常由学校邀请或由国家派遣官员和有名望的长者到学校对学生进行政治性或道德性的谈话。

到 17 世纪初，捷克教育家夸美纽斯提出了统一学校制度和班级授课制的思想。他把青少年、儿童按每 6 岁划分为一个时期，每个时期的青少年、儿童进入相应的学校接受教育。具体的划分是从出生到 6 岁为婴儿期，在“母亲的膝前——母育学校”受家庭教育；6 岁～12 岁是儿童期，在每个村落的国语学校接受初等教育；12 岁～18 岁是少年期，在每个城市的拉丁语学校接受中等教育；18 岁～24 岁为青年期，设立于省或王国的大学接受高等教育。与此同时，夸美纽斯还主张班级授课制，他从儿童心理的角度阐述了班级授课制对提高学习效果的积极意义。他说:"在学生方面,大群的伴侣不仅可以产生效用,而且可以产生愉快(因为人人乐于在劳动的时候得到伴侣),因为他们可以互相激励,互相帮助。"特别是在班级里进行练习或复述时,"一个人的心理可以激励另一个人的心理,一个人的记忆也可以激励另一个人的记忆"。[①] 而且,班级授课制对提高教学效率也有不可估量的意义。夸美纽斯首次提出前后衔接的统一学校制度和班级授课制,是对学校管理的卓越贡献。

由于奴隶社会和封建社会的生产力和科学技术发展缓慢,学校的规模和发展十分有限,因而学校管理也只能积累一些零散的经验,不可能形成系统的理论。

二、学校管理学的产生和发展

学校管理系统理论的出现还是近代的事。随着社会生产力水平的迅速提高和科学技术知识的日益丰富,学校规模不仅越来越大,而且教育内容更加丰富,课程门类增多,教学方法和办学形式也日趋多样。相应地,学校管理的问题也变得更加复杂。总之,随着学校教育的发展,社会对学校教育的要求提高,向管理要效益、向管理要人才就成为历史的必然。这样,把学校管理的问题作为一种专门学问来研究就显得非常必要了。同时,办学经验的积累,又为进行这方面的研究提供了一定的条件。马克思告诉我们,一种新的学说的产生,"必须首先从已有的思想材料出发"。[②] 人类在世世代代的学校管理活动中总结了无数的经验和教训,形成了具有历史继承性的思想材料,为学校管理学的产生奠定了基础。正是在这种情况下,人们把学校管理活动从整个教育活动中分离出来,作为一门独立的学科来研究,并逐步建立了学校管理学的学科体系。

至于学校管理学作为一门独立的学科产生于什么时候,在管理学界则有不同的看法。有人认为德国社会学家施泰因在19世纪下半叶就"连续发表了教育行政论、陶冶论、职业教育论、教育制度论等成果",因此,他应该"是现代教育行政学理论的创始人"。[③] 因此,学校管理学的产生时间应是19世纪后半期。也有部分人认为学校管理学产生于20世纪初,创始人是美国的杜顿和他的研究生斯奈登,理由是他们于1908年合著出版了《美国教育行政》一书,其中系统地叙述了教育管理问题。还有人认为学校管理学产生于1951年的中国,理由是直到这时,学校管理学才被公认为是一门独立学科,其标志是苏联教育管理学的形成和传播。

以上这些人的确进行了较为深入的学校管理问题的研究,但这些看法又不甚全面。因为,学校管理学系统理论的形成,并成为一门独立的学科,必然要经历一个发展过程。从开始对它进行独立的研究,到提出理论观点,再到形成一批早期著作,事实上经过了一个较长的过程。因此,很难说它是在哪一年产生的。笔者同意这种说法:它产生的时期在19世纪末到20世纪初,其后不断发展丰富,并成为一门国际性的学科。

学校管理学在我国的传播和开展研究的情况也是一个有力的证明。在19世纪末,我

---

① 夸美纽斯. 大教学论[M]. 北京:人民教育出版社,1981. 134

② 马克思恩格斯选集(第3卷)[M]. 北京:人民出版社,1974. 404

③ [日]久下荣志郎编著,李北田等译. 现代教育行政学[M]. 北京:北京教育科学出版社,1981. 22

国出版了外籍在华传教士编写的有关西洋各国教育制度、学校管理制度的书籍。如德国同善会传教士李提摩太的《七国新学备要》分别于1872年和1892年出版。这本书对学校管理的问题进行了初步探讨，可以视为学校管理学萌芽期的著作。这之后，便有较成熟的学校管理学理论被陆续翻译出版。其中有田中敬一编、周家树译的《学校管理法》(1901年)，无锡俟实学堂译辑的《最新学校管理法》(1901年)，清水直义著、沈宏译的《简明国民教育法》(1903年)。1903年清政府在学校章程中，开始规定在师范学堂开设有关学校管理法的课。此后不久，我国学者也开始出版学校管理学专著。如1903年出版了罗廷光著的《教育行政》(上册、下册)；1912年出版了蒋维乔、郭秉文编的《学校管理法》；1930年出版了杜佐周著的《教育与学校行政管理》；1930年出版了常导之著的《教育行政》等。

新中国成立后，党和政府先后颁布了一系列有关学校管理的政策法令，确定了新中国学校管理的社会主义性质。并于1952年邀请苏联波波夫教授两次讲授《学校管理与领导》，国家还抽调大批教育行政干部到高等学校学习。之后，1959年出版了郭林著的《小学行政领导和管理讲座》，1962年华中师范学院教育系编写了《学校管理与领导》(讨论稿)，对我国学校管理的理论和实践进行了有益的探讨和总结。"文化大革命"十年，学校管理学作为一门课程停开了，但广大教育行政干部对它的探索并未停止。党的十一届三中全会的召开，唤回了科学的春天，学校管理学的学习研究又出现了新的局面。

第五节 学校管理学的研究方法

每一门科学都有与自己的学科性质相适应的研究方法。学校管理学是一门以教育科学、管理科学为基础，综合了哲学、经济学、社会学、心理学基本原理的应用性学科。因此，它的研究方法具有自己的特色。常用的方法有调查法、比较法、文献法、实验法、经验总结法等。

一、调查法

调查法是为了摸清情况，掌握需要了解的材料所使用的方法。

要管理好学校，就必须对学校各方面的情况有清楚的了解。情况不清、问题不明，就难以制订合乎实际情况的管理方案和措施。"盲人骑瞎马"的方式是管理不好学校的。

调查就是为了深入了解情况，充分占有第一手资料，实事求是地对待管理活动中的一切现象。调查法又有多种具体形式，主要有：

(1)观察法，即在自然状态下有目的地直接观察和分析管理对象的方法。所谓自然状态，即原有的环境状态、设备条件不受外界干扰，被观察者保持常态反应的状况。

(2)谈话法，即通过与管理者、教职工及有关人员进行面对面的交谈、讨论，搜集有用的材料，探讨所要研究问题的方法。

(3)问卷法，即用书面或通讯形式将所要调查研究的项目统一制成问题或表格，分发或邮寄给有关人员，请求填写答案，然后收回整理、统计和研究的方法。

运用调查法时，首先要有实事求是的态度，通过有效的方式，全面地掌握情况；其次是目的要明确，内容要具体，选择对象要尽可能具有典型性；最后，是把定性和定量相结合，从而使分析有理有据，得出合乎实际的结论。

二、比较法

有比较才能有鉴别。比较研究是为研究同一管理问题，对已掌握的各方面的材料进行分析比较，辨别真伪和异同，从而得出结论的方法。

比较可以是单位与单位的比较，地区与地区的比较，也可以是本国与外国的比较；可以是过去与现在的比较，也可以是现在与现在的比较；可以是局部的比较，也可以是全局的比较。运用比较研究法不仅要求有足够的具有可比性的材料，而且要防止某种观念的先入为主，要特别防止排外主义和盲目迷信两种错误倾向。

三、文献法

文献法是通过查阅有关档案和资料，了解和研究学校管理工作，从而探讨其成败得失的一种方法。

在学校管理学的研究中，文献资料是学校管理过程的原始记录，因而是重要的依据。通过对学校文件、数据、图表和其他资料的查阅，分析研究学校管理何以成功和为什么失误，这是学校管理中经常使用的方法。

学校管理是个系统工程，它的成功取决于校内、校外方方面面的因素，因此，查阅文献资料要全面系统，不能只顾一点不及其余，甚至断章取义地得出关于某事物或活动的结论。同时，也不能离开一定的历史背景看问题。

四、实验法

实验法是为了检验某种管理理论或措施，选择一定的环境控制条件，有计划地对管理工作进行研究的方法。

在学校管理工作中，对新出现的管理理论和新设想的管理措施，在局部范围内进行实验以探察其优劣，可以避免在大范围内贸然实行可能要走的弯路。

实验要做到计划周密、力求明确具体、本着客观性原则进行。这样得出的结论才具有科学性，因而才有普遍运用的价值。

实验内容可分单项和多项进行。单项实验就是以某一种理论或具体措施进行实验。多项实验具有综合性的性质，实验范围可以在一个单位进行，也可以根据需要在多个单位进行。

实验的步骤一般是：确定目的→选择对象→拟定方法→制订计划→准备物资→控制条件→做好记录→处理结果→得出结论。

五、经验总结法

经验总结法是通过对学校管理成功的经验和失败的教训进行分析总结，从而概括出具有普遍指导意义的科学管理理论的一种方法。

经验总结有不同的规模和角度。就全人类来说，有几千年的学校管理历史，世界各国都遍尝了成功的甘甜和失败的苦果，积累了丰富的管理经验。对此，应不断地总结提炼，以供今天从事学校管理的人借鉴。同时，现代社会发展速度十分惊人，为适应时代的要求，不少国家都走出了学校管理的新路子，对于他们成功的经验应该吸取。这些经验更切实可感，不应在日月的运转中湮没其可贵的成分。

总结经验同样不能离开一定的历史背景和环境条件看问题，这样才能做到使经验既为我所用，又避免不顾历史背景和环境条件而生搬硬套。

【要点小结】

1. 管理对象是管理活动所涉及的客体，如人、财、物、时间、信息、事件等。学校管理学的研究对象是学校管理活动及其规律，包括学校教育教学活动的合理组织、学校内部有关部门的协调、学校的领导体制和规章制度等方面的工作、活动及规律。

2. 我国学校产生于夏代，到商代又有了庠、序、学等办学机构。随着学校的产生，也就出现了学校管理这种职能活动。我国学校产生之初，在管理体制上，就已经形成了由王宫管辖国学和由地方掌管乡学的制度，这可以看做后世的由中央管理国学、地方行政部门管辖地方学校的体制雏形。从学校管理人员来看，在学校萌芽时期的西周以前，就产生了兼管学校的官吏——大司乐，就是礼官，他还掌管学校政事。乡学的管理事务多由氏族中德高望重的长者承担。这可以看做后世校长的萌芽。

3. 在西方，古埃及、巴比伦和亚述最早产生的学校有宫廷学校、祭司学校、神庙学校。不同类型的学校形成了不同特点的管理。学校管理学作为一门独立的学科是在 19 世纪末到 20 世纪初形成，其后不断发展丰富，并成为一门国际性的科学。

【学业评价】

1. 管理学的研究对象是什么？学校管理学的研究对象是什么？
2. 试分析学校管理学和教育学以及学校管理学和一般管理学的区别和联系。
3. 简述学校管理学的产生和发展。

【参考书目】

1. [苏]M. N. 康达柯夫著，李玉兰等译. 学校管理学理论基础[M]. 北京：教育科学出版社，1990
2. 孙灿成. 学校管理学基础[M]. 上海：上海教育出版社，1984
3. 北京教育行政学院. 学校管理[M]. 北京：海军出版社，1980
4. 张济正. 学校管理学导论[M]. 上海：华东师范大学出版社，1990
5. 盛绍宽. 学校管理学[M]. 长沙：中南工业大学出版社，1986
6. 齐亮祖. 普通学校管理学[M]. 沈阳：辽宁教育出版社，1986
7. 夸美纽斯. 大教学论[M]. 北京：人民教育出版社，1981
8. [日]久下荣志郎编著，李北田等译. 现代教育行政学[M]. 北京：北京教育科学出版社，1981

第一章

学校目标管理

【本章知识结构】

- 目标管理概述
- 学校管理目标的分类及制订依据
- 学校管理目标的内容
  - 宏观管理目标
  - 微观管理目标
- 学校实习目标管理的程序
  - 制订目标
  - 制订计划
  - 实施目标
  - 评价成果
- 实施学校管理目标应注意的问题
- 对学校目标管理的评价

【学习目标】

1. 掌握学校目标管理的概念，能区分学校目标管理和学校管理目标。
2. 掌握学校管理目标的内容、程序，能运用目标管理方法对学校管理工作进行评价。
3. 学会分析学校目标管理的优点和缺点，能在实践中充分利用其优点，规避其缺点。

第一节　目标管理概述

一、目标管理的概念及产生

简单地说，目标管理就是根据所设置的目标进行管理的活动。具体地说，它是组织中由总体目标引导各个部门直到每个成员制订各自的分目标和个体目标，并据此确定行动方案，组织实施，定期进行成果考核的管理方式。

目标管理是一种有效的管理方式。它既可以看做是一种评价工作技术，因为可以通过具体目标完成的情况去评价下属人员的工作；也可以看成是一种激励技术，因为可以通过与下属人员共同制订目标去激励他们的积极性;还可以看做是一种计划技术,即可以通过为下属部门和下级人员确定工作目标以保证工作的落实和按期完成。

目标管理是美国管理学家德鲁克于1954年首先提出来的。他在《管理的实践》一书中阐述了这一管理方式的原理和在管理实践中的应用。他认为,一个组织的"目的和任务,必须转化为目标",如果"一个领域没有特定目标,则这个领域必然会被忽视"。这无疑把一个千百年来管理活动中存在着的暗含的凝聚因素明确化了,并把它上升为科学。他还认识到,如果没有一定目标来指定每个人的工作,则组织的规模越大,人员越多,发生冲突和浪费资源的可能性也就越大,进而他提出了实现目标管理的一系列主张。

1957年,著名管理学家麦格雷戈也表达了类似的见解。麦氏认为,要求管理人员对下属的个人价值作出评价,是对上帝的嘲弄。只有在预定目标基础上进行评价,才能够刺激下属的积极性。[①] 1965年,管理学家乔治·奥迪奥恩出版了专著《目标管理》。在该书中,奥迪奥恩把目标管理看成是一个系统。他认为:"目标管理系统可以被描绘为这样一个过程:组织中的上级和下级管理者一起制订组织的共同目标,根据预期效果规定各人的主要职责范围,并用这些衡量尺度作为单位经营的指导方针和评定各人所作贡献的标准。"[②]

追求目标是人类行为的基本特征,在管理工作中人们更希望能达到某种理想的结果。目标管理强调目标对人们行为的自动调节作用,注重整体观点和群体观念,重视人的心理因素,从实践上说,其实质就是以目标为中心统筹安排各项工作。很显然,为了更加迅速有效地进行明确的决策和行动,需要为管理的对象建立一个明确的且可以考评的目标系统,然后一切工作围绕着目标的实现而组织实施。著名管理学家哈罗德·孔茨认为,目标管理的优点包括三个方面:一是有利于明确组织机构的作用,为合理授权奠定基础;二是有利于吸收下属参与管理,促进人们去承担任务,把组织利益与个体需求有机地统一起来;三是具有明确的目标与清晰的指标体系,有助于开展检查、监督、评价等有效的控制活动。这样,对于组织,可以确保管理方向和任务的完成;对于工作,能保证精力集中和提高效率;而对于个体,则使自身的需要与组织目标达成了某种程度的和谐,并且在参与管理的过程中提高了能力。

学校目标管理是学校管理者引导学校各机构和全体成员共同确定学校工作目标及其体系,并以目标为中心,明确各自责任和发挥各方面的主动精神,协调和控制育人工作进程,检查和评估完成育人任务状况的组织活动。

目标管理的主要理论基础是系统科学和行为科学。目标链本身是一个系统网络,目标的结构层次展开是符合系统分析理论的。同时按照行为科学的观点,目标能够激发教职工努力进取的积极性,而目标的实现、成果的取得又能够满足他们的成就需要。

二、目标管理的特点

目标管理具有以下四个显著特点。

---

① [美]哈罗德·孔茨等著. 管理学[M]. 贵阳:贵州人民出版社,1982. 53

② [美]E. 卡斯特等著. 组织与管理[M]. 北京:中国社会科学出版社,1985. 32

(一)目标管理是面向未来的管理

目标具有指向性,目标管理是领导者引导被领导者共同努力追求未来成果的组织行为。因此,在管理过程中要十分注意对目标的决策,保证其方向的正确性、可行性与先进性。可以说,目标管理不是守业型管理而是发展型和创业型管理。

(二)目标管理是系统的和整体的管理

这一管理方式把目标放在全部组织活动的中心环节,以目标指导和安排工作,据此把握工作的重点,并以目标的实现程度来确定组织管理的绩效和衡量组织功能的优劣,这就使整个组织活动过程保持了连续性和统一性。同时,目标管理动员全体组织成员参加管理,把目标制订与实施的每一目标都落实到每个成员身上,从而使全体成员明确了共同目标,增强了整体观念,保证了整体目标的实现。

(三)目标管理是重视成果的管理

所谓成果,是指一个组织设定目标水平的高低及这些目标实现的程度。目标水平越高,实现程度越大,管理的成果就越大。获得目标成果,是每个组织存在的意义。目标成果越大,对社会贡献就越大,得到社会的肯定和赞誉也就越大。重视成果这种管理方式,即指检查每个基层单位或个人究竟为整个组织作了多少贡献,为实现整体目标取得了多少成绩。重视成果,有利于克服干好干坏都一样、干多干少都一样的管理作风,有助于克服做表面文章的虚假风气,可以起到争先进、促后进的作用。

(四)目标管理是重视人的管理

它强调人是管理的核心和动力,强调成员参与管理。目标管理使参与管理具体化,在制订目标、执行目标和检查目标实施情况的各步骤和各环节中,都规定了组织成员参与管理的具体方法。这种管理方式有利于调动组织成员的积极性。

综上所述,我们可以将目标管理更加详尽地概括为:以重视成果为出发点,以层层制订和组织实施目标为手段,动员所有组织成员共同实现组织目标的管理方式。

第二节　学校管理目标的分类及制订依据

一、学校管理目标的分类

根据不同标准,可以将学校管理目标分为不同种类。

(一)按管理层次划分

学校组织在结构上有着各种不同的层次,对中小学而言,有高层(校长层)、中层(主任层)、基层(组长层),这就决定了学校管理目标不可能是单一的,而是有层次的。因此,根据管理层次,学校管理目标可以分为高层管理目标、中层管理目标和基层管理目标三种。在学校组织中,各层次目标之间有从属关系。一般来说,上一层次实现目标的措施,成为下一层次的目标;达成下一层次或局部的目标,是为实现上一层次或总目标服务的。层次越高，目标越能体现战略性和概括性；反之，层次越低，越能体现出战术性和具体性。

(二)按管理内容划分

按管理内容划分，可以将学校管理目标分为总体管理目标和具体工作管理目标两大类。学校总体管理目标是学校管理工作的综合性目标，是最终达到的规格要求，也是对学校领导者执行一系列管理职能的总体要求；具体工作管理目标是指对学校各个具体部门管理工作的要求，它包括组织人事目标、教育教学工作管理目标、总务后勤工作管理目标等等。

(三)按时间跨度划分

根据时间长短，可以将学校管理目标分为长期管理目标、中期管理目标和近期管理目标三种。长期管理目标是几年才能实现的远景规划，一般确定学校未来的发展和奋斗方向；中期管理目标是一年或两年才能实现的前景目标，它是依据学校远景规划所制订的一学年左右的分期部署性目标，具有战略性的意义；近期管理目标一般指一年以内的季度、月、周等较短时间内的具体执行的前景目标，具有战术性意义，是中、长期管理目标具体落实的基础和保证。

二、制订学校管理目标的依据

制订学校管理目标是一件非常严肃的事，它是主客观条件统一的过程，其制订的科学依据有以下内容。

(一)教育方针政策

教育为社会主义建设服务，最根本的是为社会主义建设培养合格的人才。党和国家的教育方针政策明确了培养人才的规格，规定了学校在一定时期内总的发展方向、发展战略、发展规模和要达到的水平。教育方针一经确定，就贯穿于学校管理活动的始终，对管理活动有着全局性的制约作用，因而，制订学校管理目标只有贯彻和体现党和国家的教育方针政策，才能起到为现代化建设服务的作用，也才能保证学校管理目标的正确方向。

(二)教育管理理论

教育管理理论概括和揭示了教育活动与管理活动的本质联系及规律。正确的学校管理目标应能准确地反映管理活动的规律。因此，制订学校管理目标时，既要依据教育科学理论，使学校管理目标符合教育规律，又应依据管理科学理论，使学校管理工作按管理规律顺利而健康地发展。

(三)对未来的预测

目标总是指向未来的，预测是目标本身突出的特点。不指向未来，就不成其为目标。因此，学校管理目标的实际意义在很大程度上取决于对未来的科学预测。

就学校系统自身而论，也有个发展趋势和未来的问题，也需要学校管理者进行科学预测，在现实与未来之间，找出一个确定的中介，如事物发展的连续性、因果性、相似性等，分析它们之间的联系，为制订学校管理目标提供具体的切实可行的依据。

(四)学校实际条件

学校管理目标是指向未来的,它既是一种工作方向和理想境界,又是一种具体的工作发展进程所应遵循的轨道。这就是说,管理目标不是现已达到的要求,也不是通过努力仍然达不到的境界,而是即将开始去做,并能一步一步做到的。因此,制订学校管理目标,要从工作状况来明确发展方向。首先对学校人、财、物等办学条件,以及学校所在地的社会、地理环境等因素进行多角度、全方位的调查研究和分析,找出有利的和不利的因素,抓住学校的关键部门。其次是学校领导者和教职工完成目标的能力,包括政治思想素质、心理素质、科学文化素质以及创新开拓能力等。最后是学校内部工作、组织状况以及经验教训,特别是本校的薄弱环节,即"问题所在"。上述这些都是制订学校管理目标的直接依据和客观基础。只有实事求是地分析本系统、本校的具体情况,才能扬长避短,充分利用现有的资源,挖掘本校的潜力,制订出切实可行的目标。

第三节　学校管理目标的内容

学校是个综合系统,这个系统是由许多性质各异、范围不同的工作内容组成的,有涉及各部门和所有人员的全局性的工作,也有仅属于个别部门和少数人的事情。在运用目标管理方式对这些不同性质、不同范围的工作进行管理时,自然要相应地确定出宏观管理目标和微观管理目标。

一、学校宏观管理目标

学校宏观管理目标是指涉及学校全局工作的管理目标。它是着眼于全校全局工作建立起的目标,是通常所说的学校总目标的构成体。这类目标主要有以下几方面的内容。

(一)教育改革目标

改革出活力,改革带来生机。只有努力探讨改革的路子,才能办好学校,提高质量。这已为我国教育事业所迈过的历程所证实,也符合马克思列宁主义关于事物发展运动的原理。改革是个永无止息的动态过程,人的认识总是要受到认识方法和认识手段的限制,不可能对所有真理的认识都一下子穷尽,因此,管理思想、管理措施不可能任何时候都是正确的,更不可能一劳永逸,这就要对教育从指导思想到具体工作进行不断的改革,以适应社会对学校日益严格的要求。

教育改革包括多方面的内容,但首先是对教育思想的改革。在正确的教育思想指导下,才能有正确的教育实践活动。在我们的教育思想中向来顽固地存在着一些和时代要求不合拍的方面。从教育形式上来说是封闭的,理论脱离实际、学生脱离社会的问题十分严重;从教育内容上说,基本上是陈旧的和枯燥的;从教育手段、方法上来说是落后的,教师讲,学生听,是其固定模式。课后布置作业,学生照章办事。按照这种教育思想培养出来的学生缺乏独立工作能力和创造精神。这与我国现代化建设的需要和科学技术的发展要求远远不相适应。因此,教育思想的改革任重而道远。

教育改革的另一方面内容是教育管理体制的改革。教育管理体制是办学效益的重要决定因素。我国原来的教育管理体制存在着严重的弊端,而新体制尚未完全形成。这在一定程度上阻碍了教育的发展。就是在建立了新体制以后,随着社会生产力的提高和生产关系的发展,又会要求更新的体制来适应它。凡此种种,都需要学校管理者依据国家的方针政策,根据现有的国情以及学校的实际情况制订近期的和远期的教育改革目标。

(二)人才培养目标

学校是专门培养人才的基地。培养高质量的各种类型的社会主义事业的建设者和接班人是学校的根本任务。《中共中央关于教育体制改革的决定》指出:"教育体制改革的根本目的是提高民族素质,多出人才,出好人才。"因此,人才培养目标集中体现了学校管理工作的出发点。

人才培养目标的基本要素是人才的质量和数量,即在一个目标周期内,培养出多少数量的某种规格的人才。

人才培养目标质量内容的依据是党的方针政策。在现阶段,我国学校必须培养德、智、体全面发展的有理想、有道德、有文化、有纪律的现代化建设者。

人才培养目标中的数量主要依据一定历史时期社会生产力的发展水平与国家的方针政策来确定。

在学校管理中,学校管理者要在上级机关领导下,严格按照上述要求制订人才培养目标,并保证这一目标的顺利实现。

(三)学校特色目标

办得好的学校总是有自己的特色。特色之中出质量,这是学校管理的理论工作者和实践工作者的普遍认识。

有的学校学风严谨,教师工作认真,要求严格,学生一丝不苟。这样的学校培养出的学生作风踏实,基础知识牢靠,它使学生受益一生。

有的学校学习氛围生动活泼,注重训练学生动手动脑的能力,使学生思维活跃,发展全面,具有多才多艺的素质。

有的学校纪律严明,学生的各种活动都在严格的要求中进行。这种学校违法乱纪的学生少,出校后往往都是遵纪守法的好公民。

总之,有特色的学校培养出来的学生也总是有特点的。而我国的现代化建设事业,正需要千百万特点突出、类型各异的人才。优秀的学校管理者也总是很重视制订学校特色目标,并努力使目标得以实现。

二、学校微观管理目标

学校微观管理目标是指只涉及学校中个别部门或某一方面工作的管理目标。它是着眼于学校中的具体工作建立起的目标,是通常所说的部门目标。学校微观管理目标主要有以下几方面的内容。

(一)思想政治工作目标

思想政治工作是学校工作的重要组成部分,它反映了学校的性质,是办好社会主义学校和培养一代新型人才的重要保证，是培养学生良好思想素质的关键工作。不能设想一所学校，特别是现代学校，没有强有力的思想政治工作依然可以办得好。因此，学校思想政治工作任何时候都必须一以贯之，并保证这一工作的质量。

(二)教学工作目标

教学是学校培养人才的主要途径。教学工作的成败和教学质量的高低主要取决于教学工作的管理。教学工作目标是教学工作的出发点、依据和归宿。

我们要培养的是德、智、体等方面都得到发展的人才，而这些方面的教育，都是以传授和学习知识为基础的。学生智能的发展，自然要通过教学提供知识并加以心智的训练才能达到目的。其品德和体育的发展，同样是通过传授有关道德准则、行为规范知识和体育运动知识、生理卫生知识达到目的的。因此，教学工作是学校的中心工作和主轴。教学工作目标就成了学校管理目标体系中极为重要的目标。

(三)改善办学条件的目标

校舍、设备、实验仪器、生活设施和资金等均为办学的必备条件。随着教育要求的提高，办学条件也须不断改善。我国学校教育的实际情况是底子薄、基础差、欠账多，改善办学条件是长期而艰巨的任务。学校管理者应从实际出发，发挥主观能动性，制订切实可行的管理目标，并按目标规定逐步改善办学条件。

(四)教师培训目标

高质量的教师队伍是提高教育质量的前提，提高教师的政治和业务素质，是学校管理工作的一个方面。特别是在现代社会中，科学知识的迅猛增长，教师需要不断丰富和更新自身掌握的知识。更何况目前我国各级各类学校还有占相当大比例的教师在学历和文化程度方面不符合国家有关规定的要求，因而培训教师的工作是学校管理工作的重要一环。学校管理者的责任之一就是要根据本校教师的结构情况制订出规划，分期分批地采用多种形式培训教师，即制订教师培训目标。

学校宏观管理目标和微观管理目标不仅仅是上面这些内容，这里所列举的是几乎所有学校都涉及的主要的管理目标。各学科的实际情况不同，在某个时期内要抓的工作也就不尽相同，除这些主要的管理目标外，还会有其他的管理目标。在这里，宏观管理目标和微观管理目标的划分也是相对的和动态的，在不同的时期或不同的学校，这二者会有很大差异，甚至它们的位置是互换的。

其中，微观管理目标还可以再细分出个体目标。这样，微观管理目标实际上包括部门目标和个体目标两部分。

第四节　学校实行目标管理的程序

目标管理有着内在的程序要求，这一程序包含着若干实施步骤。目前，在管理实践中，国内外依循目标管理的程序所采取的步骤不尽相同，但基本的目标管理程序一般包括四个步骤。

一、制订目标

学校目标管理的前提和关键，是制订学校的管理目标。制订目标，通常认为采取自上而下和自下而上相结合的方式较好，即首先由校长负责制订学校的总目标，接着由各部门负责人根据学校总目标与本部门的具体情况制订部门目标。部门下属的组室负责人再根据部门目标制订组室目标。教职工个人为完成组室目标而制订个人目标。单位层次越多，目标层次也越多。如果从更高的角度看，则可把组室目标归为部门目标。然后，再把个人目标、部门目标反馈到校长那里，经过综合调整形成目标网络系统。

总目标体现着学校在一定时期内各项工作的努力方向，并为其他目标的制订提供依据。故总目标的制订是目标管理的中心任务。完备的总目标一般由总方针、定量目标与定性目标以及保证目标实现的措施三部分内容组成。

总方针是一所学校在一定时期内的指导思想和行动纲领，它由上级下达的工作指示和学校要解决的问题确定。因此，制订总方针之前要掌握上级的指示精神和找准学校的问题，这样制订的总方针对师生才有指导意义。如北京市某学校 2004 年制订的总目标中的总方针是“德育为主、教学为中心、五育并举、全面发展、四项领先、整体推进、‘区’达上游、‘市’争先进”。

定量目标与定性目标是管理目标的核心内容。它们是学校目标管理有效性的重要因素，定量目标是对可以用数字反映的工作内容提出的标准要求，如招生人数、及格率、巩固率、毕业率等。定性目标是对难以用数字反映而通常只能用语言描述的工作内容提出的标准要求，如优秀学生的标准、先进班集体的标准、一堂好课的标准等。由于学校的工作特点，对某项工作内容往往从定量与定性两个角度提出要求。

保证措施是为保证制订的目标得以实现所采取的对策。保证措施是多方面的，在制订保证措施时，要统筹兼顾，从实际出发。措施尽可能不止一套，要留有余地，具有弹性。保证措施的内容主要有人、财、物、时间、制度、政策等。

部门目标和个人目标是总目标的展开和延伸，总目标的实现是建立在部门目标和个人目标实现的基础上的。在制订部门目标和个人目标时，一定要紧紧围绕总目标提出的要求；而学校管理者在审查、平衡部门目标和个人目标时，要严格检查其对实现总目标的保证措施，并分析其保证措施的可行性和可靠性。

二、制订计划

计划是实现目标的保证。制订计划就是确立在预定时间内为实现目标而采取的具体行动步骤。因此，仅仅制订了目标还不够，还得有完备的计划。

计划的制订和宣传，使任何一个执行者都知道自己在什么时候应该做什么事，以及使所有重要活动都在既定的程序中。这样，目标的实现就会“水到渠成”。

制订计划通常要注意的问题是：

(1)计划中的行动步骤要与目标在各段时间内应实现的程序相吻合，即目标中的任务要恰当分配在计划的各阶段中。计划的步骤不能与目标的规定性脱节。

(2)计划中的步骤与步骤之间，或阶段之间的联系要紧密，防止顾此失彼和相互孤立的现象出现。

(3)计划要尽可能制订得具体可靠，人员的任用、物资的使用、时间的安排等都须落实。

三、实施目标

这一阶段主要是在一般监督下为实现学校总体目标而进行的过程管理。目标实施的质量直接影响着管理的绩效。为此，学校管理者应注意做好以下三项工作：

(1)组建高效的学校管理机构。在一所学校里，包括许多部门，而每个部门又有其上下不同层次和多种多样的工作项目，它们又都有各自不同的目标。作为学校管理者，应科学地组织安排不同层次、不同部门、不同项目的目标的实施，使它们既能相互促进，又不相互干扰，并且都能在各自的轨道上围绕着学校总体目标运转。其中关键在于组建高效的学校管理机构，根据各部门、各层次和每个人所承担的目标任务，授予相应的支配人、财、物以及对外联系的权力，并调剂与分配实现目标所需的各种资源，促使每个部门、各类人员都能有意识、有组织、有步骤地实施各自的目标。

(2)创设良好的人际关系和环境氛围。实施目标的过程，主要是由教职工自主管理和自我控制，在没有发生目标偏差的情况下，上级应尽量少干预下级的执行过程，只是根据例外原则在组织、指导、协调、激励等方面做更多的工作，为参与目标管理的部门及个人创造一个良好的工作环境，使教职工在和谐、愉快、民主的环境中主动地、创造性地工作，从而提高工作效率，保证目标的全面实现。

(3)做好信息反馈。在实施目标过程中，学校管理者既要坚持按目标要求做好组织工作，充分发挥下级自主管理、自我控制的作用，又要对实现目标过程中出现的各种矛盾及一些新情况、新问题进行调节处理。这依赖于及时准确地获得反馈信息。因此，学校管理者要注重建立完善的信息系统，及时沟通，利用信息反馈调整实现目标的活动，发现问题，及时进行科学的分析，或适当修正部分内容，或直接调整活动的个别程序，把问题解决在萌芽状态。只有这样，才能使各部门及其成员的行动协调一致，以逐步提高目标的达成度。

四、评价成果

评价成果可以从定期检查和评价最终成果两个角度进行。

在制订了目标和计划之后，必须对实现目标的过程加以控制，以便按计划推进工作目标的实现。这种控制通过定期检查来达到。在定期检查中，管理者的控制作用主要表现在两个方面。首先，他们应对下属人员的工作进行公正的评价，如果发现下级人员的工作不力，就要采取必要的措施；如果是目标不恰当，就要考虑修改目标。其次，要为下级人员解决工作中的问题，以帮助其克服困难。

评价最终成果是在目标管理达到预定期限时要做的工作。此时，管理者要和下属人员协同一致对整个工作进行分析总结。其目的在于，对目标是否完全实现作出评价，并决定奖惩的标准与方式;并对该目标的实现对过去工作的作用和未来工作的意义作出评价,这除了对上下级人员有精神上的鼓舞之外,还可为下一个目标管理过程制订目标提供依据。

一个目标管理过程的结束,同时又是另一个目标管理过程的开始。它是一个不间断的循环过程,只是每一个循环周期所经历的时间不一定完全相同罢了。每一个循环周期的目标体系都是在上一周期的实践基础上建立起来的,而且,通常会比上一周期的目标内容更新,水平更高。

第五节 实施学校管理目标应注意的问题

一、形成整合一致的目标系统

目标是组织的奋斗方向。学校领导者在设立明确的目标系统之后,还要使群众自觉接受这些目标,并愿意为实现目标而付出自己的全部心血。

(1)要使管理目标与教育目标相吻合。管理目标必须服务于教育目标,保证教育目标的实现。

(2)要使领导者设立的目标和群众实际努力的目标一致,做到同心协力。为此,在确定学校总体目标时,要充分发扬民主,积极创造条件,使全体教职工都参加讨论和决策,使总体目标成为群众利益和意志的集中体现,从而得到他们的认同和支持,明确自己在实现总体目标时所应承担的责任。

(3)部门目标与学校总体目标一致,并使部门目标服从学校总体目标。在制订部门目标和个人目标时,要使全员意识到总体目标对自己的要求,理解个人目标、部门目标与总体目标的关系,以及各部门之间、各成员之间协调一致的必要性,真正做到“心往一处想,劲往一处使”。

二、目标应具有先进性

制订的目标应具有先进性。达成目标任务的能力要比现有能力略高,既要瞄准国内外同行业的先进水平,又要立足于学校本身现有的能力,以激发学校各部门和广大教职工的积极性和创造性。目标管理中的“目标”与工作标准有所不同。具体来说,标准的制订是静态的,在较长的时期内保持不变,而目标制订是动态的,要保持一定的弹性,当前周期的目标要比前一周期目标更先进;执行标准是要求工作人员达到适当的水准,不一定是最高水准,而目标则要求全体教职工付出最大的努力才能达到;达成目标必须有计划、有措施,并周密考虑执行过程中可能发生的情况,而执行标准只能在完成工作后进行对比衡量。目标的先进性指导学校工作不断登上新台阶,以实现学校的远大目标。

三、学校各部门协同一致落实目标内容

学校为实现共同的目标,各部门和成员之间既要分工,又要协作,从而产生团结协调

的行动，迅速而高效地达成目标。分工是把学校的任务和目标分别落实到各个部门和每个教职工身上，使每个工作有专人负责，各司其职。有分工必然就有协作。协作是指正确调节各个部门和各教职工相互之间的关系，做到协调配合。因为在学校的实际管理工作中，对每一项工作的处理、每一个决定的执行、每一项政策的贯彻、每一个任务的完成，需要几个甚至所有部门的协同合作，否则，不能完成学校的各项任务和共同目标。所以，协作的目的在于使学校的活动同步化与和谐化。学校各部门只有协同一致落实目标内容，才能实现学校的各项目标。

四、制订目标考核标准

进行目标成果评价，目的在于准确及时地提供反馈信息，揭示预定目标与实际效果的比率。分析预定目标与实际效果的比率，以总结经验教训，使好的做法逐步形成规范，对不好的予以否定；对卓有成效的部门或个人进行奖励，对于未达目标者，给予适度惩处。要增强目标评价的有效性，必须制订科学的考核标准，只有这样，才能真正做到奖优罚劣。

首先，学校建立考核评价小组，制订考核实施意见。考核小组要依据年初制订的目标和考核奖励办法，拟定具体的实施意见。实施意见要对目标完成度，即工作质量、管理状况、目标的复杂困难程度和修正情况进行综合评价。考核内容尽可能量化，采用百分制记分法。记分由基本分和附加分两部分组成，基本分是指下达的各项指标的完成情况，工作质量所得的分值。附加分是指奖励分和超额完成任务、高质量的加分。

其次，实行逐级考核的方法。学校管理系统是按权限分层级的。目标成果考核评价一般用逐级考核的方法。

五、调动学校全员的积极性

调动教职工的积极性，是学校领导工作的一项经常性任务。教职工是学校教育工作的主体，国家的各科教育任务和领导者的意图，都要通过教职工的活动来实现，离开了教职工的积极性，学校一切工作都无从谈起。一个优秀的学校领导者，一定要知晓教职工的积极性从何而来，要善于使用各种手段去调动他们工作的主动性，激发他们的创造性。能否做到这一点，是衡量一个领导者是否优秀的重要尺度。怎样调动教职工的积极性呢？基本的做法是：

（一）加强政治思想教育，提高教职工的思想境界

引导教职工系统学习马克思主义，认清社会发展规律，为社会进步和共产主义理想的实现尽自己的一份力量。也要重视形势与任务的教育、共产主义道德品质的教育。通过这种教育提高教职工的思想境界，将自己的工作与历史责任感和远大的抱负联系起来，踏踏实实地完成每一项任务。

（二）为激发教职工直接工作动机和间接工作动机创造条件

管理心理学的理论认为，个体动机可以分为指向不同需要的两种类型。一类是直接工作动机，这类动机与工作对象的意义、性质、内容、过程和成果有关，人们从对工作的参

与中获得某种满足，从而产生积极性。另一类动机是指向工作以外的间接工作动机，这类动机包含获得物质和精神奖励，如工资、奖金、荣誉等。

在调动教师的积极性时，主要从以下几方面入手：①创造条件，发挥教师的主动性和创造性；②在可能的情况下，应尽量照顾教师的兴趣，发挥他们的特长；③通过目标管理，给教师更大的工作自主权，让教师在职责范围内自己选择恰当的方法去解决问题；④形成良好的干群关系和教师之间、师生之间的人际关系，形成一种互相鼓励，互相严格要求，互相支持的团结向上的学校氛围；⑤恰当运用奖惩制度，建立和完善科学的系统的晋升、提级制度和工资制度。

(三)处理好教职工的心理挫折

教职工在工作和生活中并不总是一帆风顺的。当遇到困难和矛盾时，容易产生心理挫败感，导致情绪低落，影响工作积极性。学校领导者如何帮助教职工消除遭受挫折后的不良情绪呢？领导者要正确认识和理解教师的挫折及表现，创造条件让受挫者将情绪释放出来，针对受挫原因，改善受挫者的处境。

六、及时反馈信息

在以可自控为特征的目标管理系统中，反馈显得十分重要。一方面，目标实施者需要大量信息控制自己的行为，使之不偏离目标；另一方面，组织者需要大量的信息，尤其是目标实施过程中的反馈信息，来优化目标体系，指导目标实施。在目标管理过程中，信息反馈呈现出三条线路：①管理者和被管理者纵向的信息传输与反馈，解决上下之间指导与被指导、监督与被监督的关系；②学校管理者与外部环境横向的信息传输与反馈，根据条件变化，调整、变更目标，优化目标内容；③目标实施者横向的信息传输与反馈，解决同一层次间相互协作和相互竞争的问题。

七、客观地衡量目标达成的量标

量标是明确实现目标成效的具体标准。运用目标管理的实质，在于把确定目标与实现目标有机地结合起来。因此，我们对学校每一个成员的评价，一定要跟他实现工作目标的实际成效联系起来，而不是根据这个人的个性、态度或其他特性来判断，更不是以领导者的印象作为依据。

这是一个很困难，但却是十分重要的、亟待解决的问题。那种习惯于用“基本上”、“大体上”、“原则上”等描述评价结果，而忽视对事物的数量统计和分析的做法是不可取的。的确，物质的数量和质量容易用数据、指标规定出一个具体而又明确的标准，而教育对象是人，可变因素多而复杂，所以教育质量就不容易规定出一个量标，准确地加以衡量。但是，不容易并不等于不可能，关键在于实践、探索和创造科学的方法。

一般来说，一个科学的量标至少含有三个方面的内容。

(1)标准规范。标准要制订得明确具体，如优秀学生的标准，学生各科作业规范，教学工作常规，文明寝室的标准等。

(2)数量化或等级化。量标中能用数量表示的部分，要尽量使之数量化或等级化。如规定学生学习质量指标(优秀率、合格率等),发挥骨干教师的作用和集体评议的作用,正确评定教学水平与效果的等级。

(3)可操作性。规定的量标要具有可操作性,改变对事物判断上的模糊状况。

第六节 对学校目标管理的评价

事物总是对立统一的。和世界上的其他事物都有长处和短处一样,学校目标管理也有优点和缺点。

一、学校目标管理的优点

(一)有利于提高管理工作的水平

使用目标管理方式,学校管理者能够集中精力考虑重大决策、提出目标、制订目标等,围绕目标这一主旋律规划管理活动的程序,采取各种措施推进各项工作。这就等于抓住了学校工作的主要矛盾,抓住了方向这一核心。管理者就能自觉地去争取管理工作的最大效益,高效地进行管理工作,有效地提高管理工作的水平。

(二)有利于调动积极性,激发创造性

学校目标管理重视人的心理因素。它使部门和个人不再只是做工作,做执行命令和等待命令的被动者,而成为有着明确目标与责任的主体。通过制订目标、承担目标任务,各个部门及广大教职工都会感到自己为实现组织总目标而“身负责任”,就会以极大的热情投入工作,从而调动积极性。

(三)使个人与组织得到较好的发展

学校总目标通过层层分解来建立起整合一致的目标体系,促使各个部门及每个人更加明确各自的责任,弄清机构的组合与作用。在目标实施过程中,学校领导者要真诚地进行大幅度授权,扩大部门自主权,尽量减少对下级执行过程的干预,这就增强了管理自由度,留给部门和个人自由活动的余地。工作每前进一步,各部门及其成员都会从心底感到是“自己干的”,并在各种变化的环境中主动克服困难,创造性地、独立自主地完成任务并迅速提高工作能力,从而使个人与组织都能得到较好的发展。

(四)有利于实现有效的控制

学校目标管理强调让下级人员参与管理,参与目标制订工作,强调群众自我管理、自我控制、自我评价,这就极大地激发了人们的热情,调动了积极性,使管理者在管理方法上实现了从“命令型”向“信任型”的转变,从而较好地改善了上下级之间、各部门之间的关系,鼓舞了全体成员的士气。由于目标是自己制订的,每个部门、每个人在一定时间内干什么,目标明确,责任明确,奖惩标准明确,所有人员都可以据此评价自己的工作,这样既便于自我检查、自我控制,又有利于学校管理者随时检查、监督各部门及个人的目标完成情况,从而实现有效的控制。

二、学校目标管理的缺点

(一)学校目标体系较难确定

学校是专门的教育机构,它的主要任务是为培养人才打基础。人才的成长与物质生产相比较,其过程更复杂,周期更长,加之教师的劳动又具有自身的特点等,这些都给学校目标体系的建立带来一定困难。

(二)教师工作目标难以具体量化

目标管理较为重视具体的和量化的指标,而教师工作是一项周期长、见效慢的复杂劳动过程,是一种创造性的脑力劳动。这种工作目标及其劳动成果很难用具体量化的指标去衡量。

(三)容易割裂管理活动的连续性,产生短期行为

学校目标管理中所确定的目标是有时限的,它一般要求人们在规定的时限内达到目标。学校目标管理的一个循环周期大约是一年。实施目标管理后,教职工为了在规定时限内完成工作任务,往往热衷于目标范围内的事,追求短期指标任务的实现,而忽视教学常规管理,忽视教学方法的改革等一些创造性劳动,产生短期行为。

(四)容易使管理工作僵化

虽然目标的制订要依据对未来情况的预测,但未来是难以完全预测准确的,存在许多不确定因素。而目标管理却使目标固定,难以改变。这样,固定的目标体系就容易使管理僵化,不利于适应变化的环境。

【要点小结】

1. 目标管理就是根据所设置的目标进行的管理活动,即组织中由总体目标引导各个部门直到每个成员制订各自的分目标和个体目标,并据此确定行动方案,组织实施,定期进行成果考核的管理方式。

2. 根据不同的标准可以把学校管理目标作如下分类。根据管理层次,学校管理目标可以分为高层管理目标、中层管理目标和基层管理目标三种;按管理内容划分,可以将学校管理目标分为总体管理目标和具体工作管理目标两大类;根据时间长短,可以将学校管理目标分为长期管理目标、中期管理目标和近期管理目标三种。

3. 学校宏观管理目标是指涉及学校全局工作的管理目标,主要包括教育改革目标、人才培养目标、学校特色目标。学校微观管理目标是指只涉及学校中个别部门或某单一方面工作的管理目标,主要包括思想政治工作目标、教学工作目标、改善办学条件的目标、教师培训目标等。

4. 实行学校目标管理一般包括如下几个步骤。首先是制订目标,制订目标通常采取自上而下和自下而上相结合的方式。其次是制订计划,也就是确立在预定时间内为实现目标而采取的具体行动步骤。再次是实施目标,需要组建高效的学校管理机构、创设良好的人际关系和环境氛围、做好信息反馈。最后是成果评价。

5.学校目标管理具有如下一些优点：有利于提高管理工作的水平，有利于调动积极性，激发创造性，可以使个人与组织得到较好的发展，有利于实现有效的控制。但同时也有着如下几个方面的缺点：学校目标体系较难确定，教师工作目标难以具体量化，容易割裂管理活动的连续性、产生短期行为，容易使管理工作僵化。

【学业评价】

1.解释什么是目标管理，什么是管理目标，简述目标管理和管理目标的区别和联系。

2.学校管理目标包含哪些内容？

3.试述学校目标管理的程序。

4.学校目标管理有哪些优点和缺点？如何在学校施行目标管理的过程中利用其优点，规避其缺点？

5.在你所熟悉的学校中选择一个考察其实施目标管理的案例。

【参考书目】

1.[美]哈罗德·孔茨等著.管理学[M].贵阳：贵州人民出版社，1982

2.[美]E.卡斯特等著.组织与管理[M].北京：中国社会科学出版社，1985

第二章

学校发展规划

【本章知识结构】

- 制订学校发展规划的意义
- 学校发展规划制订的程序
  - 分析学校内外环境
  - 确定学校发展目标
  - 拟定备选方案
  - 评估和选择备选方案
  - 实施学校发展规划
  - 检查和反馈
- 制订学校发展规划要注意的几个问题
  - 要广泛动员各参与主体
  - 要把战略规划和行动计划相结合
  - 要以学校的实际为出发点
  - 要体现弹性和动态性
  - 要具体明确、便于考核
  - 要保持理性和价值的统一
- 学校发展规划制订中的几个认识误区

【学习目标】

1. 理解制订学校发展规划要注意的问题和认识的误区，能在实践中处理好这些问题。

2. 掌握学校发展规划的内容和程序，能针对某种类型的学校制订简单的切实可行的学校发展规划。

第一节　制订学校发展规划的意义

学校发展规划包括两个方面：一是政府或者教育主管部门对学校进行整体布局，规划调整，谋划各级各类学校的发展；二是学校内部全体人员协同其他人员谋划学校自身的发展，也就是通过学校全体成员及相关人员的共同努力，系统地分析学校内外环境，发现学校的优势和劣势，分析学校面临的机遇和挑战，确定学校的发展方向和发展目标，促进学校挖掘自身潜在的资源,提高学校的管理效能,实现学校教育教学质量的全面提升。鉴于篇幅有限,本书主要讨论学校共同体成员谋划学校自身的发展问题。

凡事预则立,不预则废。学校发展更要建立在科学的规划基础之上,尤其是在当今科技飞速发展、社会不断变革的年代,更要求学校共同体成员尤其是学校领导要对未来行动有清醒的认识,及早谋划,使学校始终处于可以控制的范围之内。如果不以前瞻性的眼光看待学校的问题,学校就谈不上发展,就会时刻处于被动之中,并最终导致失败。因而,做好学校发展规划对学校来说有着重大的意义,主要体现在以下几个方面。

一、可以促进学校持续发展

组织行为理论认为,当组织发展到一定阶段的时候,如果不寻求自身的变革和持续发展,就会逐渐走向衰亡。美国著名教育组织行为学学者罗伯特·欧文斯指出:"一个有目共睹的现象是,组织经过一段时间以后,就有一种萎缩的倾向,往往迷恋于自我封闭,不断增长官僚主义式的僵化,企图维持传统做法。"[①]在这个迅速变化的世界中,这样的组织被认为是不健康的,因为这种组织只强调自我封闭,其代价是丢弃了不断适应环境、与环境变化步调一致的能力。

其实这是事物发展的一个普遍规律,任何事物的发展都要经历起步、发展、鼎盛、停滞、衰落,所以老子说:"物壮则老",也就是说,事物处于鼎盛之时,正是其衰落之始。因此,学校保持长盛不衰的关键就是要不断地变革,不断地发展。

就我国而言,教育基础薄弱的学校还大量存在,教育的发展同老百姓对教育的期望尚有较大的差距,只有不断地发展,学校才能持续提高,才能给社会提供更多令人满意的教育成果。对于优质学校而言,也需要不断地进步,如果不发展,不变革,不仅不能保证已有的发展成果,而且会出现后退和衰落。

二、可以转变校长的领导方式

我国实行校长负责制以后,校长的权力得到了加强,校长对学校重大事项有了很大的决策权,这对于改变过去因为权力过于分散而决策效率低下的弊端无疑是有积极意义的。然而,从实践来看,实行校长负责制之后,校长权力没有得到很好的监督,因而校长往往"拥权自重",表现得较为专制和独断,其领导方式是控制型的。

通过学校发展规划的制订,校长必须发动全体教师和学生,使其参与规划的制订,这种"自下而上"的规划可以反映师生们的心声,从而得到师生们的支持,使规划得到更好的实施。这个过程必须是民主的、共同协商的,这样教师和学生才会积极主动地参与进来,这个过程使得校长的领导方式由专制走向民主,由独断走向共同协商。

三、可以促进学校管理者和教师的专业成长

学校发展规划的一个基本理念就是通过教师的专业成长和学校管理水平的提升来促

---

① 罗伯特·欧文斯著,窦卫霖,温建平译.教育组织行为学(第八版)[M].北京:中国人民大学出版社,2006.196

进学校的发展。学校发展规划的制订提供给学校管理层从事分析、制订和规划政策的机会，同时，这个过程也给学校管理层提供学会前瞻性地看待问题、学会全盘思考问题、学会分析学校内外环境等机会，这样会极大地促进学校管理层的专业成长。

同样，对教师而言，学校发展规划的重中之重就是要构建一支高水平的教师队伍，其间不仅是考虑怎样引进高质量教师，更为重要的是怎样提高现有教师的专业水平，而且在学校发展规划的制订过程中，教师也要参与规划的制订，教师在这个过程中会得到锻炼，以此促进教师的专业成长。因此，学校发展规划的制订对学校管理层和教师的专业成长都是很好的机会。

四、可以使学校适应社会发展的变化

改革开放以来，我国社会发生了两个重大转变：一是社会结构的转变，即从农业的、乡土的传统社会向工业化、城镇化、开放的现代社会转变，这种社会转变贯穿整个现代化建设的全过程，是一种发展态势的转变；二是经济体制的转变，即从政府高度集中、严格干预的计划经济向依靠市场进行资源配置、政府宏观调控的市场经济转变，这是一种改革态势的转变。

社会转型必然给学校的发展和变革带来深刻的影响。比如在 20 世纪 90 年代我国经济由计划经济向市场经济转变的过程中，1993 年 2 月，中共中央、国务院颁发了《中国教育改革和发展纲要》，加强了学校的办学自主权，学校不再是政府的附庸，学校要依法自主办学，通过公平竞争寻求自我发展。因此，社会转型必然涉及国家经济、政治、文化的一系列改变，进而影响国家对教育的改革，促使学校转变管理方式。学校只有不断地发展，不断地改变，才能适应社会转型的需要，才能跟上经济发展的节奏，否则就会被社会淘汰。

第二节 学校发展规划制订的程序

学校发展规划的制订是所有决策主体尤其是学校教师和学生广泛参与的过程，学校发展规划制订的过程是“自下而上”和“自上而下”的结合。学校发展规划的制订不仅要听取教师和学生的意见，而且要教师和学生实质性地参与，规划要能体现教师和学生的愿望和要求。在学校发展规划最终的形成阶段，学校决策层要发挥其职能，统筹全局，平衡各方利益和需求，协调各方的分歧，形成最终决断。制订学校发展规划主要有以下几个程序。

一、分析学校内外环境

(一)分析学校外部环境

(1)政治因素。政治对学校发展方向有决定性的作用，一定的统治阶级一定会通过学校培养自己所需要的人才，政治对学校人才培养的规格会通过教育目的来实现，就我国现阶段而言，教育方针是“教育必须为社会主义现代化建设服务，必须与生产劳动相结合，培养德、智、体等方面全面发展的社会主义事业的建设者和接班人”。因此，学校发展首先要

明确国家和社会对各级各类学校人才培养的要求，从而把握学校发展的大方向。

其次，对当前国家关于社会发展的总体架构和宏观政策等大政方针的分析也是很有必要的。比如中共中央关于“以人为本”和贯彻落实“科学发展观”的施政方针，中共中央关于稳步推进政治民主化的方针以及扩大公众参与社会管理的政策和行政措施，中共中央对国内重大事项的安排和调整等。

当然，政治与学校发展直接相关的因素就是国家和地方推行的教育法律法规以及教育政策。学校发展要随着国家教育法律法规和教育政策的调整而做出相应变化。依法治校是学校管理的基本方略，要改变过去那种管理学校的随意性，管理者就一定要“吃透”国家法律法规和教育政策对学校管理和发展所提出的要求。比如，《国家中长期教育改革和发展规划纲要（2010—2020 年）》明确提出，今后要把提高教育质量作为教育改革和发展的核心任务。显然，今后学校的发展规划也要以此为核心，考虑和构建提高教育质量的方略。管理者只有善于分析这些政策，才能抓住机遇，发展自己。

(2)经济因素。学校发展离不开经济的发展，一方面，学校发展需要经济发展的支撑，另一方面，学校发展要考虑经济发展所需要的人才结构和类型，更好地为经济发展服务。因此，学校在谋划发展的时候要考虑经济结构和产业结构的调整对人才结构的改变，经济发展的区域结构调整对学校人才培养的要求，以及城乡居民的收入状况、国家财政收入和财政再分配结构、国家财政性经费投入状况等。

(3)人口因素。学校的发展是以学生的多少为基础的，而学生的多少取决于两个方面的因素：一是学龄人口的多少，二是入学率。当前除学前教育以外，基础教育各阶段已经基本普及，因此，学校学生的多少主要取决于学龄人口的多少。学龄人口状况对学校发展的影响可以概括为以下几个方面。首先，学龄人口的多少影响学校的资源配置，这里的“资源”包括学校的硬件和软件的投入，当然也包括教师资源。预计未来学龄人口会增多，就要扩大学校办学规模、增加学校硬件设施和软件设备、招聘更多的教师，反之就要严格限制学校规模的扩张。学校规划如果没有充分考虑未来学龄人口因素，就会出现资源的浪费或者紧缺。其次，学龄人口影响学校发展的速度，学龄人口多，其速度就会慢一些；学龄人口少，其速度就可以稍快一点。再次，学龄人口的多少还影响学校人才培养的层次和结构，学龄人口增多时，人才培养要更多考虑普及性教育，其层次重心要偏低，主要满足义务教育学校的发展需求；学龄人口减少时，可以考虑将教育重心上移，满足更多高层次人才的培养需求。

学校在谋划发展时一定要对未来 5 年、10 年甚至更长时间内的学龄人口状况进行预测，在准确预测学龄人口的基础上，合理配置学校的教学建筑、学生生活用房、仪器设备、图书、教师数量和学科结构等。

(4)学校所处区域环境因素。学校发展规划还要仔细分析学校所处区域的小环境特点，包括区域经济发展水平，如财政收入状况、能为学校提供的财政和非财政支持、当地居民生活水平、家庭收入的大致状况；本地区的社会发展水平，包括治安状况等；区域文化传统和人们的观念，包括人们的价值观、行为规范、知识、信仰、道德水平、风俗习惯等；区域人群对教育的态度、对教育的偏好等；当地人口特点，比如一个农民工占很大比例的区域就要充分考虑农民工子女的入学问题，并针对该类型的学生特点进行教育；当地各级各类学校发展水平和状况；当地政府教育法规和政策的调控给学校发展带来的机遇、风险。

(二)分析学校内部环境

1.学校基本情况

对学校外部环境进行分析之后，还要对学校内部环境进行梳理，以摸清“家底”。学校内部环境主要包括：

(1)学校在一定范围内的同类同级学校中的地位。这里的一定范围主要指在本县域内的地位，如一个县有30所中学，那么某一所中学在制订学校发展规划时一定要明确本校在全县这30所中学中所处的地位，相对其他中学而言，自身有什么特点，有什么优势和劣势。

(2)学生的数量和质量。如前所述，学生数量是学校发展规划的基础，分析学生数量是配置学校资源的前提。除分析学生数量以外，还要分析学生的其他状况，包括学生主要来源于哪些地方、家庭背景、学业成就状况、思想品德状况、全面发展状况以及特色发展状况等。

(3)学校管理层情况。包括管理层人员的年龄、学历、经验、观念、能力、抱负以及工作作风等。同时分析管理层是否具有先进的管理思想和管理理念。学校中层管理人员是否具有管理本部门的能力，他们好在什么地方，哪些地方还需要改进，和学校校级管理层是否协调一致。

(4)教职工情况。包括教师数量、教师专业结构、年龄结构、性别结构。其次对教师能力结构的分析也是必不可少的，包括学校骨干教师的数量和质量、学校优秀教师的数量和质量、学校在本区域内享有权威的高水平教师的数量和质量。此外，还要分析教职工薪酬状况；教职工职称状况；教职工在发展观念上和学校是否一致，如果有偏差，这种偏差有多大；教职工学习态度，是否已经形成学习型组织；教师的教学水平和科研水平；教师的教风等等。

(5)学校建筑和设备设施情况。包括学校建筑、教学仪器、图书设备、艺体方面设备设施等在数量上是否满足发展规划的要求；学校建筑、设备设施管理状况如何、使用率是否充分，并对原因进行分析。

(6)学校资金运行状况。学校资金运作情况要分析财会人员是否具备财务管理的资格和能力，财会人员是否具备能力协助管理层管理好资金的收入和支出，避免政策失误和技术失误；资金来源有哪些，预算内资金情况和预算外资金情况；资金来源存在哪些风险和不确定性；财务管理制度是否健全等。

2.学校优势

学校是一个复杂系统，内外事务繁琐，学校领导和教师往往疲于应付日常事务，这种情况反而容易导致重要事情被忽略。因此，明确学校的优势所在，才能确定学校优先发展和重点发展的项目。当然优势项目和重点项目不宜过多，要根据学校具体情况科学设定。

那么究竟什么是学校发展的优势？有学者指出，教育、教学、科研和学生“出口”(升学和就业)业绩是学校办学的基本优势。[①] 学校优势主要从教育、教学、科研和学生成绩等方面去挖掘，比如学校德育教育优势，学校教师业务精湛、教学水平高的优势，学校学生学习

---

① 高洪源.学校战略管理[M].重庆：重庆大学出版社，2006.121

努力、勤于思考的优势，学校科研的优势，学生各种考试成绩上的优势等。这些方面是学校发展的主流优势。

事实上，学校发展优势也包括许多其他方面的优势，比如，当地政府有重教传统的优势、学校管理水平高的优势、学校所处地理环境的优势、学校生源优势、家长对子女高期望的优势等。如北京市昌平区某小学在学校发展规划中把学校发展的优势概括为学校发展的校内优势和校外优势两个方面。校内优势从学校硬件建设、学校领导班子、教师队伍、学校办学传统等方面进行剖析；校外优势则主要体现在学校所处的地理环境、社区丰富的文化资源、家长对子女教育的重视等方面。

学校优势分析可以由学校有关部门草拟方案，然后由各参与主体认真讨论分析，通过诸如教师会、学校行政会、家长会、教研会等反复商讨并最终确定。

3.学校发展面临的机遇和挑战

学校发展面临的机遇和挑战主要由学校外部环境的变化所致，机遇和挑战是常伴于学校发展的。它涉及政治、经济、文化、人口、政策、技术等各个方面。比如，在我国城镇化进程中，有些郊区小规模学校所面临的机遇是人口增多而带来的学龄人口增多和学校向城镇化方向发展的机遇，其挑战可能是高质量教师如何配置、怎样教育好多样化背景家庭的学生等。

对于大多数学校来说，国家和地方教育政策的调整会给学校发展带来机遇和挑战。如 2005 年底国务院颁布了《关于深化农村义务教育经费保障机制改革的通知》，要求按照“明确各级责任、中央地方共担、加大财政投入、提高保障水平、分步组织实施”的基本原则，建立农村义务教育经费保障机制。为落实新机制，2006～2010 年，中央和地方各级财政将累计新增农村义务教育经费约 2182 亿元。显然，这项政策给农村义务教育学校带来了很大的发展机遇。

对于机遇和挑战，要以辩证的思维来对待，有些管理者在危机重重之际也能找到适合自己发展的机遇。如果学校勇于面对挑战，对挑战做出积极的反应，就会调动全校师生的积极主动性，寻求建设性的解决方案，长此以往，学校会增强对挑战的“免疫功能”，甚至化挑战为机遇。反之，以消极的心态对待挑战，就会削弱学校组织的竞争功能，在挑战面前一筹莫展。

二、确定学校发展目标

目标是管理活动的出发点、依据和归宿，它规定着管理活动的方向。在上一章的目标管理中，我们已经论述了学校管理目标，虽然学校管理目标和学校发展目标紧密联系，但二者不是一回事。学校管理目标是为达到管理目的而设置的目标，涉及学校系统的各个层面，而学校发展目标侧重发展性，是为促进学校发展提升而设置的目标。

学校发展目标分战略目标和行动目标。战略目标指长远目标，处于顶层，较为宏观，说明的是学校在未来同类同级学校中所处的位置、学校发展的重点领域、关键指标和努力方向。战略目标带有概括性，但它是对学校环境、问题和前景需求的概括，所以它不是纯粹的理念表述，而应该用清晰的语言有针对性地说明学校未来所要完成的任务和要达到的水平。[①]

行动目标是中短期目标，行动目标要明确如下内容：教学目标、德育目标、班级建设目标、科研目标、师资队伍建设目标、管理人员提高目标、资金筹措目标、学校建筑及设备设施配置目标、学生数量和质量目标、特色发展目标等等。行动目标是战略目标的分解，要尽量用明确的语言进行描述。行动目标要有具体的时间规定，并明确每个阶段需要完成的任务。

学校发展目标不止一个，但其核心目标则是育人，这是办校的宗旨，也是我国社会主义现代化建设对学校的必然要求。但是前些年，有的学校领导把投入预算看成是学校重要的发展目标，学校领导角色变成了社会活动家，谁能弄到钱，谁就有本事。其实，学生学业成就的提高和健康成长才是学校发展的核心目标，当然，这里的学业成就不仅仅是表现为分数的学习成绩，其内涵和外延更加宽广。关注学生的学业成就是当前世界各国教育发展的焦点，因为国家要想在激烈的国际竞争中处于不败之地，学校就要为普及教育作出贡献，同时还要培养大批精英，这似乎是国家竞争反映到教育竞争上的一个共相。如美国2001年出台了《不让一个孩子掉队》法案，对学生的学业成就提出了明确的规定，对于没有达到标准的学校，政府要扣发经费，而对于严重不达标的学校，政府要勒令其停业整改。

因此，学校发展规划的核心目标是要促进学生的健康成长和学业成就的不断提高，其他所有目标包括人、财、物的配置，学校文化发展、特色目标等都要围绕核心目标展开。

三、拟订备选方案

拟定备选方案是一个系统的工程，涉及学校内外的方方面面，需要学校领导层集思广益，善于听取各种不同的意见，善于对各种意见或建议进行分析，善于平衡各个利益群体的需求，最终形成学校发展规划方案。在设计和编制方案时，应大胆设想和精心设计，尽量多设想一些方案以供评估选择。

拟订学校发展规划可以采用多种决策方法，特尔斐法和头脑风暴法较为常见。[②] 特尔斐法是一种直观判断型的决策方法。这种方法主要依靠参与主体的集体智慧和经验，对所要决策的问题由学校有关部门拟订初步的方案，由各参与主体做出各自的分析、判断和预测，然后将各参与主体反馈的意见进行综合、整理、归纳统计后，再反馈给各参与主体进行新一轮预测。如此循环，一般经过四轮，最后取得比较一致的决策结果。具体说来，可以采用如下步骤进行。

(1)由学校决策层将已经拟订好的初步方案、意见征询表以及必要数据发给各参与主体，如果参与主体不能到现场，比如参与者是有关专家、家长、教育主管部门的官员或社区代表等，可以通过网络邮件把资料传给这些参与主体。各个参与主体根据要求进行分析、判断和预测，对草案进行修改、删除、增加，然后将意见反馈给决策层。

(2)决策层将各参与主体的意见进行整理和汇总，统计出意见的中位数和上下四分点。所谓四分点也就是离中值上、下四分之一范围的那一点，还要对最大和最小的评价数

① 高洪源.学校战略管理[M].重庆：重庆大学出版社，2006.121

② 王德清.现代管理学原理[M].重庆：西南师范大学出版社，1999.184

据进行说明。然后再把整理分析的结果发给各参与主体。各参与主体根据统计分析的结果重新进行分析研究，并有可能调整或改变他们原来的看法，做出新的决策，反馈给决策层。

(3)决策层将各参与主体的决策结果再次进行整理、汇总和统计，特别要求不同意见的参与主体充分陈述理由，然后再传给各位参与主体，进行第三轮决策。各参与主体根据最新的统计结果，再次进行决断，并充分陈述理由，反馈给决策层。

(4)决策层将各参与主体的决策结果进行整理、汇总和统计，最后一次传给各位参与主体，各参与主体根据汇总和统计的数据和资料，做出最终的判断。根据决策层的要求，有些参与主体要重新做出论证，并把意见反馈给决策层。一般经过上述四轮决策后，可以取得比较一致的意见。

特尔斐法对学校发展规划这种复杂任务是较为有效的，而且当相关参与主体不能坐到一起面对面地讨论和分析时，这种方法尤其适合。

如果各参与主体能够坐到一起共商学校发展大计的话，头脑风暴法是比较适合的。头脑风暴法要求各参与讨论的主体就学校发展大计无拘无束地发表意见，并规定任何人不允许对他人的意见提出质疑和反驳，主持人也不发表任何倾向性的意见。这种方法的创始人奥斯本为实施这种方法提出了四条规则：

①对别人的意见不允许进行反驳，也不要做结论。

②鼓励每个人独立思考，广开思路，不要重复别人的意见。

③意见或建议提得越多越受欢迎。

④可以补充和发展相同的意见，使某一种意见变得更具说服力。

头脑风暴法可以在学校发展规划中集思广益，使每个人从不同的侧面对学校发展提出自己的观点，这样就确保学校发展规划做得更加全面，也有利于对同一事项发表不同的看法，使得同一事项可以从不同的视角进行审视。

四、评估和选择备选方案

所拟订的备选方案不止一个，学校发展规划委员会需要深入分析和思考备选方案及其可能产生的结果。在评估和选择学校发展规划之前，要有一个评估和选择的标准，根据标准对每一个方案的各项指标进行加权赋值，据此对所有方案进行排序，最后选出最满意的方案。评估和选择方案的标准主要从五个维度来考虑：其一，方案的实现是否能够提高学校教育教学质量，其预期的办学效益和社会效益如何；其二，方案是否体现了学校正确的价值观，是否符合社会道德的价值判断；其三，方案实施以后可能产生的负面影响程度，任何一个方案都是有利有弊的，如果某一个方案预期负面影响极大，则应该淘汰该方案；其四，方案的可行性程度，即备选方案能够满足各种约束条件，如人力、物力和财力等资源的限制；其五，方案的可操作性，只有便于实施，具有可操作性的方案才是好的。

学校发展规划的评估和选择可能会产生三种情况。一种是经过学校规划委员会对各个备选方案进行评估后，如果其中一种方案具有明显的优越性，这时，委员会会毫不犹豫地选择这个方案。但是，这种情况并不多见，因为学校发展规划是对学校未来行动的预测，其不确定性极大，可能几个方案都各有其优缺点，委员会要对各具优劣的方案进行反复权衡并最终确定。如果委员会对几种方案都没有把握，这种情况下可供选择的一种做法是首先选定方案A，如果方案A失败的话，委员会就会考虑选择方案B，如果方案B也失败的话，委员会就要考虑选择方案C。还有第三种情况就是经过评估之后，决策者还是找不到一种满意的方案，委员会就要对方案进行适当的调整，极端情况下有可能降低学校规划的标准，重新制订一组学校发展规划。

美国著名教育管理学家霍伊和米斯克尔建议采用一种简单化的决策规则来评估和选择备选方案，霍伊和米斯克尔称之为启发法。霍伊和米斯克尔介绍了以下几种类型的启发法：①再认性启发，就是倾向于把更高的价值（如更强、更快、更高）赋予所熟悉的事物。简单地说就是在两个或多个备选方案中，我们把更高的价值赋予我们所熟悉的那一个方案。②可得性启发，就是决策者依据已有的信息做出判断。尽管这是一个快捷有效的方法，但它往往会受人们头脑中已有信息和第一反应的制约，而且，可得性启发常常使人犯错误，会使人高估事件的发生频率，也就是说，决策者头脑中的信息往往是不充分的，这就容易使人误入歧途。③代表性启发，就是决策者倾向于把他人视为他们所代表的典型的刻板印象，比如，人们会认为教师代表知识丰富和为人高尚。代表性启发不仅适用于人，也适用于事与物。越是接近于所代表的典型事物，被认可的可能性就越大。所以当学校委员会认为某一个或某些方案代表了委员会的价值观以及发展模式和目标时，委员会会给某一方案或者某些方案赋予更高的价值。④锚定与调整性启发，指决策者将已知信息作为参照点，但也根据新信息做出调整。比如，校长通过观察将某位教师的绩效评价为满意，但是，当他获得了新的信息以后，就会调整对该教师的评价。[①]

显然，启发法简单易行，而且在实践中被普遍运用，但是这种方法集利弊于一身。其利主要在于除了简单易行外，随着决策者决策经验与专业知识的增加，其决策效果会大大增强；其弊也是很明显的，因为任何决策者都不是全能的，其知识水平和认识都是有限的，因而容易导致决策失误。因此，学校规划委员会所有成员都应当不断学习、勤于思考、善于观察、勇于实践，这样就能够提高决策的效果，减少决策失误。

五、实施学校发展规划

规划方案选定以后，要保证信息的沟通，要让相关实施主体都做到胸中有数。为此，规划方案要征询上级教育主管部门或当地政府部门的审批意见，也要向全校教职工、学生以及社区宣传学校的发展主张，可以把发展规划打印成文本上报教育主管部门和政府，发送给当地社区以及全校教职工，也可以在学校张贴栏进行宣传，还可以把学校发展规划挂在学校网站上。

在实施学校发展规划时，首先要有具体的实施计划，包括实施的具体措施、要达到的具体要求、参与人员、实施所需要的资源、实施的时间限制、实施地点等等。实施规划一旦落实，就要授权相关人员，制订落实规划的负责人，分配资源，落实相关的责任和权限。

---

① 韦恩·K.霍伊，塞西尔·G.米斯克尔著，范国瑞译.教育管理学：理论·研究·实践[M].北京：教育科学出版社，2007.300

六、检查和反馈

学校发展规划实施以后，还需要对实施的情况进行检查，学校要设置专人或某个部门检查其实施情况，并通过口头或书面形式向校长和决策层汇报，以明确学校是否保质保量地实施了所制订的规划。

英国是在学校发展规划方面技术较为成熟的国家。在每项规划项目完成之后，有关实施评估报告都必须向校长汇报，再由校长向家长和学校委员会汇报。其衡量标准如下：目标在多大程度上达到？为什么说目标已经达到？超过了还是没有达到？行动在规定时间内实施吗？时限真实吗？规划对教学有什么影响？规划对学习/学习成果有什么影响？影响的证据是什么？是量的还是质的？什么方面尤其成功，为什么？我们在这一过程中学到什么？对将来规划有何启示？起初的工作有价值吗？起初的投入有效吗？[①]

审视这些问题可以让学校对规划实施情况进行把握，分析实施情况之后，分析哪些任务完成得较好，哪些问题还要进一步解决，并对实施过程中暴露出来的规划不完善的方面进行修正，或者由于现实环境已经发生了较大改变，需要对原来的规划进行调整，这些都是这个阶段必须做到的。另外值得关注的是实施学校发展规划的目的是要促进学校教育教学质量的提高，因此，在检查和反馈环节务必要审视规划的落实是否起到了应有的效果。

这样，从学校环境分析到发展规划的检查与反馈就形成了一个完整而连贯的系统，如图 2-1。[②]

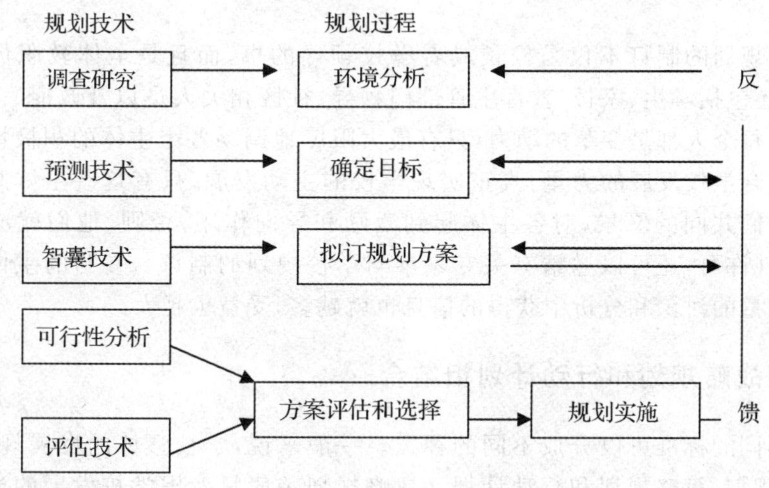

图 2-1　学校发展规划制订程序图

首先是对学校发展环境的分析，这一步要采用调查研究、分析文献资料、对客观实际观察的方法等等；接下来就要根据学校实际确定的学校发展目标，这一步要对学校环境的

① 陈建华. 如何制订学校的发展规划[J]. 全球教育展望，2004(4)：61～65

② 黄兆龙. 现代学校发展规划研究[J]. 中小学管理，2005(11)：5～7

变化，尤其是学龄人口的变化和国家以及地方教育政策的重大变化进行预测；在此基础上拟订学校发展规划，拟订学校发展规划要经过学校发展规划委员会反复讨论和论证，最后确定；拟订的方案不止一个，要对备选方案进行评估和选择，要根据确定的标准对备选方案进行评估，选出的方案不一定是最优的，有时能够选出较满意的方案也是可以接受的；最后是实施方案，在方案实施的各个阶段，要对照学校发展规划进行检查和反馈，实施得好，要对相关人员进行奖励，实施得不好，就要进行相应的调整，有时甚至要彻底改变原规划，这就又要重新对环境进行分析，开始一个新的轮回。

第三节 制订学校发展规划应注意的几个问题

在制订学校发展规划之前，学校有必要成立学校发展规划委员会，委员会全权负责学校发展规划的制订。学校发展规划委员会要对一系列的问题做到胸中有数，保持清醒的认识，归纳起来，主要要明确以下几个方面的问题：学校发展规划制订的参与主体，即哪些人员参与了学校发展规划的制订；学校发展规划的类型，是长期战略规划还是短期发展计划，亦或是长期和短期相结合；学校发展以什么为出发点，是学校现有水平还是学校现有水平的适度超越；学校发展规划怎样体现对不断变化的社会的适应；学校发展规划是保持价值中立、以事实为衡量标准、以理性为前提，还是理性和价值的有机结合。为了明确以上这些问题，下面对这几个问题进行分析。

一、要广泛动员各参与主体

学校发展规划的制订不仅是校长或者学校领导的事，而且是全体教职员工的事，此外，参与主体还包括学生、家长、教育主管部门领导、社区相关人员以及政府官员等。学校领导要意识到每个人都是变革的动力，只有最大限度地调动各个主体的积极性和责任感，才能积蓄和整合学校发展的力量，真正实现学校的主动发展；只有这些主体共同参与，规划才能成为他们共同的愿景，对各主体起到激励和导向作用，否则，他们就成了局外人。此外，如果条件许可，还可以邀请有关专家参与学校规划的制订。参与的主体越全面，学校从这种高质量的讨论和分析中获得的信息也就越多，受益也越大。

二、要把战略规划和行动计划相结合

规划按不同的标准可以分成不同的种类。一般来说，学校整体的发展规划分成三个部分，即战略规划、策略规划和行动计划。战略规划一般只考虑学校发展的远景，时限往往为5～10年；策略规划侧重于考虑学校的优先发展项目，属于中期规划，时限往往为3年；行动计划考虑的是马上要做的项目，属于短期计划，时限往往为1年。学校规划要按时序进行分解，把长远规划分解成中期规划和短期计划，只有分解成中期规划最终落实到短期的行动计划，规划才能得以落实，这样既可保证规划的大方向和总目标，又使得规划具体明确，便于实施。

三、要以学校的实际为出发点

任何一所学校的发展规划都是以学校的自身特点为基础的，每一所学校的在校生规模、学校建筑、图书设备、教学仪器设备、资金来源等各个方面都是各有特点的。而学校与学校最大的不同则是组织文化的差异。组织行为理论认为，任何一个组织内部都有其正式组织和非正式组织，而且组织与组织之间是各不相同的。所谓正式组织是指由组织结构决定的、职务分配很明确的群体。在正式组织中，一个人的行为是由组织目标决定的，并且是指向组织目标的。而非正式组织是那些既没有正式结构，也不是由组织确定的联盟，它们是员工为了满足社会交往的需要在工作环境中自然形成的。[①]

每个学校的特殊性是由其学校成员的正式组织和非正式组织规范所决定的。所有的正式组织和非正式组织都有自己独特的规范，正式组织的规范表现为组织的规章制度，这些方面是写进组织手册的，规定了员工应该遵循的原则和程序。但是组织中大多数规范是非正式的。比如，有些学校有积极的非正式规范，学校教师都认为教师应当敬业奉献，认认真真做好自己的教育教学工作，在这种规范中，如果哪一位教师工作拖拖拉拉，敷衍了事，组织规范就会对教师的这种行为予以谴责。

学校发展规划的制订一定是认真分析自身学校组织的特点以及学校所处环境的特点，因地制宜地制订的，而不是其他学校的翻版。但是，以学校实际状况为出发点并不意味着一切以现实为标准、在现状面前故步自封，而是要在现有状况基础上有适当的提升和超越，把学校发展建立在“最近发展区”以内。

四、要体现弹性和动态性

学校发展规划是为实现学校目标而拟订规划方案的过程，它是学校发展目标的具体化。由于学校发展受外部环境的影响很大，环境的改变必然要求学校对发展目标进行一定的调整，有的时候甚至是做出方向性的变化，重新考虑学校发展目标。这就要求在制订规划时要考虑学校外部环境的变化因素，使规划留有余地，使之富有弹性。规划的动态性也是由学校管理活动的动态性决定的。只有符合了动态性要求的规划，才具有相对的稳定性和较强的可操作性。

五、要具体明确、便于考核

学校发展规划不是为了追赶时髦，制订完后便束之高阁，存于校长办公室成为一堆废纸，而是要经常性地对照规划检查学校各项工作是否落实。因此规划要具体明确，不能大话连篇，落不到实处。比如有些规划写成，“高举科学发展观的伟大旗帜，动员全体教师协同努力，通过 3 年的努力，促使学校迈上新台阶；培养四有新人，使学生在德、智、体等方面全面发展，充分挖掘学生的潜力，培养学生的动手能力和动脑能力”。这种规划看似辞藻华丽，其实空洞无物。相对而言，某中学的教师队伍建设目标则要具体得多，“今后 5 年，

---

① 斯特芬·P.罗宾斯.组织行为学(第七版)[M].北京:中国人民大学出版社,1997.227

兼顾学科结构和年龄结构配齐各科教师，教师合格率达到98%以上，引进5～8名硕士研究生，做到主要学科有2～3名骨干教师，培养5名在本区域内有较大影响的学科带头人，初步形成一支既有较高教育教学水平又有一定科研水平的教师队伍。”因此，学校发展规划要尽量清楚明确，尽量用量化的语言表达，具有可测性，以便后期检查评估。

六、要保持理性和价值的统一

学校发展规划活动是一个理性的活动，要求委员会关注事实，以事实为基础和依据，不以个人感情为转移，资源的配置、学校发展目标等都要体现科学性和高效率。然而，学校发展规划绝对不是价值中立的活动，在规划中常常要在不同的价值观念之间做出选择，有时可能某一个规划方案是非常有效率的，内容也十分科学和完整，但如果它是不道德的，那就必须重新考虑。管理决策实践是推理与评价的连续过程，它既是一种理性活动，又是一种道德活动。将这一过程分割成独立的部分，既十分鲁莽，也不可行。价值与理性是共生的，而不是相互对立的。①

就我国当前而言，学校发展规划要秉持公平的观念，以人为本，不要在学校内设置重点班级，要对处于弱势的学生给予补偿性教育，对全体教师尤其是处于弱势的教师给予更多的关怀和鼓励，缩小不同群体间的差距。

第四节　学校发展规划制订中的几个认识误区

自上个世纪90年代以来，随着人们对学校发展规划的重视，我国学校发展规划在理论和实践上都有了较大的发展，也取得了一定的成就。但是从发展规划的制订和实施来看，也存在一些认识上的误区，主要有以下几个方面。

一、规模发展的认识误区

当前，很多中小学校园面积越来越大，学校的人数越来越多，很多中学尤其是重点中学在校生人数都在5000～8000人，甚至有的学校已经有上万人，而且很多学校在规模扩大的同时，还办有很多分校。

毫无疑问，在上个世纪90年代以前，我国学校规模普遍偏小，这从规模经济的角度来讲确实给教育资源的配置带来了较大的浪费。随着学校布局的调整和学校规模的扩大，学校办学的平均成本下降，效益和收益上升；但学校规模发展要适度才能产生规模效益，而规模过大会造成规模不经济，即学校规模过大造成平均成本上升，效益和收益下降。如图2-2②：

① 韦恩·K.霍伊，塞西尔·G.米斯克尔著，范国瑞译.教育管理学：理论·研究·实践[M].北京：教育科学出版社，2007.300

② 张学敏，叶忠.教育经济学[M].北京：高等教育出版社，2009.279

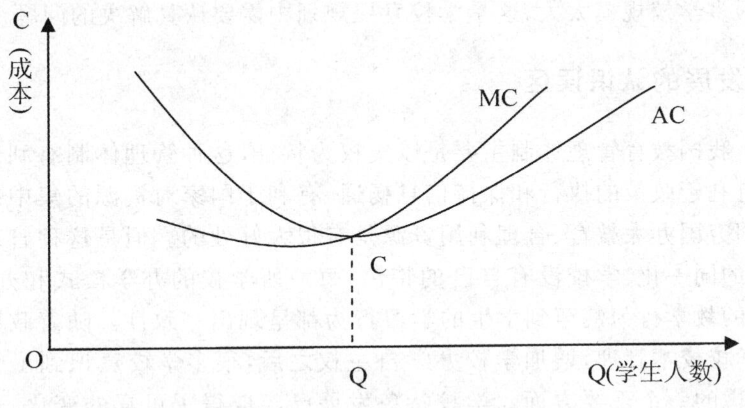

图 2-2 学校规模经济

如图所示,AC 为平均成本曲线,它是随着学生人数的增加先下降后上升的 U 型曲线;MC 为边际曲线,两条曲线的相交点 C 点是平均成本最小值。在 C 左边,平均成本随着学生数量的增加逐渐下降,说明学校规模经济在不断增大。在 C 右边,平均成本随着学生数量的增加逐渐上升,说明规模过大。

学校规模过大会带来以下几方面的弊端。

首先,沟通方面的困难。组织理论非常强调组织内的沟通,如果组织内部沟通困难,信息就不畅通,信息不畅就会导致组织的衰亡。学校规模过大之后,有些校长连自己学校的教师都认不全,更不用说和教师沟通了,至于和学生的接触那就更谈不上了,校长基本和真正意义上的教育教学不沾边。这不仅给学校领导决策造成不利,而且会给学生发展、教师提高等带来很多不利因素。

其次,规模过大后学校组织结构功能失调。随着学生人数的增加,很多学校每个年级都有 30 个班级以上,全校近 100 个班级,在这种情况下,学校大都实行年级负责制,各个年级都相当于一个小学校,这种设置至少有两个问题是不可回避的。第一,年级组要像学校一样设置分管经费、教务、德育等岗位的人员,这些岗位设置之后,他们如何同学校教务处、总务处、德育处分工协作?第二,教师和学生在学校基本要受到两个板块的领导,也就是以上提到的功能类似的这些学校管理机构和年级组,这种多头领导往往让教师和学生感到事情难办,因为学校会把管理事务向年级组推,年级组则会把有利于自己的方面纳入自己的管理,而责任和不利因素就会推向学校。

学校规模究竟多大为适度,目前尚无定论,但美国哈佛大学校长科南特等学者的研究可以给我们一些启示。科南特认为应在 750 人,里依的结果为 1675 人,奥本斯的结果为 2244 人,柯恩的结果为 1500～2244 人,这些研究的平均值为 1850 人。但是这些研究遭到了普遍质疑,而其后主要的研究结论认为学校适度规模应保持在 300～900 人之间,而且小规模学校更有利于学生学业成就的提高。①

当然,考虑到我国经济、人口因素和教育发展的实际,我国学校平均规模有必要稍大

① 杨海燕.超大规模学校的现实困境与理性选择[J].教育发展研究,2007(9A):8～14

一些，但目前很多学校规模太大，这是学校发展规划中需要认真解决的问题。

二、特色发展的认识误区

长期以来，我国教育管理体制主要是以集权为特征，这种管理体制有利于国家对教育的统一规划，有利于政策的执行和保持信息畅通，有利于国家对资源的集中统一管理和配置，这对于我国穷国办大教育、合理利用资源是有很大好处的。但是这种管理体制也容易造成学校办学的同一化，学校没有自己的特色，每一所学校的办学模式和办学方式，从学校管理到教师的教学行为甚至到学生的学习行为都呈现出一致性。随着政府向学校管理放权，在提倡学校校本管理，增加学校办学自主权之后，很多学校意识到了学校特色是学校发展所要考虑的一个重要方面。学校特色发展已经取得了可喜的变化，这在一定程度上克服了过去那种“千校一貌，万生一面”的办学模式和忽视学生能力发展的流弊。

然而，在学校特色发展的历程中，往往容易出现以下一些认识上的偏差，归结起来，主要有如下两个方面。

(一)学校特色就是与众不同

学校特色就是有自己独特之处。这种认识在一定程度上认识到了学校发展特色的一个方面，就是学校特色不是盲目跟风，毫无创新地模仿别人，而是要有自己独特的个性，但是有个性只是学校特色发展的一层含义，这层含义必须以另外一层含义为前提，那就是要看这种特色是否有利于学生身心健康发展，是否有利于学生学业成就的全面提高，如果失去了这个前提，这种特色是没有任何意义的，有时甚至是有害的。比如，一个学校的男生全部理成乱蓬蓬的长头发，这是不是特色？当然不是，因为学生遵守基本的行为规范是必须的，不利于学生身心健康发展和学业成就提高的所谓特色其实是有害的。

(二)学校特色发展就是特长发展

很多学校管理者曾经把学校学生的特长发展误认为就是学校特色发展，因此，音乐、体育、美术特长班开展得如火如荼，其他诸如奥数班、英语培训班、日语培训班等也热度不减。其实管理者混淆了特长发展和特色发展两个概念，特长发展对于学校来说是有必要的，但特色不局限于特长，其内涵及外延都更加宽广。

为了深入理解特色发展的内涵，我们以英国和美国学校特色建设为例，以启发我们的管理思维。英国的专门特色学校(specialist school)是英国近年来推行教育改革，力求提高中等教育而推行的特色学校，其发展方式是鼓励学校自行规划选择专门特色科目来建立自己的特色，并且要达到一定的水平，而政府通过经费补贴予以支持。当然，专门特色学校在选定特色发展科目的同时，其他科目也要达到国家对课程的规定和要求。这种学校的特色就在于有拿得出手的优势学科。

英国的另外一种特色学校是标杆学校(beacon school)，标杆学校顾名思义就是在特色办学方面可以给其他学校提供示范作用。标杆学校加强了学校间的协作关系，在课程开发、学生管理、优质教育、特殊需求教育、防止学生欺辱以及改善家长参与方面有突出表现。标杆学校必须和其他学校分享自己的成功经验，要对其他学校的教师进行培训，要经常举行讲座或会议向其他学校介绍自己的做法。

美国的特色学校大体有两类，一是磁石学校(magnet school)，这类学校除了提供阅读和数学等基本科目外，还提供音乐、科学、戏剧以及计算机等科目供学生选择以让学生根据自己的爱好学到一定的专长。另一类是蓝带学校(blue ribbon school)，这种学校是美国教育部评定的一种示范性学校，其特色主要表现在缩小学生之间学业成就的差距方面有自己突出的成就，或者学校学生表现出很高的学业成就水平。这些学校在管理水平、教学、课程、学生学业成就、家长参与方面均有较高的水平。

通过以上的分析，我们可以看到，特色学校的内涵已经远不止发展一项特长那么简单。就我国中小学而言，很多优质中小学的学术水平还是比较高的，这当然是自己宝贵的特色财富，要进一步发展提高。对于一些学术基础比较薄弱的学校，则不能盲目去和学术型学校攀比，可以对自己学校的办学历史文化和当前办学优势进行认真分析，深入挖掘，最终提炼出学校的特色发展目标。

三、发展定位的认识误区

学校发展定位的一个认识误区就是盲目攀高，很多学校都把自己定位于示范学校、一流学校、高水平学校等等。其实，如果学校基础好、底子厚，定位高固然没有错，然而，绝大多数学校都是很平常的学校，如前所述，学校定位应当是在“最近发展区”以内。因此，学校要认真分析学校的内部环境，仔细梳理学校发展史，通过数据分析、资料整理、调查研究、观察鉴别等方式，明确学校的现状。很多所谓“超常规发展”和“跨越式”发展的学校往往呈现发展畸形或者以失败告终。

【要点小结】

1. 学校发展规划制订的程序包括从学校环境分析到发展规划的检查与反馈，这是一个完整而连贯的系统。首先是对学校发展环境的分析，这一步要采用调查研究、分析文献资料、对客观实际的观察的方法等等；接下来就是要根据学校实际确定学校发展目标，这一步要对学校环境变化、尤其是学龄人口变化和国家以及地方教育政策的重大变化进行预测；在此基础上拟订学校发展规划，拟订学校发展规划要经过学校发展规划委员会反复讨论和论证，最后确定；拟订的方案不止一个，就要对备选方案进行评估和选择；最后是实施方案，在方案实施的各个阶段，要对照学校发展规划进行检查和反馈，实施得好，要对相关人员进行奖励，实施得不好，就要进行相应的调整，有时甚至要彻底改变原规划，这就又要重新对环境进行分析，开始一个新的轮回。

2. 学校环境分析是对学校所处的外部环境和内部环境的分析。学校外部因素分析主要是政治因素、经济因素、人口因素、学校所处区域环境因素。学校内部环境分析主要包括学校基本情况、学校优势、学校发展面临的机遇和挑战等。

3. 学校发展规划制订需要注意几个方面的问题：一是要广泛动员各参与主体；二是要把战略规划和行动计划相结合；三是要以学校的实际为出发点；四是要体现弹性和动态性；五是要具体明确、便于考核；六是要保持理性和价值的统一。

4. 学校发展要规模适度，形成正确的特色发展观念，学校发展定位要准确。

【学业评价】

1. 简述学校发展规划制订的程序。

2. 学校环境分析主要涉及哪些方面？

3. 学校核心发展目标是什么？

4. 实施学校发展规划应注意哪些方面？

5. 什么是学校发展的适度规模？规模过大或过小有哪些弊端？

6. 选择一个基础较为薄弱的学校，为其设计一份学校发展规划。

【参考书目】

1. 罗伯特·欧文斯著，窦卫霖，温建平译. 教育组织行为学(第八版)[M]. 北京：中国人民大学出版社，2006

2. 高洪源. 学校战略管理[M]. 重庆：重庆大学出版社，2006

3. 王德清. 现代管理学原理[M]. 重庆：西南师范大学出版社，1999

4. 韦恩·K. 霍伊，塞西尔·G. 米斯克尔著，范国瑞译. 教育管理学：理论·研究·实践[M]. 北京：教育科学出版社，2007

5. 斯特芬·P. 罗宾斯. 组织行为学(第七版)[M]. 北京：中国人民大学出版社，1997

6. 张学敏，叶忠. 教育经济学[M]. 北京：高等教育出版社，2009

第三章

学校管理过程

【本章知识结构】

- 学校管理过程概述
- 学校管理过程的特点
  - 育人性　循环性
  - 随机性　目的性
  - 有序性　控制性
- 学校管理过程的基本环节
  - 计划　执行
  - 检查　总结
- 学校管理过程的优化
  - 学校管理的内部环境优化
  - 学校管理的外部环境优化

【学习目标】

1. 了解学校管理过程的特点和基本环节。
2. 学会分析学校内外部环境并能在实践中优化学校内外部环境。

第一节　学校管理过程概述

一、管理是个活动过程

唯物辩证法的一个基本观点认为，世界上的一切事物都是运动、变化和发展的，其运动、变化和发展又表现为时间上的持续和空间上的延续，所以，事物是作为过程而存在的。恩格斯曾指出："一个伟大的基本思想，即认为世界不是一成不变的事物的集合体，而是过程的集合体。"[①]毛泽东同志也在《加强相互学习，克服故步自封、骄傲自满》一文的批语中说："事物总是作为过程而向前发展的。而任何一个过程，都是由矛盾着的两个侧面互相联系又互相斗争而得到发展的。这应当是马克思主义者的普遍常识。"那么，什么是过程

① 马克思恩格斯选集(第 4 卷)[M]. 北京：人民出版社，1974. 239

呢？过程是指事物的发生、发展和灭亡的历史。

我们还认识到，物质世界的运动、变化和发展是永无止境的，而作为个别事物的运动、变化和发展却是有始有终的。历史上的东西在当时的条件来说，都有其存在的理由，都要经历或长或短的时间，都具有相对的稳定性。但是，随着条件的改变，它就会丧失其存在的必然性，转化为其他事物。因此，一个过程的结束，就意味着另一个新过程的开始。如此生生灭灭，循环不已。在这里，过程把物质、运动和时间、空间辩证地统一起来了。正因为这样，事物总是作为过程而向前发展的，本质上就是说一切以时间、地点、条件为转移。

唯物辩证法关于事物总是作为一个过程而向前发展的思想，对于我们研究学校管理学具有重大的方法论意义。它要求我们必须用历史的、辩证的观点来分析和解决问题。也就是说，不仅要了解事物的全部发展过程，还要看到事物的变化、发展同周围事物的联系。要了解它的现状，弄清它的历史，研究它的发展趋势，把握它的来龙去脉。

学校管理是人类社会所特有的一种事物，因而它是一个活动过程。这个过程和其他任何过程一样是由矛盾所构成的。因此可以说，学校中的矛盾即学校管理过程。这是因为过程的根源在于矛盾的普遍性或绝对性，而"矛盾的普遍性或绝对性这个问题有两个方面的意义。其一是说，矛盾存在于一切事物的发展过程中；其二是说，每一事物的发展过程中存在着自始至终的矛盾运动"①。即世界上既不存在没有矛盾的过程，也不存在没有过程的矛盾。矛盾无处不在，就是过程无处不在。总之，矛盾是过程的根源，过程是矛盾存在和发展的形式。这使我们认识到，学校管理的过程就是正视矛盾、解决矛盾的过程。学校是社会大系统中的一个子系统，然而它又是一个综合性很强的复杂系统。从学校外部来说，办学规模受社会生产力水平的制约，办学方向反映着社会政治经济制度的要求，学校小环境受社会大气候的支配，学生不单单接受着学校的教育，还被社会文化、习俗和生活方式熏陶着；从学校内部来看，人员层次特殊，其基本结构是管理者、教职工、学生，经费来源有很强的依赖性，教学内容、教学手段更新的速度极快，教学技巧、育人方式常变常新等。总之，学校工作千头万绪，矛盾性质差异很大。这使得学校管理者特别是校长常常处于矛盾的旋涡之中，这就要求校长要尽可能具备优良的素质、丰富的知识和高明的管理技巧，才能分清矛盾性质，正确解决矛盾。

二、关于学校管理过程的研究

学校管理过程是指对学校管理对象进行管理的客观程序。物质运动是一个由产生、发展到消亡的过程。学校管理亦是对学校管理对象进行处理，使之顺利兴起、发展和圆满结束的过程。

对管理过程的研究在20世纪初就开始了。最有代表性的研究者是法国管理学家法约尔。他第一次把管理过程分解为若干环节，认为构成管理过程的环节是计划、组织、指挥、协调和控制。他解释说，计划，就是探索未来，制订行动步骤；组织，就是建立企业的物质和社会的双重结构；指挥，就是使人员发挥作用；协调，就是连接、联合、调整所有的活动及力量；控制，就是注意是否一切都按已制订的规章和下达的命令进行。

① 毛泽东选集(第1卷)[M].北京：人民出版社，1956.280

法约尔对管理过程的这一研究，为后来者开启了思路。纽曼、厄威克、戴维斯继承并发展了这一理论。

纽曼在其1951年出版的《管理活动——组织和管理的技巧》一书中提出，管理过程由计划、组织、资源的聚积、指挥、控制构成；厄威克在其1955年出版的《管理因素》一书中认为，管理过程包含着预测、计划、组织、调节、控制五个环节；戴维斯在其1951年出版的《高层管理基础》一书中则称管理过程有计划、组织、控制三个环节；孔茨在其1955年与奥唐奈合著出版的《管理原理——管理职能的分析》一书中提出计划、组织、人员部署、指挥、控制、调节六个环节构成管理过程。

在我国，对学校管理过程的研究是在20世纪50年代开始的。当时我国学校管理理论基本上是照搬苏联的体系，把这个过程所包含的环节依次列为计划、组织、监督检查、指导、总结。但这种提法并未传播开来。这主要是因为此后一段时期我国学校管理研究很不景气。

在"文化大革命"结束以后的研究中，我国学校管理学界普遍推崇美国管理学家戴明所创立的管理过程四环节理论，这四个环节是计划、执行、检查、总结。这一提法的确比较简明地归纳出了管理过程的基本要素。戴明的初衷虽然是针对企业管理而言的，但由于他揭示了管理的一般原理，因而这一过程理论也能运用于学校管理。

以上基于普通管理活动的过程学说为学校管理活动的过程研究奠定了理论基础。

第二节 学校管理过程的特点

由于学校工作的特殊性，如主要从事精神形态的生产，工作的对象是人，生产的"产品"是符合某种规格要求的人才，这就使学校管理过程具有了区别于其他行业管理过程的特点。其主要特点是。

一、育人性

概括地说，学校管理过程是对学校管理对象进行管理的客观程序。具体地说，它是对学校中人、财、物等进行合理调配、周密组织、精心使用，对受教育者施加教育影响，促进其德、智、体全面发展，顺利实现教育目标的过程。其本质在于培育人才。因此它与物质生产部门的管理过程不同，它是一种对育人过程进行管理的过程。从学校大政方针的确定、规章制度的制定到思想政治工作的开展、教学活动的安排、体育卫生活动的进行、办学条件的改善等，都无不围绕着育人这个中心。所以，育人是学校管理的出发点。

青少年学生正处于身心发展的重要时期，可塑性大、模仿力强，学校的一切管理措施、步骤都要以是否有利于育人为前提来决定其取舍。学校管理者的职责在于优化管理过程，精心安排学校各项工作。每一项工作都要讲究其育人的实效性，那些与育人无关甚至有害的活动应完全杜绝；而看似在育人，实则是搞形式主义、"摆花架子"的做法也应停止。

学校管理过程的育人性，还表现在发挥学生自己的主观能动性，进行自我教育方面。学生既是管理的对象，又是自我管理的主体，因此，要善于调动学生主动学习、自我教育、自我管理的积极性，使他们成为学习的主人。

二、循环性

对一个学年来说，学校工作总是由制订工作计划、录取新生、编班排课、组织教育活动、检查考核、毕业升学、总结成果等构成。每一年都基本如此，每一学期也与此近似，循环往复，周而复始。这样，学校工作每天、每周、每学期、每学年都按一定的程序循环进行。但这循环并非简单地重复，从形式上看变化不大，从实质上看却有很大的不同。管理者和教职工的教育观念在变化，学生的价值观、人生观在变化，教育指导思想不断增加着新质。学校工作在这些循环中改进，学生的成长在这些循环中完成。总之，这里的循环是在螺旋式的上升轨道上进行的。

认识了学校管理过程的循环性特点，并不是要学校管理者去消极适应这一循环，恰恰相反，应依据这一特点，科学地预测学校各项工作的发展，抓住时机，利用有利条件，创设良好的育人机制，并在具体工作上，把学校各方面的活动纳入计划程序，按既定计划来安排、组织学校工作。同时，学校管理者应在总结原来经验的基础上进行创造性的工作。管理工作虽在循环，但不应因循于以往的做法而墨守成规，在循环中要认识规律、发现规律，在现有条件下创造出巨大的成效。

三、随机性

学校管理的主要对象是人，而人是非常复杂的自然和社会的综合实体。古希腊哲学家亚里士多德称人为“政治动物”。还有人称人是“第二宇宙”，七情六欲相互交织，气质性格人人各异。法国伟大的学者狄德罗以文学语言叹道：“人是一种力量与软弱、光明与盲目、渺小与伟大的复合物”，这并不是责难人，而是为人下定义。是的，人是复合的，因而是复杂的和变化极大的。以人为主要管理对象的学校管理过程须时时根据实际情况或偶然因素的出现来调整管理策略、措施、步骤，以及选择管理方法。这是学校管理过程随机性的表现。

在学校中作为管理对象的人主要是教师和学生两大部分。教师居于“传道、授业、解惑”的地位，是“术业有专攻”的人，政治上的成熟和知识的相对丰富，使他们善思索，善判断，各有各的价值取向，但是也容易孤芳自赏。这些都要求管理者在协调教师关系、调动教师积极性的工作中要有教育和随机制宜的能力。学生正值长身体、长知识、世界观形成的时期，其身心变化日新月异，在管理上更不能固守一个模式、一套方法，要依据他们的年龄特点、个性特点及能力特点灵活对待。

由于学校管理过程具有随机性，管理者要敏锐地对待各项工作，要善于抓住时机及时地调节，要根据某时某地的具体情况、形势灵活处理问题。工作上要有弹性，留有余地。学校管理者面对复杂多变的管理对象，如果不采取科学的、创造性的和巧妙的办法进行管理，是难以奏效的，甚至还会出现僵局或导致矛盾激化。

四、目的性

目的性是管理价值观的体现。学校管理的最终目的是教育、培养人。这一目的指导着全部的学校管理活动。

学校管理活动从对象上来分，基本上可以分为对人的管理和对物的管理两大类。当前，以物为中心的传统管理向以人为中心的现代管理转变已是管理发展的明显趋势。学校管理也是这样。学校的任务由学校内的各类成员分担，他们由于共同的目标而相互联系。学生接受教育，是为了使自己发展成为合格人才；教师职工进行各项工作，是为了把学生培养成合格的人才；教师的教，学生的学，其目的是一样的。一所学校之所以需要管理活动，正是由于各类人员要汇集成一体去实现共同的目标。学校内各层次机构之所以需要管理活动，也是由于各机构成员具有共同的目标。学校管理活动得以存在和发展，首先在于它的目的性。任何一个组织，一旦没有了共同的目标，管理就失去了价值，甚至该组织的存在也无必要了。任何组织管理过程都是有其目的性的。学校管理过程的目的性是以育人为中心的，并始终贯穿其全过程。

五、有序性

学校管理是有规律的连续过程。从形式上看，它最大的特点就是活动的有序性，根本原因在于学生的成长是有序的，学校管理的有序性表现为学校各项工作是按阶段发展的。首先，学校有一定的学制，学制中规定有一定的学年、学期，而在这些期限内专业与行政、教育与教学、工作与休息等，都有一定结构比例，是阶段性进行的。其次，与此相应的学校管理活动也是按阶段发展的。正常的学校管理过程是比较稳定，按自身活动的阶段性有节奏地进行的。只有保持相当稳定的工作秩序，特别是教学秩序，学校的活动才有可能卓有成效，教育质量才有可能稳步提高。

六、控制性

控制是管理过程的重要职能，一切活动都是一个控制的过程。这是因为，学校管理是一种有自身目的和运动程序的控制系统活动。它在一定目的的指导下，依托一定的组织系统，按照一定的程序而运行，信息是其重要媒介。通过各种形式传递、变换和处理信息，了解和掌握学校工作的动态状况，及时发现学校实际工作和预期状态之间的偏差。要使学校系统的活动保持在一定的状态下和行进在一定的轨道上，那就需要调节。用调节来消除和克服变量的实际状况与预定要求之间的偏差，排除和减弱导致学校系统的活动脱离所需要状态的外界因素的影响，这就要采取相应措施，保证管理活动顺利地发展，如期实现预定目标。总之，控制活动过程的基本内容，在学校管理活动中都得到体现。因此，可以说，学校管理过程实际上是一种控制过程，因为管理学校工作也就是对学校各项工作的程序和环节采取有效的控制措施。

第三节　学校管理过程的基本环节

学校管理过程的环节是很多的，包括调查、分析、预测、决策、计划、组织、指挥、协调、控制、指导、检查、考核、评定、总结等。但在实际管理活动中，并不是每个管理过程都包括这些环节,有的是很重要的、必不可少的,有的则次要一些。对于很重要的、必不可少的环节,我们称之为基本环节。按戴明及大家的公认意见,管理过程的基本环节是计划、执行、检查、总结。

一、计划

要使管理目标得以实现,最终实现教育目标,就离不开计划。

计划是对学校未来工作进行的设计、部署和安排,也就是预先决定做什么,如何做,何时由何人做。

(一)计划的意义

1. 计划是实现目标的保证

教育目标依靠管理目标的实现而得以实现,而管理目标的实现是由计划提供保证的。因此,可以认为计划是为推进管理目标而铺设的轨道。

计划能使学校全员的行动对准管理目标。无论哪所学校,在完成任务、实现目标的历程中,不可能各方面人员都步调一致地向着目标方向迈进,这就需要通过计划来部署工作,安排活动,以防止偏离目标方向和作用互相抵消的情况出现。计划就是围绕要实现的目标去设法取得一种始终如一的、协调发展的管理结构。这个结构将成为人员行动的准则。

2. 计划是学校全员的行动纲领

学校工作范围广,头绪多,每项工作要达到什么标准,什么时候,采用什么步骤,由哪个部门或哪些人去做等,这些都必须事先有周密的计划和安排。计划可以使各部门及其人员预先知道自己的工作目标和任务,并使他们以此为依据去履行自己的职责。因而,计划是学校全员的行动纲领。

3. 计划是防止管理工作的盲目性,使之科学化的重要手段

现代学校管理要求合理地安排和使用人、财、物、时间等各类资源,以求得工作的高效率和高质量。计划正是从学校整体出发,周密地对全校各类资源和各项工作进行规划,以使学校工作有效地运转。

计划可以使学校管理工作程序化、规范化和条理化,它既可以避免工作中的内耗,鼓舞人的斗志,还可以增强组织机构的应变能力,提高管理效能。总之,计划是防止学校管理工作的盲目性,并使之科学化的重要手段。

(二)计划的种类

计划是多种多样的,按不同的标准可以把计划分为若干类。

按时间分类,可把计划分为长期计划、中期计划和短期计划。至于这些类别的计划应对应多长的时间,却没有统一的看法。有人认为长期计划应是5年以上的计划,中期计划是指1～5年的计划,1年以内的计划为短期计划。

长期计划主要是规划学校未来发展的远景蓝图。它主要涉及学校发展的重大问题,诸如学校发展方向、办学规模、质量标准、办学条件改善的程度、人员培养、生活福利设施的改进,以及学校管理水平的提高等。

中期计划是根据学校长期计划提出的要求,并结合每个学年的情况而制订的。学年计划应属于中期计划,它的主要内容包括上学年工作的经验和教训,本学年的工作目标和任务,现有的工作条件分析,各部门工作的具体任务和要求等。

短期计划是指学校的学期计划、月计划或更短时间内的计划。它是根据学年计划和各项活动而编制的具体行动计划,它把各项工作任务的完成落实到具体的时间和具体的组织或个人身上。

按工作性质分类,可分为常规性工作计划和临时性工作计划。

常规性工作计划是指日常工作的计划,如学校工作计划,部门工作计划,个人工作计划。

临时性工作计划是指对由于某种偶然原因而出现的工作做出的安排,尤其是根据上级临时下达的任务制订的工作计划。

(三)制订计划的要求

在制订计划的时候,要注意以下几方面的要求:

1.要有明确的指导思想

指导思想是计划的灵魂,只有指导思想明确,计划才具有指导性。这就要求学校管理者认真学习体会党的教育方针、政策和教育行政部门的指示、规定。根据教育事业的发展形势和本校的特点制订计划,以使计划成为全体师生的行动准则。

2.要规定出明确具体的工作任务和要达到的标准

计划是用来指导人员完成具体工作任务的,因而要有可操作性,不应是空洞、浮泛的文字游戏。这就要求计划要明确规定出具体的工作任务是什么,由谁在什么时候完成,应达到的数量、质量标准等。如果计划中工作任务不明确,完成任务的质和量的标准不明确,就指导不了工作,计划也就失掉了意义。

3.要从学校的实际情况出发

只有从自己学校的实际情况出发,制订的计划才有针对性和可行性,确立的目标才不至于落空。学校的实际情况主要指现有人力、物力、财力以及办学经验等。

计划是极富个性特点的,那种没有客观实际做基础,凭想象制订的计划是毫无指导作用的。

4.要突出学校的中心工作

制订计划既要统筹兼顾、全面周到,又要突出中心。没有全局的工作,就无所谓中心工作;不抓中心工作,就难以做好全局工作。学校工作头绪纷繁,内容庞杂,但作为培养人才的专门场所的学校有其自身的中心工作。学校的中心工作就是教学工作。在制订计划时,要在统筹安排全校各方面工作的同时,把教学工作放在突出的位置上,尽可能在人力、物力、财力上给予优先保证。这就是说,学校各项工作都要保证教学任务的完成。突出了教学工作这一中心,就抓住了办好学校的关键。计划的重要作用就是建立和稳定工作秩序,特别是教学秩序,保证教学这个主轴的最佳转动。

(四)制订计划的步骤

制订计划一般可分为四个步骤:

1. 掌握情况

对学校情况的充分掌握，对存在的问题和将要解决的问题的透彻了解，是制订好计划的前提条件。

掌握情况主要从两个方面着手。一是了解分析前一个管理周期的情况。这主要是了解分析原来已经在哪些方面做了工作，做到什么程度，还存在什么问题，经验是什么，教训在哪里。当然，科学化程度比较高的管理，这些情况基本上都可在前一周期的管理总结中了解到。二是了解分析当前的情况。这主要是了解分析当前社会背景、方针政策、办学条件、学生状况等。对当前情况，要通过多种途径和方式去调查了解，如通过检查、访问、座谈、观察和阅读文字材料等方式掌握情况。

2. 充分讨论

讨论的目的在于动员群众都参与到制订计划的工作中来，以得到更多的信息。这本身既是对计划的宣传，使之深入人心，又可以使学校管理者获得更全面、更真实的情况。充分讨论使计划的依据更可靠、更明确、更切实可行。

学校管理者要善于创造出畅所欲言、各抒己见的气氛，绝不可把它变成一种可有可无的过场。这样方可得到有价值的情况信息。

3. 拟订方案

通过前两个步骤的工作，应该说学校管理者已搜集了大量的材料，掌握了不少的情况。在此基础上，及时认真地对这些材料、情况进行整理分析、综合归纳，把问题找出来，把工作梳理出“辫子”，进而拟订出初步的计划方案。

计划方案还可采用先由学校管理者拟出，再交教职工讨论的方式；也可先讨论，集中大家的意见，再拟方案。可视情况或习惯而定，不过，前一种方式被更多的管理者采用。

4. 修改、确定计划

计划往往要经过反复的讨论、修改，最后才能确定下来，成为学校全员一定时期内的行动纲领。

修改计划是个由民主到集中的过程，对群众的意见、建议要进行认真分析、归纳，既不可不加选择地兼容并包，也不可一概拒绝采纳，对合理的、可行的意见和有价值的建议应收集到计划中去。

计划既是学校管理者创造性的劳动成果，又是群众智慧的结晶。计划一旦形成，就要进入实施阶段，因而计划是管理过程的开始环节。

二、执行

执行是把计划变成具体行动，使设想变为现实的阶段。它是实现管理目标的关键环节。在这个环节中，学校管理者要根据计划的要求，行使组织、指挥、协调、控制、指导、教育、激励等多种管理职能，使用好人、财、物，安排好事情和时间，尽最大努力调动各个方面的积极性，以保证计划的有效实施。这里不再全面介绍管理者所应发挥的职能作用，而着重强调应抓好以下四个方面的工作：

(一)进行有效的组织

管理者依据计划要求，在实际的管理活动中组合资源，落实安排，形成良好的结构，使人尽其才,物尽其用。对于管理资源的组合和安排,计划中虽已规定,然而事物是发展的,原有的设想与实际不可能完全重合,因此,在实施阶段进行有效的组织是完全必要的。领导人进行这项工作要善于授权,依靠各种分权管理发挥学校各层次机构的作用,使他们能够依照职权范围有效地组合运转各管理资源。学校领导者所要处理的只是下属各层次机构、职能部门管理之事,以及他们该管而又难以管理之事。如果不区分情况,事必躬亲,甚至包办代替,是很难把事情办好的。

(二)要给予及时具体的指导

执行计划的过程是各种因素都在起作用的动态过程,各种情况都会发生,因此,要求管理者经常深入一线的工作,给各个部门、各类人员以及时具体的指导。在方法上,应主要立足于引导、启发,而不是将指导强加于人或代行其事。一个优秀的管理人员,在指导工作时,应做到使被指导者心悦诚服地接受指导,从而调动起他们的积极性,达到提高工作效能的目的。同时,要根据实际情况,注意个别指导和全局指导相结合。

(三)要进行及时有效的协调

协调是管理者调整组织和人员之间的各种矛盾,使之为实现目标而和谐一致地进行工作的行为。在执行计划的过程中,各种因素都会发生作用,形成各种各样的复杂关系,产生一系列矛盾和纠纷。管理者要不失时机地进行有效的协调,以使各方面的人员取得共识,步调统一,相互配合,以使学校整体工作保持动态平衡。

在管理实践中,对复杂而激化了的矛盾,有一种“冷处理”的意见,即在对立情绪十分尖锐时,管理者干脆把它搁置一旁,不予过问,待到时机成熟了再作处理。这在通常情况下是不可取的,但在特殊情况下可适度采纳。

(四)要采用多种方式调动全校人员的积极性

学校全员高昂的工作热情和积极性是完成计划所规定的任务的根本保证,因此,必须多途径、多方式地调动教职工和学生的积极性。

学校管理者要积极诱导人们的需求与动机,使其产生实现集体目标的内驱力量。管理的根本目的在于调动人们的积极性、主动性,激发人们的创造性。学校管理要产生这样的效果,仅依靠行政命令是不行的,而应该着重于激发人们的内在要求,变他律为自律,激励就是很好的办法。当今时代的管理工作,激励已成为组织管理的重点。学校是从事精神生产——培养人的单位,学校领导者更应重视激励,在实施环节中针对不同的对象、不同的要求,采取物质激励或精神激励等符合实际的措施,以激发教职工的热情,共同办好学校。激励人员的积极性,首先是要切实做好思想政治教育,提高他们的思想觉悟,这在管理上具有治本的意义。其次是要科学地运用精神鼓励和物质奖励的方法,精神鼓励要起到应有的作用,必须有针对性和讲求实效;物质奖励切不可人人有份,一般说来,档次越多,差距越大,激励作用也就越大。再次是要制订科学合理的规章制度。

三、检查

检查是学校管理者了解计划实施的情况,促进目标实现的手段。它是学校管理的中继环节。通过检查,一方面可以了解各项工作的进展情况、各类人员的工作业绩,以及工作中亟待解决的问题;另一方面还可以检查计划的正确性,如发现原定计划有不当之处,可依据现实情况予以调整。因此,检查的过程是对管理目标和实施结果进行比较,肯定成绩,寻找差距,发现问题,确定解决问题的方法,推动学校工作沿着既定的轨道前进的过程。

有的学校管理者抓了制订计划这一环节的工作,也组织和执行了计划所规定的任务,但往往缺乏检查这一环节的工作。这就是"有布置,无检查",这是管理工作的一大忌。缺少了这一环节,工作则有头无尾,不能保质保量完成,有的工作任务甚至还会落空。这可谓"为山九仞,功亏一篑"。

在学校管理过程中,检查有十分重要的作用,归纳起来,有以下两个方面。

(1)对下级来说,检查具有监督和考核的作用。在检查阶段,各级管理机构和管理人员通过一定的方式,了解下级人员执行计划时的严肃性,即是否按计划去做,做到什么程度;了解下级人员实施阶段工作的创造性,即是否积极,工作是否有成效。对检查环节进行认真的管理将保证学校工作任务在数量上和质量上尽可能地达到计划中预定的目标。如果只有计划而无检查,计划就会落空,流于形式。经常的和定期的检查,将促进和推动实施阶段工作的顺利进行。

(2)对管理者来说,检查具有测度管理水平高低的作用。通过各种方式的检查活动,一方面可以衡量计划阶段决策的正确性和预见性,另一方面,可以衡量执行环节各种控制措施的有效性。因此,与其说检查的对象是下级人员,还不如说是针对管理人员自身的检查。

当然,从联系管理活动的前后环节来看,检查环节是执行环节的必然发展。执行不是无限度的,做到一定阶段要告一段落,即使一项较大的工作任务,也有一个尽头;在执行阶段进行之时,也可以划分成若干小的段落,在两个小段落之间插入检查,将有助于执行更趋顺利。同时,它还是总结环节的前提。没有检查,就没有总结。不做认真的检查,也就不可能产生像样的总结。

检查的方式多种多样。从时间上划分,有分散检查和集中检查。前者是在执行阶段之中进行的,具有及时、灵活的特点,对执行环节的工作所起的作用比较直接,但这种检查难以完整地分析问题。后者一般是在期中或期末进行,与执行环节有明显的先后顺序。这种方式的检查,能比较系统地分析执行阶段的进程状况和质量水平,对于后一周期工作的作用较大,而对于本周期的执行环节工作则少有直接指导意义。

从检查内容上划分,有专题性检查和全面性检查。一般说来,这两种方式在集中检查时用得较多。前者是针对控制实施中某个方面的问题进行的检查,具有深入细致的特点。后者往往在学期结束前后进行,是一种常规性的检查方式,它的特点是全面,对于掌握全局性情况来说是必要的,但又容易一般化,最好辅之以专题性检查,做到点面结合。

从检查者角度划分,有自查、互查和专查三种。自查是部门或人员对本职工作的自我检查,如教导处对教学管理工作的检查,教师对个人教学情况的检查。这种方式能增强部门负责人和教职工的责任感与自觉性,对本部门和本人的工作可起到调节作用。互查是部门之间或个人之间的互相检查,如教研组的教师互相听课、评议。这种方式运用得当有利于同事之间的互相帮助，取长补短，促进工作的改进。专查是领导部门或上级管理者对某单位或某些人专门进行的检查，其目的尤为明确，针对性强，故检查的作用更为显著。

四、总结

总结是对计划执行的情况和结果做出全面公正的评价，以便在管理的下一个过程借鉴成功的经验，吸取失败的教训，使今后的工作提高到一个新的水平。

学校工作计划制订以后，经过一段时间的实施，不仅需要检查，而且还要在检查的基础上，按照计划提出的预定目标进行总结。总结是检查的继续，它标志着学校管理活动一个周期的结束，又预示着下一周期的开始，起着承前启后的作用。因此，在一个周期结束时，运用科学方法，对已做过的工作进行评估，肯定成绩，找出缺点，总结经验教训，探索管理规律，指出下一周期应努力的方向，这对于积累经验，提高管理水平、效能都具有十分重要的意义。

总结一般分全面总结和专题总结。无论哪种总结，都要在发动群众的基础上，按照以下要求进行。

(一)要有明确的目的

做好总结，首先要明确总结的目的，树立正确的指导思想。总结是对管理活动的再认识，通过对管理活动整体的分析评价，明确经验教训，进一步掌握活动规律，以有效地改进工作，进一步提高积极性和管理的自觉性。因此，总结要严肃认真，切实具体。切忌走过场、空发议论等形式主义的做法，更要对应付了事、追求时尚、沽名钓誉的陈腐作风进行制止和杜绝。

(二)应以计划目标作为评估绩效的标准

总结是对计划的执行情况进行评估，因此，它应当以计划为依据，以计划原定的工作目标作为评估绩效的标准和尺度。如果置原计划于不顾而随意总结，那么，总结也就没有明确的依据，无法判断管理结果的进展快慢、利弊得失，也就无法确定失败教训的性质和程度，无法断定成功经验的原因和意义。同时也就无法判断原计划的好坏，无法得出是否坚持原计划的判断。如果都像这样只是进行随意性的总结，我们将永远成不了自觉的管理者。

(三)要以检查为前提

总结是检查的后续阶段，它是在检查的基础上进行的，没有有效的检查，就不可能有真正符合客观实际的总结。因此，总结要以检查所获得的事实、数据为基础，根据总结的要求分析、筛选这些信息，确定它们的信度、效度，据此进行事实判断和价值判断。这样的总结才能扎实有效。

(四)要以科学的理论为指导

总结要以马克思主义唯物辩证法作为分析研究材料的方法论基础，认真总结经验以明得失，提炼理论观点以进一步提高。

(五)要实事求是,客观公正

要有全面的、真实的、有效的实际材料为事实依据,以保证总结的客观、公正。总结是“做出来”的,而不是“想出来”的或“写出来”的。总结不能想当然,更不能采用浮夸虚报的数据进行总结。

(六)要对经验和教训进行概括和提炼,使之上升为理论

高质量的总结是一项创造性的工作,它是由感性经验上升到理论形式的活动。总结不仅要做到实事求是,客观确切,还需要把大量分散、零碎的经验和教训进行去粗取精、去伪存真、由此及彼、由表及里的抽象、概括,使之成为探索学校管理规律的活动。

计划、执行、检查、总结是学校管理过程中相互联系的四个基本环节,是学校管理工作必然的逻辑发展过程。它们各有自己的任务,相对独立存在,又彼此结合,相互渗透,互补共生,并且按照一定的秩序围绕学校工作的总体目标周而复始地协调运转。其中,计划是学校管理过程的起始环节,统率着整个管理周期;执行是管理过程的中心环节,是为计划实现服务的;检查是管理过程的中继环节,是对执行的监督,也是对计划的检验;总结是学校管理过程的终止环节,是对计划、执行、检查的总评价,也为制订下一阶段的计划提供依据。这四个环节有机结合,构成了一个完整的管理过程,而学校管理活动也在这几个环节周而复始的循环运动中不断向前推进。当一个循环周期过程结束后,又开始进入下一周期,如此循环往复。而每一次循环,都使学校工作进入到一个新的阶段,并使它在一个更高的水平上运行。

第四节 学校管理过程的优化

学校管理过程表现为时间的延续和空间的位移,空间环境的优化是学校管理过程优化的重要方面。影响学校管理过程的环境因素很多,有内部环境与外部环境。学校管理过程是一个动态的系统工程。要提高学校管理质量,保证各机构、人员按学校计划有序地运转,调动全体人员的积极性,必须优化学校管理过程的环境。而学校管理的内部环境优化是学校管理过程优化的根本所在。

一、学校管理的内部环境优化

(一)依靠全员管理学校

学校管理最重要的是要依靠全体人员管理学校,调动所有人的工作积极性。因此,要充分调动学校管理者、教职工、学生等的主动性和积极性,发挥管理育人、教书育人、服务育人、自我教育的作用。

1.校长要尽心尽责地管理学校

校长是学校的主要负责人,也是学校首要的管理者,他对学校工作负有全面责任。他要通过认真履行自己的职责,进行管理育人。

校长必须合理而充分地运用自己的权力影响和非权力影响，将全体人员团结起来，朝着共同的目标奋进。因此，校长要提高自己在群众中的威信，以自己高尚的品德、人格、丰富的知识与较强的能力，对群众产生吸引力，将群众团结在自己周围，依靠全体人员的力量办好学校。

2. 充分依靠教职工管理学校

教职工不仅是管理的对象，还是管理的主体。党和国家的教育方针、政策主要靠教职工贯彻，学校教育教学任务主要靠教师完成，学生的健康成长主要由教职工教育引导，学校的财物、时间主要由教职工安排。因此，办好学校必须充分依靠教职工，调动他们教书育人、服务育人的积极性。教职工应该以主人翁的姿态参与学校管理，对学校管理过程进行监督、评价，对学校规划、职工生活、制订规章制度、考评干部、校园文化等进行综合的管理。因此，学校领导者要尊重教职工的主人翁地位，创造条件让教职工参与管理，完善日常例会制度和教代会制度，建立民主监督制度，把领导干部置于教职工监督之下。

3. 引导学生进行自我管理，培养学生的自我管理能力

学生是学校管理的对象，是被管理者，但在学习、生活和多种社会活动中常常担任管理者的角色。要管理好学校，还必须引导学生进行自我管理。

自我管理是学生把自己作为管理对象，依据一定的行为规范和要求，自觉调节和控制自己的行为，从而使自己的思想、品德、行为向更好的方向发展的过程。有效途径有自我认识、自我反省、自我控制、自我调节等。随着学生年龄的增长，知识的积累，自我意识的发展，会逐渐借助一定的行为规范，给自己提出管理目标，通过有意识的锻炼和实践，培养自己的自治、自理能力。学生自治、自立、自强是形成自我管理能力的重要形式。学校领导者和教职工要从多方面创造条件，培养学生的自我管理能力。

(二)完善各种机构，建立和健全规章制度

学校的组织机构是学校管理的主要手段，完善的组织机构是学校管理成功的必要条件。为此，要实现学校人力、物力、财力等因素的最优组合，必须建立和完善组织机构。此外，还必须建立和健全各种规章制度。

规章制度是学校管理的重要手段。其内容有：从宏观上讲，党和国家、上级教育行政主管部门制定的规章制度，如《中小学教师职业道德要求》、《中小学生日常行为规范》等；从微观上讲，主要是学校制订的规章制度，如学校工作人员职责、部门管理制度、学生课堂常规、学生纪律守则、教学工作制度、图书室实验室管理制度等。

要制订科学、合理、可行的规章制度，使学校管理科学化、制度化；处理好制度的相对稳定与适时修订的关系，将民主管理与科学管理、动态管理与静态管理结合起来，以收到最佳的办学效益。

(三)创设良好的育人环境

学校管理活动总是在一定的环境中进行。环境是进行管理活动不可缺少的条件。学校管理活动的职能就是利用一定的教育设施和环境教育学生。良好的育人环境对于陶冶情操、启迪思想、激励情感具有重要作用。“孩子在他周围——在学校走廊的墙壁上、在教室里、在活动室里——经常看到的一切，对于他精神面貌的形成具有重大的意义。”“孩子

周围的环境应当对他有所诱导，有所启示。”①

育人环境分为物质环境和精神环境。物质环境包括地理位置、建筑设施的空间排列顺序、颜色搭配、绿化、清洁卫生、空气、光线等。良好的育人物质环境不仅表现在教育设施的造型、空间关系上，而且还表现在建筑设施与其他设施的协调上。典雅明快、新颖别致、造型奇特的建筑物，无疑会激发学生的想象力、创造欲望，培养良好的行为习惯；而办公大楼、教学大楼、宿舍食堂、运动场、校办工厂、绿化带等的合理分布、自然协调、实用经济，又会使其形成一个完美的序列结构。清洁的校容，优美的校园，新鲜的空气，充足的光源，安静的环境，会激发师生乐观的情绪，形成健康向上的生活态度。

学校的物质环境优化可看做是一种“硬件”优化，精神环境优化则是“软件”优化。精神环境包括校风、学风、教风、人际关系、生活方式、价值取向、精神状态等。它涉及课堂教学、社团活动、闲暇活动，涉及教室、办公室、俱乐部、图书馆、食堂等多个场所。良好的校风、教风、学风，和谐的人际关系，积极的生活方式，完善的文化娱乐设施等对于增加学生的知识、活跃生活起着巨大的作用；不良的校风、教风、学风，错误的舆论导向，消极的生活态度，枯燥的文化娱乐方式等会使不良习惯得以滋生和蔓延。校风与人际关系是学校精神环境的重要组成部分，对师生影响极大。因此，要创设良好的校风与和谐的人际关系，以及用教师良好的榜样作用和学校的优良传统来教育人。

二、学校管理的外部环境优化

(一)优化政治经济环境

教育受政治经济制度的制约。政治制度的变迁、经济发展的水平及人民生活的水准，都从宏观上影响着教育，也必然影响着学校管理过程。故要大力加强物质文明和精神文明建设，改革和完善不适应社会发展的制度，保证实现人民的民主权力，健全法制规章，深化各方面的改革，建立具有中国特色的、充满活力与生机的经济体制，促进社会生产力的发展。同时制定、颁布、健全政策法令，尤其是关于教育工作的法规法令，为我国教育事业的发展，学校管理的顺利进行，创造良好的政治经济环境。

(二)重视教育理论的学习和研究

学校教育管理与教育理论研究有密切的联系。教育理论为学校管理活动的开展提供了理论依据。学校领导者要认真学习教育理论，端正教育思想，明确培养目标，提高教育理论素养。

(三)优化社会环境

要顺利进行学校管理，提高效率，必须从整体上优化社会环境，尽可能优化学校周围的社区乃至乡镇、市、县的社会环境，创造有利于学生健康成长的环境。利用积极的社会因素，克服消极的社会因素的影响。

学校应采取有效措施，充分发挥社会各种教育力量的作用，如与附近的乡镇、街道、工

---

① 苏霍姆林斯基.帕夫雷什中学[M].北京:教育科学出版社,1983.146

厂、机关、文化教育单位等建立固定联系，逐步建立学校与社会相互协作的教育形式。

学校管理过程是一个系统工程。只有对学校管理的内部、外部环境进行优化，才能从根本上保证学校管理的高效益和育人的高质量。

【要点小结】

1. 我国学校管理学界普遍推崇美国管理学家戴明所创立的管理过程四环节理论，这四个环节是计划、执行、检查、总结。

2. 学校管理过程具有六个特点。一是育人性，是对学校中人、财、物等进行合理调配、周密组织、精心使用，对受教育者施加影响，促进其德、智、体全面发展，顺利实现教育目标的过程；二是循环性，学校工作每天、每周、每学期、每学年都按一定的程序循环进行；三是随机性，以人为主要管理对象的学校管理过程须时时根据实际情况或偶然因素的出现来调整管理策略和措施、步骤，以及选择管理方法；四是目的性，学校管理的最终目的是教育、培养人，这一目的指导着全部学校管理活动；五是有序性，学校管理是有规律的连续过程；六是控制性，学校管理是一种有自身目的和运动程序的控制系统活动。

3. 学校管理过程包含四个基本环节。一是制订计划，二是执行计划，三是检查计划执行情况，最后是对计划执行的情况和结果做出全面公正的评价，以便在管理的下一个过程采纳成功的经验，吸取失败的教训。

4. 优化学校内部管理环境需要全校教职员工、学生的共同参与，也要完善各种机构，建立和健全规章制度，还要创设良好的育人环境。优化学校外部管理环境需要优化政治经济环境、重视教育理论的学习和研究、优化社会环境。

【学业评价】

1. 学校管理过程有哪些特点？
2. 学校管理过程包括哪些基本环节？
3. 结合实际论述如何优化学校管理过程。

【参考书目】

1. 苏霍姆林斯基. 帕夫雷什中学[M]. 北京：教育科学出版社，1983
2. 毛泽东选集(第1卷)[M]. 北京：人民出版社，1956
3. 马克思恩格斯选集(第4卷)[M]. 北京：人民出版社，1974

第四章

学校管理体制

【本章知识结构】

- 学校管理体制的含义和作用
- 我国建国以来学校管理体制的变迁
  - 军管制
  - 校长负责制
  - 党支部领导制
  - 地方党委和教育行政部门领导的校长负责制
  - 革命委员会制
  - 党支部领导下的校长分工负责制
- 校长负责制
  - 校长负责制的含义
  - 实行校长负责制的社会背景
  - 实行校长负责制的理论依据
  - 实行校长负责制应调整的几个主要关系
- 对我国学校管理体制改革的概观和完善校长负责制的思考

【学习目标】

1. 理解学校管理体制的概念。
2. 学会分析新中国成立以来我国学校管理体制的变化并能总结其得失。
3. 掌握校长负责制的含义并理解其实行的社会背景及理论依据。
4. 能分析校长负责制的优缺点并能提出完善我国校长负责制的措施。

第一节　学校管理体制的含义和作用

学校管理体制是学校人员配备、机构设置、机构隶属关系和权力范围等方面的体系和制度的总称，主要包括学校的组织机构，人事结构，学校党、政、工三者具体的职能关系，以及学校由谁领导和负责等内容。

学校管理体制体现了两部分内容，一是它的外部，即指学校与中央、地方政府的教育行政部门的隶属关系，也就是确定学校在这个总体中的位置、领导内容、领导范围以及与其他有关部门的关系。二是它的内部，即主要指学校中的党、政、工之间的关系等。

学校管理体制直接左右着学校的主要管理工作，是直接影响学校全局工作的关键因素，是办好学校的首要问题。这是因为，学校教育目标是通过学校管理目标的实现而实现的，而学校管理目标的实现有赖于正确的管理思想、方法、措施和科学合理的体制。其中，体制又是最核心的成分。

具体说来，学校教育改革的内容很广泛，包括教育思想、教育结构、学制、课程、教材、教学方法、教育手段、教育管理等。我们所进行的教育改革既是现代教育体系的自我完善，又是教育发展的客观要求。可以说，教育改革是一个普遍性的不断自我完善和发展的过程。因此，必须在学校中建立起一种能够不断自我完善、自我发展的机制。所谓机制，是不依靠外力推动即足以使人们产生某种思想和行为的内在驱动力。学校管理体制改革的直接动因即为排除积弊，建立起此种自我优化的机制。

学校是直接组织实施教育的专门机构，国家的教育目标、教育改革的各项要求都要通过教育工作来实现。因此，学校的工作状况，学校干部和教师积极性的发挥，对于教育的发展和改革有着重要的意义。学校的状况、干部和教师的积极性发挥固然与学校人员的素质关系很大，但是学校管理体制是否科学、合理更具有决定作用。管理体制科学合理，可以充分发挥组织和人的积极性，促进人的素质不断提高，抑制消极作用；管理体制不合理，使人难以充分做事，甚至流弊丛生。从实质上说，管理体制是人们生产和工作关系的定型化、模式化。与人的素质、作风和工作比起来，管理体制更具有根本性、普遍性的意义。

因此，可以说学校管理体制改革是教育发展和改革的基础。邓小平同志说："体制搞得合理，就可以调动积极性。"①学校各方面人员有了积极性，不愁推动不了工作。

第二节　我国建国以来学校管理体制的变迁

研究管理体制的沿革，是为了总结经验，吸取教训，以作为当前进行管理体制改革的借鉴。

新中国成立60多年来，我国普通教育学校管理体制经过多次变动，这种变动是由政治、经济的形势变化所决定的。其沿革情况如下所述。

一、军管制

这是新中国成立初期，解放军接管学校时实行的一种制度。在这种体制下，学校管理者是军代表，分工不细或基本上没有什么分工，主要是接管领导权。这种体制实行的时间很短，大致从1949年到1950年，其后由校务委员会制代替。在当时阶级斗争十分尖锐的情况下实行军管制，对于废除封建的、买办的、法西斯的教育，实行民主的、进步的教育，以及安定民心、稳定学校都起了很重要的作用，这种体制是特殊历史条件下的产物。紧接着

① 邓小平文选(1975～1982)[M].北京：人民出版社，1983.51

这种体制之后所建立的校务委员会制在当时起了维护学校秩序，发扬民主，促进学校初步发展的作用，但是这种体制容易产生极端民主化和工作无人负责的现象。

二、校长责任制

1952 年，中央政府制定了《中学暂行规程》(草案)和《小学暂行规程》(草案)，其中对中小学的领导体制规定为"校长责任制"，设校长一人，负责全校工作，必要时设副校长协助校长工作。

校长责任制的具体内容是指校长在上级党委和教育行政部门领导下负责领导学校的全部工作；负责执行国家制定的教学计划、教学大纲和上级的各项政策、法令、决议、指示和规章制度等。即学校一切问题，校长有最后决定权。这种体制，在贯彻党和政府的方针政策，提高工作效率，体现以教学为主，提高教育质量、培养优秀人才等方面都起了积极作用。其缺点是没有建立监督机构和制度以避免校长个人独断专行。第一个五年计划期间，我国中小学主要是实行这种领导体制。

三、党支部领导制

1958 年 9 月，党中央、国务院颁布了《关于教育工作的指示》，其中规定了一种新的体制，它指出："一切教育行政机关和一切学校，应该受党委的领导……一切中等学校和初等学校，也应该在党委领导之下。"这是基于 1957 年反右斗争对校长责任制的否定提出来的。从这以后，各级党委反复强调要加强党对学校的领导，并规定所有中小学都要创造条件成立党支部。由于过分强调党支部的领导，实际上逐渐形成了以党代政、党政不分的局面，行政机构和行政负责人很难发挥作用，限制了一批人的积极性的发挥。

四、地方党委和教育行政部门领导下的校长负责制

党支部领导制度实行 5 年后，人们认识到一些弊端，于是开始寻求一种既能保证党的领导，又能发挥行政负责人的作用的体制。1963 年 3 月，教育部颁布了《全日制中小学暂行工作条例》(草案)，其中规定："校长是学校负责人，在当地党委和主管教育部门的领导下，负责领导全校的工作。""学校党支部对学校行政工作负有保证和监督的责任"。实行这种管理体制之后，学校党政干部之间职责分明，矛盾较少，行政机构的作用发挥较好，学校工作体现了以教学为中心，整个教育工作也出现了新的面貌。

五、革命委员会制

1966 年"文化大革命"开始，对 1952 年颁布的《中学暂行规程》(草案)和《小学暂行规程》(草案)进行了猛烈批判，把校长责任制说成是"反对党对中小学的领导"，"是修正主义教育路线的产物"，从而全盘否定了这种体制。"文化大革命"运动的发展，打乱了原来的体制，先代之以"文革领导小组"，继而出现了军宣队、工宣队、贫宣队来领导学校。1967 年开始实施革命委员会这种体制，连校长的名称也没有了。学校的行政第一负责人被称为革命委员会主任。

革命委员会领导时期，执行的是以阶级斗争为纲、以政治冲击一切的路线，以劳动代替教学，否定教学的中心地位，其结果是教育质量极为低劣。革命委员会制历时10年。

六、党支部领导下的校长分工负责制

粉碎“四人帮”后，教育部对1963年颁发的中小学工作条例进行了修改，并于1978年9月下达修改稿《全日制中学暂行工作条例》（试行草案）和《全日制小学暂行工作条例》（试行草案）。修改的内容不多，但对学校领导体制作了重大修改，即把“当地党委和主管教育行政部门领导下的校长负责制”改为“党支部领导下的校长分工负责制”；把“学校党支部对学校行政工作负有保证和监督的责任”改为“党支部领导学校各方面的工作，学校的一切重大问题必须经过党支部讨论决定”。30多年来，中小学主要是实行这种领导体制。应该指出：这个修改稿是十一届三中全会以前的文件，那时人们的思想远未解放，关于学校党支部和学校行政的关系，修改稿恢复了1958年的提法。有些地方还可以明显地看到“文化大革命”的影子，例如，把“领导和组织师生参加生产劳动”改为“领导组织师生学工、学农、学军”。1978年12月召开的十一届三中全会，号召全党全民解放思想，“开动机器”，努力研究新情况、新事物和新问题。广大教育工作者在十一届三中全会精神的鼓励下，对修改稿提出了许多意见，不少地区还自发地试行校长负责制。当然，在当时特殊的历史环境中，实行这种体制，对于拨乱反正，建立正常的教学秩序，还是起了一定的积极作用。

以上的介绍，使我们认识到，领导体制问题是一个关系到能否顺利实现教育目标的根本问题，应认真研究；什么时候管理体制符合学校工作的特点，什么时候管理效能就高。60多年来，除个别极荒唐的体制外，大多数体制都是既有优点也有缺点的，这使我们感到任何一种体制都不可能十全十美，必须不断地探讨，不断地改革。既然不可能有一种至善至美的管理体制，因而体制改革活动也就不会有终结的时候。

第三节 校长负责制

1985年发布的《中共中央关于教育体制改革的决定》（以下简称《决定》）中指出：“学校逐步实行校长负责制，有条件的学校要设立由校长主持的、人数不多的有威信的校务委员会作为审议机构。要建立和健全以教师为主体的教职工代表大会制度，加强民主管理和监督。”这是在总结了新中国成立以来学校管理方面的经验和教训的基础上提出来的管理体制，它反映了新时期国家建设的总任务对学校管理的要求，因此，实行校长负责制是历史的必然。

1993年2月发表的《中国教育改革和发展纲要》（以下简称《纲要》）又对学校内部领导体制作了明确规定：“中等及中等以下各类学校，实行校长负责制”，“实行校长负责制的中小学校和其他学校，党的组织发挥政治核心作用”。从《决定》的颁布到《纲要》的发表，经历了8年，从《纲要》的发表到现在，又超过了18年。20多年来，对校长负责制的认识和实施经历了一个曲折的过程，而且，到现在都还有不少问题需要探讨，校长负责制还需进一步完善。

一、校长负责制的含义

校长负责制是这样一种体制:校长是学校行政总负责人,他拥有人权、财权、行政决策权,负责领导教育教学和行政管理工作,对上级党政领导部门负责,对外代表学校,是法人代表;党支部是学校的政治工作核心,对贯彻党的方针政策起监督保证作用;教职工代表大会和校务委员会对学校工作实行民主管理和监督。

现在实行的校长负责制,从学校内部来看,包括三方面的内容:一是校长全面负责学校教育教学和其他行政工作,对校内重大问题有依法决策指挥权,对外代表学校,是学校的法人代表。因此,校长在学校行政工作中,具有最高的职位、相应的权力,对学校行政工作负全部责任。二是党支部监督保证,发挥政治核心作用和党员的先锋模范作用,从组织上、思想上、舆论上、法纪上、工作上全方位地监督,保证校长正确地行使权力和党的教育方针、政策在学校的贯彻执行,以及使政令畅通。三是教职工民主管理,建立教职工代表大会制度和校长领导下的校务委员会,或者成立校董会和校外教育委员会,作为民主管理学校的咨询、议事、协调机构。此外,还有上级党委和政府的领导以及教育主管部门的检查督导,构成完整的校长负责制。

因此,校长负责制是校长全面负责、党支部保证监督、教职工民主管理这“三位”构成“一体”,这就从理论上避免实行校长负责制后会出现校长独断专行、家长式领导等问题。现阶段的中小学校长负责制,从体制上讲,它必须符合我国当前的根本制度,因而它应满足两个基本要求:第一是坚持党对学校的领导,第二是保证教职工群众的主人翁地位。学校党组织的政治核心作用是党的方针政策得到贯彻落实,我国办学方向和原则得以坚持与实现的组织保证;教职工的主人翁地位,由学校的社会性质所决定,是发挥群众积极性和创造性,从而增强活力、提高办学效益的要求。所以,我国学校的校长与西方学校的校长有本质的不同,他是受托于上级领导部门负责学校工作,要接受学校党组织和教职工群众的监督。就其本质来说,校长是为师生、员工服务的。这就是说,学校党组织和教职工代表大会的作用必须纳于校长负责制之中。不能把校长的决策权和指挥权简单理解为可以只凭个人感情和意志办事,而应看成是在党的方针政策指导下,在党组织的保证和监督下,在集中广大群众智慧的基础上,通过校长意志体现出来的集中领导和指挥。

当然,以上是理论上的论证,实际工作中会出现各种问题和偏颇。但这些问题和偏颇,也正是教育改革中要力求解决的。如目前对校长负责制有种种错误的理解。有的地方把校长负责制与党支部领导下的校长负责制混为一谈,有的认为校长负责制就是校长、党支部、教代会“三分天下”,有的把校长负责制简单地看成是校长说了算等。这些都是对校长负责制的片面理解。《中国教育改革和发展纲要》中提到的校长负责制是指主管部门领导下的校长负责制,不弄清校长负责制的本质含义,也会影响到这一体制的有效实施。

二、实行校长负责制的社会背景

任何一种管理体制的产生都是有其社会历史背景的。校长负责制是在现代化建设的新时期党的工作转移到以经济建设为中心,旧的管理体制不能适应现代化建设对学校工作要求的情况下实行的管理体制。

中华人民共和国成立60多年来，实行得最长的是党支部领导下的校长分工负责制。实践证明，这种体制不适应社会主义现代化建设的要求，它严重阻碍了整个教育工作的改革和教育事业的发展，严重影响了办学效益。其弊端包括以下五个方面。

(一)党政不分，以党代政，党支部包揽了学校中的一切工作，不能充分发挥校长及行政系统的作用

这种体制决定了校长在党支部领导下进行工作，校长只是具体执行而已，日常工作也得请示书记。书记没有同意，校长不敢做主，实际上成了书记说了算。书记有这种权力，但又对行政工作没有责任，这就必然要出现工作上的推诿拖拉现象。以党代政的问题不解决，就很难改善和加强党的领导。有所不为，才能有所为；有所不管，才能有所管，这是符合辩证法原理的。只有把党政工作分开，才能充分发挥行政系统的积极性。

(二)职责不明，工作界限不清，领导与负责分离

党支部领导而不是负责者，校长负责而又不是领导者，这样在工作上就会出现无法明确分工的问题，就会出现该领导的可能不领导，该负责的可能不负责的情况。职、责、权统一是学校管理的一个基本原理，所以，领导与负责应一致，既然是领导就应该负责，要负责就应该领导。

同时，“校长分工负责”导致了校长与副校长地位并列，这样对每一件事每个校长都有同样大的权力进行否决或赞成。在管理活动中，这就容易产生各吹各的号，各唱各的调，指挥系统混乱的现象。

(三)管理层次多，工作效率低

党支部领导下的校长分工负责制在校长头上加了一个管理层次。校长成了实际上的中层干部，这样学校内部的管理层次就成了书记→校长→主任→教研组长。层次越多，管理效率就越低。常常是党支部作出的决定，要召开行政会议统一认识；行政会议研究的问题，要等党支部书记最后拍板，这中间必然会浪费很多时间，必然延误工作。而且，层次越多，伴随而来的矛盾也会增多，内耗增大。同时，书记不可能事事都在行，结果常常就像列宁所指出的那样：“如果我们把内行人和外行人集合在一个委员会里，那就会造成意见纷纭和完全不协调的现象。”①

(四)不利于上级教育行政部门检查和指导学校的工作

教育行政部门派下去的干部很难发挥作用。因为学校是在党支部领导下开展工作的，代表教育行政部门的干部无权检查和指导党支部的工作。他们只能检查和指导行政系统的工作，但行政系统的校长又不是领导者，没有资格独立行使决策权，这就使得上下级之间处于一种尴尬的地位和不伦不类的关系中。

(五)缺乏领导与监督的明确关系

在党支部领导下的校长分工负责制下，一切事情均由党支部决定，校长夹在中间，缺

① 列宁全集(第3卷)[M].北京：人民出版社，1974.522

乏一个监督系统，教职工对党支部的监督又很难进行。而实践证明，不被监督的领导难免有脱离党的方针政策以及产生个人独断专行的可能。

以上弊端，严重地阻碍了学校管理工作的高效率进行，无法适应新的历史时期国家对教育的要求，这就必然要求对体制进行改革。邓小平同志十分重视管理体制中存在的诸多问题。他说："在管理制度上，当前要特别注意加强责任制……现在，各地的企业事业单位中，党和国家的各级机关中，一个很大的问题是无人负责。名曰集体负责，实际上等于无人负责。一项工作布置之后，落实了没有，无人过问，结果好坏，谁也不管。所以急需建立严格的责任制。"①并告诫说："如果现在再不实行改革，我们的现代化事业和社会主义社会就会被葬送。"②正是在邓小平同志这一体制改革思想的指导下，广大教育理论工作者和实践工作者对我国现阶段的政治经济形势、教育状况、原来学校管理体制的利弊做了深入分析，打开了思路，提高了认识，进而提出了校长负责制这一适应新的历史时期社会发展要求的体制。

三、实行校长负责制的理论依据

在新的历史时期，随着教育事业的发展，管理内容越来越丰富，没有集中统一的、高效率的指挥，就难以适应新的教育形势的要求。这一道理源于列宁的"一长制"理论。列宁提出的"一长制"理论的科学依据是社会大生产的客观要求，他说："任何大机器工业，即社会主义的物质生产源泉和基础都要求无条件的和最严格的统一意志，以指挥几百人、几千人以至几万人的共同工作。这一必要性无论从技术上、经济上或历史上来看都是明显的。一切想实现社会主义的人，始终承认这是实现社会主义的条件。可是怎样才能保证意志最严格的统一呢？这就只有使成百上千人的意志服从于一个人的意志。"③列宁的这一思想最早见于他的《苏维埃政权的当前任务》一文。此前，在马克思的著作中，已有了关于"一长制"理论的萌芽。马克思说："凡是有许多人进行协作的劳动，过程的联系和统一必然要表现在一个指挥的意志上……就像一个乐队要有一个指挥一样。"④马克思在这里强调的"就像一个乐队要有一个指挥一样"指的是一个单位必须有一个首长负责。只不过他那时还未将之归纳为"一长制"这一提法。列宁顺着这一思路进行开拓和创造，创立了"一长制"系统理论。列宁指出："在共同工作的人们有理想的自觉性和纪律性的情况下，这种服从就很像随着音乐指挥者的柔和指挥一样。如果没有很理想的自觉性和纪律性，这种服从可以通过严厉的独裁形式来实现。但是，不管怎样，为了使这种按大机器工业形式组织起来的工作能够顺利进行，无条件服从统一意志是绝对必要的。"⑤这段论述仍然出自发表于 1918 年 3 月的《苏维埃政权的当前任务》一文。至此，列宁还没有使用"一长制"这个提法，到 1918 年 4 月底召开的全俄中央执行委员会会议时才正式使用了这一提法。从此，"一长制"便确定为管理体制的一种类型。但是真正实行这一体制，还是 1934 年的事情。

---

① 邓小平文选(1975～1982)[M]. 北京：人民出版社，1983. 140

② 邓小平文选(1975～1982)[M]. 北京：人民出版社，1983. 140

③ 列宁全集(第 3 卷)[M]. 北京：人民出版社，1974. 520

④ 资本论(第 3 卷)[M]. 北京：人民出版社，1972. 431

⑤ 列宁全集(第 3 卷)[M]. 北京：人民出版社，1972. 521

其间列宁对这一体制作了充分的论证。

针对一些人认为“一长制”与民主管理原则相违背这一看法，列宁说：“不久以前，在讨论改组和正确安排铁路运输的问题时，发生了这样一个问题：一长制（也可称为独裁制）同一般的民主组织，特别是同委员制的管理原则，同苏维埃社会主义的组织原则有多少一致的地方。显然最普遍的意见是认为根本谈不上什么一致，认为一长制无论同民主制，同苏维埃国家形式或者同管理方面的委员制都是势不两立的。这种意见真是错误到了极点。”①列宁接着指出：“为了避免受害匪浅的多头领导和无人负责的现象，就必须用各岗位能负起责任来的领导人指挥，使整个机构实行一长制的管理。”②

那么，“一长制”是不是不管历史条件，任何时候都可实行的体制？对此，列宁说：“集体管理制是建设初期萌芽的东西，在组织形式已经确定、已经比较稳定的情况下，要进行实际工作，就必须实行“一长制”。因为这种制度最能保证更合理地利用人力，最能保证在实际上而不是在口头上检查工作。”③

“一长制”就是全体人员服从一个行政领导人的意志，在集中统一的指挥下进行工作的体制。这种体制可以杜绝多人领导而又无人负责或不负责任的现象。综观列宁对“一长制”的论述，可以概括出以下几个要点。

(1)“一长制”是大工业生产或现代社会的必然要求，是集体领导制的发展形式。大工业生产规模扩大，人员增多，涉及的社会因素复杂，信息量剧增，这就在客观上要求以一个人的意志来反映大多数人的意志，以便统一步调，及时抓住时机，提高效率。列宁指出：“我们不能把苏维埃政权在军事建设中取得的经验看做孤立的经验……这个经验经过了有规律发展的道路，首先是偶然的、不明确的集体管理制度，后来是那种成为军队的一切机关都遵守的组织制度的集体管理制，而现在，照总的趋势看，一长制已经是唯一正确的工作方法了。”这是因为“集体管理制在最好的场合下也要浪费大量人才，不能保证集中的大工业环境所要求的工作速度和工作的精确程度”。④

(2)“一长制”着重强调的是在执行环节上的个人负责制。对“一长制”，不能理解为包括对整个学校组织在内的总体工作“一长制”。整个组织系统通常应包括决策系统、执行系统、监督系统、反馈系统等，因而产生了决策、组织、指挥、协调、控制等职能。其中组织、指挥、协调多属执行环节。决策不宜采用“一长制”，执行才必须实行“一长制”。列宁说：“我们既需要委员会来讨论一些基本问题，也需要个人负责制和个人领导制来避免拖拉现象和推卸责任的现象。”并进一步明确指出：“领导者只是在工作的时间内，在纯粹执行的职能上对违反劳动纪律的人行使独裁的权力。”⑤

(3)“一长制”并不是不要民主，而正是以民主精神为基础的。列宁说：“专政和一长制同社会主义民主制并不矛盾。”⑥管理者“应当学会把劳动群众举行群众大会这种汹涌澎湃

---

① 列宁全集(第27卷)[M].北京：人民出版社，1972.194
② 列宁全集(第27卷)[M].北京：人民出版社，1972.195
③ 列宁全集(第30卷)[M].北京：人民出版社，1974.278
④ 列宁全集(第30卷)[M].北京：人民出版社，1974.280
⑤ 列宁全集(第30卷)[M].北京：人民出版社，1974.212
⑥ 列宁全集(第30卷)[M].北京：人民出版社，1974.461

犹如春潮泛滥、冲破一切堤岸的民主精神，同在劳动时间内实行铁的纪律，以及在劳动时间内绝对服从苏维埃领导者一个人的意志的精神结合起来”，“苏维埃社会主义民主制同一长制和独裁毫不抵触，阶级的意志有时是由独裁者来实现的，一个人有时可以做更多的事情，而且一个人行事往往是更为必要的。”①

(4)“一长制”是任何社会制度的国家都可以采用的体制，不具有阶级性。有人认为“一长制”只适用于资本主义国家，社会主义国家只能实行委员会制，这是不对的看法。作为一种管理制度，它是人类共同活动的产物，也是人类共同的财富。列宁反问道：“难道通过一个人或委员会来进行管理的问题，同阶级问题有关吗？”“好像集体管理制才是工人管理制，而一长制就不是工人管理制。单是这个问题的提法，这种论据就说明，我们还没有足够明确的阶级意识……”②

将列宁的“一长制”理论和马克思的“一个乐队要有一个指挥”的思想应用于学校管理，就是校长负责制。“一长制”与校长负责制没有实质性的区别。只不过“一长制”是经过概括了的，因而是具有广泛渗透性和普遍应用性的一般管理制度，而校长负责制是这一制度在学校这个专门机构具体运用的产物。所以，校长负责制是依据列宁“一长制”理论提出来的，是“一长制”理论在学校管理体制改革实践中的运用。但是，又不能简单地把“一长制”与校长负责制完全等同看待，或认为校长负责制就是“一长制”的复制。列宁当时提出“一长制”理论主要是针对企业而言的，还来不及把它运用到学校以及国家机关中。企业则有其自身的特点，同时，列宁提出“一长制”理论还有一个与孟什维克作斗争的历史背景，当时，孟什维克企图凭借集体领导名义，以达到同布尔什维克进行分权的目的。列宁与之针锋相对，提出“一长制”以利巩固苏维埃政权。但无论当时的针对对象和出发点是什么，列宁都揭示了一条使管理增效的体制规律。我们今天实行校长负责制，实则是对列宁“一长制”的发展。

四、实行校长负责制应调整的几个主要关系

校长负责制是适应我国当前历史条件的体制。但实行了校长负责制，不一定就能把学校管理好。体制合理只提供了管理好学校的可能性，但并不具有必然性，要管理好学校，还取决于其他一些因素。要处理好几个关系：

(一)校长与上级领导机关的关系

学校实行校长负责制，校长必须接受上级教育行政部门的领导，执行上级的指示，不能我行我素，这不但是我们社会主义国家的性质所决定的，而且是调动教职工和学生积极性的保证。上级教育行政部门对学校的领导管理必须作相应的改革，应侧重在宏观的指导，而不是强行干涉或代替校长的工作。作为学校上一层次的教育行政部门，主要任务应该有两项：一是根据教育目标的要求发出指令信息，并考虑指令执行的结果；二是协调下一层次各子系统之间的关系，至于如何执行这些指令，就应该给学校以充分的自主权，改

---

① 列宁全集(第30卷)[M].北京：人民出版社，1974.436

② 列宁全集(第30卷)[M].北京：人民出版社，1974.392

变上级对学校统得过死、管得过严的情况。这样才能发挥校长在学校管理工作中的积极性和创造性,实现对学校的有效领导。

目前,在校长的任命和学校领导班子的组建上,上级主管部门的领导方式五花八门,随意性强,缺少规范和标准。

中共中央组织部、原国家教育委员会发布的《关于加强全国中小学校长队伍建设的意见》规定:"校长任免一般由教育行政部门和组织人事部门进行考察,在广泛听取群众意见的基础上,提出任免对象,按当地规定的中小学校长任免权限审批。"根据这一精神,近年来中小学校长任免情况,基本符合这一规定,多数校长是上级任命的,少数是民主选举或聘任的。但校长任命之后,上级机关应给校长以组阁权,因为班子的人选必须能体现出与校长相同的心愿和追求,否则,就会出现零效应或负效应。由此出发,副校长最好由校长提名,报请上级有关部门审批。或者副校长由上级部门直接任命,但任命前必须征得校长同意,不然,副校长与校长不搭手,学校班子配不好,既影响团结,又影响工作,在这种情况下,校长负责制难以实现。有些地方的部分校长对上级不给组阁权,或上级任命副校长不征求校长同意颇有意见,并认为这是推行校长负责制的一大障碍。至于学校中层干部,可由校长或分管工作的副校长提名,学校领导班子共同商议决定,然后报送上级机关备案。学校领导班子是校长行使职权的指挥部,建立一个团结、高效的集体,无疑是对实施校长负责制的有力保证。

同时,为防止校长滥用职权而带来工作上的失误,实行校长负责制后,上级督导机构加强对学校工作的检查监督就显得十分重要和迫切了。

(二)学校党政之间的关系

实行校长负责制,党支部不再起过去那种包揽一切的作用,而是起保证监督的作用,这主要表现在政治上、思想上和组织上的保证监督。政治上的保证监督是指方针、政策、法令上的保证监督。思想上的保证监督主要是要对学校全员进行以共产主义思想为核心的思想品质教育。组织上的保证监督主要是指搞好自身组织的建设和发展的同时,帮助行政组织完善建设,以及向上级推荐人才。

总之,党支部在学校中起着保证和监督各项方针政策的落实和国家教育计划的实现的作用。一方面,党组织要尊重校长作为学校行政负责人的地位,支持校长在学校管理方面的决策权和指挥权;另一方面,又要积极负起保证上级方针政策落实,监督学校行政正确贯彻方针政策,全面完成教育任务的责任。党组织的工作重点应当放到集中力量搞好党的建设,抓好党员和干部素质的提高,抓好教职工的思想政治工作,发挥党员的先锋模范作用方面来。要密切支部书记与校长的协作,做到校长决策前,书记当参谋;校长决策时,书记当后盾;校长决策后,书记帮排难。校长在行使自己的职权、履行自己职责的同时应自觉接受党支部的监督,并将重大问题随时向党支部通报,以取得党支部的支持和配合。

有的人认为党政关系不好处理,甚至是矛盾的。实际上,这两条线是互需互依的。因为它们都是由学校的性质、任务和共同要实现的目标而决定的。党组织要办好学校,就需要在学校中建立和形成一个以校长为中心的、精干的、强有力的行政决策和指挥系统,没有这样一个系统,党的政治核心地位也就无从谈起;反之,如果没有在群众中具有巨大吸引力、影响力的党组织的支持,行政的中心地位也将动摇。

实行校长负责制,学校党支部的职能和作用发生了明显的变化,由原来的直接对行政、业务进行领导转变为对其保证、监督。正确认识和对待这一职能的转变,将影响到学校党政关系和党支部作用的发挥。应当明确,学校党支部要起保证作用,监督是不可少的,当然监督是为了保证。这种监督是保证性监督,是系统自身的监督,而不是对立性的监督。所以,在具体工作中多是提醒性、预防性和帮助性监督,而不是单纯检查性、指责性监督。在工作内容上应以宏观监督为主,而不是在具体工作中的干预,作为校长则应该把这种监督看做是一种需要,主动地争取监督而不是被动地等待监督。

在学校管理实践中,党政关系的确有难以协调的地方。首先,一个学校有两个"一把手",形成双峰并峙的局面,在具体管理中党政两个系统总容易以自己为中心,实际上产生了二元结构制。这与"一长制"理论是相抵触的。在一些地方,校长与书记不团结的现象比较突出,产生了严重的内耗。其次,在工作范围划分上,确实难分清党政各自的界限,这就难免出现工作上的摩擦和纠纷,由此,很容易导致党政两个主要负责人的矛盾和隔阂。当然,在实际工作中,往往因党政某一方的主要领导人资历长一点,能力强一点或性格刚一点,处于实际上的中心地位,从而使工作表面处于平静,但问题并未从根本上解决。这是校长负责制的弊端。

山西有一项调查,在被调查的100位中学校长中,认为书记、校长合作得较好的占66%,其余为合作一般或合作不好。解决这一问题的途径是提高书记、校长的觉悟和认识,使他们认识到,他们之间的关系是职责上分,思想上合;工作上分,目标上合;制度上分,关系上合。这应是学校党政之间处理关系的准则。所以,校长和书记之间应该在相互信任、尊重、支持、谅解的基础上形成合力,切不可因党政分开,相互拆台,忘记了实行校长负责制的本意在于加强学校领导,提高工作效率。

一些地方政府和教育主管部门已经考虑到了校长和书记之间可能产生的矛盾,因此在挑选校长时,部分学校实行了校长、书记一人兼任的办法,这无疑是减少矛盾,提高工作效率的举措。但这样一来,学校的监督力量不就大大削弱了吗?这说明党政分开后,校长与书记的关系,仍然是校长负责制中最难处理的一个问题,进一步完善校长负责制,还需要在这方面做更多的探索和研究。

(三)校长负责制与民主管理的关系

校长负责制作为一种管理体制,有其显著的长处,但也有其缺点,即容易产生校长主观武断的家长作风。要克服这一缺点,就必须实行民主管理,要使民主管理具有实效,就必须要有相应的制度作保证。实施民主管理的制度通常有这样几种形式。

1. 校务委员会

这是以校长为首,包括组织管理能力强、业务能力强、办事公道的有威信的其他干部和群众的审议机构。它的作用主要是对学校中重大决策、决定进行审议、讨论和咨询。虽然最后的拍板权还是在校长手里,但它毕竟可以在一定程度上防止校长作出错误的决策。

2. 教职工代表大会

这是党支部领导下的、往往和工会并在一起的审议监督机构。它有权对学校的方案、规划、计划、措施提出意见,对干部、群众的奖惩提出建议,对教职工的福利提出要求,对干部的工作进行评议，对方案、计划的落实情况进行检查等。

教职工代表大会不是权力机构，而是学校民主管理的机构，工会是它的常设工作机构。教职工代表大会要尊重和支持校长行使职权，当好校长的参谋和后盾。校长要尊重和支持教职工代表大会和工会的日常工作，要自觉接受教职工代表大会和广大教职工的监督，认真听取教职工代表大会对各项工作的审议和对干部的评议意见，定期向教职工代表大会报告工作，学校重大问题主动交教职工代表大会讨论审议，充分发扬民主。涉及教职工利益的重大方案要经教职工代表大会讨论通过。校长对教职工代表大会通过的事项要充分重视和尊重，如有不同意见，可在沟通意见后提请教职工代表大会复议，特殊情况可按校长意见办，对教职工代表大会加以监督，出现问题由校长负责。这里也必须明确，实行民主管理不是简单的大家说了算，搞无政府主义，干预校长和行政的常规管理，而是通过广大教职工对学校工作的积极参与和提出建议，并通过教代会对学校重大问题开展民主讨论和进行审议，对学校工作进行咨询和对干部进行考评等，以更好地实行民主管理与监督。只要调整好这些关系，充分尊重教职工的民主权利，就可以激发广大教职工的责任感，充分调动广大教职工的积极性。

此外，有条件的学校还可以成立学生代表大会和家长委员会，以加强对学校的民主管理。

对于学校民主来说，首先取决于校长的民主作风，而校长的民主作风主要体现在如何对待群众意见，特别是反面意见上。一个校长如果能够摆正自己和群众的位置，他就能够平等待人，严于律己，秉公办事，虚心听取群众意见，得到群众的信任和拥护。

学校民主的另一方面内容是建立民主制度。校务委员会是校长重大决策的审议机构，教职工代表大会是学校重大问题的参议、咨询机构，两者的任务都是帮助校长对学校实行民主管理。从实际工作来看，不少学校的民主管理和监督制度还不够完善，有的教职工代表大会徒有虚名，特别是有部分学校，既无校务委员会，也无教职工代表大会，学校许多问题是校长说了算，最多与有关负责人简单沟通一下了事，群众意见很大，称校长负责制为家长制。这种缺乏民主管理意识的做法，同校长负责制的精神是不相符合的，也是一些学校工作没有起色或矛盾重重的根本原因所在。从现代教育观出发，要提高学校教育的整体效益，必须调动全体人员的积极性，增强教职工的主人翁意识。因此，建立健全民主制度是非常必要的。

民主监督同校长负责制不是矛盾的。建立健全民主监督制度是校长负责制的一个重要组成部分。它通过群众参议、咨询作用使校长的决策更具有科学性和群众性，从而防止决策上的失误或专横行为。所以无论是校长本人还是教职工，都要有民主管理意识，要把它看做是对学校工作的责任感。对于校长来说，不应认为建立民主监督制度是为自己设障碍，相反，恰恰是为行使自己的权力奠定坚实的基础。

（四）校长与副校长的关系

校长的副手主要是副校长，校长与副校长的关系不是并列关系，而是领导与被领导的关系。这样就避免了“政出多门”的问题。但校长又必须尊重副校长的权力。不能搞越级指挥，而要按层次系统管理工作，传递信息，不要借口“一竿子插到底”而无视副校长的权力。

如果校长把以上几个关系调整好了，学校管理工作就会顺利得多，但在管理实践中，不一定所有校长都能调整好这些关系。就内因来说，往往校长的思想素质更为重要；就外因来说，健全、完备的法制条件是个关键。因此，上级部门还得从提高校长素质、进行教育立法来保证民主管理的落实，而且这两个措施是更为根本的措施。

第四节　对我国学校管理体制改革的概观和完善校长负责制的思考

一、对我国学校管理体制改革的概观

我国学校管理体制改革是在新的历史条件下，随着经济体制改革和政治体制改革的兴起而兴起、发展而发展的。它走过了一条不断提高认识，不断实践，不断寻找突破口的路子，其出发点是寻求竞争机制、使学校产生活力，以提高教育质量，提高办学效益。这个过程已历时 20 余年，大体分为三个阶段：

第一阶段是从 20 世纪 80 年代初到 1985 年。这个阶段以邓小平同志《党和国家领导制度的改革》一文的发表和《中共中央关于教育体制改革的决定》的公布为标志。前文是邓小平同志 1980 年 8 月 8 日在中央政治局扩大会议上的一篇讲话。在讲话中，他全面、深刻地阐述了我国原来体制存在的弊端，以及怎样建立新体制等问题，为我国的领导体制改革奠定了理论基础，设计了改革框架。邓小平同志尖锐地指出："党和国家现行的一些具体制度中，还存在不少的弊端，妨碍甚至严重妨碍社会主义优越性的发挥。如不认真改革，就很难适应现代化建设的迫切需要，我们就要严重地脱离广大群众。从党和国家的领导制度、干部制度方面来说，主要的弊端就是官僚主义现象，权力过分集中现象，家长制现象，干部领导职务终身制现象和形形色色的特权现象。"[①]邓小平同志讲的党和国家领导制度中存在的这些弊端，当然包括学校管理在内。邓小平同志强调说："权力过分集中的现象，就是在加强党的一元化领导的口号下，不适当地、不加分析地把一切权力集中于党委，党委的权力又往往集中于几个书记，特别是集中于第一书记，什么事都要第一书记挂帅、拍板。党的一元化领导，往往因此而变成了个人领导。全国各级都不同程度地存在这个问题。"[②]因此可以说，这个阶段是在一系列重大理论问题上正本清源的阶段，是对我国 30 余年来包括学校管理在内的体制进行反思的阶段，是对当时管理体制存在的弊端进行实事求是的分析，从而提高认识、寻求解决问题的途径的阶段，同时也是清醒地认识我国国情，特别是认清政治经济形势进而孕育新的管理体制的阶段。

在这个阶段，学校管理学界对学校管理体制的问题从理论到实践作了较为深入和广泛的讨论。一些研究者从解决问题的需要出发，较多地运用了经验总结的方法，着重围绕学校"责任归属"等问题开展了广泛的探讨，其典型观点主要反映在冯惠益、肖宗六、张萍芳先生的著述中。冯惠益指出："建国以来全日制中小学的领导体制曾采用过校务委员会制、校长负责制、党支部领导下的校务委员会负责制、党支部领导下的校长分工负责制等，

① 邓小平文选(1975～1982)[M].北京：人民出版社，1983.287

② 邓小平文选(1975～1982)[M].北京：人民出版社，1983.288～289

不论采取哪种形式，校长都应当是学校的主要负责人。"[①]肖宗六认为："凡是国家集中力量抓经济建设的时候，就很强调发挥校长的作用，凡是'左'的干扰严重，强调抓阶段斗争的时候，校长就退居次要地位……1978 年 9 月提出的党支部领导下的校长分工负责制具有含义不清、领导与负责分离、以党代政、不利于上级检查指导工作等弱点，应当改革。"[②]张萍芳说："对学校领导体制的改革，首先必须处理好党政关系，健全以校长为首的行政机构，发挥行政系统的职能……"[③]显而易见，这些论述无不包含着历史反省和经验思辨的色彩。值得嘉许的是，它们在当时既顺应了时代发展的要求，走在了改革实践的前面，也的确为教育决策提供了积极有益的建议，在一定程度上加快了新型学校管理体制的出台。总之，这是一个从理论到实践的准备阶段。

第二个阶段是从 1985 年到 1988 年。这个阶段以《中共中央关于教育体制改革的决定》公布确定中小学以校长负责制作为体制改革的方向到北京全面推行学校管理体制改革为全国树立榜样为标志。1985 年 5 月 29 日公布了《中共中央关于教育体制改革的决定》，其中指出："学校逐步实行校长负责制，有条件的学校要设立由校长主持的、人数不多的、有威信的校务委员会，作为审议机构。"从这时起，校长负责制作为一种学校管理体制被正式确定下来，我国学校管理体制改革进入了一个崭新的阶段，因而可以说这是一个由准备进入试验和实施的阶段。

在学校管理学理论界，这个阶段的研究主要围绕如何贯彻《中共中央关于教育体制改革的决定》精神为中心来展开的，内容涉及校长负责制的基本内涵、校内组织间的职权关系等。大家认为，校长负责制的内涵应理解为校长全面负责、党支部保证监督、教职工民主管理三个方面，其中校长全面负责是核心。在校内组织关系上，应当是校长负责而不是包揽，党支部由过去包揽一切的地位变成起保证监督作用，依靠集体的智慧，实行民主办学。这时期出版的学校管理学的主要著作如宋载铭等著的《普通学校管理学》，肖宗六著的《学校管理学》，对校长负责制的理解又增添了"上级领导"一层含义，使之成为"四位一体"的结构概念。就这一时期总的研究而言，无论主张"三位一体"还是"四位一体"，其内容阐释都与《中共中央关于教育体制改革的决定》精神完全相符。总之，通过广大理论工作者对政策深入细致、全面透彻的宣传解说，到 1988 年底，全国大部分地区已初步形成了实施校长负责制的主导舆论，为校长负责制的实践工作提供了理论支持。

在校长负责制的实施中，各省市、各地区的许多学校摩拳擦掌，踊跃试验，积极探索，勇敢创新。但由于受总体机制的制约，改革仅仅体现在部分内容上，如校长的任期目标责任制，校长的选拔方式，教师的聘任制，奖金的分配制度等改革。这种缺乏整体性的零敲碎打的动作使改革举步维艰。经过了一段时间的改革，许多实行了校长负责制的学校，校长并未感到增加了多少权力。许多局部改革仅仅触动了一下原来体制的皮毛而未触及根本，这不得不使许多人产生困惑。自然，这个阶段的改革没有突破性的进展。

第三个阶段是从 1988 年到现在。这是一个以北京的改革为突破口，并逐步向纵深发

---

① 北京教育行政学院编著. 学校管理[M]. 北京：教育科学出版社，1981. 13

② 肖宗六. 中小学内部的领导体制应当改革[J]. 人民教育，1984(9)

③ 张萍芳. 学校管理[M]. 福州：福建师范大学出版社，1983. 72

展的阶段。这个阶段的改革日益涉及长期以来不敢触动或难以触动的领域。其中主要的就是人事制度和分配制度的改革，由此带动了其他方面的改革，因而使改革具有了整体性。

北京市的中小学学校管理体制改革1988年6月进入一个新的阶段，这是一次以实行校长负责制、教职工聘任制、工资总额包干和校内结构工资制为主要内容的整体改革。

北京市中小学学校管理体制改革的基本思路是，教育事业的发展必须在大力改善教育的外部条件的同时，搞好学校内部机制；要搞活学校的内部机制，必须在加强思想政治工作的同时，改革和完善学校的劳动、人事和分配制度。通过改革，激发广大干部、教职工教书育人的积极性和创造性，充分发挥现有教师的潜力，不断提高教师队伍的素质，努力提高教育质量，坚持社会主义办学方向，为社会主义建设培养和输送德、智、体全面发展的接班人。

北京市的中小学学校管理体制改革的意义不仅在于它自身取得的显著效益，更重要的是它在全国起了擂战鼓、闯路子、树榜样、创模式的作用。

1992年春，邓小平同志的南方谈话对改革中的一系列重大理论问题和实践问题作了阐述，对深化我国学校管理体制改革产生了不可估量的作用。在自南而来的“春风”吹拂下，我国学校管理体制方面的改革呈现出繁荣的景象。

1993年2月，中共中央国务院颁布了《中国教育改革和发展纲要》，其中第17条对学校内部的管理体制作了明确规定：“中等及中等以下各类学校实行校长负责制。”事实上，这是对中小学实行什么样的管理体制的一次重申。这一指导性文件对学校管理体制改革研究工作提出了总结性意见，研究虽未停止，却自此自觉进入平缓延续状态。

毋庸置疑，我国20多年的学校管理体制改革研究已取得了可贵的成就，尤其是促进了大多数学校观念的更新和体制的转型。但问题亦不少，最为突出的是理论滞后于实践、思维模式过于单一、缺乏相应的宏观改革理念，因此改革速度十分缓慢。用发展的眼光看问题，学校管理体制改革还需要深入地进行。①

回顾这一过程，可以使我们总结经验，深化认识，受到启发，从而不断寻求突破口，把体制改革推向深入。

二、对完善校长负责制的思考

任何一种管理体制的实施，都要依赖于一定的社会条件和机制。校长负责制推行了这么多年，不少学校实施这一体制后，并未感到有根本上的变化。有的校长认为并没有增加权力，甚至已赋予的权力不久又被收回去了。有的则认为实行校长负责制只是一个名称或形式的改变，并没有多少实际内容。校长仍像裹了足的小媳妇，步履艰难。这就说明，改善学校内外部条件和创立新的机制是顺利实施校长负责制的基础和保证。

（一）进一步提高理论认识

校长负责制不是凭空想出来的，它是依据列宁的“一长制”理论提出来的，是“一长制”

① 李保强.学校管理体制的历程省思与趋势探析[J].上海教育科研，1998(11)

理论在学校领导体制中的运用。在列宁提出“一长制”理论之前，马克思曾说过：“凡是有许多人进行协作的劳动，过程的联系和统一必然要表现在一个指挥的意志上……就像一个乐队要有一个指挥一样。”马克思强调的一个指挥就是一个单位必须有一个首长负责，只是当时没有用“一长制”这个概念来概括罢了。我国现在实行的校长负责制，体现了马克思的这一思想，正是为了克服多头领导和无人负责的现象，把多数人的意志统一在一个指挥者身上。另外，中华人民共和国成立60多年来，我国中小学内部管理体制几经变革的事实，也证明了校长负责制是可行的。新中国成立以来我国中小学领导体制先后实行过军管制、校务委员会制、校长责任制、当地党委和主管教育行政部门领导下的校长负责制、革命委员会制、党支部领导下的校长分工负责制六种领导体制。总结历史经验，借鉴外国的做法，中央认为我国实行主管部门领导下的校长负责制是各种领导体制中比较好的一种体制。因为它可以避免许多弊端，能理顺学校内部的各种关系，校长职、责、权统一，有利于提高现代化管理水平和工作效率。所以，从理论到实践，实行校长负责制都有充分依据，既然这样，我们就应该毫不迟疑地全面推行。

(二)进行全方位的改革

体制改革是个社会系统工程，涉及整个社会的上上下下、方方面面，必须通盘考虑，进行全方位的改革。不能今天动这条线，明天动那一片，造成“头痛医头，脚痛医脚”的局面。相当长一个时期以来，我们的学校管理体制改革受到众多内外部因素的制约，处于一种上改下不改，左改右不改，我改你不改，改了又重来的循环往复的境地。

要解决这些问题，须统筹规划，坚持长期的，有系统的改革。管理体制的转换和建立，是一项复杂而繁重的工作。

上级主管部门要简政放权，要保证校长有办学自主权，特别是组阁权、人事权和财权。《中国教育改革和发展纲要》第18条明确规定：“政府要转换职能，由对学校的直接行政管理，转为运用方法、拨款、规划、信息服务、政策指导和必要的行政手段，进行宏观管理。”现在教育行政部门的职能未真正转换过来，校长负责制的实施自然会受到不少限制。

(三)建立健全法律法规

列宁说过：“法律是一种政治措施，是一种政策。”[①]我国现在实行的校长负责制，有着很突出的随意性和不确定性。对校长的权力范围有多大，党支部究竟在什么程序上起监督保证作用，教职工怎么切实地参与民主管理，校长怎么选拔和考核，校长的权限是什么，职责是什么，如何使校长的职、责、权统一，学校党组织的具体任务和职责是什么等等没有明确的界定，都是仁者见仁，智者见智，而且这些往往都还停留在思辨的水平，缺乏实践的规范。因此，完善校长负责制，要减少人为的随意因素，就必须建立健全相应的配套措施，使之成为科学领导与管理体系的依据。要使这些配套措施长期稳定地发挥作用，关键措施是用法规制度的形式将它固定下来，逐步走向依矩行事、依法治校。

国家权力机关应该在条件成熟时制定《教育组织管理法》，给中小学校长负责制确立一种正式的法律地位，并对这种体制的一些基本原则问题，如学校的基本权利、义务，校长

---

① 列宁全集(第23卷)[M].北京：人民出版社，1974.40

和党支部及教职工代表大会的地位和基本职责,上级教育行政部门管理学校的基本职责,各级工会与学校教代会的关系等,作出总的规定。

学校应该依据上级制定的法规、条例精神,制定有关的规章制度,如校长用权规范,党支部实施保证监督的基本做法和要求,教职工代表大会和工会的活动规程,以及岗位责任制度,聘任制要求,工资、津贴、奖金发放制度,检查、评比、奖惩制度等。

(四)提高管理者的素质

管理体制的科学合理显然十分重要,但更为重要的是学校中管理者的素质,特别是校长的素质。管理者的素质高,就可避免工作中可能产生的矛盾,即使有了矛盾也容易得到解决。外因是变化的条件,内因是变化的根据。在学校管理中,毫无疑问,人是决定性的因素,因此,必须十分重视选拔素质合格的人当校长。一所学校的面貌如何,教学质量能否提高,党政关系能否理顺,干群关系是否和谐,关键的人物是校长。所以有人说,"有什么样的校长,就有什么样的学校","校长是一个学校的灵魂","校长的水平有多高,学校的水平就有多高"。可见,实行校长负责制,最重要的问题是选好校长。校长选好了,学校工作才能搞得有声有色。

选好校长后,还要不断地培养校长。校长只是相对一般群众而言较突出的人,他也需要在工作中不断提高思想素质、理论修养、业务水平、管理能力等。校长只有不断提高自己的综合素质,才能不负人民的重托。

(五)建立健全民主监督机制

校长负责制是一种权力比较集中的制度,如果没有完善的民主监督机制作保证,这种权力就可能运用不当,以致走向独断专行之路。因此,从实行校长负责制开始,就应该花大力气建立和健全学校的民主监督制度。

任何权力都离不开监督,实行校长负责制的学校,必须加强民主管理和民主监督。从目前情况看,对校长实行监督权的机构有党支部和教职工代表大会。实际上,学校党支部(有的为党委或党总支)对校长的权力不可能进行有效的监督,书记、校长一肩挑的学校也为数不少。教职工代表大会也没有发挥应有的监督作用,一般只是履行某种程序,走走过场,很难独立地、有效地参与民主管理和民主监督。对校长缺乏有效的监督,为少数自身素质较差的校长助长了不良的工作作风,如脱离群众,甚至滥用职权,以权谋私,以达到个人目的。

建立健全民主监督机制可主要从两个方面着手:一方面,上级教育行政部门定期对校长进行全面的、严格的考核与考察,其结果要公开,以增加透明度;另一方面,学校教代会要能独立行使职权,考评校长的工作,甚至能提出不信任案,申请上级教育行政部门罢免校长,真正代表学校教职工行使民主管理和民主监督的权力。

(六)建立对校长的激励机制

无数事实证明,好的校长,特别是积极性较高的校长会办出一所好学校来;差的校长,特别是缺乏积极性的校长往往把学校越办越差。这说明办好一所学校的关键在校长,有什么样的校长就会办出什么样的学校。

对校长建立激励机制,要明确规定校长的工作目标,实行任期目标管理,将校长的工作表现和实绩与经济待遇直接挂钩。对校长实行竞争上岗，优胜劣汰。让每位校长都有责任感、紧迫感和危机感，激发他们的事业心、责任心和开拓进取精神。

【要点小结】

1. 学校管理体制是学校人员配备、机构设置、机构隶属关系和权力范围等方面的体系和制度的总称。学校管理体制体现了两部分内容，一是它的外部，即指学校与中央、地方政府的教育行政部门的隶属关系，也就是确定学校在这个总体中的位置、领导内容、领导范围以及与其他有关部门的关系。二是它的内部，主要指学校中的党、政、工之间的关系等。

2. 建国后我国学校管理体制经历了军管制、校长责任制、党支部领导制、到当地党委和教育行政部门领导下的校长负责制、革命委员会制、再到党支部领导下的校长分工负责制的变迁过程。

3. 校长负责制指校长是学校行政总负责人，他拥有人权、财权、行政决策权，负责领导教育教学和行政管理工作，对上级党政领导部门负责，对外代表学校，是法人代表。现在实行的校长负责制，从学校内部来看，包括三方面的内容：一是校长全面负责学校教育教学和其他行政工作；二是党支部监督保证，发挥政治核心作用和党员的先锋模范作用；三是教职工民主管理。

4. 实行校长负责制需要处理好校长与上级领导机关的关系，学校党政之间的关系，校长负责制与民主管理的关系，校长与副校长的关系。

5. 完善校长负责制需要进一步提高理论认识，进行全方位的改革，建立健全法律法规，提高管理者的素质，建立健全民主监督机制，建立对校长的激励机制。

【学业评价】

1. 解释什么是学校管理体制。

2. 建国以来我国学校管理体制经历了哪些变化？并评论其得失。

3. 什么是校长负责制？我国当前实施校长负责制有哪些问题？试提出改革我国校长负责制的措施。

【参考书目】

1. 邓小平文选(1975～1982)[M]. 北京：人民出版社，1983

2. 列宁全集(第 3 卷)[M]. 北京：人民出版社，1974

3. 资本论(第 3 卷)[M]. 北京：人民出版社，1972

4. 北京教育行政学院编著. 学校管理[M]. 北京：教育科学出版社，1981

5. 张萍芳. 学校管理[M]. 福州：福建师范大学出版社，1983

6. 王乃倍. 面向 21 世纪中小学管理体制改革研究[M]. 济南：山东教育出版社，2001

第五章

学校组织管理

【本章知识结构图】

- 学校组织概述
  - 学校组织的内涵
  - 学校组织的特征
  - 学校组织的功能
- 学校组织设置
  - 学校组织结构形式
  - 我国中小学学校组织机构
- 学校组织建设
  - 学校组织的基本模式
  - 学校组织建设要注意的问题

【学习目标】

1. 掌握学校组织的定义和特性，理解现代学校组织的特征，领会学校组织的主要功能和在现代社会中的多元功能。

2. 了解学校组织结构基本形式，熟悉我国中小学学校组织机构设置的基本情况。

3. 了解学校组织的基本模式，能简要地分析中小学组织建设中要注意的问题。

第一节　学校组织概述

对于绝大多数人而言，在学校拥有学习生活的经历是必然的。每当回忆起自己的童年、少年、青年时代的学校生活时，我们都可以对“学校”这一组织机构有这样那样的认识。就学校组织的历史发展来看，学校的产生是社会历史发展的产物。学校组织机构不仅构成了学校组织结构基本框架，成为管理学校的载体；同时也是一种“人文团体”，有自己独特的精神、形象特征和行为规范。

一、学校组织的内涵

(一)学校组织的定义

借用美国组织社会学家艾兹尼的三种组织分类——规范性组织、功利性组织、强制性组织，我们对学校组织的定位如下：学校跟教会、医院等一起，属于规范性组织。

学校之所以是一种规范性组织，原因有二。

其一，学校主要通过态度、价值、理想等各种规范，赢得学校组织成员、学校管理人员、教师和学生的配合，来共同完成学校的教学和育人活动。而其他的强制性组织或功利性组织有可能是通过胁迫行为或物质刺激使成员产生行为，如监狱、企业。

其二，在学校教学和育人过程中学校成员的行为是主动的，只有在充分发挥学校成员各方的主观能动性的前提下，才能共同更好地达成学校组织目标。而其他组织成员的行为可能是被动的，如监狱。

我们认为：学校组织是社会专为实施有组织、有目的、有计划的教育而创办的一种特殊的正式的规范性社会组织。

(二)学校组织的特性

1.学校组织是一个松散结合的系统

为什么说学校组织是一个松散结合的系统呢？我们可以对学校组织的三个子系统进行具体分析。

任何一个学校组织都可以分为学校行政系统、学校教学系统、学校后勤保障系统三部分。就目前大多数学校的行政系统和后勤保障系统而言，都具有鲜明的科层性，体现在有明确的分工、有鲜明的权力等级关系、有学校管理的各项规章制度、强调严明的上对下的控制等方面。

学校教学系统是学校组织的主体，却具有松散结合性。具体体现在：学校教学系统具有自身教学行为的相对独立性。原因在于：其一，学校教学系统要遵循教学的规律和学生身心发展的规律进行教学和育人。其二，每一位专业化的教师在其专业范围内从事着高度个性化的工作，并且在不同的教学情境中针对不同的学生因材施教，教学工作具有高度的艺术性、创造性。因而，学校管理层对教师的教学工作很难实行严密的、统一要求的、落实到分秒的和每一处的监控。并且，目前随着教育改革的深化，越来越强调充分尊重教师的专业权利。即教师在课堂上、在教学和育人过程中有如下专业权利：教学内容的设计、教学内容的组织与实施、教学方法的选择、学习评估、教学反馈等。学校教学系统具有松散结合性，这种特性进而从整体上决定了学校组织的松散结合性。

2.学校组织是一个更需要人本关怀的组织

学校不是一个简单的经济技术系统，而是一个复杂的社会心理系统。教师的工作除了受经济因素的驱动和由职业道德带来的职业自觉性和自律性的驱使外，更多要靠人本关怀等社会心理因素的激励。教师很重视高级心理需求的满足，教师有强烈的自尊、有受到他人尊重的需要、自我实现的需要。只有这些需要得到满足，教师的工作才会更有主动性和创造性，即教师这些高级需要的满足对其工作本身是一种极大的激励。而教师这些高级心理需要的满足要靠学校给予教师更多的人本关怀、学校为教师营造良好的人本关怀的氛围来实现。所以，学校组织是一个更需要人本关怀的组织。学校应该营造组织成员（上下级、同级同事间）相互关心、相互尊重的组织氛围，实行以教师为本的管理。

3. 学校组织是一个有多重目标的组织

其一，从学校组织的不同影响主体来说，学校组织是在政府或其他教育投资者、学生家长、教育理论家等多方影响下的具有多重组织目标的组织。政府更多从社会政治经济发展需要的角度对学校提出目标要求；其他教育投资者更多从自身的经济利益和社会效益的角度对学校提出期望；学生家长更多从孩子未来就业的角度对学校提出要求；教育理论家更多从某种教育理想出发来要求学校。这些要求往往会存在不一致现象，导致学校组织目标的内在矛盾。应试教育和素质教育的矛盾在某种程度上就是这种多重学校目标的反映。正是因为这些多重期望，使得学校组织的变革将是一条荆棘丛生的道路。

其二，从学校组织的功能来说，学校组织的不同功能带来了其多重的组织目标。学校既有育人功能，又有文化传承和创新的功能。学校应该在育人过程中实现文化传承与创新，这体现了学校组织任务的复杂性。

其三，单从育人功能而言，学校组织的育人目标也是多重的。学校在育人方面具有学力保障和成长保障双重目标，即既要使学生有一定的学习能力又要使其有一定的生存发展能力；促进学生德、智、体等全面发展的理论也是学校育人目标多维性的具体表现。

总之，从学校组织内部系统的剖析出发，学校组织从总体上来说是一个松散结合的组织；从学校组织的教职工特点出发，学校组织是一个更需要人本关怀的组织；从学校组织的任务、目标来看，学校组织是一个受到多重影响的、具有多重目标的组织。

二、学校组织的特征

组织是管理的载体，具备系统的结构，同时又是一种“人文团体”，有自己独特的精神、形象特征和行为规范，组织总是处于不断发展中。[①] 组织特征包括组织的结构特征、人文特征和发展特征。学校作为一种社会组织，具备自己独特的特征，透视学校组织的现实特征，对于揭示学校组织生命周期，促进学校组织的成长具有重要意义。

(一)现行学校组织的组织特征

20 世纪以来，组织理论的发展大致可以分为三个时期：传统组织理论、心理学组织理论和现代组织理论，受其影响，现行学校组织的组织特征表现为：结构特征追求结构合理，人文特征突出相互协作，发展特征力求开放创新。

1. 结构特征追求结构合理

以亨利・法约尔(H. Fayol)、韦伯(M. Weber)、古利克(L. Gulik)等人为代表的传统组织理论，把组织的结构作为研究对象，偏重于静态组织的研究，注重组织的有效性与分工协助，其研究的中心是组织结构的合理性。具体特征表现为：建立完善的目标体系、分工体系，明确的权责分配体系，严格的层层控制体系，执行法令规章体系。受其影响，在学校管理学理论研究中，重视对合理组织结构特征的剖析。合理的学校组织结构主要由决策指挥分系统、执行运转分系统、参谋咨询分系统、监督反馈分系统组成。在学校管理实

---

① 迈克尔・汉默. 未来的组织——51 位世界顶尖管理大师的世纪断言[M]. 成都：四川人民出版社，1998

践中，形成以学校发展目标为引导，以学校组织为载体，以管理制度为保证，以提高学校管理效率为目的的一整套管理策略。

2. 人文特征突出相互协作

梅奥（E. Mayo）的人际关系理论奠定了行为科学的基础。此后，随着人际关系学派在管理中发挥的作用，促使行为科学成为心理学领域的第三大流派，组织也因此成为管理心理学研究的重要课题。心理学的组织理论突出组织中的人际关系与相互协作。具体特征表现为：主张组织是一种心理及社会系统，应重视人的作用，把构成组织的人看做是最重要的因素，注重人际交流、成员间的相互影响，建立良好的人际关系网络，承认组织中非正式团体的存在。受其影响，学校组织在人文特征上突出相互协作。学校组织总是在不断建设和谐的组织氛围、良好的人际关系，增进人与人的交流、人与人的协作，维持学校组织的心理平衡和心理协调，在学校管理实践中，强调管理中的情感因素，重视学校文化构建等逐渐凸现出来。

3. 发展特征力求开放创新

切斯特·巴纳德（C. I. Barnard），现代组织理论之鼻祖。以巴纳德为代表的现代组织理论认为组织是一个系统。现代组织理论认为：组织是社会系统的一部分，组织与社会环境之间相互影响，组织随社会环境的变动不断作调整，以保证组织与社会的平衡；组织自身也是一个系统，组织内部的目标与价值、社会心理、组织机构、技术与管理等构成组织自身系统的各个部分，它们相互依赖，相互影响，形成一种内部各要素复杂联系、交错组合的系统；组织是一种维持适应的系统，组织不仅要与外界环境之间维持高度适应关系，在其内部的各个部分之间，也要保持高度适应关系，组织不是静态的、固定不变的，而是经常谋求与外部环境和内部情况变化的适应，这种变化应该是有组织、有计划，是稳定与变化的统一体。受其影响，学校组织在发展中力求开放创新，不断调整自己，适应社会，发展自己。

（二）新的学校组织特征

1. 网络化的学校组织

20 世纪 80 年代以来，计算机技术迅速发展，尤其是计算机并行处理技术的出现，使得网络化成为新的工作方式。在其背景下，许多管理学家指出：管理组织从命令链到网络化，网络化是未来组织的重要结构特征。

网络进入学校，介入学校管理，为学校组织网络化提供物质条件，学校组织成员对现代网络技术特有的敏感，加速了学校组织网络化的进程。受学校组织网络化的影响，学校与社会、学校组织结构内部、组织成员等的关系都将发生变化，随着这种变革的深入，也将引起学校组织特征的变革，学校组织网络化必将成为未来学校组织的结构特征。

2. 以人为本的学校组织

学校组织网络化这一结构特征的形成，促使整个学校组织中人文特征的变化，学校组织将更加强调以人为本。在严格等级制的学校组织中，强调的是职位权威，强调的是自上而下的序列管理，强调的是上级对下级的领导和控制，强调的是一种纵向交流。学校组织网络化形成后，严格的等级制被代替，网络化下的学校组织运行模式从序列运行向并行运行方式转变，横向交流逐渐占据主导地位，人们在网络中需要紧密联系、共同工作，人们在网络中很快知道谁有学问，谁能够分享它，个人的知识变得更重要，缺乏知识的人再也无法隐藏在职位背后，这时谁能够被信任，谁不能被信任变得显而易见。网络化的学校组织中，人们考虑最多的是如何能够最好地融入网络并建立起自己的工作伙伴，为此，人们的主动性、自主性、创造性大大加强，强调以人为本，强调公开、信任等人文特征。

3. 学习型学校组织

现代组织理论强调组织通过适应环境求得开放创新，但是组织所处的环境具有两个重要的特点：其一是不确定性，其二是复杂性。不确定性是指外部环境变化的诸方面无法准确地预测，复杂性是指环境变化的综合体，各种因素相互交织，为组织的适应提出了各种复杂的问题。以彼得・圣吉(Peter M. Senge)为代表的管理学家为解决组织发展的问题，提出学习型组织，从一个全新的角度解决组织发展的问题，提出学习是组织必备的能力，是组织持续发展的真正战略。

学校组织网络化促进学习型学校组织特征的充分实现。学校网络与信息网络的连接，使学校能够更多地获得学习资源和学习机会，加速学校组织与整个社会的联系，使学校组织与整个社会组织的联系更加广泛，更加直接，更加开放，更好地适应整个大环境系统的变化，更好地为整个社会的政治、经济、文化服务。

三、学校组织的功能

(一)学校组织的主要功能

组织功能是组织所具有的功效以及实现这些功效的能力，是组织在与外界环境相互联系和作用中表现出来的性质、能力和功效。美国社会学家默顿(Merton R. K.)根据社会组织作用的方向和表现形式，把功能划分为正向功能(又称积极功能)和负向功能(又称消极功能)。[①] 正向功能，即“贡献性”功能，一个组织满足了社会的需求，即具有正向功能；负向功能，即“损害性”功能，一个组织阻碍了整个社会或其他组成部分的需求，即具有负向功能。学校组织也有正向功能和负向功能，学校能够促进社会的稳定和团结，是它的正向功能；学校客观上造成了社会差距的扩大，造成社会不平等是其负向功能。另外，学校组织的功能还有期望功能和实际功能之分，前者是一种理想状态的功能，比如说我们希望学校能培养全面发展的人；后者是实际表现出的功能，如通过在学校里的学习，了解了一些具体知识、掌握了某些技能等等。

在特定时间和特定环境里，学校组织的功能是不一样的。最初的时候，学校教育没有实质性的作用，只是具有一种象征性的意义，能够进入学校的人大都是贵族家庭子女，下层人民的子女没有机会，也没有必要到学校里去学习，学校里开设的课程与实际生活没有联系。工业革命以后，经济的发展、社会的分工、生产劳动中科学技术含量的增加对劳动

① 庞正元. 社会发展理论新词典[M]. 长春：吉林人民出版社，2001

者的素质提出了新的要求，社会需要受过训练的劳动者来“保持工业巨轮的运转”，要对人们进行各种水平和类型的训练。1820 年以后，现代学校制度开始在西方国家建立起来并持续发展，学校的功能变得具体起来，其专业化程度和社会经济特征也日益明显。教育民主化的影响和教育普及程度的提高，使得普通劳动人民的子女也可以进入学校接受教育，教育也不仅仅是一种象征，相反，与每个人的生活和工作密切相关。学校不仅使已有的知识不断在代际之间传递，还使得受教育者获得各种有用的能力。概括起来看，20 世纪学校的功能主要有：社会化功能——使由不同民族组成的社会，能有一个统一的价值观、规范和信仰；分类和筛选功能——通过学校教育，促成社会流动，把每一个人分配到社会的各种位置上，扮演不同角色；看管功能——由于父母都要工作，没有时间也没有能力对子女进行教育，照顾儿童、少年的功能就由家庭转移到学校；知识与技能训练功能——培养有知识的劳动者，为社会发展服务等。

(二)学校组织在现代社会中的多元功能

传统的学校组织侧重于强调某一个方面的功能，这种学校组织的单一的、局部的、封闭式的功能观，不能适应现代社会对学校组织的多样化的要求。因此，学校组织的“多元功能”观就是认为学校组织功能涉及不同的层面和不同的种类，不同的层面是指从微观到宏观的个人、社区、社会三个层面。每一个层面，学校组织的功能在类型上又有经济、社会、政治、文化和教育五种。概括起来就是学校组织的“三层面五种类”功能。

1. 经济功能

个人层面：知识的学习及技能的掌握；就业训练；提供教师及其他学校工作人员的职业。

社区层面：为社区经济发展服务。

社会层面：提供社会经济发展需要的人才；改变经济行为；影响人力资源结构。

2. 社会功能

个人层面：心理健康发展；社会交往能力的发展；个人潜能的开发；一定生活方式的养成。

社区层面：参与社区的社会生活；满足社区的社会需要。

社会层面：促进社会整合、社会流动和社会制度的延续性；促进社会平等；促进社会改革和发展。

3. 政治功能

个人层面：培养作为一个公民应具有的态度；了解作为一个公民在社会事务中应该享有的权利和承担的责任；学会做一个合格公民的知识和技巧。

社区层面：满足社区政治生活的需要。

社会层面：促进社会民主；促进政治制度的合法化；积极参与政治体制的改革与发展。

4. 文化功能

个人层面：使个人有修养、有文化；了解一个国家文化中主要的价值观、规范等。

社区层面：丰富社区文化生活；为社区文化生活服务。

社会层面:文化的继承与传播;不同文化的融合;复兴传统文化。

5.教育功能

个人层面:学习如何学习;了解有关教育的知识;培养职业生涯规划的能力。

社区层面:积极参与到社区教育活动中去,为社区教育活动提供便利。

社会层面:教育专业发展;教育机构发展;知识信息的传播;学习化社会的创建。

就三个层面而言,在个人层面上,学校组织帮助学生个体获取未来生活和工作所需要的知识和技能,学校使他们能够在竞争激烈的社会中寻找和把握生存、发展的机会。同时整个国家的学校组织构成一个庞大的系统,这个系统为个人提供了就业位置,一个人可以选择做教师或者学校中的非教师工作;学校还为那些已经在学校系统就业的人员提供了提高个人业务和进一步发展的基础和机会。

学校组织可以促进组织成员个人在心理和生理方面的健康发育和发展,学生在这里通过与不同背景和性格的人交往、互动,学习如何正确地处理人际关系,这也是将来走向社会时用得着的重要的社会资本。

现代社会是一个公民社会,是由一个个公民组成的。学校可以培养学生正确的公民态度,帮助学生了解现代社会公民的职责、行使公民权利的方法和技巧,使一个不谙世事的学生变为一个合格的公民。每一个社会都要求学校把学生纳入一套既定的政治规范和价值信念系统里去,让学生认同现在的政治体制。

学校帮助学生发展创造力和提升美感,并且通过学校的作用把被社会认可的规范、价值及信念内化为个体成员行为的基本准则和行为方式,使个人在社会上获得相应的地位、扮演一定的角色;学校有计划地、系统地把一个社会的主流文化传递给学生,并且对各种非主流文化或亚文化进行整合,通过对传统文化进行改造,使传统文化焕发生机。现代社会中的学校组织还要使学生学会学习,教师学会教学,使个人养成“愿意学习、会学习”的生活习惯。

在社区和社会层面上,学校为所在社区和社会的经济系统输送大量的优质人才和高素质的劳动力,促进所在社区和整个社会的经济发展、社会进步;学校还能够引导学生的经济行为,使他们成为理性的消费者;学校保持了社区和整个社会经济系统中人力资源结构的稳定性和不断更新,有利于经济体系始终保持一定的活力。学校有选择地把社区内正确的知识、价值观、行为规范、信仰等传递给下一代,以便于维护社区秩序的稳定。学校还能对社区和社会上的冲突和分歧进行调和,促进现存社会中不同阶层之间的社会流动,为不同背景的人获得平等的发展机会服务。学校为社会挑选和配置有才能的人到各个社会岗位上去服务,有助于社区和社会的有效运转。

学校通过传授统治阶级的意识形态,有利于保障现存社会制度的稳定性和连续性,有利于强化当前政府权威的合法性、正当性,有利于保持政治局面的稳定性,促进民主意识的提高,促进政治体制改革和发展的顺利进行。

学校是一个有目的、有计划地向青少年传递社会的重要价值,用主流文化整合非主流文化,减少社会中不同群体之间的矛盾和冲突的场所;同时学校借助于自身的优势可以帮助社区形成有特色的、人们喜欢的社区文化。学校可满足社区和社会不同的教育需求,帮助社区进行必要的教育规划，给学生和社区居民传递知识和信息，有利于学习型社区和学习型社会的建立。

第二节　学校组织设置

一、学校组织结构形式

学校组织结构形式是指学校组织系统内部各构成部分或各组成要素之间的有机整合、系统运行的方式，它涉及学校组织内部各构成部分与人员的具体分工以及职能划分诸问题，也包括学校组织的整体性以及各组成部分之间的沟通与协作关系。学校组织的结构形式对于学校行政机构的改革具有重要的借鉴意义。常见的学校组织结构形式有：直线型、职能型、直线一职能型、委员会型、事业部型、矩阵型等。

（一）直线型学校组织

直线型学校组织是一种垂直领导的组织结构形式，它按照学校行政管理的纵向层次自上而下逐级下达。其特点是：组织中各种职位按垂直系统直线排列，各级行政领导人员执行统一指挥和管理职能，不设专门的职能机构。在这种直线型学校组织中，各级学校组织人员沿一条垂直线分属不同的层次，每个机构和成员都只对一个上司负责，上下级之间的关系是指挥与服务、命令与执行的关系。学校行政首长及各层次的主管对下属有绝对的指挥权，同一层次的成员之间一般不发生领导关系，较少有横向的组织沟通，组织信息的传递只是上下传递。因此，直线型学校组织结构简单、权责分明、信息沟通方便，便于统一指挥，集中管理，既保证学校行政命令的下达，也可以保证自下而上的逐级集中。它的主要缺点是缺乏横向的协调关系，没有职能机构当领导的助手，容易产生忙乱现象。一旦学校规模扩大，管理工作复杂，领导者势必因经验、精力不及而顾此失彼，难以进行有效的管理。因此，这种组织结构比较适合于学校规模不大，员工人数不多，学校管理工作比较简单的学校组织。

（二）职能型学校组织

在职能型学校组织中，学校领导者配有通晓各种业务的专门人员和职能机构作为辅助者直接向下级发出指令。该模式强调发展专业分工的精神，各参谋或职能层处于同一层次上，按不同的职能进行分工，它们不单指挥、协调、监督下级单位的工作，而且在各自的专业范围内，对同级单位也拥有这些权力。该模式有利于发挥职能机构的专业管理作用和专业管理人员的专长，也有利于提高专业化领导水平，并且，职能部门任务专业化也可以避免人力和物力资源的重复配置。但是，由于该模式要求各职能部门分别听命于各自的上级主管部门，往往会形成多重领导，管理分散。各职能部门从各自专业出发，容易造成整体观念与意识的淡化；在实际工作中，由于实行职能部门的多头领导，职能部门之间的协调性差，往往出现命令的相互矛盾，妨碍管理活动的集中统一指挥，造成多头指示、遇到困难或问题相互推诿的现象。此外，也不利于在管理队伍中培养全面的管理人才，因为每个人都力图向专业的纵深方向发展。该模式较适合于专业性较强,专业分工明确的学校组织。

(三)直线一职能型学校组织

直线一职能型学校组织结构,是在综合了直线型和职能型的优点,摒弃其缺点的基础上,将垂直领导与水平领导结合在一起的组织形式。该模式的特点是,以直线为基础,在各级行政负责人之下,设置相应的职能部门,分别从事专业管理,作为该级领导者的参谋,实行主管统一指挥与职能部门参谋、指导相结合的组织结构。职能部门拟订的计划、方案,以及有关指令,统一由直线领导者批准下达,职能部门无权直接下达命令或进行指挥,只起业务指导作用,各级行政领导人实行逐级负责,高度集权,因此,它既保持了直线型的集中统一指挥的优点,又吸取了职能型发挥专业管理的长处,从而提高了管理工作的效率。我国教育行政机关和学校组织等许多社会公共行政组织大都采取这一组织结构形式。在该模式中,直线管理者的部门职责与任务由参谋机构的管理者承担,直线管理者可以集中精力处理本职权范围内的主要任务,而职能机构的管理者虽没有直接的指挥权,但可以通过最高层领导参与决策的监督,有利于全局发展和统一领导。当然,在具体化的行政过程中,直线一职能型学校组织也可能产生一些矛盾,如权力过分集中于最高管理层,下级组织缺乏必要的自主权;各职能部门间的横向联系较差,往往会造成一定的脱节与矛盾;参谋职能部门与行政领导部门的目标不统一,也会产生矛盾;信息传输路线较长,反馈较慢,组织适应环境的能力较差。

(四)委员会型学校组织

与前几种组织结构的不同之处在于,委员会型学校组织实行的不是首长制,而是委员会制。在一些国家的行政管理中,实行的是委员会制,在这种模式下,直接承担领导责任的不是某一位行政首长,而是委员会。当然委员会也会有行政首长,但行政首长不是某一个固定的人,而是轮值主席。该模式的优点在于,在最高管理层的管理活动中,能够体现民主决策与管理的思想,可以集中许多人的智慧,对问题做出科学、准确的判断,但也可能造成“集体负责,无人负责”的现象。我国中小学在新中国成立之初曾实行过“校务委员会制”,在“文化大革命”期间,曾实行过“革命委员会制”。

(五)事业部型学校组织

事业部型学校组织是以工作性质与内容为基准进行部门划分和组合而形成的组织结构。事业部型组织的主要特点是“集中决策,分散经营”,即在集权领导下实行分权管理。这种组织结构形式,就是在主管领导下,按工作性质(如中小学之分)或地域(如不同的校区)分别设立若干事业部,每个事业部都独立运作,在经营管理上拥有很大的自主权。总组织只保留财务预算、人事任免和重大问题的决策等权力,并运用利润等指标对事业部进行控制。在事业部型组织设计中,重要决策可以在较低的组织层次做出,因此,与职能型组织比较,它有利于以一种分权的方式来开展管理工作。事业部型组织一般适于规模较大,学生层次、类型较多的学校。在事业部型组织中,由于各事业部自主经营,具有较大的自主权,这样有利于培养和训练高级管理人才,又便于各事业部之间开展竞争,从而有利于增强组织管理对环境条件变化的适应能力。此外,这种组织形式也有利于最高管理层摆脱日常行政事务，集中精力做好有关组织大政方针的决策。但是，在实践过程中，事业部型组织增加了管理层次，易造成机构重叠，增加管理人员和管理费用。由于各事业部独立经营，各事业部之间人员互换困难，相互支援较差，而且各事业部经常从本部门利益出发考虑问题，容易滋长不顾组织整体利益的本位主义和分散主义倾向。

（六）矩阵型学校组织

矩阵型学校组织是由两套管理系统组成的组织结构，一是纵向的职能领导系统，一是为完成某一任务而组成的横向项目系统。在学校行政管理过程中，有的学校行政部门为了保证某些教育项目，特别是专业性较强的项目的顺利完成，须为每个项目配备不同的专业技术人员或其他人力资源；同时，为了加强对项目的管理，每个项目又必须有专门的学校行政领导负责，这样在横向项目系统的基础上，又产生了直线职能结构的纵向领导系统，形成纵横交错的矩阵结构。这样，对每个项目组来说，其成员一般是由背景不同、专业知识与技能不同、来自不同部门的人员组成，组成项目组后，大家为了某个特定的项目而共同工作。在现代学校发展中，有的规模较大的学校，采用这种组织结构形式。这种组织结构，否定了许多传统的管理原则，比如，它否定了一个人只能有一个上司的原则，因为该种组织中的每个成员实际上有两个或两个以上的正式上司，既有职能单位的上司，又有目标导向单位的上司。该模式有利于加强各职能部门之间的协作与沟通；项目有较强的机动性，可以根据特定需要和环境变化，保持高度的灵活性，提高了组织对于环境的适应能力；不同部门与不同专业背景的人组织在一起，有利于互相启发，集思广益，提高组织效能。但矩阵型组织大都是临时组织起来的，小组成员是由各种职能部门临时抽调的，任务完成以后，还要回到原职能部门工作，容易使小组成员产生临时观点，稳定性较差，不安心工作，从而对工作产生一定影响。此外，由于每个成员都要接受两个或两个以上的上级领导，潜伏着职权关系的混乱和冲突，造成权责不清，管理秩序混乱，从而使组织工作效率低下。矩阵型组织的职能部门与目标导向部门之间容易产生冲突，因此，应尽量让这两方面的权力保持平衡。

二、我国中小学学校组织机构

（一）我国中小学学校组织结构的历史演变

民国时期，我国学校工作分工以赫尔巴特学派关于学校工作职能的分析作为基础。以原北京高等师范学校附属中学为例，该校设中学主任主持全校事务。在中学主任之下，分设庶务、训育、教务三课，各课设主任 1 人，事务员 1～3 人。这种组织设计方式在我国台湾地区延续至今。台湾的中学一般设有教务部、训育部和辅导部。

建国初期，我国中小学实行了短暂的校务委员会制。自 20 世纪 50 年代初，开始实行校长负责制，在学校内部，取消了国民党时期中小学普遍设置的训导处，设教务处与总务处。后来，又学习苏联经验，在教育、教学管理过程中，强调“教”与“导”合一，因而将教务处改称教导处，其管理职责包括教学行政事务、班主任工作和课外校外活动等。1958 年，根据中共中央、国务院颁布的《关于教育工作的指示》，中小学实行党支部领导下的校长负责制，为了加强学校思想政治工作，在组织机构设置上，不少学校增设了政教处，由政教处管理班主任工作和团队工作等，遂将教导处改为教务处。1963年，教育部颁布《全日制中学暂行条例（草案）》和《全日制小学暂行条例（草案）》，中小学实行当地党委和主管的教育行政部门领导下的校长负责制，校长之下设教导处、总务处、校长办公室，成为我国中小学组织机构的典型模式。"文化大革命"中，中小学普遍成立"革命委员会"，下设三个机构：教育革命组、政工组、后勤组。1978年全国教育工作会议之后，教育部重新颁布了《全日制中学暂行工作条例（草案）》和《全日制小学暂行工作条例（草案）》，中小学实行党支部领导下的校长分工负责制，学校一切重大问题必须经过党支部讨论决定，有的学校恢复了教导处、总务处，有的则恢复了政教处、教务处和总务处，绝大多数学校恢复了"文革"中取消的教研组，一些规模较大的学校还成立了校长办公室，以协助校长处理学校日常行政事务。1985年，《中共中央关于教育体制改革的决定》出台，中小学开始试行校长负责制。1993年《中国教育改革和发展纲要》颁布，中小学全面实行校长负责制，学校内部行政性组织建设逐步走向完善，党支部与教代会的地位确立，党、政、群关系基本明确。

（二）我国中小学学校内部组织分析

学校作为一个社会组织，其内部组织结构十分复杂。如前所述，我们从管理学的角度分析了学校组织结构的不同类型，如直线型组织、职能型组织、直线一职能型组织、委员会型组织、事业部型组织以及矩阵型组织。通常，规模较小的学校，以直线型组织为主，不设置独立的职能部门，而由校长直接领导全体教师；规模稍大些的学校则以职能型组织或直线一职能型组织为主，校长一方面领导各职能部门，另一方面直接领导各年级、各学科教师及其组织。规模较大的学校，在组织机构的纵向和横向分化方面更为明显和复杂，多采用矩阵型组织，特别是当需要开展一些全校范围内的临时性活动时，矩阵型组织比较有效，例如组织全校性体育运动会或大型的科技节、艺术节等活动，往往要建立由各个组织机构派出人员组成的矩阵型组织。

在学校管理过程中，不同的学校组织所起的作用不同，有的是决策、指挥型组织，有的是职能型组织，有的则是监督保障型组织，有的是参谋咨询型组织。以校长为首的学校领导者群体，是学校管理活动的决策者和指挥者；学校的教务处、政教处和总务处等，是执行校长决策的具体职能部门；学校的教职工代表大会，是教职工参与学校管理的重要渠道，是学校审议重大决策的审议机构，也是民主管理的监督机构；校务委员会以及有些学校设立的专家顾问团、专家顾问委员会等组织，是学校的参谋咨询机构。

上述分析，是以学校的行政性组织为对象展开的。其实，除了行政性组织，学校还存在大量的其他性质的组织，如政治性组织、群众性组织和学术团体等。政治性组织主要有中国共产党、中国共产主义青年团的基层组织，部分学校还有各民主党派的基层组织；群众性组织则包括工会、妇联、学生会、学生各种社团组织等等；学术性团体包括学校中的各种教学研究会等等。各种性质、各种类型的学校组织共同构成了学校组织系统。

（三）我国中小学学校内部行政组织的基本职责

目前，我国大多数中小学都实行了校长负责制，并相应地建立了教职工代表大会制度，定期召开校务委员会会议，许多学校坚持每周召开党政联席会议，通报学校改革与发展情况，研究学校发展过程中的重大问题，部署学校工作。大多数学校都建立了以校长领导为核心的职能管理部门，如政教处、教务处、总务处和校长办公室。许多学校认识到“科研兴校”战略的重要性，便相继设立了教科室（教育科学研究室，有的称为科研室），专门负责学校教育教学的科研管理。图5-1展现了目前我国中小学学校内部组织结构的一般模式。学校各行政部门（岗位）的基本职责如下：

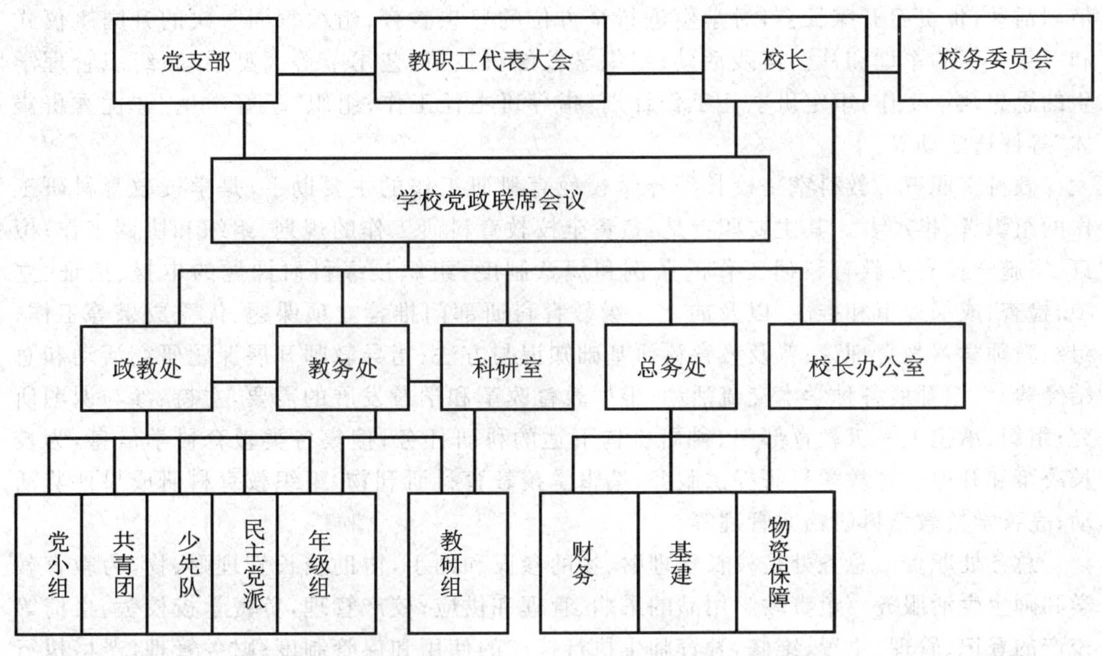

图5-1　我国中小学学校内部组织结构的一般模式

校长的职责　执行上级教育行政部门的指令，全面贯彻党的教育方针，结合学校实际制订和实施的各种计划、规章制度；遵循教育规律，坚持以教学为中心，以主要精力组织和领导学校的教育教学工作；领导教导处、总务处等学校职能部门，支持教育工会、教代会、团队开展工作；聘任和管理教职工，负责学校人事安排和教职工的考核、升职晋级和奖惩工作，关心教师的工作、学习和生活，调动他们的积极性和创造性；坚持勤俭办学原则，管理校舍设备和经费，改善办学条件，提高职工福利待遇；主持学校行政会议和教师会议，研究部署学校工作，依靠教职工办好学校等。

校长办公室职责　协助校长处理学校日常管理事务，对校长负责。主要职责包括：制订学校工作计划，建立健全各种规章制度；负责召开学校各种会议；起草有关文件；负责学校人事、对外宣传、对外联络、接待、劳资、安全、收发文件等；负责职工劳动纪律管理；负责学校印章管理等。

教务处职责　协助校长具体负责领导、职责和管理学校的教育教学工作；全面贯彻教育方针，按照教学计划、教学大纲要求，制订和实施教学工作计划及教学常规；指导和审定教研组计划、学科教学计划和进度表，指导并督促教学、教研、教科活动，组织管理教师进修工作；管理学生学籍，做好中考、中招、编班、休学、转学、复学、升留级和毕业生工作，管理教师业务档案、图书馆资料及各种表册；深入教学第一线，通过各种形式检查指导教育教学工作，负责教师考核和教学质量的评估；组织本校课程的开发；组织开展学生课外活动等。

政教处职责　协助校长做好学生的思想政治工作，根据学校工作计划制度、学校德育工作计划，积极推动学校的精神文明建设和德育工作；开展学校体育、卫生工作，组织学校运动会，搞好学生保健工作；组织指导各年级、各学科的法制教育工作；负责教师与学生的值周活动；负责召开家长会，对学生进行全方位的思想教育；组织每周一次的升国旗仪式和一年一度的军训和社会实践活动；组织学校的科技节、艺术节等大型活动；组织管理学生的思想政治工作，审定班主任工作计划，指导班主任工作；组织"三好学生"、"优秀班集体"等评选活动等。

教科室职责　教科室是校长领导学校教育科研工作的主要助手，是学校教育科研工作的组织者、推动者。其主要职责是：负责全校教育科研工作的规划、组织和协调工作；拟订、实施学校有关教育科研工作的条例和规章制度；组织校级科研课题的申报、论证、立项、检查、成果评审和推广，以及向上一级教育科研部门推荐立项课题、优秀成果等工作；组织教师学习教育理论；普及教育科研基础知识与方法；指导教师开展课题研究活动和总结经验；组织开展各种学术交流活动；根据教育改革和学校发展的需要，主持、参与课题研究；组织、承担上一级教育部门、科研机构下达的科研任务；搜集各类教育科学信息，为校长决策和开展教育教学科研提供服务；编辑学校教育科研刊物，组织教育科研成果评奖活动；完善学校教育科研档案管理等。

总务处职责　总务处是校长管理财、物的参谋和助手，协助校长管理财、物，为教育教学和师生生活服务。负责教学用品的采购、管理和供应；校产管理，负责学校校舍、桌椅等校产的登记、管理、添置、维修，教育师生执行校产的使用和保管制度；财务管理，严格执行财务制度，做好学校财务预算，以及各种费用的收缴、结算工作，为校长合理使用各项经费做好参谋，定期审核、公布账目；搞好师生生活福利，管理食堂、宿舍及其他公共福利事业，完善食堂人员的规章制度，加强住宿生管理，配合教导处发放学生奖学金和困难补助；组织学生开展勤工俭学活动，协助校长管理校办厂，做好师生参加劳动的安排和后勤保障工作；组织师生搞好学校环境卫生、绿化美化校园，指导班主任做好班级卫生包干工作；做好学校的安全保卫工作等。

第三节　学校组织建设

一、学校组织的基本模式

学校组织的结构体系不同，运作模式就不同，产生的组织效能也必然不同。随着社会政治、经济、文化的发展及学校教育管理者对学校教育规律、管理规律认识的深化，各个学校都在如何发挥学校组织的效能上做出了大胆尝试，试图找出适合本校的组织结构体系。学校组织主要有四种基本模式。

（一）学校自主

有些学校认为，实施校长负责制之后，校长在学校内的核心地位基本确立，在校内的作用得到充分发挥；但从学校与外部的关系来看，上级主管部门对学校的直接行政领导，使学校的决策指挥系统受控，这不仅表现为对校长的人权、财权的控制和干预，尤其是对校长办学思想的过分控制，对学校发展方向的过分控制，致使校长很难办出特色学校，培养出全面发展、有特长的学生。所以，围绕办学体制多元化，政府简政放权，学校自主办学等教育体制改革实践纷纷出现。

(二)调整层级

有些学校认为，传统的学校三级管理存在弊端：一是以教育、教学为中心突出不够，事事围绕行政事务转，容易忽视第一线的教师，影响教师的积极性；二是学校管理结构“小而全”，中间环节多，导致政策下达和信息反馈慢，易失真；三是政出多门，协调不力，内部干扰大。学校属于基层组织，规模不大，任务单纯，人员素质较高，因此，机构设置应考虑减少层级，增加跨度，体现以教育教学工作为中心，要注意充分发挥教研组、年级组的职能。

(三)或强调综合，或强调分化

有些学校在实践中感到，中层机构设置太多太细，导致相互之间推诿扯皮，权责不清，经常出现“管理盲点”，只局限于小圈子内思考问题，难以从宏观的、整体的角度处理问题。因此，机构设置要注意综合性。有的学校把原来的教导处、总务处、校长办公室，再另设相关的一些“委员会”或“领导小组”来统筹管理，就是基于这一考虑。

另一方面，随着教育改革的深入和发展，人们对学校不断提出新的要求和期望，一些校长感到中层机构太少太粗，难以应付方方面面的复杂事务，因此，机构要适当分化。有些学校把教导处一分为三甚至一分为四：教务处、政教处、教科室(教育科学研究室)、体卫处，就是基于这一考虑。

(四)力求开放

一个合理的组织机构应是由决策指挥分系统、执行运转分系统、参谋咨询分系统、监督反馈分系统四个分系统构成的有机整体。但是，在现行的学校组织机构中，结构不尽合理。主要表现是：执行系统过于庞大，咨询参谋和监督反馈系统过于薄弱，各个系统功能不清。因此，一些学校认为，要调整组织结构，精简臃肿庞大的执行系统，明确责权，健全和强化咨询参谋和监督反馈系统。很多学校设立社区教育委员会、家长委员会、校友联谊会、专家顾问委员会等机构，加强党支部的建设，充分发挥教职工代表大会、校务委员会以及民主党派和群团组织的作用，正是基于这些考虑。

二、学校组织建设要注意的问题

(一)变化中的学校组织特征

1. 网络化的学校组织结构特征

学校组织网络化具有两个方面的含义：一是作为一个名词，主要是指网络设备以及相关软件；二是动词，表示形成网络，是一种团队网络，是一种关系的集合。学校组织网络化包括：学校组织网络化体系和在团队网络中“平等伙伴”的协作关系。

以网络化为结构特征的学校组织，具体特征表现为：第一，学校组织结构更加扁平。

在网络化的学校组织中，学校组织之间的距离缩短，信息沟通渠道会更加畅通，信息获得会更加直接、广泛，学校组织将会减少管理层次，向扁平型组织转变。需要说明的是，学校组织网络化不会取代现行学校组织的基本体系，但学校组织的基本体系运作方式将会发生改变。第二，学校组织中将会出现越来越多的跨职能的任务团队。由于学校组织网络化的形成，各组织能够轻易地获得计算机网络的基础设施，将会在学校中存在越来越多的跨职能的任务团队，这些任务团队主要是适应开发运用网络资源的需要，这些团队可能以各种不同的名字出现：如学校财务咨询小组，考核评聘咨询小组，教学质量分析小组等。

2.以人为本的学校组织人文特征

以人为本的学校组织，强调对人的尊重，对人的信任，体现以人为管理的根本。认为人是一个完整、独特、具有创造性的个体，把人作为目的，而不是把人作为一种工具或手段。

以人为本的学校组织特征，在学校组织层面的具体表现为：第一，决策层次保证学校组织以人为本。在建立和完善校长负责制的同时，建立民主审议制，民主监督制，在教育督导部门的科学监督、教育行政部门的依法监督、学校党组织的保证监督和教职工代表大会的民主监督之间保持平衡，教职工代表大会要在对校长的聘任、考核等关键环节上发挥制约性作用。第二，在管理层中体现以人为本。学校行政组织重心将会下移，主要是重视强化年级组、教研组作为学校管理实体性组织的功能。发挥年级组、教研组的功能，不仅有利于教师群体作用的发挥，充分调动学科带头人、教学骨干的积极性，同时，也真正实现学校以行政为中心转向以教学为中心，学校办学以行政干部为主体转向以教育教学第一线的教师为主体。第三，实施新的激励方式。强化“使命”意识，激发教师的工作自豪感；不断地提供学习机会，增加教师对职业的稳定感、新鲜感；提供相应的“名誉”，满足教师的成功感；形成责任—利益共同体，形成价值创造的共享，增加教师的归属感。

3.学习型学校组织的学校组织发展特征

社会发展到今天，变得丰富多元，社会变化在速度、幅度、强度与结构方面都呈增速状态，打破了原来平稳缓慢的发展格局，学校是为未来社会发展培养人，这就越来越显示出构建学习型学校组织的重要性。学习是组织必备的一种能力，是组织持续发展的真正战略。

学习型学校组织是一个持续的过程，是学校组织通过各种途径和方式，不断地获取知识，在组织内传递知识并创造出新知识，以增强组织自身能力，带来行为或绩效改善的过程。这种学习型学校组织的构建，不仅拓宽了学校组织的发展途径，也为学校组织的发展提供动力。

学习型学校组织的基本特征表现为：第一，学校组织成员能够全心投入、锲而不舍，并不断追求中超越自我，要从超越自我的角度看问题，不仅要面对现实，而且要面向未来，个人的学习不是一个一蹴而就的项目，而是一个永无尽头的持续不断的过程。第二，学校组织成员能够不断改变自己的心智模式，每一个人都有习惯的定势，是多年积累的结果。第三，建立共同的心愿，把学校组织看做是命运共同体，“校荣我荣、校衰我耻”，大家心往一处想，劲往一处使，不断更新组织。否则，一个缺乏共同心愿的组织必定人心涣散，相互掣肘，难成大器。第四，在学校组织内部形成团队学习的氛围，团队作为一种新兴的管理方法,现在正风靡一时。团队中的成员互相学习,取长补短,不仅使团队整体的绩效大幅提升,而且使团队中的成员成长得更快。第五,系统思考,学校与人类社会都是一种“系统”,是由一系列微妙的、彼此息息相关的因素所构成的有机整体。这些因素通过各不相同的模式或渠道相互影响,牵一发而动全身。但是,这种影响并不是立竿见影、一一对应的,而常常是要经年累月才完全展现出来的。身处系统中的一小部分,人们往往不由自主地倾向于关注系统中的某一片段(或局部),而无法真正把握整体。系统思考的修炼就在于扩大人们的视野,让人们“见树又见林”。

(二)学校组织应实现其多元功能

1.加强校本管理

传统的学校管理是一种学校系统由上级教育行政部门来管理的“外控管理”形式,学校的一切管理工作都是根据外部的权威和上级的指令而进行的,这种管理模式并不考虑学校本身的特点和需要,学校中的教职工都只是被动的执行者,没有多大的自主权和决策权,当然也不承担责任。学校无法根据社会的变化和要求,决定学校的人员招聘、制订培养目标、决定学校的教学内容等与学校生存息息相关的事情。“校本管理”要求学校的管理工作根据学校的具体情况和需要进行,不用事事向上级请示,学校可以自己决定。校本管理理论假设学校功能是复杂的、多元的,学校所处环境是变化的,学校应该随时进行改革。学校应成为一个最重要的决策单位,因为学校处在动荡的环境中心,环境的变化对学校造成的冲击最敏感。决策权属于学校,能够调动学校的积极性,可以使学校根据变化的环境和需求及时作出调整和改革,增强学校应付危机的能力,能更好地发挥学校的功能。

2.改革课程设置和教学目标

第一,学校应该加强“工具学科”(读、写、算)的学习,培养基本学习技能及关键能力。近些年“回到基本功”运动已成为中小学教育中引人注目的口号,说明中小学教育中读、写、算能力的下降或被更加时髦的教育目标所取代的趋势已引起了人们的广泛关注。许多工业化国家的政府正在采取根本的措施以加强对这些技能的掌握。我国也于2001年颁布了《基础教育课程改革纲要(试行)》,其中一个很重要的目标,就是在课程内容中精选学生终生学习必备的基础知识和基本技能。信息驱动的社会时代的到来,虽然意味着获取、组织和分析信息的技能是同读、写、算一样重要的基本条件,然而如果没有熟练掌握其他几项,也就谈不上掌握这一项技能。

第二,学校应该从教给学生知识转变到教会学生如何学习上来,以培养学生的自学能力和习惯。社会正处在一个知识爆炸的时代,人们在学校里学的知识是不足以满足一生的需要的。青少年从学校里走出不久就会发现自己的掌握的知识已经过时了,这是无法适应社会,更不能参与社会建设的。他们有新的问题需要解决,要在纷纭变化的社会上作出抉择,在学校里“死记硬背”的、与实际生活脱节的“死”知识是没有用处的。因此中小学必须确定新的重点,作出不同的战略部署:它们需要的不是单纯的灌输知识,而是首先要教会学生怎样生活,怎样思考问题和怎样处理问题;应该激发学生不断独立吸收知识的愿望,学会自我教育的技巧和习惯;要使学生学会观察、倾听、表达自己的观点,能提问题和思考问题;使学生能够认识到自己所需要的学习,并能独立地学习、评价他们的学习,这是个人终其一生学习知识的独立性和具有创造性的方法,是学生终身受用不尽的财富,也是学校促进社区和社会发展的基础。

3. 发挥教师的作用

第一，建立以学校为中心的教师进修制度，提高教师的业务水平。社会的发展、知识的不断更新，要求学校里的教学内容也应不断更新。在信息社会里，学生会从各种不同的渠道获得大量知识，这对传统的“教师是知识的权威”的观念提出了挑战，教师再用陈旧的方法传授过时的内容显然是不行的，教师要不断地更新自己的知识。为此，学校要为教师的学习创造条件，可以组织教师利用远距离教育网络获取自己想要的知识；组织教师学习小组，并就教学过程中的问题进行讨论，寻求最佳的解决办法；还可以邀请一些科研院、所的专家、学者到学校讲学或者联合进行课题研究，使教师在进行课题研究的过程中得到提高。

第二，鼓励教师参与各项专业成长活动，积极开展教育科研，在对教育实践的反思中提高。对教师来说，实践是他们“最重要的学校”，对自己的教学实践进行思考、总结，使之系统化、科学化、理论化，是教师迅速提高自己业务水平的好方法。教师应不断充实自身知识结构，不断吸收自己所教学科的新的知识和技术，要掌握教育学、心理学的知识以指导自己的教学实践。通过开展教育科研活动，教师对自己在教育实践中遇到的问题进行研究，确定该问题的性质，分析问题产生的原因，提出解决问题的策略和建议等。

4. 向社区和社会开放

长期以来，学校一直是“社会的”，而不是“社会中的”学校。现在要求学校变成“社会中的”学校，学校要与社会所有相关部门和组织建立密切的、新型的合作伙伴关系。只有这样，学校才能了解社区和社会的变化和需要，才能有针对性地为社区和社会服务。家长与教育工作者需要了解社区的希望和追求的需要和特点，从而制订和设置适合该社区青少年的培训计划和课程。除此之外，了解社区的又一个原因是建立起社区和整个社会对学校组织的支持和承诺，在学校组织出现类似财政问题、法律问题或公众指责等危机时社区的支持和理解是一支重要的防卫和保护力量。为此，要改变教育资源的学校垄断性和封闭性，不同学校之间的教育资源要相互开放，学校教育资源要向社会开放，充分实现教育资源的社会共享。

第一，利用学校中人力资源的优势参与当地社区的教育活动。因为学生来自于社区的各个家庭，学校与每一个家庭都有联系。所以，可以发动中小学生对本社区的成人教育现状进行调查，统计本社区的成人文盲率和成人继续教育的需求情况，作为当地政府和教育行政部门制订社区教育规划的依据。

第二，利用学校的设备、师资和校舍开办成人基础教育班和父母学校，给成人和学生家长提供学习和彼此了解的机会，促进家长和教育工作者的交流和对话。成人在这里学习一些基本知识、交流生产和生活信息；学生家长在这里学习学生成长过程中的生理和心理知识，配合教师教育好自己的孩子。学校组织已退休的教师发挥余热，利用自己的经验和学识为社区的成人教育服务。

第三，结合社区实际情况，充分利用学校学习资源成立对外开放读书会，让社区成员都有读书的机会。有计划地开放校园，使学校成为整个社区网络的一环，并与其他学习型组织结成更为深层次的联盟。

第四，学校组织向社区和社会开放。在学校以外的社区里有着过去常常被学校忽视的、丰富的学习资源。学校应该组织学生充分利用社区资源（工厂、农村、博物馆、图书馆等）认识社会，感受社会的变迁。学生既可以学到在学校里学不到的知识，又可以加强和社区的联系，投身到社区的建设中去。

学校组织功能由单一到多元的变化是社会变迁过程中的必然结果，是现代教育制度伴随特定社会时代背景的转换作出的变革、调整的反映，是学校组织本身在变化迅速的社会里寻求生存和发展机会的一种内在冲动。这里需要强调的是，为了发挥学校的多元功能，满足社会对学校的多样化需求，学校本身的改革只是一个重要的方面，还需要整个社会其他方面的相应改革，如国家经济和政治管理体制的改革、人们的教育观念的变革等。

（三）学校组织机构的进一步改革

随着素质教育在全国范围内的持续展开，我国在改革开放之后30多年间形成的公立学校的组织模式，在许多方面呈现出“不适应”的倾向；与此同时，民办教育异军突起，其中不乏办学机制灵活、组织结构有所创新的学校。所有这一切，都使得学校组织结构的进一步改革与完善成为人们深入思考的话题。

1. 校长负责制问题

自20世纪80年代以来，我国学校组织结构中的决策层已基本上实现校长负责制。《国家中长期教育改革和发展规划纲要（2010～2020年）》中提出进一步完善校长负责制。校长负责制是指校长负责处理学校的日常教学科研活动，完善学校的管理，校长全权代表学校并行使决策权、指挥权、人事权和财务权，同时健全学校领导机构新机制。校长负责制对于克服以往存在的党政不分的弊端，提高教育教学质量起到了很好的作用。校务委员会和教职工代表大会的设立对于加强科学决策、保证教职工参与学校管理的权力和完善监督机制也产生了积极的效果。但是，在学校管理过程中，也的确出现了校长独断专行、一人说了算等现象。这里涉及委员会制和“一长制”之间的关系。委员会制和“一长制”是两种各有利弊的领导体制。委员会制能集思广益，有利于发挥集体的智慧，提高决策的合理性、科学性，且能够互相监督、防止个人专断和滥用职权。其缺点是决策人数多，易出现易而难决的问题，使决策过程迟缓，降低决策的效率、贻误时机。“一长制”责任明确，决策迅速，效率较高。但是，由于受个体知识、能力等因素的制约，易产生决策失误以及个人独揽大权、滥用职权的现象。鉴于两种体制的利弊，国外较为一致的观点是，对执行性、技术性一类的事物，首长负责制较适合，而对立法性、顾问性、决策性一类的事物，宜采用合议制。在我国，90年代以来兴起的民办中小学，大多实行董事会领导下的校长负责制。董事会是学校决策机构，负责决定学校的重大问题。校长对董事会负责，全面领导学校的行政事务。这是一种委员会制和一长制相结合的领导体制，它既有利于发挥集体智慧，避免校长专权，又保证了校长在行政事务方面有职有权。基于此，有的学者提出在中小学建立学校决策委员会，实行学校决策委员会领导下的校长负责制。学校决策委员会是学校的最高权力机构，重大问题、非程序性决策均由它作出决议。根据我国国情，委员会主席可由校长担任，但是，其成员应具有广泛的代表性。不仅包括校长、党支部书记、工会主席，而且也有教职工代表、家长代表、社区教育委员会代表和学生代表；应明确代表资格规定，各种代表均由其相应的代表大会或组织选举产生，以保证其参政的权威性和责任心;学校决策委员会运行采取“议会”方式,通过投票或其他表决方式作出决策;校长作为行政负责人要与副校长一起执行学校决策委员会的决策,并处理学校程序性决策和日常行政事务。

2. 政教处与学生处的关系问题

为了进一步加强学校政治思想工作,自20世纪80年代以来,许多学校从教导处中分化出专门负责思想政治教育的政教处(有的学校称作“德育处”),将原来的教导处改称教务处,并由此形成政教处、教务处与总务处三大职能并列的学校组织结构态势。表面上看,这是对学校思想政治教育以至整个学校德育工作的重视,许多学校都设有专门负责德育工作的副校长,再配以专司思想政治教育之职的政教处,似乎有了领导保证与组织保证。实际上,这种做法恰恰是对学校德育工作的削弱。在理论上,政教处的设置步入了一个理论误区,即把教育内容的组成(德育、智育、体育等)作为学校职能部门划分的依据。的确,历史上有不少教育理论家从学生身体、智慧和品德发展的角度,把教育内容分为德育、智育和体育。但这种划分不能作为学校工作分工的依据,因为学校中每项工作不能归于某一“育”,而任何一“育”的实现都是学校各项工作综合作用的结果。在实践上,本来“教书育人”是每一位教师的天职,也是学校各个组织部门的重要职责,所谓“以学生发展为本”。“教书育人”,“管理育人”,其义即在于此。但是,政教处这样一个专门机构的设置,往往会给人以错觉:只有政教处以及其所领导的班主任队伍才负责“育人”的工作;对于广大教师来说,他们的任务似乎也就顺理成章地“窄化”为教书了。即使广大教师没有产生这样的误解,在学校管理实践过程中,政教处也无法全面履行思想政治教育的职能,正像德国教育家赫尔巴特所指出的“不存在‘无教学的教育’这个概念”一样,思想政治教育必须通过教学、劳动等活动去实现,而政教处却无权指挥教务处、总务处等部门的工作;由于各学科的教学是进行思想政治教育的主渠道,因此,建立政教处人为地分解了教导处不可分割的“教”与“导”的职能;教务处和政教处都有权指挥教研组和年级组,若指挥不当,既影响、冲击教学,又削弱思想政治教育。在学校组织变革过程中,有的学校撤销政教处而建立学生处,专门组织各种课外、校外活动,指导学生生活,就业和升学,以及对学生进行心理咨询等活动,从而将有关学生发展的职能整合起来,这不失为一种可资借鉴的选择。

3. 教研组与年级组的关系问题

20世纪80年代以来,为了加强学校管理,许多学校成立了年级组,从而使我国中小学教师管理组织呈现多样化态势:有的实行教研组,有的实行年级组,有的则形成两种组织并存的局面。由于教研组和年级组具有相互独立、相互联系的职能,因此,大部分学校采取两种体制并存,以其中一种作为办公单位的体制。换言之,以一种组织为主,而另一个则带有临时集合的性质。如果采用以年级组为办公单位的组织结构,教研组就成为临时性组织,强调的重点是同一年级不同学科教师在工作中的相互协调配合;如果采用以教研组为办公单位的组织结构,年级组则带有临时集合的性质,在发挥同一年级不同学科教师教学合力的同时,重点强调教学与科研。

年级组是由同一年级不同学科教师组成的教学管理组织形式。从其人员组成看,它又有两种形式。有的年级组由同年级各班班主任组成,其主要任务是交流班级工作经验,探讨班主任工作的客观规律，侧重改进学生思想政治工作。有的则由同年级各班班主任和该年级的所有任课教师组成，其任务和工作内容比较广泛，涉及学生德、智、体发展的各个方面，包括研究该年级各班学生的思想情况、各学生成绩等问题并制订相应的对策和措施。目前，采用较多的是第二种形式。年级组加强了不同学科教师之间的相互沟通协调，便于充分发挥教师合力的作用。

但是，在学校管理实践中，年级组的性质不断发生变化，甚至出现了一些“异化”现象，这就是愈演愈烈的年级组行政化现象。年级组行政化现象即年级组的职责不断扩大，由原来的协调教师教学延伸到教学管理和学生管理；与此相适应，年级组长的权限也越来越大，他们不仅具有相当的教师学生管理权和财务权，而且，在某些实施教师聘任制的学校，他们甚至拥有教师聘任权；为了进一步强化年级组行政管理的职能，许多中学以年级组为单位，建立了党、团、工会等组织；层次升格，为了树立年级组的权威，一些中学在学校管理体制改革中把年级组升格为由校长直接指挥，各职能部门则在其业务范围内对年级组进行指导。年级组行政化的根源在很大程度上取决于学校教学责任制的实施。在学校发展中，有的学校将提高教育质量的责任直接转移到年级组，从而使年级组所承担的责任越来越大，因此，授予其相应职权，使其成为一级独立的管理实体也就成为必然。实践证明，年级组行政化增加了学校管理层次，在一定程度上延长了沟通渠道，影响了校长和各职能部门作用的有效发挥；作为实施教学责任制产物的年级组行政化，在客观上使年级组追求部门利益，也容易加剧片面追求升学率，对学生素质的全面提高产生不良影响；年级组行政化易架空教研组，削弱教学研究，从而影响教学质量的提高。

这里，我们无意否认年级组在学校管理中的意义与价值，但是，年级组所带来的这些负面效应却是值得每一位学校管理者注意的。此外，从学校教育教学的实际出发，我们认为，教研组的维护与完善，使其充分发挥在学校教育教学科研方面的重要作用，是当前学校组织变革中的当务之急。

总之，学校组织设计与建设的目的是为了提高学校教育效能，因此，根据学校发展项目的要求，根据“以学校发展为本”的原则，坚持因事设岗、因岗配人的原则，进行组织设计与组织建设，做到权责分明，职责权利相统一。应对学校组织结构的变革持审慎的态度，只有当原有学校组织结构无法适应新的学校发展需求时，才进行重大组织变革。

【要点小结】

1. 学校组织是社会专为实施有组织、有目的、有计划的教育而创办的一种特殊的正式的规范性社会组织。现行学校组织的组织特征表现为：结构特征追求结构合理，人文特征突出相互协作，发展特征力求开放创新。新的学校组织呈现出网络化、以人为本、学习型组织等特征。

2. 学校组织的功能在类型上有经济、社会、文化、政治和教育五种。

3. 常见的学校组织结构形式有：直线型、职能型、直线一职能型、委员会型、事业部型、矩阵型结构等。

4. 学校组织建设逐渐走向学校自主管理；减少部门层级；既强调综合，又强调分化；学校组织走向开放。

【学业评价】

1. 现代学校组织有什么特点？

2. 常见的学校组织结构形式有哪些？目前中小学主要采用哪些组织结构？

3. 学校组织建设要注意哪些问题？

【参考书目】

1. 迈克尔·汉默. 未来的组织——51 位世界顶尖管理大师的世纪断言[M]. 成都：四川人民出版社，1998.

2. 庞正元. 社会发展理论新词典[M]. 长春：吉林人民出版社，2001.

3. 张新平. 教育组织范式论[M]. 南京：江苏教育出版社，2001.

第六章

校长及领导班子建设

【本章知识结构】

- 校长的作用
- 校长应具备的素质
  - 政治素质　知识素质
  - 能力素质　心理素质
- 校长的威信
  - 以高尚的品德树立威信
  - 以广博的知识树立威信
  - 以较强的能力树立威信
  - 以严格的作风树立威信
- 校长应有的意识
  - 改革意识　服务意识
  - 整体意识　信息意识
- 副校长与校长的关系
- 校长的任职条件、职责和岗位要求
- 学校领导班子的建设
  - 作用
  - 结构的优化
    - 专业结构组合
    - 知识结构组合
    - 年龄结构组合
    - 智能结构组合

【学习目标】

1. 理解影响校长威信的因素。

2. 掌握如何优化学校领导班子，能对某一个学校的领导班子进行分析，以考察其结构是否合理。

第一节　校长的作用

我国教育界流行着这样一句行话："有什么样的校长，就有什么样的学校。"这可谓真理性的总结。校长对于学校，和司令官对于军队，指挥对于乐队一样，决定着工作的成效、成败乃至事业的兴衰。伟大的人民教育家陶行知早在20世纪30年代就谈道:“做一个学校校长谈何容易,说得小些,他关系千百人的学业前途,说得大些,他关系国家与学术之兴衰。”与陶行知同时代的教育行政专家曾毅夫在其《小学行政》一书中说:“……校长是一校的领袖,负有行政的完全责任。凡校内教师的工作,儿童的活动,以及日常事务上,经济上的管理,都在他指导之下进行。校长人选得当,做事负责,指导得宜,学校便有生气,便有进步。校长如果不能胜任,校内工作松懈,学校必日呈腐败,直接误人子弟,间接社会、国家均蒙其祸。”

的确,校长所关系到的事情太多了。一所学校办得好坏,贯彻党的教育方针怎样,学风怎样,教风怎样,教职工积极性调动得怎样,各种活动开展得怎样,总之一句话:培养的人才质量怎样,根本来说,是取决于校长的。

一、校长是教育方针的贯彻者

教育方针是学校工作的指南针,它指引着学校工作的方向,体现着对学校教育工作的要求,但这种“指引”和“要求”的作用不是自发的,而是通过校长的一系列工作产生作用的。校长水平高、责任感强,贯彻教育方针就得力;校长水平低、责任感差,就很难正确贯彻教育方针。这是已被新中国建立后几十年的教育实践所证明了的,并还将继续被证明下去。一位好校长,能深刻体会教育方针的精神实质,能把教育方针所要求的内容根据学校的实际情况贯彻于各个部门、各个环节的工作中,能使学校全员为了一个预定的目标协调地工作,能把群众的积极性调动起来,为完成教育方针规定的工作任务齐心协力地工作,能把自己按教育方针和当前任务所形成的工作思路转化为群众的行动纲领。

二、校长是学校行政工作的领导者

校长是由上级教育机关任命的,受党和国家的委托,对学校行政工作全面负责。其主要职责是:全面贯彻党和国家的教育方针,执行上级指示,领导和组织教学工作、思想政治教育工作、体育卫生工作,领导总务工作,关心师生生活,保护师生健康,培养提高教师素质,管理人事工作等。校长对于学校行政工作的领导包含两层意思,从学校权力运用、规章制度的执行角度分析,校长要通过命令、指挥,采取行政措施,行使行政职权,使学校工作达到预期目标;从人际关系、感情因素的角度分析,校长的行政领导又是对学校组织及其成员施加影响的活动。综合这两方面的内容,校长对学校的行政领导,就是在一定环境条件下运用教育法规,行使教育行政职权,通过指挥和说服工作影响学校组织的群体与个体,实现行政目标的活动。

学校行政领导工作是一个动态的过程,其活动成果是校长、被管理者和管理环境三种因素互相作用的结果。其中校长是最有决定意义的因素,校长的学识、阅历、领导风格、领导能力、待人接物和处世能力及其魄力等,在很大程度上决定了行政领导活动的结果。一个高明的校长能够善于运用后两个因素中的有利方面来实现行政管理的目标。成功的校长无一不是得心应手地处理这三者关系的领导者。

三、校长是学校工作的设计者

一所学校的远景规划、近期发展状况是由校长决定的，学校的办学特色、校风建设也是由校长决定的，学校的机构增减、人员安排同样是由校长决定的，等等。校长经常运筹的都是这一类宏观问题，即设计着学校的总体工作的进程及质和量的标准。

学校集体的形成和发展依赖于领导者和被领导者双方的自觉活动，其中校长的自觉活动居于主导地位。学校集体在形成之前，校长首先要对其进行“设计”，以形成观念上的蓝图，然后将其物化为现实的集体组织机构，并且要考虑如何调动被领导者的积极性。这些都体现了校长的自觉性、创造性和主导性。

四、校长是学校工作的组织者和指挥者

学校中的人、财、物怎么调遣，怎么配备，怎么组合，以及各项大型活动怎么进行，这在总的方面来说是取决于校长的。因为任何一个部门，只能掌握部分的人、部分的财或部分的物力，能完成的也总是学校的部分工作。而学校工作是个有机整体，必须要有一个着眼于全局的组织者和指挥者来协调各方面的工作，才能产生良好的效果。这个组织者和指挥者只能是校长。

组织机构和以校长为首的领导人员是学校集体的“灵魂”，没有组织机构和以校长为首的领导人员，就不能称其为学校集体。校长对集体的组织作用，最基本的就是实现集体的目标。为此，校长要根据学校的内外部条件、需要与可能，制订学校组织的目标与决策，为实现学校集体的目标与决策，合理地组织和使用人力、物力和财力。在集体中建立科学的管理系统，协调各方面的关系，监督、控制实施的过程，形成和谐的人际关系和融洽的心理气氛，形成健康的集体舆论和健全的规章制度，提高教职工接受和实现目标的自觉程度，激发他们的工作热情和积极性，创建出优化的校园文化环境等。

五、校长是以身作则的教育者

校长角色是由学校教育工作的性质、特点和任务所决定的。校长和教师在角色的扮演上具有同质性和相关性，他们都是教书育人、言传身教的教育者，共同担负着办好学校、培养新一代社会主义接班人的历史使命。正因为如此，热爱并献身于社会主义教育事业是校长和教师必须具备的重要品质。

校长主持学校的全部工作，其中最基本的工作是教学。从教学角色而言，校长的任务是选择教师，分配教师的教学工作。所以校长也应和教师一样，负有教育者的任务。校长是全体学生的教育者，在学生心目中，校长是德才兼备、众望所归的理想形象。师生之间的距离和校长与学生之间的距离相比，前者较小。学生和教师交往比较频繁，所以认识教师更为真切，学生不会把教师“理想化”；而对校长，由于距离较远，交往较少，学生往往容易根据自己的想象，把校长“理想化”、“神秘化”，把校长当做自己心目中所向往、所敬仰的权威人物。校长不仅是学生的教育者，而且是教师的教育者，是师者之师。校长作为全体教师的首脑人物，只有以身作则，才能发挥其示范作用。

六、校长是学校工作质量的保证者

完成了的工作,不一定都是有质量的工作。教职工的工作质量怎么样,学生的学习质量如何,必须对之进行评估、考核和监督,没有这个环节,学校的整个工作就很难说有成效。从全校的工作质量来说,只有校长才能起保证作用。

正是由于校长的这些重要作用,有人才把校长称作"学校的灵魂","学校的支柱",以及"教师的教师"。

第二节　校长应具备的素质

由于校长居于特殊地位,发挥着重要作用,因而就要求校长具备与他工作相称的素质。校长应具备的基本素质有以下几个方面。

一、政治素质

政治素质是校长应具备的最重要的素质。校长的政治素质往往决定着他的管理水平,所以政治素质对其管理工作具有质的规定性。校长政治素质的主要内容如下。

(一)马克思列宁主义理论素养

马克思列宁主义是指导我们事业的理论基础,它所揭示的关于哲学、政治经济学、科学社会主义的一系列基本原理对学校管理工作起着根本性的指导作用。恩格斯曾说:"一个民族要想站在科学的最高峰,就一刻也不能没有理论思维。"[①]理论思维是人们行动的先导。人们认识世界、改造世界离不开理论思维。良好的理论思维建立在科学的理论基础之上。马克思列宁主义是深深植根于实践并在实践中不断发展的科学。其中,马克思主义哲学对于校长来说有特别的意义。马克思主义哲学是人类以往科学和哲学思想发展的光辉结晶,是我们时代精神的精华。它给我们提供分析问题、解决问题r观点、立场和方法。这是由马克思主义的实践性决定的。马克思主义首先把实践看做是群众的物质生产活动,是人们自觉地、能动地改造自然、改造社会并在这一过程中改造自身的活动。实践是人们社会生活的本质,它既是人类社会生存和进步的基础,也是推动人们认识发展的决定力量。毛泽东同志把实践性看做是马克思主义哲学的显著特点之一,说明实践的观点即科学的实践观不仅是马克思主义认识论的基本观点,也是全部马克思主义哲学的基本观点。科学的实践观为马克思主义的唯物论、辩证法、认识论和社会历史观注入活力。马克思主义哲学不仅来源于实践,是实践经验的总结,而且随时随地接受实践的检验,在实践中得到修正、补充和发展。这就体现和保证了马克思主义哲学的真理性和科学性。正因为此,马克思主义哲学乃至整个马克思列宁主义理论体系对于校长从事学校人力、物力、财力等的管理来说,是无价之宝。因此,校长应尽可能多地懂得马克思列宁主义理论,提高马克思列宁主义素养,学会用马克思列宁主义的立场、观点和方法来观察问题、分析

① 马克思列宁著作选读(哲学)[M].北京:人民出版社,1988.159～160

问题和处理问题。

(二)政策水平

党和国家的政策是各项工作得以顺利进行的保证,党和国家有关的教育政策则是学校教育工作得以顺利进行的保证。校长是政策的具体执行者,如果他的政策水平低,就不会正确执行政策或偏离政策要求的轨道,甚至会给工作造成损失。在现代化建设的新时期,衡量校长政策水平高低的尺度有两个主要方面:一是看他在学校管理工作中是否坚持党的教育方针,按德、智、体等全面发展的标准组织教育活动,培养人才;二是看他是否认真全面地贯彻执行党和国家的各项教育法规和政策。校长在这些方面怎么做,可以集中看出校长的政策观念。

(三)强烈的服务精神

服务精神是校长素质的基本内容之一。正如陶行知先生所说,校长工作"关系千百人的学业前途","关系国家与学术的兴衰"。党和人民将一所学校托付给校长,既是很大的信任,又是一个严峻的考验。校长应以事业为重,为教育事业鞠躬尽瘁,生命不息,奋斗不止。服务精神是校长为人民服务的思想在学校工作中的具体体现,是做好教育管理工作的动力。校长只有具有强烈的服务精神,才能一心扑在本职工作上,管理好学校。

作为校长,必须要有服务于人的精神,要经常想到群众的利益,时刻问问自己,我究竟给群众做了些什么事。而不能一事当前,先替自己打算,尤其不能搞权钱交易、以权谋私的事情。要用"为官一任,造福一方"的精神来自励。邓小平同志在谈到选拔干部的问题时说道:"为人民造福,为发展生产力,为社会主义事业积极作贡献,这是最主要的政治标准。"①因此,作为现代学校校长,应有"管理就是服务"的观念。

(四)民主作风

学校是专门的教育机关,学校的一切情境都直接、间接地对学生的成长起着主要作用。教师要为人师表,校长更应在思想作风上为学生树立表率,这是学校实现培养目标的需要。学校要形成良好的校风、教风、学风,关键是发扬校长的思想作风。这就要求校长坚持实事求是的思想路线和从群众中来、到群众中去的工作路线,说实话,办实事,做老实人,以良好的民主作风来团结同志,发动群众,共同搞好学校工作。

校长应该知道,教职工群众既是管理的对象,又是管理的主体。如果没有民主作风,不调动教职工群众的积极性,便不会有成功的管理。校长在做出一项重大决策之前,必须发扬民主,广泛征求领导班子成员和教职工群众的意见,使决策具有群众基础。同时,管理活动是一种群体活动,校长不能靠自己一个人发号施令,而是要培养和保护教职工群众的参与意识,善于组织各层次的所有人员参与管理,形成群体管理合力。

二、知识素质

管理离不开知识,校长必须具有广博的知识,列宁曾指出:"任何管理工作都需要有特

---

① 邓小平.干部的选拔[N].人民日报,1984-11-20

殊的本领。有的人可以当一个最有能力的革命家和鼓动家，但完全不适合做一个管理人员。凡是熟悉社会生活、阅历丰富的人都知道，要管理就要内行，就要精通生产的一切条件，就要懂得现代高度的生产技术，就要有一定的科学修养。这就是我们无论如何都应当具备的条件。”[①]知识是人类认识和改造客观世界的精神积累，同时也是领导、管理活动的能量源泉。知识是领导者、管理者素质结构的重要组成部分。学校是传授知识的场所，学校管理具有综合性、复杂性的特点，因此，校长更应该具有比较广博的知识，否则就不能适应管理工作的需要。

校长知识素质的高低，在一定程度上决定着他管理学校的水平和可能取得的管理成效。校长应掌握的主要的知识有三个方面。

(一)学科专业知识

具备扎实的学科专业知识是校长管理学校的基础。学校管理的中心环节是对教学工作的管理。从这个意义上讲，不懂得学科专业知识的校长是没有资格领导教学工作的。因此，校长首先要精通一门学科，具有这门学科的较深厚的基础知识和技能，熟练掌握这门学科的教学大纲、教材体系和教学方法。校长除精通一门学科外，同时还应熟悉其他学科的课标要求、教材体系和教法的一般要求。此外，校长还应挤出时间广泛阅读，留心各类知识和信息，并注意引导教师在教学活动中吸取和传授新知识，带领教师不断开创教学的新路子。

(二)教育科学知识

要管理好学校，就得懂得教育教学规律。校长只有认真学习和掌握教育科学知识，把握办学规律，才能取得管理学校的主动权。因此，校长应该有计划地读一些有关教育科学理论知识的书籍。校长还应该坚持理论联系实际，有目的有计划地开展教育科学研究和实践活动，成为教育科学的实践家和探索者。

(三)管理科学知识

现代经济和科学文化发展的事实告诉我们，成功和高效率总是以科学管理为前提的。管理经验固然宝贵，科学管理则更为重要。校长要取得学校管理的高效率，必须认真学习和掌握现代学校管理知识，并在学校管理实践中灵活地加以应用。

三、能力素质

能力是一个人完成某项活动必须具备的一种个性心理特征。它是影响人活动效果的基本因素。校长的管理能力，主要指校长有效地开展学校管理工作所必备的一种个性心理特征。校长是学校的主要领导者，负责学校的各项教育教学活动和全部行政工作，工作纷繁复杂，千头万绪，它要求校长必须具有一定的管理能力，这不仅直接影响到学校管理工作的效率、效能和效果，而且也关系到校长自身的形象和威望。一般地说，具备了较强的管理能力，校长在学校里就会享有很高的威信，就能得到师生的尊重、信赖和拥护；校长

① 列宁全集(第30卷)[M].北京：人民出版社，1974.394

作出的决定就能畅通无阻，发出的号召和倡议就能得到大多数人的响应；校内的人际关系就能融洽，形成团结和谐、积极向上、心情舒畅的工作环境。因此，能力是校长开展管理活动最宝贵的东西，对于办好学校，提高教育教学质量具有重大的意义。

任何管理者的管理绩效都是受主客观条件制约的。撇开客观因素，从主观条件来说，管理者的能力是和领导效能、领导实绩成正比的。校长管理学校也不例外。在同样的客观条件下，校长能力不同则管理效果大不相同，甚至截然相反。一个能力强的校长能在不利条件下有信心、有办法化不利因素为有利条件，抓住时机开创新局面；反之，一个能力差的校长，即使在有利的条件下也会坐失良机、无所作为。所以校长的能力在校长管理工作中起着决定性的作用。

校长的管理能力在学校管理活动中的具体表现形式有多种类型。有研究认为，按管理能力的表现方式，可分为一般管理能力和特殊管理能力。一般管理能力是指在一切管理活动中所必须具备的基本管理能力，特殊管理能力是指在特殊的管理活动中表现出来的能力，如政治思想工作能力、教学管理能力等。按管理能力的特性，可分为心理管理能力和应用管理能力。心理管理能力指管理者每个人具有的心理素质及其特征，如记忆贮存能力、决断能力、思维判断能力等，应用管理能力是指管理的实际工作能力，如指导能力、统率能力、协调能力等。按管理能力的聚合方式，可分为个体管理能力和团体管理能力。按管理能力的功能倾向，可分为再现性管理能力和创造性管理能力。再现性管理能力，是指在管理活动中，能够尽快迁移和转换知识，想人之所未想，见人之所未见，具有提出新思想、新方案、新措施的能力。按管理能力的显现方式，又可分为现实管理能力和潜在管理能力。现实管理能力，是直接表现出来的一种实践工作能力，潜在管理能力则是间接表现出来的能力发展趋势。①

由于每个校长的先天素质、后天环境及实践方式的不同，校长管理能力是有个体差异的，这种能力差异，主要表现在水平、类型、早晚几个方面。也就是说，校长能力有大小高低的不同，有类型的不同，有时间表现早晚的不同。一般来说，从校长岗位特点出发，各级各类学校校长应具备下列几种能力。

（一）科学决策能力

校长是学校的主要决策人，经常要出主意作决策。主意怎样才能出在点子上，有了多种主意后怎样才能正确拍板决断，这通常是检验校长管理能力的重要方面。

科学决策是为了达到一定目标或解决某一问题，在客观条件的基础上，运用科学理论确定行动方案的活动。决策正确与否对办学方向与效果均具有重大影响，是关系到管理成败的大事。决策的目标方向错了，则工作效率越高，其管理效能就越低，所以，决策能力是校长应具备的主要管理能力。

校长的正确决策，要以多谋为基础，只有多谋才能善断，切忌不谋而断或谋而不断、优柔寡断。决策能力是一种综合能力，正确的决策取决于对实际情况的历史、现状和发展趋势的全面而又深入的认识和掌握，要能够在大量的信息中，透过错综复杂的现象，抓住事物的本质；正确的决策要求决策者有统观全局的战略眼光，既看到得，也看到失，能紧紧把

---

① 王铁军等著．校长学[M]．南京：江苏教育出版社，1993．81

握工作进程中具有决定意义的主要环节;正确的决策还要求决策者具有创新的精神和胆略,具有以党和人民的利益为重,高度的责任感和不计个人得失的无私奉献的胸怀。

校长要正确作出决策,必须把上级指示精神和学校的实际情况紧密结合起来,同时要把学校长远目标与近期打算结合起来,做到工作连贯、系统。

校长作决策时,切忌主观武断,盲目草率。要充分发扬民主,广泛听取群众意见,遇有重大决策还要聘请有关专家学者分析、讨论,听取多方面意见。

(二)协调组织能力

学校工作千头万绪,光靠校长一人不行,校长要会用干部,要知人善任,人尽其才,要建立健全各职能部门,并充分发挥各职能部门的作用。要把全体教职工分别组织到行政系统和党群系统的各个组织中去,形成和谐的整体,并通过其中骨干分子的模范带头作用来带动大家积极地工作。

为保证决策目标的顺利实施,校长不能包揽一切,而要充分发动群众,依靠群众,做到教职工人人有事干,事事有人管,权责明确,任务要求具体,检查指导及时,要求始终一贯。并使学校的人力、物力和财力得到最佳结合,各部门、各组织、各个人的力量协调一致而得到充分发挥。事实证明,再好的教师队伍,再先进的教学设备,如果没有先进的、周密的、科学的组织管理,实际效果往往很差。

(三)指导评价能力

校长要充分利用一切闲余时间努力学习,不断提高自己的知识水平和管理能力。校长应具有能够指导副校长,以及教务处、总务处等各职能部门工作的能力,对学校的教育教学活动和总务后勤工作能够及时提出指导性意见,正确地评价他们的工作。解决有关方面提出的问题,帮助他们提高工作能力和效率。善于运用交谈的方式做群众工作,使全体师生员工积极而又乐观地学习和生活。善于在工作中发现典型,树立先进,推动全面工作。

(四)约束控制能力

为了保证党的教育方针和学校预定目标的实现,不断提高教育教学质量,使学校工作按照正常秩序进行,校长必须对学校工作的各个方面,特别是教育、教学工作的各个环节进行有效的约束、控制和把握。如:严格按质量标准招收新生,按年龄和知识程度随机编班,按各个班级的特点配备教师,按课标和教科书编制授课计划,按进度要求完成每个学段的教学任务,按考核成绩决定升级、留级及毕业等。如发现偏差,就要分析原因,采取措施进行调整或纠正。

(五)说服教育能力

学校的教职工大都具有一定的文化科学知识,属脑力劳动者,他们的劳动主要靠运用知识和智力来进行,对他们的工作不宜进行严密监督,其劳动成果也难于测定。因此校长必须具有做说服教育工作的能力。凭自己的能力,化解诸种矛盾,充分调动全校教职工的积极性和主动性,使之发挥和运用他们的能力。

(六)表达能力

校长应具有较强的口头表达能力和文字表达能力。口头语言要简明扼要、中肯、生动和幽默，能充分表达意见和说服他人。口才是校长实行有效管理的“武器”，具有出色的口头表达能力，有助于提高和完善校长的组织指挥能力与疏通协调能力，做好管理工作。校长要能够亲自撰写条理清楚、合乎逻辑、详简适宜、文字精练、标点准确的计划、总结、请示、报告、讲话稿等学校常用文体。具有较强的文字表达能力，有助于校长的各项基本素质不断趋于完善，有助于推动校长的创造性领导活动的顺利开展，从而使校长的管理向更高层次的水平迈进。

(七)业务实施能力

校长是师者之师。一个好的校长，首先是一个好的教师。校长应具备一个优秀教师所具有的素养，能够从实际出发，贯彻落实党的教育方针，掌握一两门学科知识。并能精益求精，不断提高自身专业学科的知识素养，掌握教学技巧和艺术，成为教学能手。同时，校长还应熟悉和了解教育、教学计划规定的各门学科的主要教育内容，深入教育、教学过程，成为教育、教学活动的组织者和领导者；能够听课和分析课，和教师共同研究教学中的问题，并找出解决问题的办法；能够了解、观察学生的个性特点，指导他们学习、工作和生活，促进他们德、智、体诸方面的全面发展。

四、心理素质

校长的心理素质，虽然不像他们的政治素质、业务素质和工作经验那样直接制约他的工作成效，但在一定程度上也影响他的工作能力的形成和提高。因此，校长不应轻视心理素质的锻炼和培养。校长应具备的最重要的心理素质有这样五个方面。

(一)坚强的意志力

从事学校管理工作就是去克服困难，解决矛盾，战胜挫折，把工作推向前进。其中的艰辛是难以历数的，校长没有坚强的意志力是不可能善始善终地把工作搞好的。这就需要校长在工作中不断磨炼自己的意志力。坚强的意志力来源于坚定的信念，坚定的信念来源于科学的世界观和正确的生活观。树立了科学的世界观和正确的生活观，才能成为一个有理想、有抱负、有远大志向的人。这样的人才能在困难和挫折面前不灰心，不丧气，具有不达目的绝不罢休的气魄。这种百折不挠的意志力，对搞好学校管理工作有着重要的意义。

(二)较强的思维能力和丰富的想象力

校长必须具有洞察能力和创造能力，而这些能力则是以思维能力和想象力为基础的。有了较强的思维能力，就能准确地观察，正确地思考，容易认识到事物的实质，发现带规律性的东西。在此基础上，找到顺利完成工作任务的方法、途径。丰富的想象力是人的心理活动中的创造性因素。想象和思维密切相关，想象可以看做是思维活动的一种特殊形式。人类只有借助思维和想象才能预见未来，不断有所创造，有所发明。因此，校长具有较强的思维能力和丰富的想象力，才可能使自己的管理工作有预见性和创造性，才能带领教职工开拓前进。

(三)良好的性格

校长良好的性格不仅对自我保护、自我保健有着重要意义,而且对团结同志,激励群众的积极性,协调各方面的关系有着重要作用。校长性格良好,易于接近群众,容易在群众中形成巨大的影响力;校长性格良好,能排除其他方法不易排除的障碍;校长性格良好,能使僵局打破,矛盾化解。因此,校长应注重自己的性格修养。人的性格有多种类型,作为校长应主要加强这几方面的修养:一是要坦诚直率、表里一致、开诚布公;二是要谦虚和蔼、礼贤下士、平易近人;三是要豁达大度、胸襟开阔、热情奔放;四是要刚毅果敢、善于决断、自信心强。

(四)良好的自我意识

良好的自我意识是指校长能正确地认识自己,能自觉地调节自己的态度和行为。在自我意识中很重要的一个方面是自我评价,作为校长,应该清楚地知道自己的长处和短处,优势和劣势。这样才能扬长避短,发挥优势,脚踏实地地做好自己能够做好的工作。

(五)稳定的情绪

情绪是人对客观世界的一种特殊反映形式,是人对客观事物是否符合自己需要的态度体验。情绪具有感染性,特别是居于领导地位的校长,其情绪如何,会在一定程度上影响教职工的工作态度。因此,作为校长,要履行好自己的职责,必须在任何情况下都要有稳定的情绪。要有处乱不惊的心理承受力。在学校管理工作中,校长要有饱满的工作热情,既不要一有成就就忘乎所以,也不要一遇挫折就垂头丧气。在工作上出现矛盾或引起纠纷时,要善于用理智控制自己的情绪,不冲动,不急躁,保持平静的心境。

第三节　校长的威信

校长管理学校,除了要凭借被赋予的权力以外,还要靠自己的威信来影响教职工和学生。有时,威信还能起到凭权力所起不到的作用。一个有威信的校长,是一个真正有力量的校长,他的影响力可以达到任何一个方面,并能经久地发挥作用;一个缺少威信的校长,拥有的权力再大再多也无济于事。在学校管理实践中,我们常常看到一些被群众所厌弃的校长,他们经常处于危机四伏、指挥失灵的困境。究其缘由,非无权,而是无威信。可见,威信对于一个立志要管理好学校工作的校长来说,其意义不亚于拥有权力本身。那么,树立威信就成了校长在管理活动中不可小视的重要课题。

什么是威信呢?《辞海》上的解释是"声威信誉,众所共仰的声望。"这里包含的基本要素是,威信是一种声望,且是被众多的人所钦佩、敬仰的声望,这是就一个词的基本含义来说的。联系学校管理的实际,有人把威信解释为校长在群众心理上具有稳定影响的力量。它使群众对校长信赖、尊重,产生拥护、爱戴的情感。

威信是一种存在于群众中的心理现象,而这种心理现象和其他心理现象一样,都是人脑对客观事物的反映,即威信产生于校长所具有的、被群众称赞的品德、知识、能力、作风等。所以,威信是校长内在的东西,职位和权力是外在的东西。要在群众中树立威信,校长必须长期“内炼”自己。校长应在以下几方面着力树立自己的威信。

一、以高尚的品德树立威信

我国有着以德为本的传统,优良的做人品德对于校长来说尤为重要。许多调查结果表明,教职工对校长最不能容忍的问题之一,就是校长的品德不端。教职工可以容忍一个无才的校长,但不能容忍一个无德的校长。因此,校长应不断提高自己的精神境界,培养高尚的道德情操,以对党、对国家、对人民作出巨大贡献为最大的幸福,立志做“一个高尚的人,一个纯粹的人,一个有道德的人,一个脱离了低级趣味的人,一个有益于人民的人”。[①] 具体地说,校长在立身行事时应做到以下几个方面。

(一)廉洁勤政,克己奉公

校长要真正做到像陶行知所说的“捧着一颗心来,不带半根草去”,做到一身正气,两袖清风,绝不能搞以权谋私,权钱交易。对学校的财、物,应公私分明,不能见钱眼开、想方设法中饱私囊;对解决教职工的问题,不能收礼,更不能不解决问题。

(二)为人正派,处事公道

在学校管理活动中和处理人际关系时,校长应做到为人正直、诚实、守信。对上级要敢于讲真话,不讲假话,有喜报喜,有忧报忧,客观反映情况,做到表里如一,不奉承吹拍,不曲意逢迎,不诡谲奸诈,不趋炎附势,不挑拨离间,不落井下石,不弄虚作假,不阳奉阴违。对下属一视同仁,不怀偏见,不盛气凌人,不摆官架子。应该经常深入教职工和学生之中,关心他们的思想、学习、工作和生活,尽最大可能帮助他们解决困难,使广大师生感到校长可近、可亲、可敬。

(三)光明磊落,襟怀坦荡

校长在管理活动中,应堂堂正正地做事,堂堂正正地为人。对他人不存坏心眼,不玩弄低级趣味的权术;对自己工作的失误,敢于承担责任,不推卸给下属,不推向客观原因,言行一致,说到做到,不自食其言。在管理工作中,校长和其他管理者之间,由于主观和客观的原因,彼此难免会产生矛盾和误解,有时还会发生争执。在这种情况下,应把问题摆在桌面上,展开批评与自我批评,用光明正大的方式加以解决,如果表面一套,背后一套,反而会使问题进一步复杂。

(四)宽以待人,严于律己

校长作为工作的主要管理者,在工作中果断地采取必要的方法、措施或制定某些严格的规章制度,难免会让一些同志的言行受到制约,从而产生对立面。此时校长最重要的是保持冷静的心态,切莫对有抵触情绪的教职工进行显性或隐性的打击报复。所罗门曾说:“不报宿怨乃是人的光荣。”因此,校长对自己的对立面可以保持沉默,不加任何解释。路遥知马力,日久见人心。让短时间内思想上不通的教师,经过一段时间的考虑,自己消化

---

① 毛泽东选集(第 2 卷)[M].北京:人民出版社,1952.621

消极因素，原谅和理解校长的工作；校长也可对症下药，善意地去“治病”。如果有教师在教师间散布某些言论或校长的工作过失等，试图扩大对立面，校长就必须认真对待，或公布事实真相，或纠正自己的言论，把影响减小到最低限度。校长要有宽容精神，有高尚的姿态，运用单独谈话等方式巧妙地引导，耐心地做教职工的思想政治工作，就能发挥非权力性影响力的作用。

（五）联系群众，水乳交融

校长要时时刻刻牢记自己是普通教师中的一员，和教师之间应当互相关心，互相爱护，互相尊重，跟他们谈话，向他们交代工作或提出自己的意见和要求。答复他们的问题时，不带官腔官调，不要轻易训斥责备，以免使教师产生反感。校长要树立威信，并不靠对教师居高临下地发布指令，只有把自己跟教师放在同一水平线上，不远离教师队伍的群体，方能赢得教师的理解和信任，方能充分发挥非权力性影响力的作用。

（六）有功不居，谦虚谨慎

学校工作如取得一定的成就，无论是校长独立完成的，还是与其他领导成员共同完成的或是教师协同完成的，校长均不能把成绩占为己有，刻意为自己镀金，沽名钓誉。否则就会因为自己的私心而挫伤同事和教师的积极性，伤害他们的感情。校长只有最大限度地承担责任，克制私欲，最小限度地享受荣誉，才能充分调动教师的积极性。居功自傲，只能走进狭窄的胡同而给工作带来损失，也不可能发挥非权力性影响的作用。

二、以广博的知识树立威信

学校是传播知识的场所，是知识分子相对集中的地方，特别是在现代社会中，人们早已形成“以有知识为荣，以无知识是耻”的观念。作为教师的教师——校长，必须具备广博的知识。校长的知识结构应体现在以下两个方面。

（一）坚实的专业基础知识

中小学校长应至少精通一门以上的学科知识，并在学校中可以称得上权威。这样师生就会以敬佩的眼光看待校长，校长的威信也就随之而来了。管理实践活动告诉我们，一些专业知识很雄厚的人当校长，很容易得到群众的拥护。

（二）宽泛的业余知识

校长除了应有坚实的专业知识基础外，还应具备各种各样的、与教育工作和管理工作有直接或间接联系的业余知识，即要做到博约相映，精广统一。校长应经常留心各种学科理论发展的情况，刻意搜集国内外教育改革的信息，以不断丰富自己，改变自己已过时了的观点，寻找新的看问题的角度。

三、以较强的能力树立威信

校长的能力直接影响着管理效率，校长的能力对提高其自身威信有着不可低估的作用。实践证明，没有能力的校长不可能有威信。与校长的管理活动有关的能力主要包括以下几方面。

(一)计划决策能力

是指校长依据党和国家的教育方针政策,提出切实可行的行动方案的能力。学校管理的成果在很大程度上取决于校长的决策。校长具有较强的决策能力,他的决策就会建立在具有目的性、整体性与层次性的基础上。其管理活动适合于科学化、合理化的要求,会使群众从心理上敬佩他、信赖他、服从他。

(二)组织指挥能力

这是使决策付诸实践的能力。要使决策付诸实践,就要组织好人力、物力、财力等,使之有机地结合起来,发挥人尽其才,物尽其用的效能。

(三)交际能力

交际能力即与教师、学生、职工和其他领导成员进行交往和交流的能力,以及与其他单位打交道的能力。善于交际能够密切联系群众,利于信息畅通,也利于情感交流。我们知道,情感是一种心理现象,是一个人的内心体验,一个人往往是根据自己的实际需要来表露自己的情感的。如果校长与群众没有密切的交往,就很难了解群众的内心世界和他们的需要,容易被某些假象蒙住眼睛,即使校长所作所为出自善意,亦很难被群众所理解。不了解群众的长处,就很难合理地安排他们的工作,这样就不能调动他们的积极性。通过交际,校长才能充分了解群众,才能发现人才和合理使用人才,才能逐渐确立自己在群众中的威信。校长具有交际能力,才能建立学校与其他单位之间的良好关系,才能顺利办好学校必须办的事情。

(四)创新能力

创造是提供独特性的、具有最新社会意义的产物的活动。创新能力是一种极可贵的能力。学校要办出特色,校长必须具有创新能力。校长的创新能力主要表现在对教职工的高效使用和对财、物等条件的不断改造上,也就是使每个教职工处于最佳位置和各种潜能得到充分发挥。这样,全校教职工的作用就可以形成一股合力,学校管理就会达到最佳的整体效应。以校长为核心的强大的集体也就形成了,校长对教职工的重大影响标志着威信的确立。

(五)教学教研能力

学校里的一切管理措施是为了提高教育、教学质量,为此,校长除了具备上述能力外,还必须具有教学教研能力。这也是校长管理能力结构中的一个有机组成部分。中小学校长的教学教研能力主要表现在具备较高的教学水平和艺术上。苏霍姆林斯基说:“校长是教师的教师。”校长要能够在教育教学上管理和指导教师,自己首先必须是教育教学的内行和能手。只有这样,他们才能准确及时地发现教师在教学工作中存在的各种实际问题,进而高屋建瓴地帮助他们改进提高。否则,以己之昏昏,就无法使人昭昭。

四、以严格的作风树立威信

校长的作风是形成威信的又一因素。校长的作风好,往往威信就高,校长的作风差,威信也就低，甚至毫无威信。

校长在学校里的一言一行、一举一动都处在师生目光的严密监督之下，并且最容易引起师生的模仿评说。校长若能在作风上对自己严格要求，作出表率，那就会对全校师生的人格品德产生耳濡目染、潜移默化的积极影响。

校长的作风表现在多方面，如民主作风，深入实际的作风，务实的作风，办事雷厉风行的作风等。这里只谈谈校长严格要求自己和教职工的作风。

校长首先应对自己高标准严要求，以身作则，时时处处事事为师生员工作出表率，切实使自己成为他们效仿的榜样。其次要对教职工严格要求，严格要求教职工的有效办法是建立健全学校的规章制度，在工作中切实做到人人有章可循。同时，要强化管理，狠抓落实，严格考核，奖惩分明。对提干、分房、福利、表彰等敏感问题，校长更要严格按工作成绩的标准和规章办事，切实坚持公开监督的办事制度，维护规章制度的权威性和有效性。

第四节　校长应有的意识

校长是教师的教师，是学校的灵魂，是学校管理工作的设计者和执行者。要提高管理效能，办好学校，除了应具有相应的素质外，还应具有相应的治校意识。这些意识主要有以下几个方面。

一、改革意识

改革是时代的主旋律。因循守旧，得过且过的思想，不适应时代的要求，终将被时代所抛弃。

要改革，就必须虚心学习。要认真研究古今中外的教育经验，了解当前教育中的若干弊端，查清本校工作的若干弊端和薄弱环节。及时发现问题，解决问题。

要改革，就必须有务实精神。要实事求是，从实际出发，讲求实效。课堂教学不摆花架子，努力体现真实、朴实、扎实的“三实”精神。改革中，不唯书，不唯上，不唯风，不唯我，不唯心，要唯科学。

要改革，就要超前、创新。现在办事情，办教育，要想到将来，即要有超前意识。这样才能真正实现教育面向现代化，面向世界，面向未来的伟大目标。要有创新精神，敢于做第一个“吃螃蟹”的人，勇于改革陈规陋习，善于总结发现新经验，并积极支持师生的改革实验。

改革要从现在做起，从我做起。有些校长，也明白改革的重要性，但就是等、靠思想严重，想等现成的经验，等现成的答案。

二、服务意识

校长是一校之长，容易出现发号施令、唯我独尊、独断专行等毛病。其实，校长是人民的公仆，首先应该当好人民的勤务员，当好全体师生员工的公仆。

在某种意义上说，领导就是服务。常规工作应该怎么办，下属很少请示，下属请示得多是他们想不出来的，或思而未决，或遇到实际困难的事情，需要领导出主意、想办法、拿招数。这就需要领导服务，当领导的也就要“服”好这个“务”。

校长要增强自己的服务意识，必须加强自身思想修养，树立乐于奉献的精神，热爱学校，热爱教师，热爱学生；必须言行一致，率先垂范，以身作则；必须能容人，团结人，尤其是团结和自己意见不同的同志一道做好工作；必须办事公道，实行民主，搞群言堂，而不搞一言堂。

校长服务意识增强了，办事透明度也就高了。校长还应该借鉴一条很重要的原则——公开性原则。一些事情公开后，进展很顺利，不公开，人们不理解，自然很难办。这样的事例是不难举出的。

三、整体意识

整体性观点是系统论的基本观点之一。这种观点坚持把系统作为一个整体，认为系统整体具有不可分性，认为系统功能以整体而论，不以某一要素的功能而论。有些校长不懂得这个道理，他们往往以某一较高水平的教师的教学成绩代表全校的教学成绩，以某一学生的最好的学习成绩代表全校的学习成绩。

我们测量木板拼成的水桶的容量，不是看其中最高的木板，而是看其中最低的木板。同样，看一位校长管理学校的水平，不只是看其管理得最有成绩的一两项，还要看管理的薄弱环节。也就是说，衡量某一学校的教育功能要看该校的整体功能，而不以个别教师或个别学生的水平论高低；衡量某一国家的教育功能要看该国家的教育整体功能，而不能只就某些城市或地区的教育情况而论。

毛泽东同志说过“要学会弹钢琴”，就是让我们具有整体意识。学校工作只抓一两项不行，只抓一部分工作也不行，必须抓好各项工作，尤其要学会抓好薄弱工作和工作的薄弱环节。

校长必须把学校工作作为一个整体来对待，增强整体意识，全面贯彻教育方针，全面提高教育质量。

四、信息意识

当代社会是科技高度发展的社会，有人说：“信息就是金钱。”这话有一定的道理。教育的新经验、新理论层出不穷，如果不掌握这些新的信息，你就会闭目塞听，老守田园，一无所知。如果不经常深入班级、深入课堂，你也就不能及时掌握本校的重要信息。

作为校长，应该增强信息意识。因为任何系统只有通过反馈信息才能实现控制；没有反馈信息的系统，要实现控制是不可能的。在具体教学管理过程中，无论是教学管理、教学改革、教学研究，还是学生学习管理，校长除了要定期、定时组织调查、座谈、汇报、研讨及总结外，还应经常深入一线，随时了解新信息，发现新问题，掌握新情况，分析新现象，吸取新经验并作出及时正确的反应。

校长应该懂得一些信息原理，经常研究外界新的教育信息。正如鲁迅先生所说，“采过许多花才能酿出蜜来，如果只盯住一处，所得毕竟有限。”从另一种意义上说，新信息、新经验还可以帮助我们少走弯路。少走弯路,可以提高工作效率。

第五节　副校长与校长的关系

长期以来,我国学校管理界对校长与副校长究竟是什么关系研究得较少,且认识不一致。特别是在以往实施过的学校管理体制中,未对副校长的地位作出清晰的界定,实际上留下了一个理论上的空白。在当前中小学实施校长负责制的情况下,中小学副校长既是校长的助手,又是分管工作范围的指挥者,承上启下,地位十分重要。那么,副校长对校长应怎样把握好自己的角色地位呢?

一、服从校长

校长和副校长都是学校的领导,但他们所处的地位不同,承担的责任也不一样。在行政关系上,校长与副校长是上下级关系,副校长接受校长的领导。在重大问题的处理上,校长有最后的决定权,而副校长没有。因此,副校长必须具有服从意识,懂得按组织原则办事,尤其要做到三点:一是执行。对经过集体研究、校长拍板定案、自己又无不同意见的事情,要坚决执行,并保证按校长的意图把事情办好,不能随意处理,或不当成一回事。二是反映。对校长决定的问题,副校长有不同意见可按正常渠道反映,但在校长没有改变决定之前,一般情况下仍要执行。如果副校长认为自己的意见正确,在执行中可以继续反映,甚至越级反映,不可消极怠工,乱发议论或故意与校长唱反调。三是摆正位置。作为副校长,在校长领导下工作,一定要明白自己处在配角的位置,行使职能时,绝不能"抢镜头、争彩头"或擅自做主,否则,不但影响工作,还会影响团结。

二、辅助校长

校长、副校长共同担负着学校的领导责任,荣辱与共、兴衰同责。副校长既是校长的助手,又有自己的职责和权限范围。因此,副校长要帮助校长多掌握情况,遇到困难时为校长排忧解难。副校长的工作:首先,要主动出击。对分管的工作和校长交办的任务,上不推,下不卸,积极主动去工作,多谋善断,勇于负责。其次,要善于协调。注意协调好分管处室与其他处室、分管教职工与其他教职工的关系。副校长与校长要相互支持而不彼此拆台,互相忍让而不积怨成仇,互相关心而不落井下石,共同把心思用在管理工作上。在分管处室内部,由于职责不同,教职工之间思想、爱好、性格、学识等的差异,摩擦在所难免。作为分管校长要善于根据处室的特点和教职工的情况,做好思想政治工作,使分管的教职工团结一致,成为一个能战斗的集体。再次,要主动解围。在工作中,校长也会碰到一些不好处理的问题,这时副校长要想校长之所想,充分发挥自己的主观能动性,接触矛盾,承担责任,为校长解围,让校长更好地开展工作。

三、促进校长

校长作为主要负责人,难免在认识上有局限,工作中有偏差,副校长要善于用自己的特长弥补校长的不足。配合校长把工作做好，一是对学校管理要主动提出合理化建议。副校长不能只管自己分管的事，也要对学校整体工作给予关注。要全面考虑学校管理中的有关问题，给校长出主意，提建议，帮助处理涉及全局的大事。对自己的建议，如果校长采纳，不要自以为是、洋洋得意；如果不被采纳，也不要灰心丧气，更不要耿耿于怀，对校长产生成见。二是对校长的不足要善意地提出批评。对校长的缺点错误，副校长要敢于坚持原则，提出批评意见。但批评一定要讲究方式，注意分寸。尽量做到“忠言”顺耳，“良药”可口，使校长能够接受，切忌说过头话，做过头事。

四、抓好本职工作

副校长的工作主要有：对上按照上级和校长意图，完成领导交办的工作任务；对下带领分管教职工把本职工作搞好。因此，副校长要独当一面，实实在在地干事。要做到这一点，一要认真学习，提高素质。要注意学习党的路线、方针、政策，学习邓小平教育理论，在政治上合格，特别注意学习学校管理知识，提高自己的业务能力。二要统筹全局，当好领导。作为分管校长，必须带好自己的部下，要有基本的工作思路，使分管工作条理分明，干起来有章可循。三是亲自干。现代学校管理人员少，许多事情需要副校长直接去办理。在办理过程中，要积极、细致、扎实，把事情办得干净利落，让领导满意、下属佩服。四要关心同志，体谅难处。要体谅同志们的具体困难，在他们有失误或偏差时，要设身处地为教职工着想，能自己承担的责任，一定要自己承担起来，不要动辄发火，更不要轻易责怪下属，这样同志们才愿意在这样的领导下积极工作。

五、起好表率作用

管好别人，首先管好自己。作为副校长，一要严于律己，模范带头。要遵守国家法纪，不以权谋私，不搞阴谋，甘当配角。二要维护形象，树立威信。自觉做到吃苦在前，享受在后，见困难就上，见荣誉就让，不争功，不诿过。三要一视同仁，团结同志。对上对下一个样，不说三道四，不传播小道消息，不拉帮结派。四要清正廉洁，不多吃多占，为官一任，两袖清风，用自己的模范行动证明自己是一个优秀的副校长。

第六节　校长的任职条件、职责和岗位要求

对中小学校长的任职条件、主要职责和岗位要求，近些年来有较为深入的研究。不少学校也根据党的教育方针和有关政策精神并结合本校的实际情况作出了规定。特别是对校长的主要职责规定，从众多的学校来看都比较一致，即校长负责主持行政工作，领导德育工作、教学工作、总务工作、体育卫生工作等。在近年来的理论研究和实践基础上，教育部进行了系统的归纳和整理，于 20 世纪 90 年代颁布了《全国中小学校长任职条件和岗位要求（试行）》的文件。文件对校长的任职条件、主要职责、岗位要求作了明确、全面的规定，为选拔、任用、考核、培训校长提供了依据。

一、校长任职的基本条件

(1)拥护中国共产党的领导,热爱祖国,努力学习马克思主义。热爱社会主义的教育事业,认真贯彻执行党和国家的教育方针、政策、法规。关心爱护学生,刻苦钻研教育、教学业务。热爱本职工作,有一定的组织管理能力。团结同志,联系群众。严于律己,顾全大局。言行堪为师生的表率。

(2)乡(镇)完全小学以上的小学校长应有不低于中等师范毕业的文化程度,初级中学校长有不低于大专毕业的文化程度,完全中学、高级中学校长有不低于大学本科毕业的文化程度。中、小学校长应分别具有中学一级、小学高级以上的教师职务;都应有从事相当年限教育、教学工作的经历;都应接受岗位培训,并获得"岗位培训合格证书"。

(3)身体健康,能胜任工作。

二、校长的主要职责

(1)全面贯彻执行党和国家的教育方针、政策、法规,自觉抵制各种违反教育方针、政策、法规的倾向。坚持社会主义办学方向,努力培养德、智、体全面发展的社会主义事业的建设者和接班人。按教育规律办学,不断提高教育质量。

(2)认真执行党的知识分子政策和干部政策,团结、依靠教职工。组织教师学习政治与钻研业务,使之不断提高政治思想、职业道德、文化业务水平及教育教学能力,注意培养班主任、中青年教师和业务骨干,努力建设又红又专的教师队伍。依靠党组织,积极做好教师和职工的思想政治工作。自觉接受党组织的监督。充分发扬民主,重视教职工代表大会在学校管理中的重要作用,注意发挥广大教师和职工工作的主动性、积极性和创造性。

(3)全面主持学校工作,对此《全国中小学校长任职条件和岗位要求(试行)》作了这样的概括:

①领导和组织德育工作。把德育放在首位,坚持教书育人、管理育人、服务育人、环境育人的工作方针,制订德育工作计划,建设德育工作骨干队伍,采取切实措施,坚持不懈地加强对学生的思想、政治、品德教育。

②领导和组织教学工作。坚持学校工作以教学为主,按照国家规定的教学计划、教学课标,开齐各门课程,不偏科。遵循教学规律组织教学,建立和完善教学管理制度,搞好教学常规管理。

③深入教学第一线,正确指导教师进行教学活动,努力提高教学质量。

④领导和组织体育、卫生、美育、劳动教育工作及课外教育活动。确保学校体育、卫生、美育、劳动教育工作及课外教育活动生动活泼、有成效地开展。努力开展勤工俭学活动。建好学生劳动教育及劳动技术教育基地。

⑤领导和组织总务工作,贯彻勤俭办学原则,坚持总务工作为教书育人、为教职工服务的方向。严格管理校产和财务。搞好校园建设。关心学生和教职工的生活,保护他们的健康。逐步改善办学条件和群众福利。

⑥配合党组织，支持和指导群众组织开展工作。充分发挥工会、共青团、少先队等群众组织在办学育人各项工作中的积极作用。

(4)发挥学校教育的主导作用，努力促进学校教育、家庭教育、社会教育的协调一致、相互配合，形成良好的育人环境。

三、校长的岗位要求

(一)基本政治素养

坚持四项基本原则，坚持改革开放，把坚定正确的政治方向放在首位。

具有一定的马克思主义理论修养，能努力运用马克思主义的立场、观点和方法指导学校工作。

热爱社会主义教育事业，热爱学校，热爱学生，尊重、团结、依靠教职工。

实事求是，勤奋学习，作风民主，联系群众，顾全大局，公正廉洁，艰苦奋斗，严于律己。

对待工作认真负责，一丝不苟。

具有勇于进取及改革创新精神。

(二)岗位知识要求

政治理论、国情知识：具有马克思主义基本理论和建设有中国特色的社会主义基本理论知识，具有中国近现代史和国情基本知识。

教育政策、法规知识：在实践中领会、掌握党和国家的教育方针、政策的基本精神与中小学教育法规的基本内容，初步掌握与教育有关法规的基本知识。

学校管理知识：联系实际掌握学校管理的基本规律和方法，以及与学校管理相关的基本知识、技术和手段。

教育学科知识：学习马克思主义关于教育的论述，了解社会主义教育的基本特点和规律，具有教育学科基本知识。熟悉主要课程、教学课标及有关学科的教材教法。具有中国教育史常识，了解中小学教育发展与改革的动态。

其他相关知识：掌握与中小学教育有关的自然科学、社会科学基础知识，了解本地的历史、自然环境、经济与社会发展的基本情况以及民族与宗教政策等。

(三)岗位能力要求

能根据党和国家的有关方针、政策、法规，制订学校发展规划和工作计划。

善于做教职工和学生的思想政治工作及开展品德教育。能从实际出发，采取有效措施，促进学生全面发展。

具有听课、评课及指导教学、教研、课外活动等工作的能力。具有指导教师提高业务水平和改进教学的能力。

善于发挥群众团体的作用。能协调好学校内外各方面的关系，发挥社会、家长对搞好学校工作的积极作用。

能以育人为中心，研究学校教育的新情况、新问题，并从实际出发，开展教育教学实验活动，总结经验，不断提高教育教学质量。

有一定的文字写作能力，能起草学校工作报告、计划、总结等。会讲普通话，具有较好的口头表达能力。

第七节 学校领导班子的建设

一所学校的校长负责全面的教育教学工作，其个人的政治思想道德、能力、心理和身体素质对这所学校是至关重要的。但是，再优秀的校长也不是十全十美的，其个人素质总是有局限的。因此，任何一个好校长总是注重学校领导班子的建设，实践证明，任何一所好学校的领导班子都是高素质的，从这个角度说，一个以校长为核心的优秀的领导集体就代表一所好学校，一个高素质的学校领导集体直接决定着学校的办学水平，它会形成高强度的集体影响力，通过这种影响力支配控制各个岗位上的教职工履行自己的职责，以实现学校管理目标。

一、学校领导班子的作用

建设良好的学校领导班子，有利于形成学校领导者的合力，提高领导集体和个体的影响力，增强管理效能，因此，它的作用是巨大的。

(一)发挥领导者集体智慧的作用

校长一个人的能力总是有限的，通过学校领导集体的领导行为，可以集思广益，发挥每个人的聪明才智，形成集体的智慧。在学校管理活动中，每一个管理者遇到重大问题或难以解决的问题时，可以通过一定的方式听取领导班子其他成员的意见和建议，找到切实可行的解决办法，实行正确的决策，避免个人的主观片面性，减少工作失误。在形成和发挥集体智慧的过程中实现集体领导，有利于领导集体成员统一认识，感情交流，保持行动的一致性。

(二)导向作用

一个良好的学校领导集体都有明确的、统一的目标，即学校的办学目标和管理目标，每个成员对学校目标有着较强的认同感，而且各自根据岗位职责把它分解到自己的工作目标中，然后借助一些管理手段再把目标分解到每个教职工的工作目标中去，在管理活动中带领广大教职工去实现目标。这样层层分解、环环相扣，使学校办学总目标落实到全体教职工的实践工作中，从而发挥出目标导向作用。如果领导集体中的每一个成员都是某一方面的业务骨干，其政治思想道德素质比较高，业务能力比较强，就会对教职工的思想观念、工作态度、教育行为起到示范和表率作用。领导班子团结上进的精神，廉洁民主的作风也能对教职工起到无形的导向作用。

(三)增强凝聚力的作用

一个高素质的学校教育集体是高质量地完成教育、教学任务，实现办学目标的关键。学校领导集体是学校教育集体的核心，其最主要的核心作用就是把全校的教职工凝聚起来。其一，使每一个教育者认同学校工作目标，并使个人工作目标与学校工作目标保持一致，形成目标一体化的力量；其二，使每个成员之间心理相容，尤其是领导与群众之间要心理融洽，彼此信任，相互尊重，相互支持；其三，领导集体对广大教职工和学生能够产生较强的吸引力，使教职工自觉服从领导，主动接受领导交给的任务，激发出较高的工作积极性。

二、学校领导班子结构的优化

学校领导班子结构是由两个以上的领导个体及其年龄、知识、专业、智能、个性、性别等诸要素组合起来的具有一定目的性的多层次、多序列、多因素的动态综合体。依据系统论的观点，系统的效能取决于构成系统的结构，学校领导集体系统的各种因素的层次、序列和组合不同，其整体结构功能也不同，学校领导集体的效能也就不同。要发挥出领导集体的最佳效能，必须优化每个因素，同时，对构成的各因素优化组合，形成最优化的整体结构。那么，如何优化学校领导集体的结构呢？具体地说，应该在干部选拔任命调配的总要求和原则指导下抓好以下几个要素的优化组合：

(一)专业结构组合

优化学校领导集体专业结构就是按不同的管理职能的需要把各种专业特长的领导个体进行合理组合，形成一个合理比例。这样使具有各种专长的领导者相互调剂、相互补充、成龙配套，整个专业结构适应学校教育事业的性质、目标任务和发展方向，从事教育教学的各方面的内行专业人才要占较大的比例，政工管理人员、后勤服务人员也应占一定的比例。在领导班子中，既需要有专长于做德育工作的，又有专长于教学业务的，其中有专长于理科教学的，又有专长于文科教学的；有专长于行政人事工作的；有专长于党务工作的；有专长于总务工作的。作为总管全局的学校校长应具有综合的管理专长。在一个专业结构优化的集体中，从单个成员来看，只有“一能”，而从整个集体来看，却变成了“多能”。

实现学校领导集体结构的专业化组合是优化学校领导集体的重要因素，专业化并不等于专家化，专家化仅是表明了一个人所从事的某一个别领域的专业特长，并不直接表明是否具有从事某方面管理的专长，正如学术上的权威不等于管理上的权威，某一学科教学专家并不一定能成为一名好校长一样。因此，学校领导干部的专业化不仅指是否具备什么样的专业特长，而且包括是否具有现代学校管理或从事某方面管理的专长。我们在优化学校领导集体的专业结构组合的时候，首先要考虑领导成员具有什么样的现代科学管理专长，而不是仅仅考虑某方面业务有多么专深。

(二)知识结构组合

学校领导班子的成员应具有较高的科学文化知识水平，并且各成员之间能进行合理的组合、相互补充、相互促进。学校领导工作是一项内容繁杂、范围广大的综合性劳动，每一个领导者必须具有比较全面而丰富的知识才能做好工作。而且，学校是一个教书育人，对学生传授科学文化知识的地方，教师是人类灵魂的工程师，是传播人类精神文明的使者，所以对教师素质的基本要求之一就是要具有比较广博的知识。作为被称为“教师的教师”的学校领导者更应具有较高水平的科学文化知识，否则就难以树立自己的威信，不能挑起管理的重担。一所现代学校的领导者一般应具备的知识结构包括比较系统的马克思主义理论知识;熟悉有关的教育方针、政策和法律法规;有比较广博的科学文化知识;懂得基本的教育教学和管理理论;具有一定的教育实践经验,至少擅长一两门学科的教学。

学校教育是对学生进行的多学科、多方面素质的综合性教育,而且年级越高教育内容越深、越广。一名学校领导者不可能掌握所有的学科专业知识,也不可能精通所有学科的教学。但是作为校长、分管教学的副校长、教务主任等学校领导成员,必须对所有的学科教学进行管理,这就不能单靠某领导者一个人的力量,而必须建立一个具有合理的知识结构的领导集体,使领导集体具有多学科的综合知识,包括社会科学、自然科学、思维科学、管理科学等。通过领导集体的集体领导,对各学科教学进行管理。学校教学管理就是通过构建分管教学校长、教导处主任、各学科教研组长的领导集体,优化知识结构,来实现高效的教学管理的,这样,即使校长和教导主任不能精通所有学科教学,也能对所有学科教学进行有效管理。

学校领导集体知识结构的一个重要标志是成员的学历结构和专业结构。学历反映了一个人受过专业训练的程度,专业反映了一个人曾接受过什么样的知识、技能和能力教育。世界上许多国家选拔中小学校长时都注重这一点,如美国、加拿大等一些发达国家规定小学校长必须大学毕业,或获得学士、硕士学位,中学校长必须有硕士、博士学位。我国目前规定小学校长必须具有中等师范以上学历,中学校长须具有大专以上学历。但是,值得注意的是,学历并不能全面代表领导集体的知识结构水平,因为一个人的学历和接受的专业教育与实际知识结构水平存在着差距。人才科学研究认为,一个受过大学教育的人,其一生所掌握的知识中只有20%是在学校中获取的,而80%的知识是在工作实践中不断学习积累起来的。因此,优化学校领导集体的知识结构,不能只注重学历和在学校中所受的专业训练如何,应注重每个领导成员实际的知识水平。由此可见,每个领导成员的结构水平是不断变化的,学校领导集体的知识结构也并非是一成不变的。根据这一特点,应注意领导集体成员之间的岗位流动和每个成员的学习进修,实现知识结构的动态优化,以提高每个成员的知识素质。

(三)年龄结构组合

年龄不仅是人的生理、心理功能的标志,而且也是人的知识经验的标志。学校领导班子的年龄状况关系到学校领导者个体和群体的创造力、生命力以及学校教育事业的继承与发展问题。

不同年龄阶段的领导者,其知识经验、智力能力、精力体力等方面各表现出某些方面的优势和劣势。

一般地说,老年人有丰富的阅历、广博的见识、沉稳的个性、独立的思维等;中年人有成熟的思维、深刻的见解、坚忍的毅力、开拓的胆略等;青年人有充沛的精力、敏捷的思维、活跃的思想、创造的热忱、喜欢攻坚的个性等。相对而言,他们也各有劣势,如老年人精力缺乏,记忆力衰退,反应迟缓等;中年人生活、工作、思想负担太重等;青年人有时好冲动,缺乏稳健等。

在建设学校领导集体的过程中,优化其年龄结构组合,就是领导班子由老、中、青不同年龄阶段的个体按一定比例构成,年长者搞好传、帮、带,中年人“挑大梁”,青年人当先锋,发挥各自的优势，取长补短，形成合力，要建设一个良好的学校领导班子，就要大胆地选拔处于最佳年龄阶段的中青年干部，使他们在领导集体中占较大的比例，并大胆地让其独立主持工作，挑起重担。

由于年龄具有与生命共存，只增不减的特征，而教育则是年复一年不断发展的事业，为了保持学校教育事业继往开来，持续发展，必须优化学校领导集体的年龄结构，注重培养和使用中青年干部，形成比较稳定的学校领导人才梯队，始终保持动态的最佳年龄结构。

当然，年龄并不是绝对因素，强调干部年轻化时，不能简单地理解为青年化，而应该具体问题具体分析，不能把年龄作为选拔领导干部的唯一的绝对因素，要始终坚持德才兼备，综合考虑各种素质要求。人的衰老与年龄成正比，这是一条规律，但个体之间的差异也是比较大的，重视年轻干部，也决不能简单地低估老干部。优化年龄结构的重点是在整体年龄不过大的条件下保持老、中、青合理的比例，以追求最佳的年龄结构组合为目的。

(四)智能结构组合

智能是智力能力的综合，主要包括观察力、记忆力、思维力和想象力等，这是人的一切智慧活动的基础。而能力是在从事实际活动中表现出来的本领，是人的各种心理因素的综合反映。因为人的智力结构和影响智能的因素复杂多样，导致了人的智能特点及其发展水平各不相同，各具优势和缺陷。有的人观察敏锐，有的人思维独立性强，有的人记忆力好，有的人办事果断，有的人善于组织协调等等。优化学校领导集体的智能结构就是把具有不同智能特点的领导个体，按一定的恰当比例通过一定的组织形式组合起来，发挥每个成员的智能优势，并能相互取长补短，扬长避短，形成高效能的集体智能。

领导科学研究认为，根据领导成员的不同智能特点，一个良好的领导集体应该是由帅才型、将才型、智囊型人才按一定比例构成的。在组织结构中，“帅才”用到帅位上，“将才”用到将位上，“智囊人才”用到谋事的位置上。用其所长，各得其所，形成优化的智能结构。具体地说，一个领导集体中应该包括具备以下几种智能素质的人才：①头脑清醒、把握全局、明察现状、预测未来、运筹帷幄、深谋远虑、决策能力强的人才；②有才识、有威信、有魄力、有计谋、行动果断、办事利索、指挥能力较强的人才；③慧眼识才、热心揽才、勇于取才、善于用才，组织人事能力较强的人才；④思想解放、敢于探索、锐意改革、敢于创新、开拓能力较强的人才；⑤高风亮节、以身作则、受人尊重、善为人师、思想政治工作能力较强的人才；⑥作风正派、坚持原则、办事公道、执法如山、监督能力较强的人才等。

在学校管理实践中，常有这种情况，单独看某位学校领导，挺有能力，也有出色之处，而几个“能人”组成的领导集体却没有了“战斗力”，有的缺乏创造性，工作畏畏缩缩，不能开拓进取；有的协调不利，“内耗”严重，相互拆台，工作效率低，没有形成合理的智能结构。优化学校领导集体的智能结构时，一定要注重让具有各种智能特长的领导个体优势互补，扬长避短，强化“异质”结构，切忌“清一色”。

【要点小结】

1. 校长在学校管理中起到重要作用，表现在：校长是教育方针的贯彻者，校长是学校行政工作的领导者，校长是学校工作的设计者，校长是学校工作的组织者和指挥者，校长是以身作则的教育者，校长是学校工作质量的保证者。

2.校长应当具备的政治素质包括：马克思列宁主义理论素养，政策水平，强烈的服务精神，民主作风。知识素质包括：学科专业知识，教育科学知识，管理科学知识。能力素质包括：科学决策能力，协调组织能力，指导评价能力，约束控制能力，说服教育能力，表达能力，业务实施能力。心理素质包括：坚强的意志力，较强的思维能力和丰富的想象力，良好的性格，良好的自我意识，稳定的情绪。

3.校长威信指校长在群众心理上具有稳定影响的力量。它使群众对校长信赖、尊重，产生拥护、爱戴的情感 。校长树立威信要做到：以高尚的品德树立威信、以广博的知识树立威信、以较强的能力树立威信、以严格的作风树立威信。

4.校长应当具有改革意识、服务意识、整体意识和信息意识。

5.学校副校长应当摆正位置，服从校长正确的决定，辅助校长处理学校日常事务，促进校长管理好学校，抓好本职工作，起好表率作用。

6.构建优良的学校领导班子要注意：第一，把各种专业特长的领导个体进行合理组合；第二，学校领导班子的成员应具有较高的科学文化知识水平，并且各成员之间能进行合理地组合、相互补充、相互促进；第三，领导班子由老、中、青不同年龄阶段的个体按一定比例构成；第四，要把具有不同智能特点的领导个体，按一定的恰当比例并通过一定的组织形式组合起来，发挥每个成员的智能优势，并能相互取长补短。

【学业评价】

1.校长的威信指什么？怎样树立校长的威信？

2.怎样处理好副校长和校长的关系？

3.有人说“有什么样的校长就有什么样的学校”，谈谈你对这句话的理解。

4.试举例说明如何构建优良的学校领导班子。

【参考书目】

1.马克思列宁著作选读(哲学)[M].北京：人民出版社，1988.

2.王铁军等著.校长学[M].南京：江苏教育出版社，1993.

3.毛泽东选集(第2卷)[M].北京：人民出版社，1952.

第七章

教师队伍建设

【本章知识结构】

- 教师的劳动特点
  - 复杂性　创造性
  - 个体性　长周期性
- 教师的心理特点
  - 自尊心强　荣誉感强　求知欲望
  - 自制力强　富有爱心
- 教师的培养和提高
  - 岗位锻炼
  - 持续的培训和学习
  - 集体带动
- 专家型教师的培养
  - 处理好物质需要与精神需要的关系
  - 关注教师的自尊和荣誉的需要
  - 重视教师的创造和成就需要
  - 满足不同层次教师的需要
- 教师的管理
  - 调控宏观，放活微观　抓住关键，灵活管理
  - 知人善任，合理使用　鼓励教师成为名人
  - 培养良好的教师集体　严格考核
  - 鞭策与赏识相结合　当前评价与发展评价相结合
  - 外部管理与自主管理相结合　坚持“三多三少”

【学习目标】

1. 理解教师劳动的特点和教师的心理特点。
2. 掌握专家型教师的培养路径，并能结合实际分析教师需要，鼓励教师学习提高。
3. 掌握对教师的管理方法，学会创造性地对教师进行人本管理。

第一节　教师管理的意义和内容

教师是学校教职工队伍中的主要组成部分。党的教育方针的贯彻，课标的执行，教育、教学过程的组织，各项教育、教学措施的实施，都是依靠教师完成的。因此，加强教师队伍的管理，充分发挥教师的工作积极性，提高教师的思想业务素质，具有十分重要的意义。

一、教师是教育方针的主要贯彻者

邓小平同志曾说过："一个学校能不能为社会主义建设培养合格的人才，培养德智体全面发展，有社会主义觉悟的有文化的劳动者，关键在教师。"[①]学校是专门从事教育活动的机构。教师是学校教育、教学任务的主要实施者。全面发展的教育方针只有通过教师的教育和教学的实践活动，才能转化为现实，把年轻一代造就成为有一定质量的、合规格的、合乎社会需要的新人。如果教师不能准确地理解和贯彻党的教育方针，那么学校的性质和方向也将随之发生变化。因此，有必要抓好教师的管理。

二、教师的积极性是教育教学质量的保证

学校教师直接担负着教育、教学的重任，他们既是管理者，又是被管理者。对学生来说，教师是最主要的管理者和教育者，居于主力军地位。充分调动教师积极性是不断提高教育、教学质量，使学校产生活力和效率的保证。教师的工作积极性固然在很大程度上取决于教师的社会地位和工资待遇等社会因素，但学校内部管理方面的因素也是非常重要的，领导如能善于行使管理职能，通过科学的思想工作和激励制度，发动教师参与管理，注重创造团结和谐的心理环境，就能激发教师投入创造性教育实践的热情，使教师群体中出现你追我赶的生动活泼的局面。

三、教师队伍是学校工作的主力军

学校的性质和方向，归根到底决定于教师，决定于教师队伍在思想、道德、教育业务和专门知识等方面的素养和水平。要达到这个要求，一方面取决于经过师范院校系统训练而输入各级各类学校的教师的基本素质；另一方面，从学校内部来说，则取决于领导管理的水平。学校领导者的重要职责，就是要立足于教师队伍的长远规划和基本建设；通过日常教育实践以及各项方案的实施，去组织和培养一支相对稳定、素质良好的教师队伍。在实际领导工作中，恰恰容易忽视对具体管理对象的分析和帮助，致使有些校长年年忙教学，质量却不能稳定提高。所以，学校领导的着力点，必须放在教师队伍建设上，否则就是未抓住关键。

四、教师是学生学习生活的组织者

教师是学校的被管理者，这是指教师在学校内部，相对于教育行政部门、学校领导层而言的角色地位。同时，教师又拥有教育者、管理者、知识技能传授者、思想品德的教育者、班集体的领导者、组织者的角色地位。教师要定期对学生学业、品德及个性发展诸方面进行考察判断，要面向全体学生组织课程教学，要组织好学生的课外、校外活动，要协调好学校与家庭、社会的关系等等。教学管理是学校管理的基本部分，而教学管理的主要力量应该是教师。

---

① 邓小平同志论教育[M].北京：人民教育出版社，1990.64

第二节　教师的劳动特点和心理特点

一所学校能不能办好，教育质量高不高，最关键的因素是教师。完备的教育计划，先进的教学设备，以及优越的其他条件，都要靠教师的创造性劳动才能发挥作用。因而探讨教师的劳动特点和心理特点，进而采取科学合理的管理措施，激励教师的积极性，有着特别重要的意义。

一、教师的劳动特点

教师的劳动与其他行业人员的劳动相比，有其特殊性。这种特殊性源于教育活动本身。

(一)教师劳动的复杂性

教师劳动的对象主要是正在迅速成长的有思想、有感情的人，而人的思想、感情是受多种因素影响而变化的，加之影响因素并不都是积极正面的，这就决定了教师劳动的复杂性。

教师所接触的学生，年龄不同，个性各异，兴趣爱好、能力特长也千差万别，要处理好这些差异，是相当不容易的。因为对学生的塑造，没有固定的"工艺流程"，没有适合任何一个人的现成方法，而是要不断研究新问题，了解新情况，根据学生的个别差异，依据一定的背景条件，提出不同的要求，采取不同的方法因材施教。

小学生，就行为特点而言，主要是以临时动机为基础，多数时候缺乏明确的活动目的，没有稳定的思想支配，因而行为具有很强的情绪性、偶发性。在对他们进行教育时，要多注意行为习惯的训练。就思维特点而言，小学生是以形象思维为主的，在进行教学时，应注意结合教学内容多使用教具、呈现实物等。

中学生，就行为特点而言，已有了明确的行为目的，已形成了较固定的行为模式。对他们的教育要侧重在观念、认识上下工夫。就思维特点来说，处于由形象思维为主逐渐向抽象思维为主过渡的阶段，在进行教学时，要注意阐述清楚基本原理，也要恰当使用教具和实物。

从教师劳动的内容来看，也是复杂的。教师的根本任务是搞好教育、教学工作，培养德、智、体全面发展的人才。这就是说，教师既要教书，又要育人；既要向学生传授系统的、新颖的科学文化知识，又要培养其能力；既要使学生掌握将来从事生产活动的本领，又要使之适应未来社会生活的要求。这些艰巨的工作，都要通过教师的心智活动去影响学生的心灵。

教学工作是学校的中心工作，自然也是教师的主要工作。在教学过程中，学生既是教学的客体，又是认识的主体，这就要求教师处理好这种既是客体又是主体的关系，以取得良好的效果。

教师的劳动，是一种高度的智力活动，是发现、使用、传授科学知识的脑力活动，是再生产劳动力的活动。教师的劳动主要在于把科学知识传授给学生，转化为学生的能力，因而是复杂的脑力劳动。教师与一般体力劳动者的劳动的不同之处在于，体力劳动的产品是物质的，教师劳动的成果却附着于人身上。教师的劳动也不同于其他脑力劳动者的劳动。其他脑力劳动者如科学家、技术人员，他们的劳动过程一般止于精神产品的物化阶段，而教师则要将科学转化为学生的本领。同时，教师劳动成果的大小或有无，不仅仅取决于教师努力的程度，还依赖于学生努力的程度和其他条件。

（二）教师劳动的创造性

社会的发展是日新月异的，要求教育不断适应它。教育适应社会的发展主要表现在两个方面，一是培养符合新的历史时期要求的具有更高水平的全面发展的人才。二是为社会提供大量的能够满足社会各种需要的多样性人才。而人才的塑造手段是众多的，变动不居的，这就决定了教师必须进行创造性的劳动。

教师劳动的创造性，表现在他们的工作没有固定不变的程式和规范可以依循，没有现成的方法可以套用。尽管有教育方针的指引，有教育目的的导向，有教学计划和教学内容的要求，但教师的劳动绝不是教条主义地执行教育方针和机械搬用教科书的内容。教师必须在完整地理解掌握教育方针的基础上，用自己的具体行动选择最佳的途径和方法来从事教育教学工作，从而实现教育目的。

在教育活动中，不存在相同情况的学生和相同的条件，教育对象的千差万别和教育条件的千变万化令世人惊讶。正由于此，在教师劳动中，就不存在一套不加变通也可在任何情况下都可以奏效的模式，即使是身边人成功的经验，也不可能经照搬使用后而使你获得成功。教师只有从实际情况出发，因人、因时、因地制宜地进行创造性的劳动，才会有所收获。

教师劳动的对象是有能动性的，这种能动性包含着选择性，并不是教师希望怎么影响学生，学生就接受什么影响，教师打算传授什么知识，学生就原原本本地吸收什么知识。特别是正处于迅速发展时期的青少年，思想、情感极不稳定，认识常常表现出很大的片面性，有时会因意想不到的原因而拒绝教师的正面教育。

总之，无论思想教育，还是知识传授；无论技能训练，还是能力培养，处处都是教师个人创造的天地，在教育工作中，任何一个环节都要求教师创造性地劳动。

（三）教师劳动的个体性

教育、教学工作是集体劳动和个体劳动的综合过程。对教师劳动来说，又特别具有个体劳动的性质。备课、上课、辅导、批改作业、说服教育以及家访，一般都是以教师个人的形式独立进行的，这是由于教师劳动主要是心智活动，心智活动首先是个人进行的。就是教师集体备课，也要以个人钻研教材为前提。

由于教师往往以个体的形式从事劳动，因而他们的劳动效果差异较大，教学风格迥异。同时，他们也往往容易把自己的能力估计得过高，把自己的工作成效估计得过大。当然，也由于教师是以个体的形式从事劳动的，锻炼了他们的自觉性和主动性，所以成熟教师的自觉性、主动性和独立性都是很强的。对这些，学校管理者应有深刻的认识，以便采取符合这一劳动特点的管理措施。

(四)教师劳动的长周期性

教师劳动的长周期性决定于学校教育工作的长周期性,学校教育工作的长周期性决定于学生成长的长周期性。十年树木,百年树人。从人的生命发展来说,要经过婴幼儿期、儿童期、少年期、青年期几个阶段,经历 20 余年才能成人。从学校教育来看,由小学到中学,再到大学,也要用去 10 多年时间。从学生对科学知识的掌握来看,时间也是较长的。学生领悟知识的程度和掌握知识的速度不是由教师的主观意志决定的,而要受学生自身发展规律的制约。当学生的发展还处于形象思维为主、心智水平还不高的时期,对于过分抽象的理论的理解就较困难。加之科学知识门类众多,每门科学自身又都有一个庞大的体系,学生学习它又只能循序渐进,长年累月地在攀登科学高峰的崎岖小道上艰辛跋涉。

教师劳动的长周期性,还表现在教师的劳动对象具有反复性。学生的思想成长、知识增长的速度并不仅仅取决于教师,还要看学生是否持积极、肯定的态度。当教师苦心孤诣地对学生灌输了一番道理之后,一心指望其以新的面貌来从事各项活动,但学生很可能会以更差的表现来回答教师;当教师绞尽脑汁给学生传授某种知识以后,学生很可能一点也未掌握。所以,在教师的劳动过程中,教师以其思想品质、知识能力影响学生,学生也随时以其思想、情感、态度选择着教师的影响。只有当教师的教育活动引起学生积极的、肯定的反应时,教师的劳动才有积极的意义,否则,学生将以消极态度来抵制教师的影响。这就是说,教师的劳动成果不具有累加性质,而往往是在反复之中积累。

二、教师的心理特点

教师所从事的职业有其特殊性,因而具有相应的心理特点。

(一)自尊心强

凡是人都有自尊心,只是程度不同罢了,但教师的自尊心特别强,这是由教师传道、授业、解惑的工作性质决定的。教师是人群中较有知识的一部分人,社会人士也常常投以尊敬的目光,这很容易使他们产生自信心和优越感。同时,在长期的教育工作中,教师总是以思想品德的塑造者和知识技能的传播者的姿态出现在学生面前,在强烈的角色意识驱使下,自然希望别人尊重自己,并也产生了自尊自爱的心理。因此,教师总是很敏感于别人是否尊重他,他们往往在其他利益方面可以作出牺牲,但在受人尊重方面不能含糊。

(二)荣誉感重

与自尊心强紧密联系在一起的教师的另一心理特点是荣誉感重。荣誉对教师至关重要,在物质待遇和荣誉享受方面,教师往往对后者会表现出更为复杂的心态。教师视荣誉为至高无上的需要,这在中国是有传统的。在现代学校中,有着无数教师为了荣誉表现出感人行为的事例。重庆市某中学一位女教师身患白血病,生活自理极为困难,当她得知学校仍然按规定给她晋升了职称时,感到组织给予了自己荣誉,激动得热泪盈眶,挣扎着一定要去学校上班。另有一位老教师,身患多种严重慢性疾病,他坚持边治疗边工作。还利用休息时间做分外工作,一门心思用在教学工作上,学校根据规定要给他重奖,他坚决不要，他说：“我只要党组织了解我相信我，在适当的时候吸收我为党员就满足了，至于钱，我不要，尽管我不富裕。”在教师看来，受学校领导器重，受学生家长敬佩，受党和人民信任，就是最大的光荣，最大的满足。教师当然要追求尽可能好的物质生活条件，但在荣誉和金钱面前，他们更看重荣誉。

(三)求知欲强

教师因为是知识的传授者，而且个体劳动的特点突出，故一般都希望自己是个有作为的人。要成为有作为的教师就必须多学知识，久之，就形成了强烈的求知欲望，这是一方面；另一方面，要教会学生，这工作本身就要求教师有丰富的知识，从这一角度也形成了教师求知欲强的心理。求知的目的就是为了干一番事业，这自然就形成了教师突出的事业心。求知欲和事业心是一个问题的两个方面。

古往今来的教师有很强的求知欲和事业心。孔子就是一个楷模，如他自己所说：“吾十有五，而志于学。”又说：“发愤忘食，乐以忘忧，不知老之将至云尔。”他认为自己和别人比起来自己的好学很出色。“十室之邑，必有忠信如丘者焉，不如丘之好学也”。因此，他认为自己一生是“默而识之，学而不厌，诲人不倦，何有于我哉?”甚至有不少人搞教育的事业心强于当官从政的事业心。朱熹在做康南军知州时，重修了白鹿洞书院，做潭州知州时，修复了岳麓山书院。甚至六十六岁时，在宫廷任侍讲被免职后回到福建考亭，还建立竹林精舍，后又改为沧州精舍。有一首词反映了他当时在教育事业上的追求。这首词是《水调歌·沧州歌》：“春尽五湖烟浪，秋夜一天云月，此外尽悠悠。永弃人间事，吾道付沧州。”“吾道付沧州”即把全部心血献给教育事业，至于其他事，永远也不管了。

在今天，更有数不尽的教师有强烈的求知欲和事业心。身患重病却把医生开的假条放在衣袋里不让领导知道，照常学习上班的有之；爱人难产，医院几次下病危通知却仍不离开教室的有之；家庭负担重，经济困难，靠借债参加函授学习的有之。

(四)自制力强

教师由于长期与科学知识打交道，增长了理性，增强了克制力。因此，在工作、生活等方面能严格要求自己，在情感方面有较强的控制能力，在主观愿望与客观实际发生矛盾时，能理智地对待。在对事待物上，一方面有较强的抑制自己错误思想和行为的能力，从而当错误的思想苗头产生时，能通过提高自己的认识而消除它，且能防止自己不正确的行为。多数教师都有像孔子所说的“吾日三省吾身”的习惯。另一方面，教师能主动地通过内心的调节来适应社会的要求，克服种种困难，战胜挫折，力求为社会多作贡献。

正基于此，对教师的管理就应主要从锻炼他们的自觉性，增强其“内动力”入手。

(五)爱心强烈

教师的爱心主要表现在对学生的关心爱护方面。教师总希望学生好学上进，成为有用之才，这种愿望必然形成教师爱护学生的心理品质。他们常常对学生的点滴进步都是兴高采烈的。对学生面临的学习、生活上的困难总是系念在心。对学生的退步，总是感到痛心伤怀。在我国中小学中，有着数不胜数的教师关心爱护学生的感人事例。其中，南京师大附小的斯霞老师把全部心血灌注在学生身上，像慈母一样精心培育下一代，北京第九十四中学高士贤老师对差生不鄙不嫌，用真诚和爱护促进他们转变等的事迹在教育界久为传颂。

研究教师的劳动特点和心理特点的目的，在于探讨如何有效地管理教师。根据教师的这些特点，学校领导者应树立这样的观念：对教师进行管理一定要以民主、平等、公正的态度和思想，摆事实讲道理，从感情上打动对方，从思想上解决问题，尽可能避免简单粗暴，以权压人。切忌玩弄权术，给他们“穿小鞋”，打击报复。

第三节 教师应具备的素质

一、教师的思想政治素质

思想政治素质在教师整个素质结构中是居首位的，一个教师思想政治素质的好坏决定着其他素质的优劣。这是因为，思想政治素质是教师人品的支柱成分，它决定着教师的价值取向，制约着教师的道德水准，影响着教师的知识素质、能力素质等。教师的思想政治素质包括多方面的内容，这里仅介绍两个突出的方面。

(一)马克思列宁主义理论素养

马克思列宁主义理论是社会主义国家人们从事社会生产活动的指导原理，是人类的宝贵财富。它第一次科学地揭示了社会各个方面发展变化的普遍规律。其中，特别是马克思列宁主义哲学部分，对提高教师的觉悟，指导教师的工作有着更为直接和重要的意义。

马克思列宁主义哲学即辩证唯物主义和历史唯物主义，是唯一科学的世界观和方法论。教师确立了这样的世界观和掌握了这样的方法论，就能在教育工作中辨别清楚什么是唯物主义，什么是唯心主义，什么是辩证法，什么是形而上学，进而树立一切从实际出发，按照客观规律办事的观点。学会全面地、准确地、历史地、辩证地分析问题的本领，并用人类最先进的思想和优秀文化成果武装自己，充实自己，坚定自己的信仰，建立起自己科学的理论体系和知识结构。

教师确立了科学的世界观、掌握了科学的方法论，就能在教学活动中自觉地运用马克思列宁主义的立场、观点和方法去引导学生正确认识自然、社会和人生，把握各门学科知识的体系和内在联系，在思想政治上得到显著进步，在学业上取得优异成绩。

(二)献身教育事业的精神

献身教育事业，是教师不断进步的动力。立志献身教育事业，是教师事业心的体现。事业心来源于人们对职业的深刻意义的理解，来源于正确的职业理想。职业理想是成就事业经久不衰的动力，有了正确的职业理想，才能确立志向，建立信心，产生事业心，并不辞辛劳，克服千难万阻地干出一番事业来。所以，职业理想和在事业上取得成就有着密切的联系，理想是决定事业的方向，推动事业发展的一种精神力量。事业是实现理想必不可少的桥梁，是理想付诸行动的具体实践。因此，教师要在事业上有所成就，就必须树立崇高的职业理想。

教育事业是提高全民族的素质，从而提高生产力水平，促进社会快速发展的基础事业。在现阶段，是建设具有中国特色社会主义现代化的重要条件。教育事业的重要性决定了教师工作的特殊意义，许多人选择了教师职业，并为之献身，正是因为对其特殊意义有着深刻的认识。因此，我们就可以理解为什么在待遇不高，工作条件很差的情况下绝大多数教师仍勤勤恳恳、兢兢业业地从事培养下一代的工作了。正如马克思所说："如果我们选择了最能为人类福利而劳动的职业，那么，重担就不能把我们压倒。因为这是为大家而献身，那时我们所感到的就不是可怜的、有限的、自私的乐趣。我们的幸福将属于千百万人，我们的事业将默默地、但是永恒发挥作用地存在下去，而面对我们骨灰、高尚的人们将洒下热泪。"①

教师职业也是"最能为人类福利而劳动的职业"，因而是最崇高的职业。教师职业应该是我们理想的职业，完全可以干出一番事业来。教师在职业理想的基础上产生了强烈的事业心，就会热爱人民的教育事业，热爱学生，也必然会对人民的教育事业表现出崇高的献身精神。

二、教师的知识文化素质

要教育好学生，教师应具备多方面的知识文化，就基本方面来说，教师应具备：

（一）精深的专业知识

对于所有的社会劳动者来说，都应具备所从事职业要求的专业知识，但教师所从事的工作不同于一般的工作，他通过自己的劳动，把系统的科学知识传播给学生，使学生掌握作为合格劳动者所必须具备的知识和技能。这样，在客观上对教师的专业知识就有了更高的要求。教师要想完成传道、授业、解惑的任务，就必须深透地掌握所教学科的内容，能熟练地运用所教学科的知识，以便能够清楚地、准确地讲授教材。因此，对教师在专业知识方面的要求应更高、更完整、更系统、更扎实。

教师的专业知识首先应做到"精"。教师应系统掌握所教学科的知识体系，并达到精确的程度。浮光掠影，一知半解，甚至虚假错误，不仅完不成课堂教学任务，更重要的是还会贻害学生。一个合格的教师对自己所教的学科内容要全面地了解，对教材应"吃"准，钻透，并能根据不同对象的实际水平，把握准教材的难点、重点。

教师的专业知识还要做到"深"。教育界喜欢用"要给学生一碗水，自己应有一桶水"的比喻来说明教师具备较深专业知识的重要性。教师对所教学科的知识，不仅要全面掌握，而且应深入钻研。只有深入进去，才能运用自如，才能使教学更有创造性，才能带领学生在知识的海洋中遨游而不被淹没。当然，我们说教师在专业知识方面要深，并不是说要完全抛开教材所要求的内容和不顾学生的接受能力，去另搞一套艰深晦涩的东西。一个学识渊博，基础雄厚的教师，恰恰是善于将教材上那些抽象深奥的理论通俗形象地传授给学生的。教师专业知识上的深度，是指从整体上深入把握所教学科的知识结构及其发展趋势，以便引导学生学得更主动、更扎实。

---

① 马克思恩格斯全集（第40卷）[M]. 北京：人民出版社，1972. 7

(二)广博的相关学科知识

一个称职的教师不仅要精深扎实地掌握所教学科的知识内容,而且应具备广博的、与本学科密切相关的知识,即教师应有广泛的兴趣爱好和文化修养。知识广博,对于每位中小学教师来说,都应对本校所开设的课程内容有所了解。教语文课的教师尤其应对政治、历史、地理、音乐、美术等学科有较多的了解;教数学的教师特别应对物理、化学、生物等知识多掌握一些。并且无论教何门学科,都应尽可能做到文理渗透、中外渗透、古今渗透和理论联系实际,这便于学生在学习知识时融会贯通,相互促进。同时,要及时汲取当前产生的最新的知识,了解各新兴学科、边缘学科的基本内容,并有联系地反映于课堂教学之中,以丰富、拓展教材内容。

教师具备了广博的相关学科知识,有利于增强教学效果,帮助学生形成浓厚的学习兴趣,唤起学生强烈的求知欲。学校中各门学科知识不是孤立的,而是相互关联、相互补充的。特别是现代学科内容,往往一个问题可以从个多角度来阐述。如果一个教师知识面狭窄,孤陋寡闻,那么他对他所教学科知识的运用也会捉襟见肘,甚至还会经常遭到学生的鄙弃。马卡连柯曾说,学生可以原谅教师的严厉、刻板甚至吹毛求疵,但不能原谅他的不学无术。"假如被学生认识到教师的知识贫乏,并且总是没有改变,工作上一事无成,那么除被蔑视以外,他永远不会得到其他报偿。

教师具备广博的学科知识,也是适应当代科学不断分化和综合发展的特点所需要的。当代科学技术的发展同时存在着向纵的方面分化和向横的方面综合的两种趋势。面对这种形势,教师拘于一隅,专注于一门学科已难以适应教学的要求了。科学技术的发展和社会的急剧变化已经不允许人们按照学科旧有框架教育学生了。目前在每门学科内部及体系中,已经越来越多地"生长"着其他学科的内容。

(三)基本的教育科学知识

教育是一门科学,教学是一种艺术。学习一些教育科学知识,掌握教育、教学中的基本原理是顺利进行教育、教学工作的重要保证。因此,教师应抽出一定的时间,阅读一些教育科学书籍,探讨一些教育方面的问题,在掌握教育科学理论的基础上,进一步摸清教学工作的客观规律。从某种意义上说,是否掌握了正确的教育科学理论,"懂得"教育规律,将决定教师教育教学活动的成败。

教育科学是由一个庞大的学科群构成的,中小学教师没有必要也不可能广泛深入地研究,只须选择与自己工作有特别密切联系的部分内容来学习。与一般中小学教师的工作有直接联系的是普通教育学、教育心理学和学科教学法。

普通教育学是研究教育现象,探讨教育规律的学科。它从理论上告诉教师应该怎么教的问题。怎么教的问题是教师工作的核心问题,只有知识而缺乏教学技巧的教师不是好教师。好教师应该既懂得知识,又懂得怎么把知识传授给学生。通过普通教育学的学习,教师可以比较系统地了解教育的功能、教育原则、教学方法等一系列的重要教育理论与实践问题,使教师能够自觉地运用教育规律,根据教学内容,学生实际,选择恰当的教学途径和方法,达到最佳的教学效果。

教育心理学是研究教师和学生在教育过程中的心理活动及其规律的科学。它主要在于揭示学生在教师的影响下形成道德品质，掌握知识技能，发展智力、体力和个性的心理规律，以及研究与学生个别指导有关的一系列问题。如教师如何激发学生的学习兴趣，如何集中学生的注意力，如何引导学生感知、理解教材等等。因此，教育心理学是每个教师都应好好学习和研究的一门重要学科。

学科教学法也是从某种学科教学的要求出发，针对不同内容、特点的教材，进行最佳教学方案设计的一门学问。但有的教师不重视这门学问的学习，错误地认为只要掌握了知识就能教好学生。殊不知教师的知识无论怎样丰富，不讲究教学的方法和技巧，就很难提高教学效果。再好的教学内容，没有合乎教学规律的教学方法，是不能使之变成学生的知识财富的。因此，任何教师都不应轻视对学科教学法理论的学习。

三、教师的能力素质

要履行好教师职责，教师还须提高自己的能力素质，教师应具备的主要能力有。

(一)钻研教材的能力

教材是教学计划的具体化，是教师教、学生学的主要依据，是学生系统知识的主要来源。因此，教师钻研教材的能力，是熟练地掌握教材内容、上好课的基本条件，是提高教学质量的重要保证。

教师钻研教材的能力主要表现在准确地把握教材的体系、掌握教材的重难点、扩充教材的内容、挖掘教材的内涵等方面。

教师应首先把握教材的结构体系和精神实质，进而对每一单元、每一章节的内容进行分析。在此基础上，对教材中的原理、定理、定义等要反复推敲，对教材每一部分的内容都要弄懂弄通，掌握各章节的难点、重点。同时，研究教材要有创新精神，把本学科及其有关的新知识、新成果融汇到教材中去，充实和丰富教学内容。这样，教师才能在教学中高瞻远瞩，游刃有余，给学生学习增大信息量。而且，教师还要力求挖掘教材的内涵，以增大它的智力影响力。即教师不仅应全面搞清教材的内容，还应苦心开掘，发幽阐微，探索教材最本质的东西，或寻求教材内容所昭示的新的精神。

(二)语言表达能力

语言是人们社会交往中传递信息、交流思想感情的重要工具，也是教师劳动的重要手段。前苏联教育家苏霍姆林斯基指出：教育艺术首先包括谈话的艺术。教师的语言表达能力会直接影响到教学的效果。古人说："慧于心而秀于言"。文雅而富有情趣的谈吐不仅能取得学生的信任和尊重，增强教师的教育影响力，而且有利于净化学生的心灵；相反，粗俗、骄横的语言不仅有损于教师的尊严，而且会影响学生文明谈吐的形成。教师的语言表达有其区别于其他职业的特点：首先，教师的课堂语言是稍纵即逝的，不能让听者反复捉摸，所以要求思路清晰、提纲挈领、结构严密、中心突出。其次，教师讲课的语言属于日常生活用语，但又不属于日常随便交谈的语言而接近演讲语言。它既要求教师用词准确，去掉口语中那些可有可无的"口头禅"之类的东西，又要求能一听就懂、生动活泼、吸引学生。第三，由于教师讲课基本上是独白式的，是一种面对听众的讲话形式，所以在外部形势上也必须加强感召力，以启发、带动听众的积极思维。它应该是讲者目中有人、态度谦逊，使听者心领神会、引起共鸣，以形成上下呼应、生动活泼的局面。

语言表达能力是教师能力素质的重要内容，是教师向学生传授知识和技能的重要条件。教师语言表达能力的强弱、优劣，直接影响着教学效果，直接影响着学生对知识的吸收程度，直接影响着学生思维能力的培养。

教师在增加自己知识的深度和广度的同时，要注意语言表达能力的训练。在训练语言表达能力时，要从语言表达清楚、准确、生动和逻辑严密等方面入手。

教师语言表达的首要方面是清楚。只有清楚的语言，才能明白地传递信息，才能使学生领会其所讲的内容。教师的语言应通顺流畅，清晰无碍。

教师的语言，用词必须准确，力避词不达意，或乱用词的情况出现。教师教学用语必须规范化、科学化。只有用语准确，传授的知识才会无误。在教学活动中，教师用语不准确往往有两种情况：一是词语贫乏，找不到合适的词句来表达希望表达的意思，于是就任意找个词代替，结果是以词害意；二是单纯追求词语丰富，于是就叠床架屋，堆砌辞藻，结果是不伦不类，反而不知所云。

教师的语言表达还要做到生动鲜明，形象有趣。生动的语言必须是鲜明和有趣的，能使学生更易于接受教师所讲授的内容。生动的语言常常能提供形象的感知内容，这能使学生加深印象，经久不忘。在中小学教学中，许多优秀教师的讲课之所以受到学生的欢迎，其中一个重要的原因就是这些教师有较强的语言表达能力，善于运用语言艺术，讲得生动形象，富有感情色彩。

形象有趣的语言，使人听后有“如坐春风”之快感，发人深省，耐人寻味。教师的教学是一项严肃的工作，但用轻松、形象生动的语言来完成，会效果更佳。法国著名演讲学家海因兹·雷曼麦说：“用幽默的方式说出严肃的真理，比直截了当地提出更能为人接受。”[①] 谈吐风趣是一个教师有高深的修辞素养的表现，也是一个教师学识丰富的个体反映。教师如果语言丰富、措辞优美、含蓄幽默、富有魅力，学生就会感到心情愉快、兴趣盎然、气氛活跃。而那些富有幽默感、谈吐诙谐、风趣机智的教师又往往受到学生的喜欢和爱戴。当然，幽默绝非庸俗无聊，应注意幽默要得体高尚，不能流于粗俗、低级趣味。而且幽默要分对象、场合，要有分寸。幽默的语言应该是健康、友好、有趣的，要“寓教于乐，寓教于趣”。

教师语言要规范，语言规范就是要讲普通话，要使用规范化的语言，不夹杂方言土语，不生编硬造谁也不懂的词语，不滥用缩略语和外来语。社会在进步，由于交流的不断扩大，各地区、各国的往来频繁，会逐渐产生一些新的、有时代特点的语言，也会有更多的外来语和新事物称谓语。这要求教师能够认真分析、揣摩这些语言，使其能了解时代的脉搏，如“愿景”、“信息高速公路”等。而那些无意义的、不健康的、晦涩难懂的语言则要坚决摒弃。随着我国南北方的交流加深，推广普通话已被人们普遍重视，教师更应该身体力行，责无旁贷。语言规范包括语言准确，语句要合乎语法、修辞和逻辑，不发生谬误。规范的语言不仅有利于学生理解和掌握知识，还有利于祖国语言的纯洁性发展。语言健康，就是在使用语言时，要切忌一切低级庸俗、粗鲁无理的污言秽语。特别是在批评同学时，切忌使用侮辱性的语言去排斥和辱骂学生，也不许用尖酸刻薄的语言去讽刺、挖苦和嘲弄学

① 宫作民，张桂芸. 新世纪教师素质论稿[M]. 天津：天津教育出版社，1999.256

生。这不仅不利于学生改正错误，而且会伤害学生的自尊心，给学生的心灵留下伤痕，甚至会直接带来严重的后果。

教师语言要新颖。新颖则是对新世纪教师提出的新要求。随着科学技术的突飞猛进的发展，作为表情达意符号的语言和文字，它所承载的信息越来越丰富。教材内容方面将更加新颖、多种多样。教师要求成为新思想的传播者，新道德的实行者，新知识的介绍者。所以教师的语言应该是清新有活力、有生气、有强烈的时代气息，能反映现代社会风貌，反映现代人生活，使学生听起来心悦、咀嚼起来有味，给他们留下美好的记忆。

要使学生很好地理解教材，教师的语言表达还须注意逻辑严密。逻辑严密的语言能给学生呈现清晰的系统知识，能使学生从整体上把握知识和增强记忆效果。逻辑混乱、缠夹不清的语言表达，给学生带来的只能是不得要领、紊乱无序的感受。所以，教师应学习一些逻辑知识，并在教学实践中锻炼自己的逻辑思维能力和表达能力，力求使自己的语言前后连贯、上下承接、推导有致、阐述有序。

(三)板书能力

板书是教学内容的形式体现。板书怎样，同样对学生学习知识的兴趣和接受知识的程度有影响。有经验的教师总是很重视板书的布局和美观，通过板书反映出本课时教学的重点和难点，达到强化教学效果的目的。

教师板书，要做到布局合理，内容简明，字迹工整。

板书通常分为正板书和副板书，正板书是所讲内容的纲目体现，副板书是说明和补充的部分。在书写时，正、副板书的位置要安排适当。一般的做法是，把正板书部分安排在黑板的中间位置，副板书放在黑板的两端，也有把正板书放在黑板的左端，把副板书安排在右端的。这样处理会收到主次分明，整齐美观的效果。

板书的内容要简明扼要，分量适当，既不可简省到学生难以把握内容，也不可繁冗到满板皆是的程度。这就要求教师在备课时要精心考虑，避免盲目性。

板书还要做到字迹工整，字行端正。板书字迹潦草容易造成内容模糊不清，甚至会出现猜测不准而产生误解的情况。字行弯来倒去会造成内容上的混乱，以致理不清头绪。

板书的好坏，不仅影响着教学效果，还影响着教师的威信。一个板书整齐、美观的教师在学生心目中有崇高的地位；一个板书糟糕的教师常常成为被轻侮的对象。而前者对学生学习知识、形成能力能产生正效应，后者则只会产生负效应。

(四)演示能力

演示能增强教学的直观性，因而是教学的一种重要方式。教师在课堂上除以讲和写的方式教给学生知识外，有时还要借助自己的操作演示和动作示范，使学生通过观察、模仿和练习来掌握知识，形成技能技巧。如数、理、化、生等学科的演示实验，就是教师的基本功。因此，教师应努力提高自己的演示能力。

(五)组织教学的能力

教师必须善于做好组织教学工作。组织教学，不只是依照课堂常规，维持良好的教学秩序，而更重要的是要发挥教学过程本身的系统性，用灵活多样的方法，把学生的积极性调动起来，指导其有兴趣地、能动地进行学习。组织教学的能力是一项综合能力，它不仅要求教师善于组织教学内容的讲授，还要善于组织学生的注意力和活动，组织教学环节的衔接，并且要善于处理课堂上的偶发事件。

第四节 教师的培养和提高

一所学校培养出的人才质量取决于教育质量，教育质量取决于教师质量。正如列宁说的："学校的真正性质和方向并不由地方组织的良好愿望决定，不由学生委员会决定，也不由教学大纲等等决定，而是由教学人员决定的。"①因此，采取得力措施，长期坚持不懈地培养和提高教师的业务能力，是办好学校，提高教育质量，培养优秀人才的关键。

教师走上教育工作岗位之前在师范院校的学习还只是最基本的理论学习和技能训练，要成为一个好教师，还必须在教育工作中不断地学习和锤炼。加之我国的历史原因和教育工作的具体情况，不合学历要求的教师所占比例还很大。故每所学校的领导者都应重视对教师的培养和提高。

教师的培养和提高有多种途径，结合教师的工作实际来考虑，一般认为主要有如下一些方面。

一、通过岗位锻炼提高能力

这指的是要让每一个教师都有计划地经受多种教育、教学岗位的锻炼。学科教学，从低年级到高年级，对一个新教师来说至少要走一遍。以完全中学为例，从初一到高三，某些课要六年的时间，某些课约三年的时间，这样轮一遍，才能对本学科的课标、教材有全面的了解，才能对各年级的学生特征有深切的体会。不经过这样一轮，很难成为一个合格的教师。同时，每个教师必须经历当班主任的工作锻炼，只管教学，不能当班主任，不是一个好教师。班主任工作能够比较全面地检验和培养一个教师的教育思想、教育的机智和应变能力、教育活动的组织能力、对教育对象的研究能力。要防止在一所学校里，班主任永远是班主任，科任教师永远是科任教师的现象，即使有些同志不易胜任班主任，也要敢于要求和培养。

步入中年的教师及有经验的老教师都要负担培养新教师的工作，这对新教师的培养是必要的，对有经验的教师也将起着一种督促、精益求精的作用，使自己的工作更上一层楼，更何况青年教师身上也有许多值得学习的东西，在传、帮、带中可以互相学习。学校领导者应有计划地把可以胜任工作的教师安排到教研组长、年级组长乃至教导主任、校长等岗位上来锻炼，使其思想境界更高，驾驭全局的能力更强。人员提拔上来了，还可以轮换下去，使尽可能多的教师得到锻炼。

二、通过继续教育丰富和更新知识

由于时代的变化，各专业学科的发展，教师的观念更新、知识补充、能力提高显得十分

① 列宁全集(第15卷)[M].北京:人民出版社,1972.441

迫切。就大多数教师而言，不可能都去脱产进修，主要还是通过在职进修提高。通过在职进修提高的途径有很多，经常的校内外互相听课，高质量的教研活动就是提高的良好机会，不要忽略这种经常性的提高机会。要提倡自学、自修、自我总结。学习最经常的方式应该是自学自修，并根据教学的实践，客观地评价自身的长短。对于自身的长处则应总结经验，使之更为条理化、理论化，上升到一个新高度。短处则应弥补，日臻完善。作为学校领导要为教师提供交流教育、教学经验，进行学术讨论的学术活动。如听讲座、开学术会、讨论交流教育教学有关问题等活动，并给以时间和经费保证。费时费钱是为了长远的教育、教学质量的提高。有条件的，要脱产或半脱产进修，有计划地选送教师到校外进修和学习。学校可根据教师的业务水平和教学能力，按照各级教师进修院校函授、刊授、电大等学校的招生条件，制订教师到校外进修的计划。

三、通过教师集体提高教师素质

教师集体有党的组织、共青团组织、民主党派组织、工会组织，所有这些组织都要把教师的培养提高，作为自己的重要工作内容来抓，而不是校长孤零零地去抓。现在各校青年教师日益增多，学校教师团支部就应把提高青年教师的政治思想素质，专业水平，教学能力，作为重要的工作。学校教师团支部在党总支领导下，可专门组织教学观摩评优活动，教育教学工作自我评价的交流活动，请老一辈优秀教师传经送宝的活动等。这是当前教师团支部活动应有的特色。工会可通过教职工代表大会的形式，围绕教育、教学工作开展活动。这样做，实际上把民主管理与教师培养和提高的工作结合起来了。

第五节　教师的威信

一、教师威信的作用

教育实践证明，教师的威信越高，他上课时，学生就越认真听课，他的教育，越容易被学生接受而转化为行动。而对那些没有威信的教师，学生则采取相反的态度。赞科夫在《和教师的谈话》里引用了一个生动的例子，值得深思。有一次，一批女生到校长那里去告一个女教师的状，说她把她们喊作“小姑娘”，她们认为这样称呼是对她们的侮辱。校长说：“这有什么大不了的，我也喊你们‘小姑娘’。”学生回答说：“你可以喊，就是再凶一些骂我们，我们也不生气，因为你像母亲一样，而她不像母亲。”这是由于校长在学生眼里有威信，那位女教师没有树立起威信的缘故。

教师的威信是建立在学生内心的尊敬、爱戴、信任和拥护的基础上的。有威信的教师对学生的影响之所以较大是因为学生确信他的讲授和教育的真实性和正确性，能引起学生认真思考和积极行动。又因为学生敬爱和信任教师，教师对学生的表扬或批评，能唤起学生相应的情感体验。表扬能引起愉快和自豪感，从而产生更好地学习和工作的愿望。批评能使学生感到有改正缺点和力求上进的必要。没有威信的教师的批评和表扬对学生作用不大，甚至会产生相反的效果。

学生常常把有威信的教师看做是自己学习的榜样，有威信的教师无形中影响着学生的思想行动。可见，教师威信的高低，直接关系到教育、教学效果的高低。

二、教师威信的形成

威信是教师所具有的尊严和令人信服的精神感召力量。这与教师采取粗暴手段，迫使学生按教师要求行动的情况不同。马卡连柯称后者为虚假的威信。

那么真正的威信是怎样形成的呢？这是一个复杂的问题。从外部原因来看，社会、家长、领导对教师是否重视、尊敬和信任，直接影响着教师威信的形成。而教师本身的条件，是教师威信形成的主要因素。

（一）崇高的思想品质，优良的心理品质和过硬的业务能力是教师获得威信的基本条件

教师崇高的思想品德，表现在献身于人民的教育事业，勤勤恳恳工作，把一批批学生培养成为现代化建设者。无数优秀教师都具有这种精神境界和思想品德。

教师优良的心理品质，主要表现在对学生有深厚的爱的情感。这种爱的情感，不同于普通人对儿童的爱。老师对学生的情感，包含着丰富的内容，它与教师对国家民族未来的责任感联系着。因此，教师表现出坚韧性、吃苦耐劳、公正善良以及平易近人的品德，学生就会加以敬佩。

同时，教师较强的业务能力是建立威信的主要条件。一个知识贫乏，教学无能的教师，学生是不会尊重的。

（二）教师的仪态，生活作风和习惯，对教师威信的形成有一定影响

教师的仪态是无声的语言，是教师的情感在动作、姿态、表情中的流露。人的思想品德决定着他的仪态。一个光明磊落、心地善良、正直诚实的教师对真理的信仰，对学生的期望和关切，都应该通过端庄大方、自然、优雅从容、亲切的仪态表现出来。在号称“礼仪之邦”的我国，历来讲究“站有站相，坐有坐相”。教师作为知识和智慧的象征，作为人类文明的使者，应该首先做到仪态端庄、稳重大方，这会给学生一种愉悦感、亲切感和信赖感，从而有助于树立教师在学生中的威信。教师良好的仪态不仅会给学生带来多方面的良好熏陶作用，还有助于纠正一些学生仪容不整、举止随意的习惯。

仪态包括仪容。教师仪容糟糕，生活上邋遢散漫，容易引起学生的反感。因此，教师仪容要端庄大方，衣着要整洁，既不要邋遢肮脏，也不要奇装异服，在仪表上要给学生以庄重、朴实、大方的印象。同时要做到生活作风朴实，待人谦虚、谨慎、热情、有礼貌。教师这些方面做得不好，就会成为学生背后议论的材料。

（三）教师给学生的第一印象，对教师威信的形成有重大的影响

教师初次和学生见面时，学生以强烈的好奇心来观察教师的一举一动，注意力高度集中，感知非常敏锐，所以留下的印象特别深刻。因此，教师第一次和学生讲话，或上第一堂课，都应做好充分准备，态度要沉着、自然而亲切，方法和内容要适合学生的年龄特点和知识水平，使学生感到有收获。这样就会使学生对教师产生一个好的印象，初步树立起教师的威信。

如果第一次讲话或上课，没有做好充分准备，一上讲台就表现出过度紧张，语无伦次，举止呆滞，精神不振，就会使学生感到大失所望。以后要改变这一印象，困难就大多了。

上面讲了教师威信的形成，主要决定于教师本身的条件，但这些条件对于不同年龄和发展水平的学生来说，并不起同等作用。因为不同的学生对教师的评价有不同的尺度。一种尺度是出于理性认识，而另一种尺度是出于感性认识。年龄较大的学生，思维能力发展起来了，常从理智出发去评价教师的思想品德和业务能力；而低年级学生则常从感知出发去评价教师的生活作风和行为举止。

第六节　专家型教师的培养

在世界进入信息化时代的今天，人类对教育的需求与重要性的认识日益加深。与此同时，社会的不断发展对教师的素质要求也日益提高。尤其是伴随着人们对教育需求的日益高涨，培养专家型教师已成为当今世界教育发展的共同趋势。因此教师只有具备足够的敬业和专业能力及较强的自主能力，方能满足社会日益发展的需要，满足学生在认知、情感、学习等方面的需要，真正提高教育、教学质量，培养出适应社会发展需要的、具有一定创新意识和创造能力的人才。

一、专家型教师的基本特征

专家型教师与一般的教师相比，既有共同之处，又有不同之处。相同的是，两者都要从事教育、教学活动，都要进行备、讲、辅、改、考等教学实践。因而，专家型教师首先应具备一般教师所具有的素质。他们的不同之处在于，专家型教师要参与教育科研工作，要成为研究者，这就意味着教师不能只停留在“知识传递者”的角色上，而是自己在实践中进行研究和探索。也就是说专家型教师除了更具备一般教师应具有的素质外，还要具备一定的科研素质，即专家型教师应具有求知欲、主观能动性和自学愿望，有合理的工作方式，有演绎、归纳和类比的能力；在进行一项活动时具有确定其不同阶段所必须遵循的逻辑顺序能力；有形成和修改假设，拟订观察计划、实验计划以及理出事实与现象之间联系的能力；对搜集到的数据材料能够加以处理，使之系统化，并且予以说明，从而得出结论；有独自作出具有科学根据的决定的能力；有清楚、确切、简洁的表达能力。美国著名心理学家斯腾伯格曾提出确定专家型教师不同于新手的三个基本方面：第一个不同的方面是关于知识，专家不仅要有所教学科的知识，如何教的知识以及如何专门针对具体要求的内容施教的知识，而且还要具有从事科学研究方面的知识，尤其在专家擅长的领域内，他运用知识比新手更有效；第二个不同的方面是关于问题解决的效率，专家与新手相比（在专长领域内），能在较短时间内完成更多的工作；第三个不同的方面是洞察力，专家比新手（同样也是在专长领域里）有更大的可能找到新颖和适当的解决问题的方法。① 由此我们可以看出，专家型教师与一般教师最大的不同在于：专家型教师必须掌握一定的从事科学研究的

① 斯腾伯格. 专家型教师教学的原型观[J]. 华东师范大学学报，1997(1)：36～37

知识和方法，具备一定的科学研究能力，即他们必须具备一定的科研素质。只有教育科研素质提高了，才会有科研质量的提高，才会有教学质量的提高，教学活动才能真正显示出旺盛的生命力。

二、专家型教师的培养

培养专家型教师的关键在于形成激励机制。没有激励就难有进取心。激励必须从教师的需要出发，教师的需要与一般人的需要在主要方面是一样的。他们除了一般人都有的自然需要、社会需要和精神需要之外，还有精神文化需要，成就需要，自尊、荣誉需要等。鉴于此，在运用激励机制，培养专家型教师的过程中，要做到以下几方面。

(一)正确处理物质需要与精神需要的关系

教师的物质需要是教师赖以生存和发展的物质基础。马克思说过，人们首先必须解决衣、食、往、行，然后才能从事政治、科学、艺术、宗教活动等等。人的最基本的要求是生理需要的满足，教师作为社会人，自然也不例外。他们也要吃饱、穿暖、住有屋、行有路。尤其是随着现代社会的不断发展，人类文明的日益进步，教师的物质需要也在向更高的层次发展，他们不仅要吃饱，而且要吃得有营养；衣着要质地优良，迎合时令；住房要整洁、宽敞、舒适，所有这一切都是教师正当的物质需要，都应该适度给予满足。只有教师的物质需要得到适当满足后，他们才会有更高境界的精神需求。在现今社会，广大教师在追求物质需要的基本满足时，更注重荣誉和成就，尊重和信任，发展成才和自我实现需要的满足，这些精神需要在教师个体需要中占有主导地位，并且发挥着激励性、调节性、教育性的作用。因此，对教师激励的激因的选择，应以物质激因为基础。正如邓小平所说："不重视物质利益，对少数先进分子可以，对广大群众不行，一段时间可以，长期不行。革命精神是非常可贵的，没有革命精神就没有革命行动。但是，革命是在物质利益基础上产生的，如果只讲牺牲，不讲物质利益，那就是唯心论。"①我们必须强调以精神激因为主导，否则，就容易忽视激励的方向性。过去，我们往往是对物质激因考虑得比较多，对精神激因强调得少，很难调动教师的科研积极性，这种状况必须改变，只有把物质激因和精神激因有机结合，做到以精神激因为主，物质激因为辅，才能对教师产生实际的、持久的、强有力的激励作用。

(二)关注教师的自尊和荣誉的需要

教师的社会地位及其劳动的社会价值使得他们对自尊、荣誉的需要显得比其他人更加重视和关切。教师希望自己的知识、才干、能力得以充分发挥，希望获得他人和社会的承认和尊重，希望得到与自己的劳动付出相应的荣誉、地位和权力。所有这一切都表明了教师对自尊、荣誉的需要十分重视和密切关注。我们必须改掉以往教师管理重目标，轻过程，重视运用目标激励，却忽视了在实现目标过程中的激励因素，造成激励的滞后性等不良的做法，做到激励及时、合理。只有这样才能真正调动教师的积极性，使其以更饱满的热情投入到工作中去，完成社会所赋予他的职责。这正如赫茨伯格的"双因素理论"所指

---

① 邓小平文选(第2卷)[M].北京：人民出版社，1999.146

出的那样：工资水平、工作条件、福利安全只是保健因素，就像卫生条件能保证人们不生病那样，它起着防止对工作产生不满的作用，而不能够极大地激发人们的工作热情，使人们在工作中做出最好的表现。而真正能提高工作效率的激励因素是满足和激励人们更高层次的需要，即归属与社交的需要，自尊和自我实现的需要。

(三)重视教师的创造和成就需要

创造和成就需要是精神需要中的高层次需要。教师的这一需要是由其工作性质所决定的。出于创造、成就需要的工作动机不仅有很高的强度，而且有特殊的持久性和稳定性，它可以使人乐于承担挑战性的重任，积极忘我地工作，它是自觉性和积极性的来源。现代社会、科技发展日新月异对教育提出了更大的挑战。为了迎接这种挑战，教师在教学中不仅不能拘泥于某种现成的、固定不变的教学模式，而且要不断吸收新知识，更新自己的知识结构，开阔视野，勇于在实践中发现新问题、探索新途径、提出新见解、积累新经验，创造性地解决各种教育问题。只有这样才能培养出符合时代需要的人才。因此，在教师管理中要高度重视并利用这一特点，创造一定的条件来鼓励、支持教师的创造性活动。可以通过多种形式，多层次地学习、交流、宣传，使他们的教学、科研成果得到肯定和推广，从而使其社会价值得到承认。

(四)满足不同层次教师的需要

这是教师需要多样性的特点所决定的。由于生活环境不同，个人生活经历不同，尤其是每个人所具有的世界观不同，甚至同一个教师在其发展的不同时期也会有不同的需要。激励对策只有面向全体，根据不同层次教师需要的多样化，采取不同的激励方法，才能收到激励的整体效应。因此，学校管理应在不违背社会利益、集体利益和他人利益的前提下，尽可能地满足教师不同层次和不同时期的正当需要。只有兼顾不同教师需要的多样性，合理引导教师形成正确的高尚的工作动机，才真正体现管理中的以人为本，才有可能真正激发和调动广大教师的工作积极性，使他们心情舒畅，主动热情地投入到工作中去。过去那种无视、抹杀教师需要的多样性、层次性，只强调精神万能的一体化管理模式是片面的、不科学的，是不可能真正调动每一个教师的积极性的，只能维持低效率的工作状态。

第七节　教师的管理

教师的管理是一个非常重要的问题，它涉及能否调动教师的积极性，能否发挥教师的主观能动性和内在潜力，能否提高教学质量，培养优秀人才的问题。

根据教师的劳动特点和心理特点，对教师的管理应注意以下几个方面。

一、调控宏观，放活微观

学校要形成“小政府大服务”的格局，即学校领导者应把主要精力放在教育思想、办学方向、贯彻党的教育方针和政策的探讨和控制上。学校领导者要有明确的办学思想和工作目标，从学术的高度对教师进行正确的教育、教学和办学思想的指导，就是用正确、先进的教育、教学思想和科学理论武装教师。微观放活，就是在备课、上课、考查、作业批改等方法上要敢于放开，给教师以充分的自主权，允许他们根据不同的教学内容、教学对象创造性地发挥自己的才能，让他们“八仙过海，各显神通”。而不要在具体工作上把教师限制得太死，不要硬性规定教师只能按某一方法，某一规格备课、上课、考查、辅导及处理作业等。

二、抓住关键，灵活管理

教师在教育工作中对时间、空间的利用有自己的特点，学校领导者在管理上应因事制宜，灵活对待。教师的工作在很多情况下是分不清上班和下班的。比如，下班以后，在路上碰到学生打架、吸烟，教师必须管；正吃着饭，学生或家长找上门来，教师不能不丢下饭碗接待；作业改不完，课未备好，教师常常要放弃节假日的休息，加班加点“开夜车”。因此，对教师的工作时间和空间不宜管得过死，不能只看教师一周上几节课，在办公室呆了多长时间。一般地说，教师们只要能按时上课和参加规定的会议及活动即可。也许有的学校领导者会担心教师的工作质量难以保证，实际上只要在管理上抓住了关键，一切问题都迎刃而解了。这个关键就是强化对教师成果的考核。实践证明，许多学校抓住成果考核这一环，就不必担心教师不努力。总之，应在时间和空间的利用上给教师以较大的自由度，自由往往孕育着创造，只有创造才能出成果。

三、知人善任，合理使用

要管理好教师，使之充分发挥积极性，努力搞好工作，首先要知人善任。知人，是善任的前提，不知人，谈何善任？善任，是知人的目的，不善任，就无须知人。知人善任是紧密联系不可分割的。知人，换一句话来说，就是要历史地、全面地、发展地了解人，就是不仅要从人的外表，更要从人的素质及内心世界去了解人。它包括了解：一是思想意识、政治状况和道德品质；二是专业知识结构；三是工作态度；四是业务能力和心态、性格、气质、兴趣、爱好和专长等。了解的途径很多，包括到教育、教学实践中观察了解，个别谈心，听取学生、家长、教师的反映，还有建立教师的业务档案等。善用，就是量才录用，人尽其才。

其次要扬长避短。“金无足赤，人无完人”。学校的教师，一般来说都各有所长，各有所短。如果将每个教师的优点，长处汇总起来，就能形成一所学校的力量和优势，就能把学校办出特色来。扬人之长，避人之短，则无不可用之人；求全责备，则无可用之人。对任何人，用其所长，他会感到英雄有用武之地，心情舒畅，精神振奋，发挥最大的积极性，努力去把工作做好。相反，对任何人，用其所短，他就会感到原有的知识才能用不上，做好现在工作需要的专业知识和能力又没有，思想苦恼，工作被动，这不仅对被用的人是一种折磨，对我们的事业也是一种损失。

四、鼓励教师成为名人

教师都不甘落后，都希望自己在业务上比别人干得好。领导应善于因势利导，帮助教师把愿望转化为行动，根据不同教师的特长，帮助他们或者成为班主任工作的行家，或者成为学科教学的能手,或者成为组织课外活动的能人。领导还应该鼓励教师成为本组、本校的佼佼者,乃至本地区及更大范围内最有成就的人,领导要热情主动地向校内外宣传在本校做出突出成绩的教师的经验,让他们被更多的人了解,被更多的人尊敬和羡慕,以产生名人效应。事实证明,具有"冒尖"思想的教师越多,学校的教育工作就越有生气,校风就越好,学校的教育质量就越高,培养的人才越受社会欢迎。

五、培养良好的教师集体

建立和谐的人际关系是培养良好教师集体的关键。良好的教师集体,有共同的理想和奋斗目标,有团结友爱,奋发向上,你追我赶的风气。良好的教师集体,不但是对学生进行教育的巨大力量,也是教师进行自我教育的巨大力量。反之,涣散的、不和谐的集体,会影响人们的情绪,降低工作积极性,产生内耗现象,最终影响教育质量,给国家造成损失。

良好的教师集体,是建立在和谐的人际关系基础之上的。建立教师良好的人际关系的途径是多方面的,如领导班子内部就要有良好的人际关系,以自己的模范行动影响群众。

同时领导要平等公正地对待每一个教师群体,以消除教师因感到不公正而产生矛盾的因素。

六、严格考核

要使用教师,就必须对教师有严格的考核。这一方面是为了调动教师的积极性,以更大的干劲投入工作,提高教育质量。另一方面是为继续任用教师和评职晋级提供依据。

考核的主要内容包括思想表现、业务水平和工作成绩,也有归纳为德、能、勤、绩的。

思想表现,主要看其师德情况。师德包括教师的人格品质、人生观、事业心和工作责任感等。

业务水平,主要包括教师的学识水平、教学能力和创造精神等。如掌握学科的基础理论和专业知识的广度和深度,分析问题和解决问题的能力,教学内容的组织和表达,教学方法的设计和运用等。

工作成绩,主要看教师在教育工作中的实际效果与贡献。如学生成绩的提高面,培养优秀生、改变落后生的情况。

当前还没有科学而完备的方法来考核教师,但一般有两种形式:一种是制订量化标准,如学生的及格率,优秀生率,达标率和平均分、高低分数的量等情况。另一种是评语方式。量化无法反映的内容,可用评语的方式来考核教师,如教师的教育思想、教学艺术、教学风格等。

七、鞭策与赏识管理相结合

现行的教师管理模式中最为常见的方式是通过对教师的评价而予以其不同程度的奖惩,即着眼于评估教师当前的工作业绩,看教师是否履行了应有的工作职责,是否符合学校的期望,并将评价结果直接用于晋级、加薪、奖励或降级、解聘等人事决策。从而对教师中的佼佼者给予及时的嘉奖，给较差者以警醒，借外部刺激来促使教师改进教学工作。这种管理机制的激励和督促效应是显而易见的，但它毕竟着眼于外部推动，并且会带来一系列副作用。唯物辩证法告诉我们，外因是变化的条件，内因才是变化的根据，外因的影响再大也要通过内因起作用。因此，通过赏识管理，调动教师的内在积极性才是最根本的和有效的办法。赏识教育通常用于对学生，其实教师和任何人一样，无不需要赏识，即都希望得到他人的表扬或赞美，并获得无穷的动力。由于赏识管理的关键在于允许失误，承认差异，激发潜能，因而能够充分满足人的这种被尊重的需要。当然，赏识管理并不排斥批评管理，二者需要很好地结合，走向其中任何一个极端都是十分有害的。

八、当前评价与发展评价相结合

英国教育与科学部发布的题为《教学质量》的白皮书指出："教师的个人品质是其工作富有成效的决定性因素"，"任何一种重要专业，作为该专业的一名新兵，不管他的职前培训是如何的全面，也不可能立即期望他作出大量的贡献。对初次担任教学工作的教师，应该为他们安排部分脱产的时间，特别在见习期，应当为新教师安排削减过多的教学工作量，并且给予适当的其他支持"。青年教师特别需要在专业发展上得到支持和鼓励。我们认为，对青年教师来说，教师评价旨在促进他们专业的发展，而不是评定他们表现的优劣，不是作为奖惩的依据。

现行教师评价制度多是奖惩性的，这种奖惩常常又是当前性的，缺乏长远的激励效力，而且，它还使广大教师对这样的评价心存更多的担忧和恐惧。因为在具体实施中，学校自觉或不自觉地把关于教师的评价当做是对教师的测量和鉴定、比较分级或排序。教师尤其是青年教师自我期望往往又较高，在较高的角色期望与底层的学术、经济、社会地位之间徘徊，焦虑与困惑接踵而来。学校的评价给他们的工作定位、工作方式带来的震动很大，势必影响他们对自我能力、品行、价值的评价，使他们在对自我和外界的肯定与否定中陷入深深的迷惘之中。科学家叶克斯・道德生研究的规律表明，在简单易为的工作情境下，较高的心理压力将产生较佳的成绩；在复杂困难的工作情境下，较低的心理压力将产生较高的成绩。因此，只有保持适当的压力，才能更好地发挥教师尤其是青年教师的创造热情。这就需要在教师的管理中更多地加入发展性评价，即通过对教师的全员评价、全程评价和全面评价，通过对教师评价结果的绝对对外保密和与本人的充分沟通、交流，将教师评价的立足点放在教师的未来发展方面，而不是仅仅放在通过鉴定选择续解聘、升降级、加减薪等奖惩性方面。教师评价的根本目的是为了促进教师和学校未来的发展。

这种当前的评价与发展性评价相结合，既照顾和满足了教师中低层次的需要，又给其自我实现创造了有益的条件，留下了发展的时间与空间，必将有利于教师自觉地处理好眼前发展和长远发展的关系，保证旺盛的工作热情，坚定事业成功的信念，从而推动教育事业的长盛不衰。

九、外部管理与自主管理相结合

外部管理只是为教师提供一个前进的方向，创设一个有利于教师个人或整体工作的秩序环境，但不能确保形成一个教师自主管理的理想局面。这就必须将学校的外部管理与教师的自主管理很好地结合起来，在教师的职责范围内，应充分发挥其独立自主的精神。也就是要在教师的教学和科研工作过程中，强调教师独立负责，增加其责任感，满足其自尊心，尊重教师的有价值的合理选择。只有尽量满足教师的这些合理积极的需要，教师才能在工作岗位上发挥更大的作用。

十、坚持"三多三少"，立足正面激励

所谓"三多三少"即多一点人情味，少一点火药味；多一点引导激励，少一点批评指责；多一点教育渠道，少一点空洞的说教。这"三多三少"的核心是情感，情感是领导与教师之间理解与信任的桥梁，在教师管理体制中起着至关重要的作用。对教师充满感情，对方就会感受到这种关心，理解这种善意，从而产生信任感，说理就容易接受。

少批评指责，多引导激励，这是做好教师思想工作的主要原则。我们的教师是一群有知识、有教养的人，教师的工作主要取决于人的自觉性，他们比一般人更富有自尊心，更需要别人的尊重。因此，需要有高层次的思想工作，建立良好的人际关系。过多的批评指责只能伤害教师的感情，甚至造成对立，产生工作的负效应，影响教师队伍稳定。

对教师需要通过多种渠道进行激励性教育，可以考虑从以下四个方面进行。

1. 目标激励

目标是教师工作的导向。学校制订整体工作及各方面工作的远期及近期目标。各处室、教研组可围绕学校整体目标制订具体实施计划和应达到的标准。鼓励教师克服困难，一往无前，获得成功。通过制订目标，可以激励全体教师以极大的热情和干劲向着目标前进。

2. 榜样激励

榜样的力量是无穷的，我们既可以引导教师学习英雄前辈的光辉榜样，又可以引导教师学习教育战线上的典型事例，侧重引导教师学习我们自己队伍中的榜样和身边的典型。在教师队伍中有一大批勤勤恳恳、忘我工作的人，我们应抓住典型大力颂扬他们的先进事迹，使之成为每一位教师学习的榜样和效仿的楷模。

3. 强化激励

在运用奖励和处罚手段时，要十分慎重，使其心服口服。对教师的违纪行为应以教育为主，不到万不得已不随意处分一个教师，即便处分也应讲清道理。奖惩手段必须在有效的心理气氛中恰当地运用，才能产生激励教师前进的积极作用。

4. 参与激励

通过民主管理的途径，组织教师参与学校各项重要工作的决策，从而激发教师的积极性。可以尝试定期召开教职工座谈会，及时妥善处理教师提出的议案。这种形式有助于形成教师的主人翁责任感，产生校兴我荣、校衰我耻的感情，使教师对学校方方面面的工作与领导产生目标认同，从而能自觉地、积极地执行学校领导的各项决策，完成各项工作，维护学校声誉。领导者要通过多种渠道做工作，条条渠道都渗透着对教师的关心、爱护、信任及尊重。没有感情因素，渠道再多也无法产生凝聚力。

总而言之，对教师的管理必须把握教师的特点，只有从教师的特点出发，才能因师施

管，对症下药，以最小的管理投入取得最满意的管理效果，从而为教师的发展提供良好的条件。

【要点小结】

1. 教师劳动具有劳动的复杂性、劳动的创造性、劳动的个体性和劳动的长周期性等特点。

2. 教师具有自尊心强、荣誉感重、求知欲强、自制力强、爱心强烈等心理特点。

3. 教师应具备高尚的政治修养、精深的专业知识、广博的文化知识以及教育理论知识、全面的能力素质。

4. 培养和提高教师要通过岗位锻炼提高能力、通过继续教育丰富和更新知识、通过教师集体提高教师素质。

5. 教师威信的形成靠崇高的思想品质，优良的心理品质和过硬的业务能力；其次，教师的仪态，生活作风和习惯，对教师威信的形成有一定影响；再次，教师给学生的第一印象，对教师威信的形成有重大的影响，

6. 培养专家型教师需要正确处理物质需要与精神需要的关系，关注教师的自尊和荣誉的需要，重视教师的创造和成就需要，满足不同层次教师的需要。

7. 对教师的管理要坚持：把主要精力放在教育思想、办学方向，贯彻党的教育方针和政策的探讨和控制上，在备课、上课、考查、作业批改等方法上要敢于放开，给教师以充分的自主权；抓住关键，灵活管理；知人善任，合理使用；鼓励教师成为名人；培养良好的教师集体；严格考核；鞭策与赏识管理相结合；当前评价与发展评价相结合；外部管理与自主管理相结合；多一点人情味，少一点火药味；多一点引导激励，少一点批评指责；多一点教育渠道，少一点空洞的说教。

【学业评价】

1. 教师劳动有什么特点？

2. 教师群体呈现什么心理特点？怎样利用教师的心理特点管理好教师？

3. 怎样提高学校教师队伍的整体素质？

4. 如何培养专家型的教师？

【参考书目】

1. 邓小平同志论教育[M]. 北京：人民教育出版社，1990.

2. 马克思恩格斯全集(第40卷)[M]. 北京：人民出版社，1972.

3. 宫作民，张桂芸. 新世纪教师素质论稿[M]. 天津：天津教育出版社，1999.

4. 列宁全集(第15卷)[M]. 北京：人民出版社，1972.

5. 邓小平文选(第2卷)[M]. 北京：人民出版社，1999.

第八章

学生管理

【本章知识结构】

- 学生管理的要求
  - 全过程管理　全面管理
  - 自我管理　学校、家庭和社会协调管理
- 学生常规管理
  - 学习常规
  - 生活常规
- 班集体建设
  - 制订奋斗目标　培养班干部
  - 树立正确的集体舆论　开展有意义的活动
- 后进生转化
  - 原因分析
  - 心理矛盾分析
  - 后进生的转化
    - 关心爱护，激励上进
    - 尊重信任，消除隔阂
    - 耐心施教，培养兴趣
    - 批评要得法，正确对待反复
    - 争取多方配合，提高非智力品质
- 激励手段的运用
  - 目标激励　典型激励
  - 信任激励　情感激励
  - 精神与物质激励的结合

【学习目标】

1. 熟悉学生管理的内容和特点。
2. 掌握班集体建设方法，能培养优良的班集体。
3. 学会分析后进学生成因，掌握如何转化后进生的方法。
4. 学会分析学生的需要，并根据需要进行针对性的激励。

第一节　树立正确的学生管理观

学生是学校管理的主要对象之一,对学生的管理是否得法,直接影响到教育质量和人才的培养。学生管理涉及到学生的生活、学习和思想等各个方面,渗透到教务、人事、后勤等职能部门中。

对学生进行管理,首先必须对作为管理对象的学生有一个正确而清楚的认识,才能全面有效地指导和管理学生,培养出合格的人才。

一、学生既是被管理者,又是管理者

(一)学生是被管理者

学校管理是为提高教育质量,实现学校教育目标,采用科学的管理方法,对学校中的人、财、物、时、空、信息进行有效管理的过程。在这个过程中,一方面,作为管理者的学校领导和教师要负责确定管理目标,制订管理计划,选择管理内容,组织管理活动,完成管理任务,主导着管理过程的进行和发展;另一方面,作为被管理者的学生由于知识经验较缺乏,生理、心理及思想品德的发展尚未成熟,必然成为管理者"加工"、"改造"、施加管理影响的客体。

(二)学生是管理者

我们承认学生在管理过程中的客体地位,是管理的对象,但并不意味着可以否认学生在这一过程中的主观能动作用。

在管理过程中,学生并不是消极被动地接受"加工、改造"的对象,他们总是主动积极地通过自己能动的实践活动参与管理过程。因此,学生又是学校管理过程中的主体。

首先,作为管理对象的学生,不同于一般的实践对象。他们是活生生的人,有强烈的自我意识,有独立的人格尊严。学生自己在管理过程中的一切行为,是否愿意接受管理,接受何种程度的管理,都要受到学生自我意识和独立人格的支配。所以,学生对各种信息总要根据自己的兴趣爱好、需要和动机作出有目的的选择,可能积极地接受,也可能顽强地抵制,通常不会消极被动地听任摆布。

其次,管理者对学生施加的影响不可能自动地、无条件地起作用,必须以学生的参与为条件,才能使其影响转化为学生的意识,纳入学生的主观世界中,达到管理目的。在管理过程中,无论是知识经验的获得,智力能力的发展,意志品质的锻炼,道德情感的陶冶,无一不需要学生自己的积极思考和自觉能动的实践活动。所以,管理者的管理活动必须与学生的受教育活动联系起来,才能发挥学校管理的作用。

再次,在学校管理过程中,随着学生自我意识的成熟和发展,知识经验的积累和丰富,他们的独立学习活动能力,尤其是自我调节能力逐渐增强,开始把自己作为管理的对象,进行有目的、有意识的自我教育和自我管理。在这种情况下,学生已经发挥了管理者的作用,成为管理的主体了。

二、学生管理的要求

(一)全过程的管理

学生的成长是一个连续不断的变化发展过程。因此,对学生的管理,不是一朝一夕的事情,而应该是长期的、全过程的管理。从上学到放学,从开学到期末,从入学到毕业,都应该将学生置于管理之下,不能有丝毫的懈怠。

(二)全面的管理

对学生的管理,不仅要对学习进行管理,还要对学生的思想、品德、生活等方面进行管理;不仅要对学生在校时进行管理,还要延伸到校外;不仅要重视后进生的管理,还要注意对中等生、优秀生的管理。此外,还应重视学生的身体素质的训练和良好的心理素质的培养,使他们成为德、智、体全面发展的人才。

(三)自我管理

学校领导和教师在实施管理的过程中,应注意培养学生自我管理的意识和能力。从哪些方面抓培养工作呢?首先,是把学生的自我教育和自我管理结合起来,使之在自我教育中学会自我管理,在自我管理中加强自我教育。其次,建立和健全各种形式的学生组织。团、队、学生会和班委会等组织及其活动,有助于实现学生的自我管理。学校要给予指导,特别要让学生成为自己组织的主人。再次,凡是学生自己能够管理的事,均应让他们自己管理;凡是学生一时还不能完全独立管理的事,则应帮助和扶持他们学习自我管理;那些不能由学生自己管理的事,也应听取学生的意见,并使之知晓学校是怎样对他们实施管理的。

(四)学校、家庭、社会的协调管理

影响学生成长的因素是多方面的,除了学校教育之外,家庭、社会对学生的成长起着重大作用。如果这三者的影响是一致的,那么学生就能健康地成长。因此,学校管理者要把这三种影响很好地协调起来,为学生健康成长创造良好的环境。目前,协调学校、家庭、社会这三方面的教育力量显得尤其重要。

第二节　学生常规管理

学生的常规管理主要指对学生进行经常性的规章制度的管理。它是学校行政领导根据教育工作规律、上级有关指示、学生身心特点,为实现学校工作目标而正式确定的、并在一定条件下相对稳定的学生的各种行为规范。学生的常规管理又称学生的静态管理。科学合理的各种规章制度,对于培养学生良好的行为习惯,形成良好的校风校纪有着十分重要的作用。

一、学生常规管理的特点

（一）琐碎性和反复性

常规管理常常抓的是一些琐碎事，而这些事又都是经常发生、反复出现的。如要求学生按时作息，讲文明礼貌，养成良好的卫生习惯和学习习惯等，几乎是天天要抓的。有些工作甚至有周而复始的特点，如对一年级新生开展入学教育，对毕业班学生进行思想教育，重要节日的宣传教育等。随着情况的变化，教育内容虽有所不同，但从常规管理上看，还是基本相同的。

（二）繁杂性和指向性

学生常规管理涉及学生的学习、生活、思想以及行为等各个方面，渗透到教务、人事、后勤等各个职能部门之中，头绪繁多，内容庞杂，但是条条措施都指向育人这个中心培养目标的，根本目的都是优化育人环境，全面提高学生素质。

（三）扎实性和持久性

学生常规管理的每一项工作，都必须扎扎实实去抓，对学生的每一个文明行为的要求，良好习惯的培养，都必须认真进行训练。只有这样才能出实效，内化为学生的素质。而且良好的行为习惯，还需要长期的训练，不断地巩固才能养成。

（四）规范性和强制性

常规管理，通俗地说，就是根据社会对中小学生的学习、生活、思想品德、行为规范的要求，制订常规并运用常规进行管理，进而形成常规的一种管理活动。要求学生必须严格执行常规指令，接受常规训练，将社会和学校共同的规范要求转化为自身的行为规范，从“要我做”转化为“我要做”。

二、学生常规管理的内容

中小学生绝大部分的活动是在学校进行的，因此，常规管理的内容很丰富，这里仅侧重于一些主要方面进行阐述。

（一）学习常规

学生的学习以课堂学习为基本形式。课堂学习的常规主要包括预习、听课、作业等。学校主管人员，班主任和任课教师应通力合作，齐抓共管，在以下几个方面着力下工夫，养成学生良好的习惯。

1. 课前认真预习

预习是理解教材内容、掌握知识的重要一环。抓好这一环，有利于学生明确教材的重点、难点是什么，以及对教材某一部分的总体内容做到心中有数，以便学生有准备地进入听课阶段。

班主任和任课教师要注意培养学生课前预习的习惯，要求学生立足于教科书，初步熟悉教师所要讲授的内容，做到带着问题听课。激发学生的思维活动是取得良好教学效果的首要条件,而预习是使学生思维活跃的有效做法。

对学生预习,任课教师要经常进行指导,使他们有目的、有计划地预习,并要求他们持之以恒,不能把预习看成是可有可无的事情。预习有多种方法。第一种是通看法,即在原来学习的基础上往教材的后面拓展,从而逐渐扩大领域,了解体系,当教师授课时再加深理解,这可以产生滚雪球的效应。再有一种是突出要点法,即对教师准备讲授内容的重点、难点事先钻研一下,次要部分可略过。看自己能理解到什么程度,对不理解的地方听课要分外留心。前一种方法一般适用于内容不太深的教材,后一种方法更适用于内容较深的教材。还有一种方法是由教师就教材内容布置一些思考题,要求学生围绕着思考题来看书。由于针对性强,这样做印象就深刻,同时也有利于教师在上课时展开讨论。对于预习教材做得好的学生,教师要及时表扬,以使学生巩固这一做法。

2.认真听课

课堂教学是中小学教学的基本组织形式,是学生获得知识、形成技能的主要途径。对于学生来说,听课是学习知识的关键。所以,任课教师要注意培养学生认真听课的习惯,即要指导学生在理解的基础上掌握知识,特别是对于基本概念、基本原理一定要弄明白,不能似是而非,囫囵吞枣。基本概念、基本原理弄明白了,其他问题就会迎刃而解。在学习数、理、化等学科时,对结论要了解推导过程,弄清基本思路,知道来龙去脉,不能仅仅记住结论本身。同时,为了提高记忆效果,任课教师要指导学生做好听课笔记,要求学生尽可能用自己的思路和语言写笔记。笔记要写下关键性的内容和重要思考的问题,以及上课时未弄懂需要下课后继续钻研的问题。

要听好课必须注意力集中。因此,教师应注意培养学生集中注意力的习惯。注意力不集中是多数学生学习不好的主要原因。有的学生坐在教室里,脑子总想着别的事,教师所讲的内容毫无印象。导致这种现象的原因,除了没有明确的学习目的和兴趣外,再就是没有良好的集中注意力的习惯。通过长期的培养训练,集中注意力的习惯是可以形成的。

认真听课的习惯是通过长期训练而形成的,而抓好小学阶段的听课常规训练至关重要。因此,从小学起,教师在课堂教学中就应该对学生提出严格而具体的要求。

(1)行动统一

教学过程是整体协作的过程,因此,不应该出现拖拖拉拉或前后不统一的行动。教学的进程是由教师掌握的,教师要求怎么做学生都应全体服从。如教师要求阅读教材,全体学生都要动口;教师要求看黑板,全体学生都把目光聚集到黑板上。这样经过长期的严格训练,学生不仅可以做到行动统一,注意力集中,遵守课堂纪律,而且能达到思维敏捷,思路畅达。

(2)鼓励多思

课堂上教师应鼓励学生多思巧思,凡对从新的角度答问、计算、解题的学生均应给予及时表扬,并从优记分。这样做不仅可以使学生踊跃发言,敢于答问,而且会使他们打开思路,展开想象的翅膀,长期坚持就能培养起学生良好的发散思维能力。

(3)提倡质疑

加强上课常规管理不是不让学生讲话,恰恰相反,而是要创造热烈的气氛和具有强烈智力刺激的环境使学生畅所欲言。因此,教师应经常在课堂上安排学生的质疑活动,在学生中提倡敢于向书本、教师和同学质疑的做法。通常情况下，刚开始学生不会质疑，这时教师要耐心引导。一旦学生质疑能力增强了，有时会弄得教师措手不及，但这显然是一种好现象，教师应该高兴并积极引导以便坚持下去。

3.认真做作业

教师高水平的讲授和学生认真听课是学生获得知识的条件，学生做作业是巩固知识的有效手段。做作业是知识的应用，是理论联系实际的过程，因此，不能轻视做作业这一学习常规。

做作业要在确实理解基础知识的条件下进行，要以掌握技能技巧和知识系统为目的。具备了这样的条件并明确了这一目的，教师布置作业才有针对性，才能做到精炼简洁、环环相扣；学生做作业也会感到有趣、有效。

学生在做作业后，教师要指导他们总结，师生共同对作业进行分析，没弄懂的知识要进一步弄懂，正确的做法应坚持，不符合要求的做法要改正。这样就能逐渐提高练习质量，培养灵活而敏捷的思维，熟练地掌握技能技巧。

在教材的一个单元结束时，教师要指导学生对整个单元的知识进行归纳总结，从同类型的作业题中找出有共同规律的东西，并通过一题多解的训练，提高学生思维的敏捷性和运用知识的综合能力。

做作业的规范在小学阶段就要奠定基础，到中学以至大学阶段才能有良好的习惯。因此，很多小学对学生做作业的规范要求很高，这是具有长远眼光的表现。江苏省某县实验小学的做法是：每学期发给每个学生三本同样的数学作业本，分别为课堂作业、家庭作业和草稿专用本，并用A、B、C在作业本的左上角分别标记。要求学生每次作业都写上练习序号，并在同行右边写上做作业的日期，每道习题间空一行，每次练习之后空三行。这样既便于检查，又规整美观。

(二)生活常规

建立生活常规，是规范学生行为，促进其德、智、体全面发展的基础工程。生活常规包括按时作息、遵守校纪、讲究卫生等。学校领导者应通盘考虑学校工作，在这些方面建立切实可行的规章制度，并组织学校中的各种教育力量，坚持不懈地训练学生，使其养成习惯。

1.按时作息

学校必须建立合理的作息制度，并严格执行，以使学生在严谨、有序的状态中生活。学校应力戒作息混乱，行为散漫的现象产生。学校在制订了作息时间表后，关键的问题是要有专人负责督促检查。对按时作息做得好的班集体及个人应及时表扬，对违反作息制度的要及时纠正，长期不改的应在一定范围内进行批评或者给予处分。

2.遵守校纪

纪律是学生活动得以顺利进行的基本保证。学校必须制订完善的纪律规章，并明确规定出对各种违反纪律行为的处理办法。遵守纪律的良好习惯是经过长期的活动养成的，因此，学校应严格要求，强化各个环节的管理。上课必须严格考勤，对迟到、早退、旷课的学生要作记录，事后要弄清原因，作出相应的处理；对请假要有严格的审批制度。对打架、酗酒、赌博等严重违纪行为，要严肃处理。

除了平时毫不松懈地抓纪律以外，学校每学期应集中进行几次纪律整顿，如对违反纪律的典型的人和事进行公开处理，发动各班进行讨论，同时树立遵守纪律的榜样，以及开展竞赛、评比活动等。

学校工作周期性很强，一批学生毕业了，又一批学生进校了，要养成学生良好地遵守纪律的习惯，还要考虑抓好关键时候的教育，这就是入学教育和开学教育。对于刚入学的新生来说，学校的一切都是陌生的、新鲜的，他们往往以极大的新奇感来探寻学校奥秘，并以极强的意志力调节自己的行为、态度来适应新的环境，在这个时候对他们进行严格的纪律教育，能起到先入为主的心理效应。在此基础上，再不断强化这一工作，就能建立起学生的定势。一所学校、一个班级，新生刚来时如不建立起良好的纪律秩序，以后要补救困难就大多了。对于老生来说，新学期开始时其心理准备和精神状态与平时也不一样，他们也以新奇的目光在探寻学校有些什么新变化、新要求，在这时给他们以具有新内容的纪律教育，会收到比平时更大的效果。

3.讲究卫生

讲究卫生可以起到减少疾病、美化环境和振奋精神的作用。是培养学生综合素质的重要方面。

学校中的卫生主要是两个方面：一是公共卫生，一是个人卫生。公共卫生的好坏直接影响着个人卫生习惯的养成，因此，要治理个人卫生首先就要治理公共卫生。对于搞好公共卫生，既要提高学生认识，从思想上解决问题，又要制订严格的规章制度。把经常性的卫生工作与定期集中力量搞好卫生工作结合起来，把搞好公共卫生与保持公共卫生结合起来。在这方面多数学校的做法是，在做好学生思想工作的同时，对公共区域实行分片包干，责任落实到班，每天搞一次小扫除，每周搞一次大扫除，节假日前进行更大规模、更彻底的大扫除。要使各班长期搞好卫生和保持清洁，必须建立完善的管理系统以便组织竞赛、检查和评比等活动并使这些活动制度化、经常化。

公共卫生在一定程度上又体现在个人卫生方面，这是一种辩证关系。因此，在抓公共卫生工作的同时，还必须采取切实措施培养学生良好的个人卫生习惯。对于要求每个人讲卫生的问题上，应该在向学生提出勤洗澡、勤换衣、勤洗被褥、勤理发、不随地吐痰和不乱丢脏物等常规的基础上，再加强对学生的检查，并在不伤害其自尊心的情况下定期公布结果。当然，学校在要求学生讲卫生的同时，也要加强便于学生搞个人卫生的基础设施的建设，如要根据住读生人数来考虑修建洗澡间、洗衣台等，有条件的中小学校最好在校内设置理发室以方便学生。

对学生的常规管理，除了上述主要内容外，还可根据学校规模、走读生和寄宿生情况，男女合校或分校，完全中学、单设高中或初中等具体情况，建立其他必要的、切实可行的常规管理制度。

三、学生常规管理的要求

(一)教育为主，耐心启发

学校的常规管理是社会道德规范的具体化、条例化的反映，它需要进行全面系统的耐心启发、说服教育。因此，学生常规管理必须以教育为主。在制订规章制度时，既要从管理需要出发，更要从教育需要考虑，对每一种规章制度的每一条内容，都要认真研究，看它是否符合正确的教育思想，对学生有什么教育意义，对实现管理目标和培养目标起什么作用。同时，教育性还体现在规章制度的内容上，应该是学生的行为规范的总结。这样，在执行时学生既有章可循，又有模仿的榜样，可以充分发挥规章制度本身的教育和激励作用。

(二)共同参与，相互促进

如果认为制订常规是老师的事，遵守常规是学生的事，似乎常规就是领导和老师用来限制学生自由的手段，这显然是一种误解。只有让师生共同参与制订的常规，才更有可行性。

首先，要依靠学生。在制订常规时应广泛征求师生员工的意见，集思广益，使规章制度制订得尽可能完善。同时，征求意见的过程，也是教育的过程。这样，学生遵守起来就会顺利些。

其次，规章制度要让学生知道。只有人人知道，才可能人人都来限制，知规的人越多，违反的人就越少。

第三，在让学生掌握规章制度以后，他们才会自动起来维护常规。也才能提高学生遵守常规的意识，才能形成良好的常规管理环境，以便相互促进，强化静态管理。

(三)灵活适当，因人制宜

常规是管学生行为的，但它的有效性受到学生个性特征的制约。所以，实施常规管理，要因人而异。外倾型性格的学生对外界事物表现关心和感兴趣，性格开朗、活泼、善于交际；内倾型性格的人对自己认识较深刻，比较注重自身的价值，常常沉浸在自我欣赏的幻想中，沉静、孤僻、反应迟缓。

对外倾型的学生即使批评得严厉，只要符合事实，合情合理，都能接受。因此，教师可直截了当地大胆批评。对于后者，由于感情脆弱，爱面子，慢性子，最好采用暗示批评、商讨批评、迂回批评等方式，让他们不感觉突然，这样才能收到理想的效果。

(四)求实创新，不断前进

权变理论认为，世界并不存在一个固定不变的解决问题的良方，任何一项工作，包括学生的常规管理在内，同样总是同时存在着许许多多的方法和途径。这就要求学校管理者应根据情况变化和学生变化能动地选择最佳方法，以赢得最好的效果。

实践证明，常规管理旺盛的生命力就在于它在实践中不断创新。否则，它就会丧失规范性。尤其是对当代中小学生，常规管理的内容如不符合他们的求知、求实、求真、求新、求变、求美、求乐的思想特点和心理发展变化规律，只会更多地产生逆反心理。因此，要依据新的教师观、学生观、先进观、积极观、全优观进行常规管理的创新，要吸收社会规范的新成果、新内容、新标准，要在教育科学理论指导下通过审慎思考而淘汰那些与当代学生不适应的部分。在常规管理的组织形式上，要由管理者的代替型转变为管理者与被管理者的综合型。在常规管理要求上，要由防范型、限制型转变为引导型、自我教育型，由说教型转变为虚实并举型，由重负强化转变为重正强化、正负强化相结合上来，而对负强化也应求新，可采用触动式批评、渐进式批评、即时式批评、暗示式批评的方式。在工作重点上，要由随机型、被动型转变为规律型、主动型。

第三节 建立良好的班集体

班集体是学校的基本组织单元，班级活动是学生在校时的主要活动。班集体的质量决定着对学生德、智、体三方面的影响水平。因此，建立良好的班集体是有效地开展各项活动，培养高质量人才的基本保证。

能否建立起良好的班集体，关键取决于班主任的素质和努力的程度。班主任担负着对学生进行全面教育的工作任务，和学生接触最多，关系最密切，因而对学生的思想、学习、兴趣爱好和个性品质都产生着最直接的影响。在班级活动中，班主任起着导向的作用。在学校工作中，我们常常可以看到，原来是一个很乱的班，经过班主任的辛勤劳动，可以在短时期内使它改变面貌。当然，原来是个很好的班集体，如果班主任素质不高，或不下功夫，或管理无方，也很可能要不了多长时间就会变成一个差班。由于班主任的工作十分重要，学校领导者应在花大力气培养提高教师能力的基础上选择思想素质高，个性品质佳，工作能力强，教学经验丰富的教师担任班主任。选好了班主任，学校党政组织还要不断地关心、支持他们的工作，经常和他们商量、研究班级中带倾向性的问题，指导班级开展活动。

学校领导者和班主任在建立班集体的过程中，从总体上应抓哪些方面的工作呢？

一、制订班集体的奋斗目标

合理的奋斗目标是班集体前进的巨大动力。它能集中全班学生的意愿，增强凝聚力，提高热情，激发他们共同努力、齐步前进的积极性。因此，要善于从班集体的实际情况出发，结合新的社会背景因素，制订富有鼓舞力量的奋斗目标。

在制订目标时，要注意这么一些问题：

（一）班集体的目标纳入学校总目标的网络

要根据学校教育培养目标的要求和学校当前总的教育任务来制订目标，把班集体的目标纳入学校总目标的网络之中。

（二）要根据学生的年龄特征和班级的具体情况制订目标

要使学生对实现目标有兴趣，同时又是学生经过努力可以实现的，即对实现目标要有信心。

（三）制订的目标要明确具体，具有层次性

如有个优秀班主任在接受一个纪律、学习都很差的班级后，精心设计了不同层次的奋斗目标。他首先提出搞好班级卫生争取在全校评上卫生先进集体的目标。这一目标实现后，他又提出做课间操要做到迅速、安静、整齐的目标。在这方面有了很大进步并能保持的情况下，他又提出人人遵守课堂纪律的目标，继而再提出提高学习成绩的目标。经过不

懈努力，学习成绩有较大幅度的提高，班级面貌基本改观。

(四)目标制订后，要狠抓落实

组织全体学生付诸实施。目标实现后，要及时进行启发，表彰先进，找出存在的问题，并在此基础上制订新的奋斗目标。

二、培养班干部

班干部是班主任和其他教师的助手，班集体中的大量日常工作要靠他们完成。学生干部进行管理，学生容易接受，有时还可起到教师起不到的作用。培养班干部，既在集体中树立了先进典型，又使干部本身得到了锻炼，还为教师分担了工作，可以起到多方面的作用。

班主任在培养骨干的基础上，要注意物色在德、智、体三方面都发展较好，热心于集体工作，有一定组织能力，在同学中有一定威信的学生担任班干部，组建好比较得力的管理班子。

班主任对学生干部分担的工作要经常给予具体指导，如引导他们分析班上存在的问题，指导他们制订工作计划，研究解决问题的措施等。班主任在带领他们做好一件一件的具体工作后，再逐渐帮助他们独立完成各项工作任务。特别要鼓励学生干部的首创精神，学会创造性地完成工作任务，如让学生干部独立设计主题班会的形式、程序，独立组织课外活动、参观访问活动、大型集会活动、体育卫生活动等。

班主任要在严格要求的基础上，支持学生干部大胆地去工作。工作中出现问题，既要帮助他们吸取教训，又要自己主动承担责任。

班主任要善于发现新的积极分子，扩大骨干队伍，对某方面有特长的学生，要注意充分发挥他们的作用。如班上素质好的学生较多，班干部可采取轮换制，让更多的学生得到锻炼。

三、树立正确的集体舆论

集体舆论以议论、褒贬等形式肯定或否定集体成员的言行及集体的活动，是一种巨大的教育力量。是否形成了正确的集体舆论，是衡量是否建立起了良好班集体的重要标志之一。

树立正确的舆论，是学生自我教育的重要方面。它对个别学生的影响往往比教师个人力量要大得多。它是建立、保持和发展良好集体的不可缺少的因素，也是帮助学生提高辨别是非的能力，形成集体荣誉感，克服不良行为和养成良好品质的重要条件。

树立正确舆论，最根本的就是要树立学生的是非观，这是一个长期的、反复的、艰苦细致的培养过程。班主任要有意识地通过对学生守则的贯彻、道德问题的讨论、报刊文章的介绍或讨论，以及对电影、戏剧的评论等等，来影响集体舆论，帮助学生辨别什么是美的，什么是丑的，什么是光荣的，什么是耻辱的，以及为什么是这样的等。

班主任要经常注意班里学生的舆论倾向，要有意识地把舆论中心引向正确的方向。有效的办法是：表扬优秀事迹和人物，批评或评论不良言行。通过对学生的思想和行为的肯定或否定的评价，把舆论中心引导到正确的方向上来。班集体里涌现出的优秀事迹和人物，应及时予以表扬。表扬可由班主任进行，也可以发动同学互相表扬。对错误的思想行为，也应进行适当的批评。表扬和批评是把舆论引向正确方向的有效方法。但在表扬和批评时不要简单地全盘肯定或全盘否定，在表扬中有时需要指出不足之处，在批评时有时需要提到优点和长处。

墙报、黑板报、专栏等，是发挥集体舆论作用的重要阵地，班集体要办好它，有步骤、有针对性地引导学生对各种问题开展讨论，以使之为树立和保持正确舆论发挥作用。

四、积极开展有意义的活动

学生的优良品德和良好习惯是通过活动培养和巩固起来的，因此，积极开展有意义的活动，对于提高学生的综合素质有着重要的意义。

班集体的活动，就主要方面来说，有参加学校组织的学科知识竞赛活动，各项体育比赛，文艺汇演等。这些活动既关系到班集体的荣誉，又要运用知识、技能、技巧，因而是培养学生的集体观念，增强责任感和提高能力的好机会，班主任应十分重视，认真做好组织工作。在活动前，要做好动员工作，调动全班学生的积极性；在活动过程中，要抓好每项具体工作，鼓励每个学生发挥最大的潜力，取得最好的成绩；在活动结束后，要认真进行总结评比，对表现好的及时进行表扬。还有些活动，如春季的春游、夏季的夏令营活动等，学生都有浓厚的兴趣，组织好这些活动，能使学生之间相互了解，加深友谊，消除隔阂。这对于增强团结，相互帮助，在思想上、学习上共同进步都有不小的作用。

当然，学生的主要任务是系统的理论知识的学习，学习的主要形式是课堂教学。因此，并非课堂外的活动开展得越多越好，应注重活动的质量，力求围绕学习知识和增强能力这个中心。特别不应搞对学生德、智、体三方面毫无促进作用的属于摆“花架子”性质的一类活动。

第四节　做好差生的转化工作

差生，一般是指思想品德或学习成绩或这两个方面都远远落后于同班同学的学生。差生的存在是个永远回避不了的事实。转化差生的工作是学生管理、班主任工作中须长期关注的重要工作之一。通常情况下，差生数量不多，但他们能量很大，影响很坏，往往有时几个人就会把一个班集体搅乱。因此，转化差生的工作既是挽救少数掉队太远学生的工作，又是巩固集体教育成果，使所有人都成为合格学生的工作。

一、差生产生的原因

(一)家庭原因

据某市抽查的一万多个家庭获得的资料表明：87.6%的家庭对子女教育缺乏科学性。影响学生成绩和思想品德的家庭类型主要有：

1.破裂型家庭。这种家庭父母大多离异或再婚，没有处理好家庭与子女的感情问题，造成孩子与家庭的隔阂,使孩子心理发展畸形。

2.不完整型家庭。这种家庭大多父母一方死亡,或父母分居两地,缺乏对孩子必要的关心和疼爱,使孩子受到一定的精神刺激而玩世不恭,放任自流。

3.溺爱和苛求型家庭。由于是独生子女,这种家庭望子成龙、望女成凤心切,对孩子提出过高要求。若孩子达不到要求,家长就责骂殴打,孩子因此背上沉重的思想包袱而产生强烈的逆反心理。有的家庭不重视教育或教育无方,对孩子过分溺爱、护短,有时孩子犯了错误家长不但不严加管教,反而为孩子撑起保护伞,助长了孩子放任自流的习气。

(二)社会环境的影响

随着改革开放的推进,商品经济的发展,一些不健康的思想渗透到校园,特别是"多读书不如早挣钱"等新的读书无用论冲击着学生的思想,使学生失去了学习的兴趣,影响了积极性。

(三)学校教育的原因

有些教育方法不能适应新形势的要求,学生由于基础差,学习目的不明确,对学习不重视,不听课也听不懂课,不做作业也不会做作业,不守纪律而错误不断,常挨批评就产生了破罐子破摔的思想。这时如果不深入了解情况,不及时给予帮助,一味放任自流,或单纯采取惩罚、训斥、向家长告状等手段都会加速差生不良品行的蔓延和滋长。

(四)网络文化的负面影响

我们在分析一部分差生的表现时发现,他们与比较优秀的学生相比,并没有智力上的差异,问题往往是发生在非智力因素上。在学习上差生多数是因为贪玩、上网吧、逃课、不做作业等原因造成了多科不及格。在这方面网络文化的影响特别值得我们重视。网络对青少年学生的影响具有双重性,一方面,使他们开阔了视野,获取了知识和信息,增进了交流渠道;另一方面,各种黄色、反动、迷信或不实信息,必然会影响和冲击学生的思想,在他们的思想中引起一些困惑和迷茫,导致他们在行动上造成失误和不可弥补的损失。

要做好转化差生的工作,就必须对他们的特点,特别是心理矛盾有透彻的了解。只有了解了他们,才能找到使他们转化的最佳方法。

二、差生的心理矛盾

差生在思想品德方面和学习方面与其他学生明显地存在着差距,这是长期以来多种原因造成的。在长期的发展过程中,他们形成了特有的心理矛盾,只是不同的学生,其心理矛盾尖锐的程度不同。在做转化差生工作时,学校管理者、班主任和其他教师要善于观察、分析差生的心理状态,了解他们心理上的矛盾,有针对性地开展教育活动,方能收到良好的效果。差生的心理矛盾主要有这些方面:

(一)自尊和得不到尊重的矛盾

青少年儿童都有很强的自尊心,差生也不例外。而且,有时还由于他们在学生集体中的特殊处境对受人尊重与遭人轻侮一类的事情相当敏感,对尊重的需求反而特别强烈。另一方面,由于他们不良的行为,往往又得不到别人的尊重与信任。这种苦闷长时间困扰着他们，如得不到有力的引导，或意志薄弱，就会产生破罐子破摔的扭曲心理。这种扭曲心理又驱使他们在自己的“强项”上胜过别人，以慰藉自卑感。如学习上一塌糊涂，就采取考试时以作弊的手段来取得好成绩的方法，或凭借力气大打架出气等。实际上他们任何时候都有自尊心，任何时候都有得到尊重的需要，但他们在对达到这一目的的认识上是混乱的，因而行为就很荒唐。

（二）不稳定的上进心与懒惰习惯的矛盾

差生在老师和家长的帮助教育下，时常会产生上进心，感到自己再不好好学习，不改掉身上的不良行为，就对不起老师和父母的一片苦心。因此，他们也常常发誓，要从头做起，听老师的话，听家长的话，做一名好学生。要上进，又必须付出艰辛的劳动。而他们长期形成的松懈、懒散的坏习惯，又使得这种上进心不稳定。今天下了决心，明天又依然故我，这是他们常有的情况。由于他们的意志不坚强，遇到困难，就退缩不前，打退堂鼓，以致丧失了前进的信心。

（三）理智与情感的矛盾

差生在很大程度上是理智控制不住感情的，经常陷入感情冲动的状态之中，情绪波动很大。往往是内心情感和外部表现不一致，有时表现得很严肃，有时又表现得无拘无束。比如我们经常看见差生拉帮结伙，搞哥们义气，打群架等，他们也认为这是不对的，但就是受感情的驱使，控制不住自己，进而使理智与感情失去平衡、造成过错。

产生差生的原因是多方面的，有来自社会的错误思潮、不正之风的影响，有学生家庭教育不良的原因，还有学校教育的失误和教师教育方法的简单粗暴等的原因。转化差生，要从这些方面加以分析，找准存在于每个学生身上的关键问题，然后对症下药，使之尽早回到优秀学生的行列里。

三、差生的转化

一切事物都是在矛盾运动中发展变化的，矛盾不但处于一个统一体中，而且在一定条件下可以互相转化。差生转化当然符合这一原理。

青少年儿童的思想可塑性很强，他们在有害的条件下容易变坏，在良好的条件下可以变好。对差生的教育，就在于根据他们的心理矛盾，结合环境因素，运用多种方法，创造转化条件。

（一）关心爱护，激励上进

教师的关心爱护是一种极大的催人自新、促人奋进的力量，而差生往往得不到这些。在社会上，差生常常是被歧视的对象；在家庭中，他们常常受到父母的训斥；在学校里，他们往往受到一些教师和学生的嫌弃和蔑视。由于在他们的生活中，听到的大半是批评、训斥、指责，甚至惩罚，因而他们就和人们产生了对立情绪，在他们的心理上就形成了一种戒备，筑起了一道反感的屏障。他们往往认为教师看不起自己，嫌弃自己，所以对待教师的正确教育，也常常认为是有意和自己过不去，找自己的岔子。这样，教师的教育在他们身上就很难奏效。

为了消除差生的对立情绪，教师首先需要以深厚的感情温暖他们的心灵。从生活上、思想上、学习上无微不至地关怀他们，诚心诚意地帮助他们，满腔热情地和他们交知心朋友，使他们感到教师的好意。只有他们把教师当做可信赖的人时，他们才能撤掉思想上的防线，消除对立情绪。这时，教师提出的要求和灌输的思想，就能产生激励作用，转化他们也就有了可能。许多差生就是在这种爱的感化中敞开自己的心扉，进而觉醒过来并转化的。

(二)尊重信任，消除隔阂

差生由于得不到尊重信任，常常容易形成与教师及其他学生之间的隔阂，这种隔阂本身就是教师对他们进行正面教育和学生正面影响的障碍。因此，尊重他们，信任他们，从而消除心理疑惧，消除隔阂，是促进他们转化的基本条件。

教师要时时处处尊重差生的人格，重视他们的要求，倾听他们的意见，某些时候要放手让他们独立完成教师布置的学习任务和其他活动任务。要以宽广的胸怀理解他们的心情，并主动亲近他们。对他们反映的有关自己或别人的需要保密的情况，不要随意公之于众；在活动中出了什么差错也要根据情况，采取有利于维护其自尊心的方式给予启发、引导，不要急于求成或采取冷淡的态度。对于他们在前进道路上出现的反复，不要大惊小怪，甚至讽刺挖苦，而要满腔热情地帮助。有时还可采取自己教育自己，自己管理自己的方法，以增强其自立、自强、自重、自尊的意识。要引导全班同学尊重差生的人格，防止对差生的进步进行嘲讽、打击的现象出现。

(三)耐心施教，培养兴趣

差生一般都知识贫乏，精神空虚，对学习没有兴趣。没有学习兴趣，他们就难以把旺盛的精力集中在对知识的掌握上，而是去寻找消耗精力的活动方式，这样就难以从根本上得到转变。因此，培养差生的学习兴趣，是转化差生的重要途径。要培养差生的学习兴趣，就须教师在施教时具有较强的耐心。

在教学中，教师要从每个差生现有的知识水平和能力强弱的实际情况出发，因材施教，着力加强基础知识的传授和基本技能的训练，逐步扩展知识领域，不断增强他们的信心，一点一滴地培养他们的学习兴趣。当他们把精力转移到学习上来，产生了学习兴趣时，就会感到自己知识的不足，从而产生学习知识的愿望。

与此同时，还要加强对差生进行学习目的的教育，因为不是所有的知识都是使人感兴趣的，学习毕竟还是一种艰辛的劳动。只有思想认识提高了，抱负水平高了，树立了远大目标，才能以更强的毅力和更高的积极性投入学习活动，也才能从根本上增加兴趣。这就是学习知识与提高兴趣的辩证法，也是转化差生的辩证法。

(四)对差生的批评更要讲究方法

批评和表扬作为两种互为补充的方法，对教育差生具有同样的作用。差生大部分是不良现象和错误行为的发生者，为了达到教育转化的目的，我们要经常用批评这种教育手段，但是要讲究方法。首先，批评要准确。一是要有确凿的事实；二是实事求是地划分错误的责任界限；三是分清错误的性质、影响大小；四是分析犯错误时的心理状态与环境，做出符合学生特点的判断。其次，批评要注意情感。差生是懂道理的，但懂道理和接受道理、按道理办事之间还有一段距离，缩小距离要靠情感疏通。除了错误性质严重，影响极大，需要让心灵得到猛烈震颤以外，一般要避免动怒、呵斥、连珠炮式地批评。再次，多用表扬性批评。差生也有闪光的思想和良好的行为表现，可以通过对他们自身优点的表扬来暗示他们本身的错误，使他们在愉快的心境中接受教育。

(五)要正确对待差生在转化过程中的反复

差生的形成有其复杂的原因，任何事物的发展都不是一帆风顺的，决不要以为一时的进步就彻底解决了问题，问题往往还会有反复。当反复出现时，一是要保持清醒，这是正常现象；二是要有耐心，有韧性，不能操之过急；三是过往不咎，根据新的过错，采取相应的办法。

(六)着力提高差生非智力因素品质

非智力因素是人类认知活动的动力。它包括情感、动机、性格、兴趣、信心、习惯等内容。除了极少数智力超常的学生外，绝大多数学生智力水平是差不多的。我们要着力培养提高差生的非智力因素品质，千方百计调动其积极性，使智力恢复到活跃状态，提高认知活动的效果。

(七)争取家长的主动配合，形成教育合力

学校教育与家庭教育密切相关。教育转化差生特别需要家长配合。这样做对差生的主要优点、长处和缺点可以评价一致；差生通过教育转变后认识可以一致；确定的教育目标可以取得一致；分阶段提出的具体要求可以取得一致；采取正面教育为主，批评教育为辅，循循善诱因势利导的教育原则可以取得一致；可以明确老师和家长在学校、家庭两种环境中各自的职责和任务。

第五节　在学生管理中激励方式的运用

激励是强化个体需要动机的手段。管理者通过激励教育，可以最大限度地调动被激励者的主观能动性，充分发挥其才能的最大效能，从而更快地实现管理目标。因此，在学生管理过程中应重视教育激励的作用，利用各种激励方式激发、调动学生的主观能动性。促使他们主动地努力学习知识、掌握各种本领，为祖国建设事业做贡献。

一、目标激励方式

一个人如果树立了正确的人生观和价值观，确立了正确的人生目标，就能产生持续时间较长的前进的动力，在任何环境和条件下都能具有饱满的学习热情、自觉的学习态度、不屈不挠的毅力和高尚的品格。在学生人生观、价值观、世界观形成的过程中，管理者应该积极进行引导，指导学生在各种复杂的思想观念中进行选择、比较和综合；要对已逐步确立了正确人生观、价值观、世界观的学生给予及时的鼓励和表彰。具体的方法是：进行爱国主义教育。让学生了解中国的历史，特别是中国近代史，认识中国的国情，从而激发学生的爱国主义热情、民族自尊心以及振兴中华的责任感；引导学生把爱国热情转化为爱国行动，教育学生认识到个人的命运与祖国的命运不可分，与党的命运、社会的命运不可分，从而使学生的思想意识升华为祖国的利益高于一切；帮助学生在思想和行动上自觉地把热爱祖国、热爱中国共产党统一起来。

二、典型激励方式

典型激励就是用突出的、典型的人或事对学生进行激励的模式。常言道，榜样的力量是无穷的。所谓榜样就是典型，典型不一定都是先进的，有好的典型，也有坏的和落后的典型。因此，在主要用先进的典型激励学生的同时，有时也可以用落后的典型对学生进行反面教育，使学生引以为戒。用正面典型激励学生时，不仅要注重以老一辈革命家、科学家、爱国人士的事迹为学生树立学习的楷模，尤其还要多用学生身边活生生的先进典型来现身说法，以教育学生，这样效果会更好。

三、信任激励方式

信任激励就是激励主体用自己的信任、鼓励、尊重、支持和关怀对学生进行激励的方式。信任激励是一种很重要的激励方式。管理者信任学生，对学生是极大的鼓舞和鞭策，有时可以收到意想不到的效果。信任激励可分为多种：

(1)工作信任。就是把某项工作委托给学生去负责或办理，以培养学生的工作能力。如让学生负责班组工作、团队工作、文体工作、课代表工作等。有的学校为了让更多的学生得到锻炼和感受到教师的信任，还实行了学生干部轮流制。这种方法符合素质教育面向全体学生的要求，可以调动每个学生的积极性.并使全体学生在锻炼中得到全面发展。

(2)人格信任。就是充分体现师生的平等，尊重学生的人格，维护学生的尊严，讲求民主，崇尚平等，让学生的主体性得到充分发挥，使学生增强责任感、使命感、正义感和主人翁意识，从而更加严格地要求自己，努力把各项工作和学习搞好。

(3)成就信任。就是相信学生能够积极上进，不断追求，取得成就。因此，对学生取得的成绩，教师、家长要细心观察，及时鼓励，充分肯定，而不能视而不见、挫伤学生的积极性。尤其是对一般学生和较落后的学生，管理者要善于寻找他们身上的闪光点，及时鼓励，不能用老眼光看人，总是盯住其不足之处不放。对这些学生要多给予表扬、肯定、支持、关心、鼓励、理解、宽慰等，使他们在赞扬声中健康成长，在鼓励之中不断前进。

(4)友谊信任。就是教师与学生之间建立的是朋友关系，而不是管与被管的关系、上级与下级的关系，要让学生感受到管理者的亲切、可信、可敬，从而彼此间相互信任，建立友谊。只有这样，学生才会加倍努力，激励才能真正见效。

四、精神与物质激励方式

每个人都有精神上的需要，即人的信仰、精神支柱。满足学生的精神和物质需要，要从以下几方面做出努力：首先，在日常的学习和生活中，表彰先进学生并授予其荣誉称号。这样可以增加学生的归属感，激发其进取心和责任感。恰当的表彰可以起到极大的激励作用，是成就感的一种实现。其次，在精神激励的同时，还要注重物质激励。对一个人来讲，物质利益在某种程度上是衡量进步和成就大小的标志。每个人都有物质利益的需要，并以此来满足自己的生活需要，因此对学生所取得的成绩应给予恰当的物质奖励，例如奖品、奖学金就是基本的、重要的物质激励手段。

五、情感激励方式

每个人都有情感方面的需要。情感是沟通人们心灵的桥梁，是现代管理的一种重要动力和手段。管理者与学生之间加强情感交流，彼此相互了解、相互信任，是情感激励的重要内容。这方面的研究表明：人的智商和情商的发展是不一致的，也不是同步的。有些人两方面都强，有些人两方面都弱，也有些人一强一弱。因此，只有把学生的智商和情商的潜能都挖掘出来，使两方面同步发展、相辅相成，才能达到情感激励的最佳效果。

【要点小结】

1. 树立正确的学生管理观，学生既是被管理者，也是管理者。

2. 学生常规管理包括：学习常规管理和生活常规管理。

3. 学生常规管理要求：教育为主，耐心启发；共同参与，相互促进；灵活适当，因人制宜；求实创新，不断前进。

4. 建立良好的班集体：一是要制订班集体的奋斗目标，二是培养班干部，三是树立正确的集体舆论，四是积极开展有意义的活动。

5. 差生产生的原因主要从家庭原因、社会环境的影响、学校教育的原因、网络文化的负面影响等方面去分析。

6. 转化差生需要教师关心爱护，激励其上进；尊重信任，消除隔阂；耐心施教，培养兴趣；对差生的批评更要讲究方法；正确对待差生在转化过程中的反复；着力提高差生非智力因素品质；争取家长的主动配合，形成教育合力。

7. 对学生的激励主要采取：目标激励方式、典型激励方式、信任激励方式、精神与物质激励方式、情感激励方式。

【学业评价】

1. 学生管理应秉持什么样的价值观？
2. 学生常规管理包含哪些内容？
3. 如何建设优良的班集体？
4. 举例说明如何做好差生的转化工作。

【参考书目】

1. 王德清. 学校管理原理[M]. 成都：成都科技大学出版社，1993.

2. 萧宗六. 学校管理学[M]. 北京：人民教育出版社，2001.

第九章

教学工作管理

【本章知识结构】

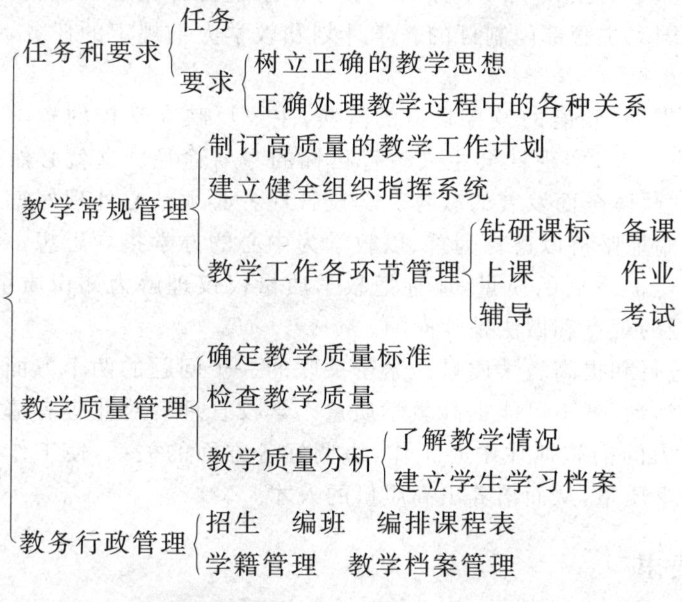

【学习目标】

1. 熟悉教学常规管理的各个环节。
2. 掌握教学质量管理所涉及的各方面。
3. 了解教务行政管理。

第一节　教学工作管理的任务和要求

教学工作是学校的中心工作，是贯彻教育方针、实现教育目标、培养合格人才的主要途径。教学工作的成败决定着办学水平的高低。教学工作的顺利进行，靠学校管理工作来保证，因而加强对教学工作的管理，是学校工作中特别重要的内容。

一、教学工作管理的任务

要明确教学管理的任务,有必要先弄清教学的任务。对于教学任务,特别是中小学的教学任务,我国教育界多年来形成了一个共识,即认为教学任务包括三个方面的内容:第一,传授系统的科学知识和基本技能;第二,在此基础上发展学生的智力和体力;第三,在这个活动过程中培养学生的科学世界观和道德品质。

对教学工作的管理,必须依据教学的任务来进行。而教学任务是依据教育方针和某个时期社会政治经济的要求确定的,看起来它是人的主观行为的结果,但本质上它反映了客观现实的要求。所以,教学任务必然是主观与客观的统一,必要与可能的统一。

教学任务的完成,取决于教学管理任务的完成。学校领导管理者的主要职责就是完成教学管理任务。教学管理任务就是学校领导管理者,遵照教育方针的要求和一定时期的教育政策制度并依循教学规律,对教和学两个方面的各种因素进行合理组合,使教学活动得以有序高效地进行,完成国家主管部门制订的教学计划和教学大纲规定的任务,提高教学质量,以实现预定的教学目标。

在我国,党的教育方针的贯彻,政府的教育政策的落实,主要反映在学校的教学工作中。教学工作是贯彻党的教育方针,实现社会主义教育目标的主要途径。这就必然要求在教学工作中对学生实施德、智、体全面发展的教育。学校管理者必须精心处理好德、智、体三方面的工作关系,始终不渝地坚持以德育为首、以教学为中心的办学指导思想。我们通常所说的教学质量,指的是全面发展的质量,那种把教学质量仅仅理解为知识质量,因而在教学管理中只抓知识传授的观点和做法是片面的。

使教学工作有序高效地进行和提高教学质量是紧密关联的一个问题的两个方面。没有科学有序、切实有效的教学活动,就不可能提高教学质量。学校管理者对此应有清醒的认识,且必须遵循规律采取有力的措施抓住中心工作,协调好各方面的关系,使工作高效地进行,以取得尽可能好的教学质量,从而培养出高质量的人才。

二、教学工作管理的要求

教学工作既然是学校的中心工作,那么,教学管理就是学校管理工作的"重头戏",学校管理者应全力抓好。教学工作不仅是学校中最繁重的工作,还是一项十分讲究科学性的工作。要抓好教学的管理工作,就应按照一些要求办事。这些要求是:

(一)树立正确的教学思想

教学活动是教学思想支配的,只有学校管理者和教师具备了正确的教学思想,才会有科学合理的教学措施和方法。

教学思想即人们对教学工作的认识和看法。一般说来,学校管理者和教师总是要依据某种教学思想来指导自己的教学管理工作和教学活动的。只不过有的教学思想正确,有的教学思想不正确罢了。

现在,通常把教育思想分为传统教育思想和现代教育思想。相应地,也把作为教育思想的重要组成部分的教学思想划分为传统教学思想和现代教学思想。当然,二者的界定尚未统一。有一种说法认为，以赫尔巴特的教学理论为依据所形成的教学思想为传统教学思想。传统教学思想主张以具有严密逻辑性的教材向学生传授系统的科学文化知识，强调班级授课，统一要求，强调教师在教学中的中心地位和纪律约束的作用。后来，人们把这些概括为“三中心”，即课堂为中心，教材为中心，教师为中心。“三中心”教学思想尽管有其合理的方面，但也包含着许多不利于培养现代化建设所要求的人才的弊病和不足。因此，人们向往着用现代教学思想来弥补传统教学思想的不足。

现代教学思想包括以下几方面的内容：

(1)通过教学培养学生符合现代化要求的优良思想品德。教学活动是实现教育目的的重要方面。我国社会主义教育目的的首要内容是对学生进行思想品德教育，而任何知识的传授总要形成人的观念，这就是教学的教育性。因此，在现代教学思想指导下的教学活动，应充分利用科学文化知识的教育因素来形成学生的辩证唯物主义与历史唯物主义世界观和具有现代化特征的优良思想品德。那种只教书而不育人的现象是现代教学所不容的。

(2)通过教学使学生具备广博的、结构合理的科学文化知识。现代科学技术发展十分迅速，知识量巨增是当今世界人们公认的事实。要适应当今社会和未来生产、生活的需要，就必须使受教育者具有广博的、结构合理的现代科学文化知识。

在当今世界的生产部门中，科技从发明到投产的时间缩短，产品更新加快，生产者在部门间流动频繁，现代生活在衣、食、住、行方面也广泛采用最新科学技术。因此，为了在现代生活中永远立于不败之地，学校不能不多方面地增加未来生产生活参加者的知识，并努力做到使之知识结构合理。即既要有自然科学知识，又应有社会科学知识；要知道某些科学知识过去发展的情况，更要掌握最新科学知识。

(3)通过教学培养学生多方面的能力。作为现代生活参与者的学生，仅记忆着一堆书本知识显然不够，还必须具备解决实际问题的多方面的能力。

无论是把学得的知识运用于实践还是进一步掌握新知识，都需要尽可能强的能力。况且生产过程的科学化对生产者的创造能力要求越来越高，社会生活越来越复杂，要顺利地把事情办成功，处理好人际关系等等，都需要有较强的能力。正是由于这一原因，教学理论界一再强调培养学生能力的重要性，提出“知识是基础，能力是中心”的教学思想。因此，在现代教学中，应着重培养学生的能力。

要搞好教学工作必须要有正确的理论作指导，作为学校管理者掌握一些管理教学思想的方法显得尤其重要。管理教学思想通常的方法有：

第一，建立学习和研究教学思想的制度。

我国学校政治时事的学习有一套办法和固定的制度，但对教学思想的学习研究就不是所有的学校都有制度和习惯了。领导者要管理好学校，教师要搞好教学工作，必须以学习和研究教学思想为基础。因此，校级领导者和教导处管理人员应经常学习和研究教学思想，并建立制度，定期进行有关这个问题的学习和讨论。

在具体安排上，可以学校行政领导为主体，包括党支部领导人员，一个月左右学习讨论一次教学思想，内容包括国内外新出现的教学思想，其他学校的教学改革经验和本校教学改革的进展情况等。久而久之，学校各个层次的领导就会养成经常关注和思考教学思想的习惯。严格说来，学校主要领导者应成为教育、教学的思想家和实践家。

第二，建立教师学习和研究教学思想的工作常规。

学校管理者学习和研究教学思想的目的在于领导好学校教学工作，而领导意图要变成工作成果，还得要靠教学人员掌握正确的教学思想。因此，组织教师学习和研究教学思想应作为学校管理的常规工作。

教师学习和研究教学思想应以教研组为单位进行，教师应联系自己的教学工作实际，有针对性地学习新的教学思想和别人的经验，以便学以致用，起到指导自己工作的作用。为配合教师学习教学思想，教研组每学期应举行几次教学观摩活动，通过对实例的分析，以助理论的学习。

第三，针对问题，指导个别。

在教师集体中，由于每个人的经历、学识水平、工作经验的不同，对教学思想的体会和掌握就不同，进而表现在教学活动中的指导思想也就不同，为了使教师都能掌握正确的教学思想，学校领导者和教研组负责人应针对某个时期突出的问题，指导某些还跟不上要求的教师学习教学思想，使其改进教学工作。特别是部分青年教师，由于教学无经验，工作体会少，更应指导他们联系实际加强教学思想的学习。

(二)正确处理教学过程中的各种关系

(1)正确处理传授知识和发展智力的关系。要发展学生的智力，必须明确认识教学中传授知识与发展智力之间的关系。一般来说，智力发展水平是以掌握知识、技能为基础的。通过知识的获得与运用以及技能的掌握，智力才能得到发展。而智力的发展反过来又表现在掌握知识、技能的过程中。人们的思维过程是运用一定的概念来进行分析、综合、抽象、概括、推理、判断的。而概念本身就是知识，丰富的想象靠平时知识的积累。因此，不能离开知识来谈智力发展。但智力的发展也促进着知识的接受，学生要把知识变成自己的东西，就要进行观察、思考、记忆、想象等复杂的认识活动，否则不可能掌握知识体系。在教学中既要给学生以“金子”，又要给学生以“点金术”。

因此，教学中不仅要向学生传授知识，培养技能，更要着重于发展学生的智力。我们要打破那种认为教学就是传授知识的旧观念，把发展学生智力作为重要的教学任务来抓，才能使学生学得更多、更快、更好，从根本上提高教学质量。

(2)正确处理教师的主导作用和学生的主体地位的关系。教学过程是一种特殊的认识过程，所认识的科学知识对教师是已知，而对学生是未知，这是教学认识过程的本质特征。在教学过程中，教师的活动也是一种认识活动，所认识的对象不仅是科学知识，还有学生的情况，以及整个的教学过程。学生认识的目的，是把科学知识物化在自己的身上；而教师认识的目的，却是要把科学知识物化到学生身上。因此，教师的工作态度、业务水平、教学方法，直接影响着教学质量的好坏。没有教师，学生在获取知识时，只能在黑暗中摸索；没有教师，就没有教学活动，教师的作用是重要的，在教学过程中起着主导作用。

但是，教师的一切活动都是为了使学生获得对科学规律的认识。在整个教学过程中，认识的主体是学生。因此，要以学生为中心，而不能以教师为中心。学生能否积极主动地学习，决定着教学认识过程是否能顺利地、有效地完成，这是开发学习智力和促进思维发展的关键问题。学生被动地学习，只能是背上了知识的包袱，使思想被堵塞，头脑变僵化。

因此，在教学过程中，学生是处于学习知识的主体地位的。在教学管理工作中应处理好教师的主导作用与学生的主体作用的关系。

(3)处理好学习间接知识和掌握直接知识的关系。学生在学校中，是以学习前人或他人发现和积累起来的知识——间接知识为主的，这是学校教学的特点和学校的职能决定的。人们的一切知识归根到底都来自实践，来自直接经验。但是就每一个人获得知识的途径来说，其多数知识是间接经验的东西。个人精力的有限性和物质世界的无限性，决定了人们不可能，而且也没有必要事事依靠直接经验。间接知识的书面形式就是书本知识，学生学习以间接知识为主，也就必然要以书本知识为主。

教学过程以学习间接经验为主，但不排斥对直接经验的掌握。完全与直接经验脱节的教学，与我国的教育目的是格格不入的。与实践完全脱节的书本知识，是一种片面性的、不完全的知识。书本知识一般地表现为概念、定理、规律、原理。对学生来说，要把这些知识转化为自己的东西，深刻理解它和运用它，还必须有一定的直接经验做基础。学生的直接经验应是他们掌握间接经验的起点，并有助于他们更好地掌握间接经验。因此，在教学中必须把间接经验与直接经验结合起来，这样才能对所学的书本知识加深理解。

第二节　教学常规管理

一、用教学工作计划管理教学

教学工作计划是教学工作的实施方案，它是使教学工作有序化的重要保证，是顺利完成教学任务的必要条件。按层次来说，教学工作计划分学校教学工作计划、教研组工作计划和学科教学进度计划。

(一)学校教学工作计划

学校教学工作计划是全校工作计划的主要组成部分，它规定着一个学期或一个学年学校对教学工作的基本要求，它通常是在校长的领导主持下，由教导主任制订的。它包括以下基本内容：

(1)对以往教学情况和当前社会要求的分析。这是教学工作计划的第一部分，着重对上学期或上学年的教学工作情况作出全面分析，如取得了什么成绩、存在着什么问题，经验是什么、教训有哪些，对这些应明确具体地指出来，以资本学期或本学年教学工作的参考。同时，对当前国家教学改革的形势，上级教育主管部门的政策要求，也应进行简要分析说明，以使教师和学生明白新学期或新学年教学工作的背景情况。

(2)本学期或本学年教学工作的目标和要求。在前一部分分析的基础上，制订出本学期或本学年的教学工作的目标，以作为全校教学工作的奋斗方向。目标要明确具体，切实可行。同时，教学工作的各个环节、各个方面的规范要求也应阐述清楚。

(3)本学期或本学年教学工作的内容和措施。教学工作的内容包括本学期或本学年教学工作的项目、进程和各项工作的具体要求。措施包括改善对教学工作的领导措施，提高和培养教师业务能力的措施，改革教学思想和方法的措施，提高学生学习效率的措施，开展教学实验和学习他人经验的措施，以及改善教学条件的措施等。计划既要制订得明确具体、重点突出，又不宜过于庞杂、面面俱到。

(二)教研组工作计划

这是各学科教研组根据学校工作计划的要求，结合本组具体情况，围绕改进教学、提高教学质量这个中心内容，以研究教材、教法为根本任务制订的工作计划。教研组工作计划由教研组长负责制订。它通常包括以下内容：

(1)对本组以往教学工作所取得的成绩和存在的问题进行简要的分析。

(2)对本学期或本学年改进教学工作的设想和教学研究活动的内容进行说明。

(3)规定出每次教学研究活动的内容和时间，如集体备课的常规安排，专题讨论的内容和次数，公开教学的次数、内容和承担者，经验交流的安排等。

(三)学科教学进度计划

学校教学工作计划和教研组工作计划最终要落实到教师个人的教学上，因此，各科教学进度计划直接关系到学校工作计划和教研组工作计划的完成。各科教学进度计划包括以下内容：

1. 对以往学生掌握基础知识、基本技能的情况和能力发展情况的回顾，以及对本学期或本学年学科知识体系、重点难点的分析。

2. 制订出本学期或本学年的教学目的、要求，并明确定出学生应掌握的知识内容和发展能力的要求。

3. 编制出具体的教学进度表，写明章节题目、所需课时、起止时间等。

二、建立健全教学工作的组织指挥系统

学校教学工作是个体活动和集体活动有机统一的复杂工程，它的成败涉及各方面的因素，制订教学工作计划仅是这一复杂工程的一部分工作。要实施计划则要依靠有效的组织指挥系统。通常情况下，学校的教学组织指挥系统由教导处、教研组构成。

(一)教导处

教导处是中小学里专门管理教学工作的职能部门，是教学工作的指挥中心。教导处的职能发挥得怎么样，直接关系着教学管理的效能发挥和教学质量的提高。因此，教导处应充分发挥“导”的作用。教导处的“导”主要体现在这些方面。

对一个阶段(长至一学年短至一星期)的教学工作，能结合教改动向提出有指导性的意见。这种意见既要紧跟形势发展的要求，又要符合学校本身实际；既要有新套路，又要有号召力。

教导处的工作计划包括教研组活动安排、教师教学进度计划、教师整体工作安排等，都要最优化地组合，以使每个教师的才能得到最大限度地发挥，尽可能减少教师工作交往中的摩擦力。教学过程中一旦出现不协调现象，要立即采取有力措施加以解决。对教研组和教师，不仅要交给工作任务，而且要教给工作方法，使他们增强完成工作任务的信心和勇气。

及时了解在教学方面存在的带有普遍性的问题，适时组织一些示范性、探索性的公开课、观摩活动，使教者得法、学者有获。

建立教学反馈信息网，重视总结和积累教学经验，搞好教学档案。每学期选择一到两个教研组或教学班作为教导处的联系点，还可在学生中抓几个好的和差的典型进行分析研究，以指导全局的工作。

具体来说，教导处的主要职责是：

(1)负责招生录取工作。如组织阅卷、统分、录取、编班等。

(2)编排课程表、作息时间表和安排平时教师的调课、教室的使用等。

(3)负责学籍档案的管理工作。

(4)负责期中、期末的考务工作。

(5)负责教师业务档案的管理工作。

(6)负责图书室、资料室、实验室、电教室等的管理工作以及直接为教学服务的所有辅助工作。

教导处的主要领导者是教导主任，而教导主任又是校长管理教学工作的主要助手。因此，要发挥教导处的职能作用，最根本的是要充分发挥教导主任的作用。校长在选择教导主任时要着重考察其素质能力的情况，一旦委以重任以后，就要使其有职有权。校长除了在方向、原则和重大问题上领导之外，教学中的各个方面的工作应交教导主任全权处理。

(二)教研组

教研组是教学管理系统中的业务组织，不是一级行政单位，不负责处理行政事务。

教研组的任务是研究教学，对该学科的教学进行管理，是教师从事教研活动最基本的组织形式。教学研究活动进行得好与坏，直接关系到教学质量的高低。教研组的工作内容有以下几个方面：

(1)组织教师学习有关的教育方针、政策，研究讨论教学思想和教学改革措施。

(2)组织教师学习教学大纲，制订教学进度计划。

(3)组织教师钻研教材，探讨教法改革。

(4)组织教师相互观摩，学习、交流教学经验。

(5)组织教师进修学习，提高知识水平。

(6)组织教师做好教学各环节的工作，即做好备课、上课、辅导、批改作业、复习考查的工作。

教研组的设置，要便于教师开展教研活动和便于进行组织管理，如果学校规模小，某一学科教师不足三人者，通常是与其他学科教师一起组成联合教研组。

教研组长应由知识广博，经验丰富，教学效果好，具有一定组织能力的教师担任。

三、教学工作各环节的管理

教师的教学工作通常由钻研课标、备课、上课、作业、辅导、考试等环节组成。

(一)钻研课标

课标以纲要的形式规定着有关学科的教学目的、任务、内容、范围、进度、时间分配和教学方法上的具体要求等。通过钻研课标,能使教师从总体上掌握教材体系和教学要求。钻研课标是教师备课的重要组成部分,是上好课的前提。教导处和教研组要对教师钻研课标提出要求,作出规定。首先,对于每门课的教学课标,相关课的任课教师要人手一份并认真阅读领会;其次,应组织教研组进行讨论;再次,可请有经验的教师或专家作辅导报告。

熟悉课标和教材,就是对课标和教材要从具体到抽象、从抽象到具体地去钻研,通过反复比较、分析、综合、概括,联系起来思考研究。对教材中的一些基本概念,要弄清它的内涵和外延;对一些规律性的基本知识,如定理、定律、法则、公式、原理等,要弄清是如何论证或推导出来的,以及其运用范围如何等。熟悉教材的过程,是一个反复研究、逐步深入地掌握教学内容的过程。

(二)备课

在教学过程中,教师通过发挥主导作用,来完成自己的任务。但是教师发挥主导作用是有条件的,一般来讲,应具备这样一些基本条件:一定的思想品德修养,一定的科学文化知识,一定的教育理论水平,一定的教学业务经验等等。但是这些都是教师发挥主导作用的可能条件。只具备这些可能条件,不去备课,没有形成教这一单元教材的实际教学能力,仍然不能顺利完成教学任务。这是因为教学不是随意的活动,而是根据具体条件,按照确定的教学目的和一定的教学规律而开展的教学活动。无论教师的科学知识多么丰富,也不能把自己原有的知识任意教给学生。

教师通过备课,在具体研究和掌握教学特点、教学目的、教材内容以及学生情况的基础上,才能把自己的思想修养、文化知识、教育理论知识及教学经验化为每个单元教材的教学能力。教师原有的基本条件,只能说是可能的教学能力。教师的备课过程,就是把可能的教学能力转化为现实的教学能力的过程。

备课质量直接决定着上课质量,教导处和教研组要加强对教师的备课管理。根据我国教育工作者多年来总结的经验,备课应从三个方面进行:一是备教材。教材是课标内容的具体化,是教学的依据。要上好课,必须吃透教材,即掌握教材的体系结构,每单元的目的意图,每一课的重点、难点,以及要弄清楚为什么它是重点、难点,难点难到什么程度等。二是备学生。要对学生的来源,学生的知识基础,学生的智力情况有全面的了解。三是备教法。在对教材重点、难点和学生情况了解的基础上,考虑有利于学生掌握教材内容的教学方法。

(三)上课

上课是向学生传授知识、训练技能的直接过程,是钻研大纲和备课的主要目的,因此应着意管理好课堂教学。除了制订必要的课堂规则外,学校还应从本校实际出发,制订出能为教师接受的一堂好课的标准,以此作为衡量教师上课质量的尺度。一堂好课的标准应从这几方面考虑:教学目的的确立和实现、教学内容的处理、教学方法的应用、教学过程的组织、教学效果的好坏程度,以及教学语言、板书等情况。制订这样一个标准,既为衡量教师的教学确定了一个尺度，又可促进教师努力提高教学质量。

(四)作业

作业是上课的延续，是巩固所学知识并形成技能、技巧的重要方面。对于作业，在管理上应要求教师做好三点：一是作业的布置。布置作业要以教科书为依据，无论课内作业还是课外作业，都要以教材练习为主。一般情况下，不能离开教材另出作业题，作业的分量要适当。二是要对作业进行指导。指导作业要立足于引导学生分析问题，启发他们思考，寻求解决问题的方法，而不是要教师把现成的答案告诉学生。三是认真批改作业。在批改作业时要把带倾向性的错误记录下来，并针对错误进行评讲。

(五)辅导

辅导是上课的必要补充，对学生知识的查漏补缺有重要作用，也是贯彻因材施教原则的重要途径。辅导应有突出的针对性，通常情况下是抓两头带中间。一是对程度较差、理解教材有困难的学生，应重点辅导。辅导中应首先调动他们的积极性，使之积极思考；其次，对教材要由浅入深耐心地向他们讲解。二是对优等生应启发他们寻求多种解题方法，并适当加重作业分量和难度。此外，还应指导他们读一些课外书籍。

(六)考试

考试是教学工作的基本环节，是评定学生成绩和了解学生情况的重要途径之一。考试成绩是决定学生升留级的根本依据。

考试分平时考和阶段考。平时考是指在上课过程中对某一方面的内容进行测验，它的好处是能及时地了解学生掌握知识的情况。阶段考是指期中或期末总结性的考试。在学生的总成绩中，平时考试成绩应占一定比例，这有利于全面地反映学生的情况。

学校管理者对考试的管理应采取以下措施：掌握试题难易程度和分量，规定教师出A、B两套试题，要求教师出好试题标准答案，做好试题保管和保密工作，制订考场规则并组织好考试工作。

第三节　教学质量管理

一、教学质量管理是教学管理的基础

教学质量是制约教学过程的主要因素，教学质量管理的好坏，直接影响着教学过程的每一环节。因此，教学质量的管理，要着手于教学过程各个环节的教和学的质量。只有教学过程中各环节的质量提高了，最终体现于学生的学习质量也就提高了。学校教学管理的根本目的，是提高教学质量。而学校教学质量的高低，是衡量学校教学工作优劣的客观尺度。所以，教学质量的管理是教学管理的基础。

二、确定教学质量标准

对教学质量的管理，实质上是按一定的标准对教学进行要求的问题。因此，确定质量

标准就显得很重要了。

(一)质量标准是教学要达到的目标,又是检查教学的依据

没有标准,工作就无方向和目标,教学质量标准,是教学工作必须努力达到的目标。教学结果接近、达到和超过这个目标的距离,表示教学质量提高的程度。在我国传统教学中,在管理上没有教学质量的标准或标准不明确,在教师观念里也就没有教学要达到的明确目标,因此,教师常常考虑的是如何把知识教出来,而很少考虑学生每堂课实际掌握了多少知识。由于这种传统的影响,直到现在我国的教学仍不能说有明确的质量标准。如果有了每节课明确的质量标准,就必然有了每节课的教学任务。当前,由于没有明确的质量标准,教师的教学质量就难以衡量。同时,听完了教师的课后,在进行教学评价时,就没有充分的依据,听课的教师和讲课的教师,既不了解学生在课堂上实际达到的学习程度,也没有一定的考核标准。这就是"无标准就无以论是非"。

(二)在教学管理实践中研究和制订教学质量标准为了有效地管理教学工作,从而提高教学质量,研究和制订教学质量标准就显得非常必要了

教学质量的标准,是由教育目的和教育任务决定的。因此,我们在制订教学质量标准时,必须在教育目标和教育任务的指导下进行。教学的对象是人而不是物,培养人的过程是个极其复杂的过程。所以,教学质量的标准,不是自发地形成的,也不是主观臆断所制订的,而是应通过深入研究,在取得可靠资料的基础上制订出来的。

以上是制订教学质量标准的总依据,从具体方面来说,教学质量标准的制订要考虑两个要求:一是在学生原有的知识基础上提高到教学大纲要求的目标。这是一个基本的、也是规范性的要求,全体师生都应达到这一要求。二是在达到教学大纲要求的基础上再提高的目标,这是部分学生在达到教学大纲要求基础上向知识的广度和深度发展的目标。

三、教学质量检查

教学质量检查因时因地而有多种方法,但通常采用的是:

(一)了解教学情况

了解教学情况包括听课,检查教师备课情况,检查学生作业本,召开学生座谈会等。

听课是管理教学质量最基本的方法,也是校长、教导主任最基本的工作内容。要准确地了解教师教的情况和学生学的情况,校长和教导主任应经常深入课堂,并把每学期的听课节数作为制度规定下来。领导听课有时可向教师预先通知,更多的是不通知教师,以便了解真实情况,即听课要做到有目的、有准备,听课要做好记录,课后在重要内容方面与教师交换意见。

检查教师备课情况和学生作业本以及召开学生座谈会等也是了解教学情况的重要手段,学校管理人员应经常地交换使用。

(二)建立学生学习档案

新生一入学,就必须建立学习档案,把原来学生升学考试的成绩整理出来,以供领导

管理人员和教师了解学生原来的知识情况。以后每学期的考试成绩都要填表存档，以便随时检查和针对情况组织教学，学习档案也为学生毕业时的总结评价提供了依据。

学生学习档案通常有两种类型。一是表册制，即按年级安排制订学生成绩表，每次考试的成绩填入相应的栏目内，这又包括总表和分表。二是户头制，即给每个学生都制一张卡片，栏目设计可根据具体情况来定，每次考试成绩亦填入相应的栏目内。此外，班级内还可制订学生知识缺陷表，学生掌握基础知识进度表等，或两者综合起来反映学生全面情况的总汇表等。

四、教学质量分析

教学检查的目的在于对教师的教和学生的学进行科学的分析，找到问题的症结，从而改进教与学，以提高教学质量。

(一)教学质量分析的内容

(1)分析教和学两方面的情况。一般说来，教学质量取决于教师的教和学生的学两个方面。但有时又表现出这样一些情况：有的教师知识水平不高，能力弱，教学效果差，但学生由于自己的勤奋努力，或由于家长的辅导，学习成绩很好；也有的教师教学水平很高，而学生不努力，或身体、智力差等原因导致了学生成绩差。由此可见，教学质量的高低是由教师和学生两方面决定的，故要从两个方面来分析原因。

(2)分析教材特点。分析教材应从两个方面着手：一是现在的教材与过去的教材相比有何特点，内容深了还是浅了，它和整个学科理论体系的关系怎么样；二是现行教材是不是学生的知识基础、智力水平所能接受的。

(3)分析各门学科各班成绩情况。统计各学科在各班级的平均分数和平均分的上升率与下降率，以便分析某一学科在某一班级的教学质量状况及学生成绩的发展趋势。统计各班的优秀学生数和弱差生数，统一同一学科中作业或试题的正确率和相同的错误率，均便于分析了解学生的学习情况和教师的教学情况。

(4)分析学生掌握知识的质量。分数只能有限地说明学生的学习情况，要充分地分析掌握学生的学习情况，还要分析学生掌握知识的质量，这主要指分析学生掌握知识的深度和广度。具体说来就是分析学生对教材掌握的程度，对基本技能掌握的程度和熟练程度，以及所具有的课外知识水平。这是更综合也更抽象的分析，标准也只能是相对的，衡量尺度往往是描述性的。

(二)质量分析方法

(1)层次分析。这是把分析对象由个别到全体划分成若干层次，然后逐一分析。如先对各个教师和学生的情况作出分析，然后对教研组和班级作出分析，在此基础上再对全校教与学的情况作出分析。自然，颠倒如上的顺序分析也行。

(2)对比分析。这是把两个或两个以上的对象或同一对象的前后情况进行分析的方法。这包括两种情况：一是把并列的两个对象拿来分析，如把高二(一)班和高二(三)班同时进行分析，这可称为横向对比分析；二是把同一对象的前后两个或两个以上的情况进行分析，如把高二(一)班本期的情况和上期的情况进行分析，这可称为纵向对比分析。这是总体分析方法。在对比分析中涉及若干具体内容时,还要考虑到定量和定质等诸多问题。

(3)动态分析。提高教学质量的过程是个动态过程,为了掌握教学质量的变动情况,可按考试时间的顺序,对全体学生或随时抽取一部分学生某阶段的学习成绩,求出每次考试的平均成绩,画出质量动态图,以便观察、分析教学质量的发展变化情况。

学校教学管理的内容之一,就是要分析研究质量变化的各种情况,从而找到问题,以便创造条件不断提高教学质量。

(4)原因分析。制约教学质量的因素很多,如教师方面、学生方面、教材方面、教学手段方面的因素等。但各个阶段的教学质量高低的原因究竟是什么呢?这就要具体情况具体分析,常用的分析方式是:把影响教学质量的各种原因找出来,按类别加以整理,绘制出原因分析图,也叫因果图,这样的图画出后很像鱼刺,又叫鱼刺图。

以上第 3、第 4 两种分析往往要形成图形,因此,它们有直观、明确、一目了然的优点。

分析教学质量的目的是为了弄清原因,找到成功的经验和失败的教训,进一步探讨提高质量的途径和工作的重点。管理工作正是要在提高质量的途径和工作重点中发挥其职能作用,根据质量分析,确定需要特别加强管理和控制的重点环节,抓好关键工作和管理工作的关键方面。有的人称进行质量分析就是为了建立管理点即是指此。

第四节　教务行政管理

教务行政管理是教学管理的基础性工作,是教导处工作的一部分。教务行政工作主要有招生、编班、编排课程表、学籍管理、教学档案管理、图书资料管理和实验仪器的管理等。下面就几个主要方面作些介绍:

一、招生

招生是按照上级教育部门的有关政策规定和招生计划,在校长领导下,于学年末进行的一项工作。招生的具体工作,由教导处负责组织进行。招生工作的程序是报名、试题保管、考试座位编号、监考、试卷评阅、录取新生和发通知书等。

招生工作是一项政策性很强的工作,每一项工作都必须依规定执行,丝毫不能出差错。因此,必须对每个环节的工作进行严格的管理。考试前要特别注意试题的保密,考试时要防止舞弊,阅卷后要根据德智体全面衡量的原则录取新生,杜绝不正之风。

二、编班

教学班是进行教学活动的基本组织形式。编班的质量对以后的教学活动质量有一定影响作用。因此,要重视编班工作。

编班的要求是:

(一)每个班男女同学的比例要恰当

男女同学存在着明显的性格、爱好、生理是否可并列等方面的差异。为了以后能很好地组织学习、劳动、文娱、体育活动以及和其他班开展竞赛时不至于在基本条件方面悬殊,在编班时就要做到每班男女生的比例恰当。

(二)按照成绩均衡搭配

按录取成绩可把学生分为好、中、差三类或五分一个等次成若干等级，把这不同的类别或等次按一定的数目搭配分班。这有利于优秀学生带动弱差生。

(三)按照学生原任的干部职务、工作能力、品德表现的状况合理分配

为了新生各班有组织新的班委、团队委的干部条件，在编班时要考虑到学生在原校的任职情况和表现情况，把原是干部而工作能力又强的同学分散在各班，以使其继续做干部工作。

(四)把不同家庭职业的学生混合编班

不同的家庭职业对学生有不同的影响，这样组织成新的班级后，便于学生互相学习。

三、编排课程表

课程表是学校教学工作的“调度表”，它决定着一天、一个星期、一个学期的课堂教学安排，起着组织教师、学生活动的作用。所以课程表对建立学校正常的教学秩序、保证与教学有关的工作有条不紊地进行，有着重要的意义。

课程表编排的合理性和科学性对稳定教学秩序、提高教学质量有着非常密切的关系。

(1)文理科课程要适当搭配；

(2)同一学科的课程要适当分散，但又不能安排得太散乱；

(3)上午第一、第二节课最好不排体育课，而用以排文字课；

(4)自习课一般安排在作业较多的课之后；

(5)根据教师的身体、年龄、知识能力等具体情况排课。

四、学籍管理

学籍是领导管理人员和教师全面了解学生的政治思想、学习情况、健康状况、家庭情况的依据，也是学生以后升学或就业的依据之一。因此，要重视学籍管理。

学籍管理主要包括学生学籍卡片管理，学生档案管理，以及办理入学、转学、退学、休学、复学和毕业等手续的管理。

学籍卡片，是对学生思想品德、学习成绩、健康状况、奖惩情况等作专栏记载的。

学生档案包括毕业登记表、健康卡片、三好学生证书、各种竞赛的优胜证书及奖惩的详细材料等。

学生入学、转学、退学、休学、复学和毕业应办的手续都要做到有据可查。

学籍管理还包括按学生姓氏笔画编号保存的历年学生总名册。

五、教学档案管理

教学档案是考查教学工作、检查教学质量、评定教师工作成绩的重要资料。教学档案主要包括教师教学档案和学校教学工作档案两项。

(一)教师教学档案

它的主要内容有教师的基本情况，每学期的任课门类、节数，班级、教学工作计划和总结，班主任工作计划和总结，专题经验总结，观摩教学的教案，听课记录，期中、期末考试试题及试卷分析，教学进度计划，教研成果，发表的文章和出版的著作等。

(二)学校教学工作档案

它的主要内容有学校各种教学计划、总结、经验材料、报表、期中期末考试试题、毕业生去向名册、学生期中期末考试成绩统计、新生入学成绩统计、升学考试的各种数据统计、学生班级日志、教导工作日志等。

教学档案要分类编号，长期保存，设专人保管并定期清理。

【要点小结】

1. 教学管理包括三个方面的内容：第一，传授和学习系统的科学知识和基本技能；第二，在此基础上发展学生的智力和体力；第三，在这个活动过程中培养学生的科学世界观和道德品质。

2. 教学常规管理需要通过制订计划实施管理，包括学校教学工作计划，教研组工作计划和学科教学进度计划；建立健全教学工作的组织指挥系统，通常由教导处和教研组完成；教学工作各环节的管理，通常由钻研课标、备课、上课、作业、辅导、考试等环节组成。

3. 教学质量管理包括三个方面：首先是确定教学质量标准；其次是教学质量检查，通常采取了解教学情况和建立学生学习档案的方式；再次是教学质量分析。

4. 教务行政工作主要有招生、编班、编排课程表、学籍管理、教学档案管理、图书资料管理和实验仪器的管理等。

【学业评价】

1. 学校常规管理涉及哪些主要内容？

2. 如何检查和分析学校教学质量？

3. 学校教务工作管理主要涉及哪些方面的内容？

【参考书目】

1. 王德清. 现代教育管理技术[M]. 重庆：重庆大学出版社，2004.

2. 吴志宏等主编. 新编教育管理学[M]. 上海：华东师范大学出版社，2008.

3. 黄志成，程晋宽. 现代教育管理论[M]. 上海：上海教育出版社，1999.

第十章

课堂教学管理

【本章知识结构】

- 课堂教学管理要协调的几种关系
  - 教与学　师与生
  - 学科之间的关系　课内课外的关系
- 课堂教学管理模式构建
- 课堂教学管理的内容
  - 教学目标　教学容量
  - 教学难度　教学程序
  - 教学时间　教学方法
  - 课堂气氛　课堂秩序
- 教师课堂教学能力
  - 课堂教学设计能力
  - 课堂教学操作能力
  - 课堂教学管理能力
  - 课堂教学自我监控能力
- 课堂教学管理方法
  - 根据学情适时调控课堂
  - 根据学生优势兴奋中心调节课堂
  - 促进课堂师生情感交流
  - 强化学生的自我管理

【学习目标】

1. 了解课堂教学管理的内容。
2. 了解教师课堂教学能力，能针对实际分析自己课堂教学能力。
3. 掌握课堂教学管理方法，能在课堂教学中运用这些方法。

第一节　课堂教学管理概述

课堂教学管理是学校教学管理的主要组成部分。学校教育功能的集中发挥，最终都是通过课堂教学来实现的。课堂教学虽然不能涵盖学校教育的所有方面，但它是学校教学的主渠道，因而，加强课堂教学管理，在理论上、实践上都是无可争辩的。但是，长期以来，课堂教学的管理没有引起足够的重视，研究学校教学管理一般都停留在日常行政运作的层面。不少学校虽有一个教学管理的模式，也往往满足于教学计划的编制、课程安排、教师出勤考核、学生学籍管理以及考试考查，而很少把课堂教学管理作为整个教学管理中的一个至关重要的环节。从管理的视角来探讨它的内涵，揭示它的基本职能和运行方式是很有必要的。

一、课堂教学及课堂教学管理

课堂教学管理是同课堂教学发展共生的，也是课堂教学在长期发展过程中逐步形成和完善的一种保证课堂教学实践有序进行的活动。但是，由于它的共生性，却常常被掩盖在教学工作之中。一般情况下，课堂教学和课堂教学管理在过程上是重叠的、一体的。一方面，课堂教学过程是在课堂管理中实现的；另一方面，课堂教学管理过程又主要以课堂教学为条件。因此，要说明课堂教学管理的功能，必须首先弄清课堂教学同课堂教学管理的区别，了解课堂教学管理的过程。课堂教学同课堂教学管理，是两个不同的实践范畴，其区别有如下几点：

（一）目标不同

课堂教学目标是根据学科授课的具体内容确定的，每一个教学课时都有具体的教学目标。它所涵盖的仅仅是一个课时，因而是微观的。课堂教学管理目标，是学校按照国家统一的教学计划、教学大纲的要求，按学期或学年制订的。它涵盖的不是某一门学科的一堂课，也不拘泥于课堂的具体要求，而是以课堂教学为中心涉及方方面面的工作，因而它是宏观的。

（二）侧重点不同

课堂教学重在任课教师在一个课时之内所要完成的传授知识和培养能力方面的任务。课堂教学管理，重在组织、协调、督促检查促进任课教师认真贯彻执行教学计划、教学大纲，把每一堂课教好以及教师本人控制课堂活动的方略和行为。同时注意课堂教学环境的配置，教学氛围的形成。

（三）行为主体的差异

课堂教学工作是教师在课堂中的实践活动，是教师的课堂行为，只有教师才能完成。教师是教学实践的主体。课堂教学管理，既是教学行政管理行为，也是教师的行为，体现为学校教学工作管理者与任课教师的共同行为。

（四）稳定程度不同

课堂教学按照统一的教学计划、教学大纲进行，因而课时计划实施变化较小，稳定程度较大。课堂教学管理恰恰相反，按照管理要求，它是一学期或一学年教学行为的调控过程，为了及时理顺关系，排除干扰，保证每一节课教学过程的顺利进行，具有很大的随机性，只有随时关注并排除、化解教学过程中的各种偶发因素，在整个管理过程中做到因时、因地、因事、因人而异，才能收到最佳的管理效果。

综上所述，课堂教学与课堂教学管理是共生的，但同时又不能相互替代。课堂教学管理，是适应课堂教学需要产生的，它直接关系到课堂教学目标的实现。如果忽略课堂教学管理，就会使课堂教学失去有效的宏观调控，而陷于难以预测的混乱状态。

课堂教学管理过程，是一个能动的、权变的过程。这个过程从开始决策，到确定管理目标、制订计划、组织实施、检查督促、总体评价，循环往复，不断推动管理目标的实现。这个过程，除了教学时间、设备、课堂、场地、教材等这些物化条件具有相对的稳定性之外，不确定的因素贯穿着全过程。这些因素的随机出现，主要是由于：

1. 教师的教学水平、实践经验、对学生的了解程度、敬业精神和工作责任感等这些主观方面的能动因素存在着个体差异。这些差异常常会作为偶发现象反映在教学过程当中，有时甚至使教学过程出现曲折变化。

2. 学生的认知过程的差异。同一教材、同一教师、同一教学方法，由于学生之间接受程度、认同程度不同，认知兴奋点不同，往往不可避免地出现教师难以应付的情况。

3. 课堂周边环境的多变性包括社会、家庭、校园、班级，这些多变因素一旦出现，都会随时影响到教学活动。

任何管理，都是一种过程管理，或者更准确地说，是一种行为过程控制，课堂教学管理也不例外。由于课堂教学过程是一个能动的、多变的过程，因而也就决定了课堂教学管理充满着随机性。在管理过程中，不仅要随时预防一些随机因素的出现，而且应该增强应对激变的能力，妥善处理教学过程中的偶发事件。

二、课堂教学管理的本质特征

任何一所学校从学前教育、初等教育、中等教育、高等教育直到成人后续教育，尽管教育目的不同，任务不同，方法不同，但都主要依靠课堂教学实施其对受教育者的影响。课堂教学是学校教育最基本的组织形式，也是学校教育不同于其他社会机构最显著、最重要的标志。

课堂教学，是在人类教育长期发展过程中逐步形成、发展、完善的。在欧洲最早提出以学生班级为主要教学组织形式的是夸美纽斯，1632 年他在所写的《大教学论》中阐明了这一主张。由于它符合教育发展规律，300 多年来，学校仍然坚持以班级为中心的课堂教学。而我国教育在长期的封建教育体制下，从蒙学馆到书院都是以个别授课作为主要教学形式的。较大的蒙学馆和书院虽有班级形式的萌芽，但是比较完整意义上的班级教学，是从清同治元年(1862 年)京师同文馆开始的，直到清光绪二十八年(1902 年)清政府颁布《钦定学堂章程》以后，全国各类学校才普遍采用班级教学制度。出现了班级，也就出现了课堂，出现了以班级为中心的课堂教学，也就同时出现了班级课堂教学管理。

班级课堂教学作为一种完备的现代学校教育的基本形式，具有一些显著的特征，这些特征反映出了课堂教学质的规定性：

(一)班级课堂教学是一个特定的时空教学概念

它是指一个或多个同学科程度的班级(初等教育的复式)在特定时间、特定空间中所进行的教学活动。

(二)这种活动是双边活动

这种活动,是学校施教人员和受教育的主体共同参与的双边活动。教师是教学活动的实施者,在教学过程中始终起着主导作用,但主导不是包办代替,不是师道尊严,也不是唯师是从,而是循循善诱;学生是教育的接受者,但不是消极被动的知识容器,而是主动积极地参与思考、参与创造的。因此,教学活动的双方是特定的。

(三)活动的内容有着严格的选择性和规定性

这种选择和规定,不仅受到活动时间、空间、学科范围的限制,而且受到教育教学目标的特殊限制,因而在内容上是特定的。

(四)课堂教学是一个完整的系列过程

课堂教学不是一个学科单科独进,而是多学科并进的行为。在纵向上,要保持每一个学科所授知识的完整性、系统性;在横向上,又要形成多学科交叉,构成宽阔的知识面。因而,在知识结构上是特定的。

(五)课堂教学的学时,有着严格的时序要求

按照各类教育的培养目标,可以按学期分割,也可以按学年分割。它可以相对独立,但又始终是前接后续的。所以在课时体系上是独特的。

在人类社会实践中,任何有组织的社会人群活动,从根本上说,都是一种管理活动,一种依靠管理实现和维系的活动。在人类的社会实践中,管理是无处不在,无处不有的。从广义上说,没有管理,就没有人类的社会活动。管理是社会人群从事各类社会实践的中介,它从实践活动中来,又是实践活动的需要。课堂教学管理也一样,它是在课堂教学活动的实践中,根据课堂教学活动的需要产生而又维系和支撑着课堂教学活动的。

课堂教学管理的本质特征,就在于使课堂教学有序化。这就决定着课堂教学管理必须具有这样一些基本要求:

第一,它必须是严密的。要求在管理过程中,不能有任何疏漏,否则就会造成混乱。因为,课堂教学是严密的,这种严密不仅表现在有着特定的时空要求,有着学科的周密衔接,更有管理对象的特殊要求。只有通过管理,才能使整个教学过程有序化,保证课堂教学目标的最佳实现。

第二,它必须是科学的。要求每一个管理环节,都要反映课堂教学的内在要求,尊重事物发展的客观规律,防止主观随意性。首先要有明确的、清晰的管理目标;其次,对各项教学活动的组织设计,都必须建立在科学基础之上。在课堂上传授的知识,不仅要符合科学性原则,而且还要符合教学规律和学生的认识规律、年龄特征、心理特征,注意学生的可接受性。

第三,要充分注意知识的组织。学科与学科之间,课时与课时之间,课内与课外之间,各个学科门类的知识,都要在课堂上交汇。既有纵向的学科知识系统,又有横向的知识板块。特别要注意传授知识的相容性。

第四,管理过程必须是动态的,不能是静止的。课堂教学是一个完整的过程,对一个班级来说,教育教学任务不是一个老师或几个老师能够完成的,也不是一堂课或几堂课能

够完成的。从管理的角度看,必须注意它的整体性、系统性和连续性,要有整体观念。

三、在课堂教学管理中协调好各种关系

课堂教学管理是学校的微观管理。它的根本任务,就是要通过协调理顺和调整好教学过程中的各种关系,保证教育教学目标的顺利实现。现代教学实践的发展不断显示教学过程的本质,越来越表现为对人的社会生成的一种塑造。教学过程是一个能动的、发展的、创造的过程。这个过程是由众多的相辅相成、相长相消、互依互存的因素共同作用、彼此交织而成的,它是各种关系的总和。课堂教学管理,集中到一点,就是要面对这些关系,使教学过程中的各种资源得到最有效的配置,形成培养人的合力。这些关系主要是:

(一)教与学的关系

在课堂教学管理中,教与学的关系贯穿于教学的全过程。教学过程中的主要矛盾也是教学管理中的主要矛盾。在教与学的矛盾中,“教”处于矛盾的主要地位,是矛盾的主导方面,它决定着这一对矛盾的发展方向,决定着教学的成败。因而,在管理中,首先要着力研究和解决“教”的方面出现或可能出现的问题。一是教学目的是不是明确。教学是一种有组织的、高预期的活动,是教育信息的传递、调度和处理的活动,因而目的性的要求是第一位的。没有明确的教学目的,就无法选定教材、使用教材,也就无法组织教学实施。确定教学目的的依据,主要是国家颁布的教学计划、教学大纲。二是教学方案是否可行。教学方案是教师的课堂行为预案和准则。教学方案的可行性,除了目的可行性外,主要考虑所传授的知识的科学性,思想道德教育内容的内蕴,技能、方法传授,人格素质培养,新旧内容逻辑衔接,学科之间的有机渗透,学生可接受程度以及时限要求等等。三是教师课堂准备是否充分。包括对教材的钻研和熟练程度,对可逆情况的预计,对特殊学生的要求与对策,教学方法的选择和使用。其次对“学”的方面也不可忽视。作为一个接受教育的班级来说,不必要求程度绝对均衡,可以有一定的差距,但不能悬殊。要认真研究影响学生参与课堂活动的各种因素,如课堂环境、条件等,这些因素有的是常见的,有的是偶发的,要及时地排除这些干扰因素。

(二)师与生的关系

教师与学生是进行课堂教学双边活动的最活跃的、积极的因素,也是构成教与学不可分割的课堂教学整体的第一因素。师与生的关系是教与学关系的人格形态,也是教学过程中各种人际关系中最基本、最主要的关系。没有教师,就没有学生;没有学生,也就没有教师;没有学生和教师,也就没有课堂教学。教师与学生是相互依存的,同时彼此又是对立的。就是这种既依存又对立的关系,构成教与学的关系,使课堂教学成为生动活泼的过程。在课堂教学管理中,协调好教与学的关系,在本质上就是要协调好师与生的关系。在课堂教学中,教师与学生在人格上是平等的,学生充分享有教学双边活动的权利,学生可以随时向教师提出质疑。对这些质疑,教师应按照教学计划,适时地、准确地给予回答。但是在认知领域、在施教责任的承担方面,教师始终居于主导地位。在一般情况下,教师的教应对学生的学负主要责任。因而,在课堂教学的全过程中,师与生的关系始终是决定教学走向和成败的主导关系。因而要始终把协调师生关系作为有效管理的中心环节,协

调的关键在于做好教师的工作。首先，要求教师要转变教育观念，端正教学思想，认清自己所肩负的历史重任，敬业爱岗；同时要不断改进教学方法，注意和自己的教育对象沟通，尊重和培养学生的主动精神，鼓励学生创新。其次，要注意因材施教。对学习困难的学生，要热情关照，把一般讲授同个别施教结合起来，主动化解由于认知矛盾而产生的与学生的紧张关系。再次，对学生的管理也不能忽视。学生是接受教育的对象，又是学习的主体。在传统的教育观念影响下，教师与学生的关系，是主从关系；教学过程是教师讲、学生听的过程，学生始终处于消极被动的地位。这种关系不利于激发和培养学生的主动精神，不利于造就具有创新意识的一代新人。因而，要打破传统教学观念的桎梏，一方面，要求学生遵守行为规范，有严格的课堂纪律约束；另一方面，要创造各种氛围，激励学生的创造精神。

(三)学科之间的关系

课堂教学，从一节课来看，它是分科授课，是一个门类学科知识的传授，内容是单一的；但是，扩展到一个时段，如一个学期或一个学年，诸多的学科则会按照教学计划形成一定的知识系统。这里既有课时的组合，又有学科知识的交叉。因而在课堂教学中，就必然存在学科与学科之间、课时与课时之间的关系问题。这些关系必须通过管理给予正确的、科学的处理，否则就会造成学时分配不当、学生课业轻重不分的问题。处理好学科之间的关系，一是要严格执行教学计划，根据教学计划，按德、智、体全面发展和提高素质、能力的需要，确定授课门类。从科学知识宏观结构上，保证学生所学知识的覆盖面。二是要本着加强基础课、突出主干课的原则，拟订授课时数。从学时上，保证教师有足够的时间教，学生有足够的时间学。三是要考虑学科知识更新和学生进入社会实践的需要，不仅要注意精简课程门类，而且还要注意精简课程内容，特别要注意随时充实那些具有一定前瞻性的知识。从微观上，保证学生所学知识能够具体应用，避免学用脱节。

(四)课内与课外的关系

课堂教学管理，不仅要管理课内的常规教学，而且要管理延伸性的教学。随着现代信息技术的迅猛发展，以计算机为主体的多媒体技术的广泛应用，校园网络建设的快速发展，课堂教学的内外界限愈来愈模糊。课堂向课外延伸，为常规课堂教学管理带来了新的课题，这既是向传统管理的挑战，又为传统的常规管理提供了新的管理思路。一是必须用新的眼光审视课堂内外的关系。最近美国一所学校通过国际互联网，展示了小学三年级自然课《影子》的一个教学课件，利用多媒体技术，展现太阳、投影的关系，生动活泼地传授了投影、摄影、测量的知识，而且通过作业让学生动手，把课堂空间扩大到美国本土以外的许多地区，由于太阳位置不同，“影子”不仅有早、中、晚的时间区别，而且还有地域区别。这个课件表明，随着现代教育技术的传播和发展，课堂内外的界线正在逐步消失。因而，课堂教学管理，在理念上必然逐步革新。二是要正确处理课堂内外的关系。以班级为中心的课堂教学强调知识的完整性、系统性是必要的，但不能以此形成新的封闭式教学。因此，要根据教学目标、教学计划的实际需要，将课堂讲授作必要的延伸，借此扩大知识的传授量。并通过课外延伸，增加实践环节，增强学生的动手能力，使学生所学知识更为牢固，更为有用。三是做好严密的课堂教学计划。从课内向课外延伸，在教学形式上是从集中到分散。这需要有计划地做好施教方案，保证活而不乱。四是要做好学生的工作。要通过课堂外延，培养学生的创新精神，培养自律能力。

四、课堂教学管理模式的构建

长期以来，很少有人从一个专门视角，来探讨课堂教学管理的内容、形式、有效构成运行机制及其规律。从目前的状况来看，在中小学有"以教兼管"的情况。教研组既是教学研究小组，也有管理任务，如了解本学科教师教学进度、共同备课、共同研讨学科教学中随机出现的某种情况、期终学科教学情况总结等。这种管理，一般属年级学科同向管理，课程是单一的。在高等学校，专业课教学一般是"有教少管"，学科教学之间很少相关，基础课或公共课的教学，一般以部或教学研究室形式出现。设部的，下分学科；设室的，下分年级小组，也可视为学科同向层级管理，但都没有突出管理的职能，没有按照完备定义上课堂教学管理要求实施管理。因而，这种"以教兼管"实际上也是"有教无管"。

在物质生产中，生产力的组合方式决定生产力水平的高低。科学的管理，可以使生产力结构优化，从而形成高水平的生产力。马克思说过："通过协作不仅提高了个人生产力，而且创造了一种生产力，这种生产力本身当然就是集体生产力。"(《资本论》)教学是一种精神生产，有效的教学组合和协作，同样可以形成高水平的"教育力"。特别是班级教学，已经远远不是私塾蒙馆，课堂教学不再是古老的手工作坊，而是一种现代生产组合。"有教无管"只能使教学陷于无序状态，打造简单的知识容器，而不能铸造成合理的知识板块。如果不重视课堂教学管理，很有可能造成教学资源的巨大浪费。

要提高课堂教学管理效能，除了要从根本上转变教学理念、教学管理理念之外，还必须确立这样几个基本原则：

(一)以班级为起点建立完善的管理系统

课堂教学管理，是对教学计划所列学科，在同一学期或一学年的每一教学单位时间(课时)内，利用课堂的设施、设备进行教学活动的总体设计、协调安排、组织实施、督促检查、效果评价。管理的基点是一个班级的每一堂课的教学过程，管理的基本范围是班级的教学活动，管理的主要对象是一个班级所有任课教师及其学生的教学双边行为。因而，有效的课堂教学管理，应该是以班级为中心的一种集合管理。

(二)教、研、管统一

学校班级教学活动，从整体上来说，既是教学活动，也是教学研究活动。如果再赋予它以管理职能，集教学、研究、管理于一体，就会使教学效果最佳化。因为，这三个方面的活动都是围绕教学实施进行的。没有研究的教学活动，是苍白无力的活动；没有教学任务的研究活动，是研究机构的专业活动，是一种平列的单向的直线活动，不能形成复合、交叉的效果，不利于教学目标的实现。因此，课堂教学管理机制的构建，应该有利于教、研、管三方面功能的统一。现有的教研组形式，可以在进一步强化教学研究职能的基础上，再赋予它以学科教学管理的职能。这样，在运行上就可以做到便捷、快速、高效。

(三)处理好各种因素

在课堂教学管理中，常常受到来自内部和外部的许多可逆性因素的干扰。内部因素，包括课堂师生在教学活动中的一些可能出现的偶发因素。其中,最多发的一般都来自学生方面,如个别学生的不预期的课堂行为等。这些因素,对有准备的教师来说,一般可以随机处理,不致引起课堂管理混乱。外部因素,主要是课堂环境因素。这些因素是管理过程中变化最大的因素,其中有的还难以预测。这些因素包括校园内部因素、校园外部因素。校园外部因素又包括社会因素、家庭因素。在内外可逆因素中,变量最大的是外部因素,这些因素一般带有不可预测性。由这些因素造成的可逆现象,一旦进入管理过程,就会形成管理障碍。因而,建立课堂教学管理体系必须考虑内外因素同治。首先是要有利于夯实内治的基础,不管出现什么情况,都能做到内治不乱。其次,在设定管理目标时,对外部因素要周密考虑。特别是一些多发环节和部位,对已有显露的潜在因素,要及早预防和排除。

(四)教师发挥好主导作用

教师是实施教学活动的主体,在教学过程中始终居于主导地位。教师同时也是教学研究活动的主体,通过教学研究对教学实践中可能出现的一些问题作出正确的、充分的估量,对一些偶发情况有经验的教师还可以作出预拟的应对措施。因此,如果进一步明确他们的管理职责,使他们进入管理全过程,必定会使整个管理活动更加富有成效。因为在教学过程中,只有教师才是学生群体中的“先知”。对学生传授知识不仅要解决“知”的问题,而且要解决“行”的问题。“知”与“行”统一是教学过程的终端目标。在中国传统教育中,教和导是统一的。导就是一种行为干预,属管理范畴。因而,在课堂教学管理中,明确教师的二重地位是非常必要的。即一方面他们是施“教”的主体,另一方面他们又要按照“导”的要求,随时给学生以行为规范的影响,既教书又育人,完成教学和管理的双重任务。

第二节　课堂教学管理的内容

教学质量是学校的生命线。课堂教学是提高教学质量的主要途径,是学生获取知识、启发智力、培养能力的主渠道,是教师业务能力、教学水平的集中体现。学校领导应把主要精力放在抓教学管理上,而抓教学管理,必须从课堂教学这个主渠道的管理入手,搞好课堂教学常规管理。课堂教学管理的内容主要包括方向、容量、难度、程序、时间、方法、气氛、纪律等几个方面。

一、管方向

管方向就是保证课堂教学紧紧围绕确定的教学目标进行,减少课堂教学的随意性、盲目性、模糊性,提高课堂教学的方向性、针对性、有效性,从而提高课堂教学质量。课堂教学方向是课堂教学目标的体现。

课堂教学的方向,既决定于教育方针的要求,又体现教育方针的要求。具体地说,一是发挥课堂教学的教育性。任何学科的课堂教学无不具有教育性。教学要坚持科学性和思想性统一的原则,这是毋庸置疑的。因为教育的思想性既取决于教学的科学性,又是提高教学科学性的重要保证,是培养有社会主义觉悟的、有文化的劳动者的需要,体现了我国教学的根本方向和特点。在课堂教学中，德、智、体三育的因素并存，它们相互促进。发挥课堂教学的教育性，就是要把思想政治教育渗透到课堂教学中去，使学生明确学习目的、端正学习态度、改进学习方法、提高学习效果和质量。二是重视各科的课堂教学，教学要面向学生。这是由中小学教育是基础教育和中小学教育的双重任务所决定的。抓课堂教学管理，不能只抓与升学考试有关的科目，而忽视其他科目；也不能只培养少数尖子，而放弃大多数学生。由于当前还存在着片面追求升学率的倾向，重视各科教学管理，面向全体学生，引导学生各科全面发展，使各类学生在各自的基础上都有所提高，就显得更有实际意义了。三是课堂教学必须抓好"双基"。课堂教学必须抓好"双基"，培养能力，发展智力，处理好知识、技能和能力的辩证统一关系。那种把知识、技能和能力对立起来，认为学生基础知识差，无法培养能力、发展智力；或者把知识、技能和能力混为一谈，认为教会知识，也就培养了能力，发展了智力；甚至认为不管什么知识、技能与能力，能升就行。这些看法都是片面、有害的。不解决这些错误认识，教学出发点就不对，就会严重地影响课堂教学质量。

在教学过程中，要随时检查课堂教学活动与课堂教学目标是否一致。通过信息反馈，统一协调教与学的相互关系，矫正教学活动与教学目标的偏差，以确保课堂教学的各项活动都能围绕教学目标进行。

二、管容量

管容量就是要管课堂教学内容的容量，即从教学内容的定量管理入手，保证课堂教学的低耗高效，从而提高教学质量。

在实际教学中，我们常见到一些课容量过小，学生处于知识接受和能力培养的"饥饿"状态之中，这不仅造成时间的浪费和"营养不良"，还会滋长学生的惰性；也有一些课，容量过大，学生囫囵吞枣，造成"消化不良"，滋长逆反心理以致厌学，既伤身体又伤感情。因此，搞教学管理的人要管课堂教学容量的构成要素是否完整，比例是否恰当。课堂教学容量涉及到知识量、能力量、训练量等要素，这三者缺一不可。

要使课堂教学容量科学适度，一要根据教学目标系统的总量和教学进度；二要根据学生现有程度、接受能力；三要根据学校现有教学手段。依据这三个标准，对知识量、能力量、训练量整体把握，定量思维，精心设计，合理分配。这样，就能最大限度地发挥教育资源的作用，提高课堂教学的质量。

三、管难度

管难度就是管课堂教学和训练的难易程度，从教学内容和训练方式难度的管理入手，保证课堂教学的知识、能力水平程度使学生可以接受，从而提高课堂教学质量。

管理课堂教学内容、训练的难易程度，关键是难易度的确定。难易度的确定大致要从以下几个方面来考虑：

(一)学生的接受能力

要处理好课堂教学的知识、能力同既定教学目标的关系。完全放弃既定教学目标，一味迎合、迁就学生,或只顾教学目标而不顾学生的接受能力,都谈不上高质量。

教学和训练目标应当放在学生的最近发展区域,既不过于简单又不太难,应当让学生跳一跳能够得着。要注意序列训练与台阶训练相结合,减缓坡度,一次上一个台阶,逐步完善,最终达标。对有兴趣和潜能的学生,应适当加大训练力度。

(二)学生的学习情绪

学生在教学训练中对难易的体验受情绪的影响极大。适度的焦虑对教学和训练不仅无害,还有利于激发学习动机,使学生深思熟虑地分析和处理问题,提高学习质量;过度的焦虑特别是长期焦虑过度形成的各种习惯反应方式,则对教学危害极大;轻度的焦虑或无一点焦虑则激不起学生学习的兴趣和热情。

(三)学生的共性与个性

处理好既定教学目标与因材施教的关系。根据学生的共性,对大多数学生都不会的知识点、能力点的教学、训练应取消。根据个性差异,课堂教学以异步教学代替同步教学,分层要求,分类指导。

(四)学生的潜力和特长

正确处理合格教学与特色教学的关系。要相信多数学生有巨大的潜在能力,能在完成必修课的同时接受特色课程教学,即使差生也不例外。

四、管程序

管程序即从课堂教学的结构序列管理入手,保证课堂教学结构的序列性、整体性、丰富性,从而提高课堂教学效益。

课堂教学结构,一是要求层次分明,结构合理,一环紧扣一环地进行。二是要求结构丰富、严密,成系统,形成师生双向结构。防止出现整堂课不分阶段一贯到底的单向结构。三是要有节奏感。课堂教学结构一般应有几个层次或几个板块,板块内部之间的信息刺激的强弱或长短要交替出现。不同板块强弱程度要有区别,高潮的板块信息刺激程度应最高。

目前,国内外教育专家创造了无数优化了的课堂教学结构,可以供我们学习借鉴。课堂教学结构变革和构建的首要一步,是通过强有力的管理手段,敦促教师增强优化课堂教学结构的意识,学习和运用现代的、行之有效的课堂教学结构。

五、管时间

管时间就是从课堂教学的时间管理入手,强化课堂教学的时效观,保证学生的主体地位,增强课堂教学的节奏感。

具体说来,就是把课堂时间合理地分配给各个环节,保证各个教学目标定时实施,定时完成,重点突出,难点突破,避免随意性和拖堂压堂。

前苏联教育家达尼洛夫说:“教师对学生讲得越多,从而给学生独立获取知识、独立思考和进行活动的机会越少,教学过程的活力和效果就越低。”因此,目前管理课堂教学时间的当务之急，是强化课堂教、学双边活动时间占有量的分配管理，确定教、学的时间比例，把被教师强占的时间夺回来，还给学生；把学生从“灌”、“抱”、“喂”中解放出来，保证学生在课堂上有足够动眼、动脑、动口、动手的时间，让他们充分发挥主体作用，真正成为学习的主人。

六、管教法

管教法就是从教学方法的角度强化课堂管理，保证教学方法的科学性、丰富性、灵活性、创造性，从而提高课堂教学质量。

教学方法是教学质量的重要保证，许多优秀教师无一不是得益于教法的科学、合理。因此，我们应强化教学方法的管理。通过管理渠道，让教师树立教学方法意识，重视教学方法的学习、探索、改革、总结、创造，特别是重视先进教学方法的应用。在教学的各个环节用科学的教学方法指导教学实践，把教学水平提高到一个新的高度。

在课堂教学中，教师既要注意学生的学法，又要注意自己的教法。授课的过程是教师和学生双方相互影响的过程。如果教师不考虑学生因素，采用一些枯燥、刻板、说教的教学方法，势必造成课堂教学枯燥乏味，学生从思想上产生抵触情绪。当出现了讲课过程中学生不学的情况时，许多教师会采取恰当的方法让学生在充满情趣的教学环境中学习、思考、获取知识。

人们常说，教学有法，但无定法，重在得法，贵在用活。因此，对教学方法选择优化的标准，一要体现教师的主导作用；二要体现学生的主体地位；三要有利于学生智能的开发和发展；四要应用现代教学手段，彻底改变一支粉笔、一本教案的状况，实现教学方法的现代化、科学化；五要提高教学效益，实现少时低耗，高效优质。

对教学方法管理的重点，是教师对学生学习方法的指导。开展学习指导，要坚持学习理论指导与学习能力培养相结合的原则。在进行学习理论指导的同时，还要进行实际操作训练，使学生的学习方法经历“引起动机，学习知识，熟练操作，扩展迁移”的全过程，从而将学习理论转化为学习能力。

七、管气氛

管气氛即从课堂教学心理情绪的管理入手，保证课堂群体心理气氛的积极、和谐，从而提高课堂教学质量。

教师对学生心态的了解是创造良好课堂气氛的因素。学生的学习心态是多层次的。有把求知作为目标，从知识的获得上体现心理满足的；有把得到教师和家长的赞扬作为心理上的满足的。教师只有在课堂上把握好学生的学习心态，才能因势利导、对症下药，取得良好的课堂教学效果。发现学生存在的不良学习心态时，教师要及时采取措施，如提出一些热点问题，使学生学习注意力集中；当教师与学生在思想上产生共鸣时，教师要“趁热打铁”，牢牢抓住学生的学习热情。在把握学生心态时，注意调控学生的课堂心态，促进学生的观察力、注意力、感化力、想象力、思维和创造力的发展，从而活跃课堂教学气氛，使学生在一种轻松愉快的氛围中获取知识。

教师培养学生的问题意识是创造良好课堂气氛的因素。教师在课堂教学中重视学生问题意识的培养,可以有效地抓住学生思维的热点和兴奋点,激发他们的学习兴趣,调动他们主动学习的热情,这样就会使课堂气氛活跃,使师生处于一种既紧张又轻松的愉快情景中。相反,如果教师忽视了学生问题意识的培养,不考虑学生的思维状态和兴趣,就很难在课堂上调动学生的积极性。教学实践证明,把学生的问题意识引入教学活动中,有利于活跃教师和学生双方的思维积极性,有利于教与学的互相配合,有助于优化和改善课堂教学气氛。

营造积极、和谐的课堂气氛,可采用下列方法:一是发扬教学民主,优化教学组织。群体心理气氛与课堂组织领导形式密切相关。课堂上,要给予学生参与教学的权利,鼓励学生质疑问难,发表不同意见,形成师生能动的交流;同时利用班集体的力量,调控抑制个体的不良心理行为,从而维护和巩固良好的课堂群体心理气氛。二是提高教师业务素质,提高教学艺术。教师学识渊博,专业功底深厚,教法学法得当,学生一听就懂,一学就会,良好的课堂心理气氛自然容易形成。教师要在掌握学生心理的基础上,以引人入胜的教学艺术创造愉快的学习情境,引起学生的浓厚兴趣,主动交流。这样自然能营造良好的课堂气氛,取得良好的教学效果。三是注重情感投入,加强师生心态调控。深沉殷切持久的师爱是良好课堂气氛形成的基本条件。教师如果在理智闪光的同时,予以情感投入,努力采取与学生心理情感上接近或相容的态度和方法,形成与学生和谐共振的情感基调,那么,良好的课堂气氛自然水到渠成。

教师能否驾驭课堂教学,在某种程度上讲,取决于教师的人品、作风、思维方法及知识素养等。在课堂教学中应坚持以学生为中心,诱导学生探索的积极性。

在教学活动中,教师是教学的主导,学生是学习主体。只有把两个主体有机地结合起来,才能共同完成教学任务。教师在课堂教学中,首先,要注意培养学生的学习兴趣;其次,教师要激发学生的学习动机。教师在课堂上实施启发式教学,同时组织一些学习竞赛,利用名次和胜负达到激发学习动机的目的。教师只有以满腔的热情和积极的情感来影响学生,使学生产生相应的情感,才能最大限度地激发学生的求知欲。

八、管纪律

良好的纪律是课堂教学得以顺利进行的保障。因此,课堂教学中必须建立起可行和必要的纪律秩序。课堂教学的纪律大体包括两个方面,一是教师应遵守的纪律,即教师按时上下课,保证上课的时间,完成教学任务等;二是学生应遵守的纪律,即不迟到早退,上课不搞与教学内容无关的事情,不影响他人学习,按课堂教学常规进行主动积极地学习。

总之,教学课堂管理涉及的是多方面的,仅靠校长的力量是绝不可能实现的。课堂教学管理与全校教学管理、德育管理、教研组教学管理应形成一个管理网络体系,充分发挥各职能部门的作用,发挥学校全员的能动性,抓好课堂教学管理,不断提高教学质量。

第三节　教师的课堂教学能力

教学是实现教育目标的基本途径,课堂教学是学校教学的主渠道。作为一名教师,不仅要掌握相关的专业知识、专业技能，还必须具备一定的课堂教学能力，才能进行有效的课堂教学，保证教育教学目标顺利实现。可以说，课堂教学能力是教师必须具备的基本能力，是构成教师职业能力的重要组成部分，是教师管理好课堂教学的基础条件。也就是说，只有提高教师的课堂教学能力，才能提高课堂管理效果。然而，究竟什么是课堂教学能力，并不是每个教师都十分清楚。理论界对此的说法也不尽统一。

我们认为，课堂教学能力是直接影响课堂教学活动效率，促使课堂教学活动顺利完成的个性心理特征。它包括四种成分：课堂教学设计能力、课堂教学的操作能力、课堂教学的管理能力和课堂教学的自我监控能力。

一、课堂教学的设计能力

在课堂教学进行之前，教师先要对课堂教学的目标、内容、方法等重要的教学因素进行详细周密的计划和安排。这种教学设计先于课堂教学而存在，其设计是否合理与质量高低，对课堂教学的效果来说是至关重要的。因此，我们把课堂教学的设计能力作为教师课堂教学能力的一个组成部分。它主要包含以下几个方面：

(一)教学目标制订的能力

教学目标有不同层次，既有总体教学目标，又有学科教学目标，各科教学目标又可以具体化为各门课程及各章节的教学目标。课堂教学设计中的教学目标制订主要指教师要在深刻把握总体教学目标的前提下，制订出具体的课程教学目标及各章节的教学目标。

教师能否把握和制订有关的教学目标，将影响其对课堂教学内容、教学方法的选择，进而影响整个教学进程，影响其课堂教学的质量。

(二)教学内容的选择与组织的能力

教师在进行课堂教学之前，要依据教学目标及相应的教学计划安排，结合学生的知识结构及身心发展水平，运用教师自身的专业素养，建立学科或课程的教学体系。在对教材及各种教学参考资料进行分析、加工、整理、总结、归纳的基础上，形成较为完整具体的课堂教学内容，使整个课堂教学内容具有一定的逻辑结构并符合某个学科的科学体系。运用自己独特的思考和丰富的例证来帮助学生对学科知识的理解和掌握。与此同时，为培养学生的动手能力，灵活应用知识的能力以及创造性地解决问题的能力，教师还要对有关课堂活动主题及作业内容制订详细的计划。

概括而言，教师要对课堂教学结构、内容、说明性材料、活动主题及作业、练习等方面预先作出完备的计划，并在不同环节间建立有机的联系，使之成为一个有机的教学整体。

(三)教学方法的设计能力

教学方法是教法和学法的总称，任何教学方法都是由教和学这两个既相互区别又相互关联的侧面构成的。一般说来，教学方法包括单一教学方法（如讲授、提问、演示、练习、讨论、实验和实习等）和组合教学方法——教学模式（如传授——接受法、问题——发现法、指导式及案例教学、情境教学、交互式教学、合作学习等）。

教学方法设计能力包括以下四个方面：1. 掌握各种教学方法的理论知识及其思想背

景;2.根据特定的教学条件,如教学对象、教学目标、教学内容、教学时间、教学手段及教师自身的教学风格等,选择具体教学方法;3.把所选择的教学方法具体化,设计具体教学方案;4.对教学方法进行创新的能力。

教学方法设计能力是课堂教学设计能力的另一个重要组成部分。

二、课堂教学的操作能力

课堂教学能否按计划实施,达到较理想的教学效果,除与教学设计本身的精确完美程度有关以外,还要看课堂教学设计的执行与临场发挥状况。在这里,我们暂且把教师在实际课堂教学中对教学设计的执行与临场发挥水平,称作课堂教学的操作能力。其中包括语言能力、板书能力、教具使用能力、思维能力、注意力的分配与协调能力、教学的组织及应变能力等。这里主要介绍思维能力、注意力的分配与协调能力。

(一)思维能力

在课堂教学中,教师的逻辑性思维、批判性思维和创造性思维参与整个教学的全过程。例如,教学要条理清楚、重点突出,这就要求教师具有较强的逻辑性思维能力;教师要有自己的观点,要善于分析、评价不同的观点,这就要求教师要善于运用批判性思维;教师要培养学生的创造性,就要运用创造性思维不断提出新问题和解决新问题,启发学生提出新观点、新方法,灵活地应用知识、原理等。

教师的思维能力影响教学活动的许多方面,是课堂教学能力的重要组成部分。

(二)注意力的分配与协调能力

教师要分配注意力于自己的语言表达,思路整理,板书、教材教案的使用及对课堂的管理和与学生交流等多种教学活动方面,并在彼此间建立协调关系。

初登讲台的青年教师往往很难同时兼顾好教学活动的各个方面,不能很好地实现注意力的分配与协调,因而影响教学效果。

(三)教具的应用能力

教师要熟练并恰当使用各种教具,如图片、图表、投影、幻灯、录像、计算机及其他声像设备来辅助教学。教师不仅要会使用各种教具,还要了解各种教具的使用条件,有效合理地使用教具。

(四)教学的组织能力

教学包括教和学两方面,学生是学习活动的主体,教师则是教学活动的主导。教师要充分发挥其主导作用,对教学双方的活动进行组织、协调和控制,使师生双方按一定要求共同参与教学过程,完成特定的教学任务。教师能否实现其主导作用与其组织教学的能力密切相关。

教师组织教学,可采用不同的方法和策略,如采用不同的导入方法,采用不同的课堂组织形式,也可以采用不同的教学方法组织教学。课堂教学组织能力既与教师组织教学的经验有关,也与教师个人的组织才能紧密相关。

(五)教学的应变能力

课堂教学中有许多不确定的因素,比如同学的提问、发言,可能和教师设想的不一样,还可能出现其他意料之外的情况。这就要求教师在课堂教学中能够随时根据新的情境,调整教学计划,及时解决新的问题,即要有灵活应变的能力。

三、课堂教学的管理能力

应该说教师除了"传道、授业、解惑"的角色外,还扮演着课堂中领导者的角色,要对课堂秩序进行管理。一个很善于教的老师不一定善于管。前面探讨的课堂教学的操作能力着重指教师的教的能力,课堂教学的管理能力则是着重指教师对影响课堂秩序的学生方面因素的管的能力。它包括诸多方面的内容,主要有:

(一)对学生注意力的管理

注意力是影响学生听课效果的重要因素。课堂教学中的学生的注意力状况与教学内容和教学活动的趣味性有关,与教学速度、难度等教的因素有关,还与教师对学生注意力的管理有关。教师不仅要引导学生多种注意交替使用,还要应用某些策略对学生的不良注意状态进行管理。比如提问要求学生回答,提出具体学习任务,突然的停顿或语调的变化,含蓄的批评或眼神的交流等。

(二)对学生表扬的能力

大量的教学实践经验表明,表扬是一种有助于强化管理的策略。对学生参与教学活动,如回答问题、讨论、主题发言、示范练习、教学小实习等的各种反应进行恰如其分、灵活多变的表扬,能使学生增强自信心,增强学习的积极性和主动性,自觉维护课堂秩序。此外,表扬还有利于促进良好的师生关系。

(三)对不良行为的控制

课堂教学无论怎样成功,也难免会有不遵守纪律的学生,教师除了课下谈心、帮助外,课堂中也要及时提醒或制止。可以采取多种形式:(1)不点名批评或用眼神提醒;(2)让违纪学生回答问题,作示范;(3)表扬其他同学,提供榜样;(4)表扬违纪学生某个阶段或某些方面的较好表现,增强其荣誉感和自我约束力。

(四)人际交流能力

教师在课堂中既要扮演领导者的角色,又要尽可能成为学生的伙伴和顾问。教师能否创造出轻松、活跃、友好的人际氛围,对课堂中师生间、学生间的思想交流和情感交流是很重要的。因此,课堂教学要求教师具备一定的人际交流能力。

四、教学的自我监控能力

教学的自我监控能力指在教学过程中教师运用某些策略,对自己教学的自我检查、自我评价、自我指导和自我控制的能力。主要包括:

(一)教学速度自我监控

教学速度是否适宜,不仅影响教学计划的执行进度,而且也直接影响学生学习的效果。速度太快,学生对知识理解吃力,而且很容易疲劳;速度太慢,学生则容易失去兴趣,注意力不能集中。因此,教师要经常监控自己的教学速度,建立教学速度的自我知觉,并根据需要调整控制教学速度,以保证教学速度适宜。

(二)教态的自我监控

在教学中教师的教态首先会影响学生对老师的人格评价,进而影响学生的学习效果。因此,教师要对自己的教态有准确的自我知觉和自我控制的能力,使自己的教态亲切自然,自信大方,庄重典雅,不能随心所欲。如果教师出现古怪、不得体的动作及表情,则必然会降低教师的人格魅力,进而影响学生的听课效果,甚至引起不必要的分心。

(三)思维的自我监控

课堂教学中,教师要随时用元认知(对认知的认知)对自己的思维活动进行检查、评价、监督、指导,使自己的思路更加清晰,并及时发现错误,及时加以修正。

(四)情绪、情感的自我监控

教师在课堂教学中要善于调动、调整和控制自己的情绪情感,使自己的情绪情感处于最佳的水平。课堂教学中,教师既要与学生作思想信息的交流,也要作情感的交流。因此,教师要适当地运用情绪情感来增强教学的感染力和说服力,使自己的教学声情并茂。但是,教师情绪情感的调动要把握分寸,不能失去控制。特别是,当学生有不良表现时,教师要善于克制自己的情绪,以理智来对待学生。

(五)教学效果的自我监控

教师可以根据学生听课状态来判断自己的教学效果,也可以根据自己对教学过程的自我反省和自我评价,对教学效果做出判断,并根据这种判断来调整自己的教学,以保证最佳的教学效果。

第四节　课堂教学管理的方法

课堂教学管理的问题,历来是教师和教育科学研究者们关注的问题。如心理学家第伯尔(Tibble)的一项调查表明:大多数实习教师在教学中最担心的问题就是课堂纪律问题,约有75%的实习教师有维持不了课堂秩序的担心。而在几年后,有一半人消除了这种忧患,他们认为自己之所以在教学中心情舒畅,乃是因为保持了纪律。又如,希尔松(Hilsum)曾调查英国72所中学的201位教师,结果是每天平均每个教师对课堂的问题行为要花9分钟纠正,严重的整节课都无法进行。而且教龄在5年以下的教师纠缠于纠正课堂问题行为的时候是有经验教师的两倍。国内的一项调查表明,超过60%的人认为当今的课堂纪律存在太多的问题。可见,加强课堂管理,整顿课堂纪律是十分重要的,也是一个合格的教师必须有的基本功。正如英国教育家洛克所言:“教育的巨大技巧在于集中学生的注意,并且保持他的注意。"教师和学生都可以参与课堂管理,但起主导作用的只能是教师。

课堂教学管理有其规律,又有其基本方法。根据课堂组织的情况,可在以下几方面着力:

一、根据学情适时调控

课堂教学是多种因素相互作用、共同构成的动态平衡系统,教师要合理而严密地组织教学过程。环节的安排要得当,而且各个环节之间应扣得很紧。教学的目标、内容、过程、方法、训练方式等因素都是调控的内容;而调控学生情绪,唤起其求知欲,保持其注意力是教师进行课堂管理的根本点。教师要树立正确的学生观,了解学生情况,不仅了解学生问题行为的表现,而且了解学生问题行为产生的原因,及时有效地调控课堂。如两个学生讲小话,教师一般不能采取各打 50 大板的做法。这两个学生总有在个性、教养、自尊心、接受意见的态度等方面的差异,可因人而异来处理。教师可对平时表现相对好的学生提出批评,故意将另一个比较顽皮的学生冷落在一边,不正面批评他。因为这种学生往往听不进老师的批评意见,说不定他正在找岔子同老师顶牛。老师不搭理他,他也就自觉没趣。实际上,我们不可能通过几句批评的话就能使一个顽皮的学生一下子转变态度来好好学习,课堂上没必要同他们多纠缠。

二、抓住优势兴奋中心

心理学研究表明:人的心理活动只有在总的任务内不断地移动,才能长期坚持在某一事物上,否则就会出现起伏。在一堂课里,中学生的优势兴奋中心的保持和转移有其规律:上课 5 分钟后,学生的兴奋中心仍停留在课堂休息的兴奋点上;之后,在教师的调控下,学生的兴奋中心约有半小时能集中到教学上;而在临近下课的 5－10 分钟里,学生的兴奋中心因缺乏新的刺激而疲劳并转向课外。据此,教师要抓三个关键:

(一)调节兴奋中心

打预备铃,教师就应该出现在教室门口等候,暗示学生马上要上课了。学生就会赶快进教室,拿出书本文具,原来的兴奋中心便会得到抑制。教师要准时上课,组织教学的每一环节都要一丝不苟。不存在教师要等所有学生都到齐了才上课的说法,你越迁就,越容易使学生产生惰性,他们会认为,别人能迟到,我也可以迟到;别人可以违纪,我也可以违纪。大家都如此,教学就很难进行了。所谓组织教学,主要是集中在上课之后的几分钟之内来进行。

(二)开头的学习活动

教师要以自己生动形象的讲授,吸引学生注意力。一般说来,一堂课前半小时的教学集中了一堂课的主要内容,教师要精心地设计来吸引学生,使其思维至少在这半小时里处于积极活跃的状态。从初中学生的生理和心理特点来说,在导课之后,教师加强对教学每个环节的控制,他们是能在 30 分钟里,将注意力集中到学习上的。在这段时间里,教学的密度可稍大一点。

(三)用好课尾的时间

学生的注意力维持超过半小时后，便趋于转移，精神也会感到疲倦。而教师并不能以提前下课来改变这种情况，也不能让学生高兴怎样就怎样，放任自流。正确的做法是：教师及时创设新的教学情境，调动学生别的感官来参与教学活动，也就是要对学生形成新的刺激，在其大脑中形成新的兴奋中心。

三、促进师生情感交流

情感是课堂教学的灵魂。可以说，没有情感就没有交流，有了良好的情感交流，才能形成师生间的心理相容局面。心理相容是某种组织中成员之间协调一致的结果，大家相互吸引、和谐相处、相互尊重、相互信任和相互支持。一个人能做到这一点，就会引起别人的肯定反应。在课堂里，师生能做到心理相容，就有了搞好课堂教学的心理基础。如果一个教师对学生始终如一地具有热爱之情，学生就会带着教师总是在关心我的想法来接受教师提出的各项要求，甚至他们会不计较教师在帮助教育自己时的失当的言行。他们就会理解教师、体谅教师。正如《学记》所说的"亲其师，信其道。"南京师大曾进行过一项"学生对教师态度与学习兴趣、成绩的关系"的调查，结果是：有将近70%的学生认为喜欢一个教师就会喜欢他上的课，有超过70%的学生认为不喜欢一个教师就没兴趣听他的课。1998年4月28日《中国青年报》有一篇题为《我为孩子讨说法》的文章：昆明市某小学生受班主任A老师的歧视、嘲弄、侮辱，使这个三年级学生对A教师这个优秀班主任所上的语文课、手工课极其厌恶，只要是一上A教师的课他就无法遏制地想解手，本来早上已解过手了，上课时仍会拉在裤子上。对A老师和他所授课的厌恶，已使他的心理反应形成了一种无法控制的生理反应——只要能躲避A老师，他宁肯待在臭哄哄的厕所里。教师在学生心目中扮演一个什么角色，实在值得我们注意。

四、强化学生的自我管理

任何教学活动，既离不开教师的教，也离不开学生的学。学生的真知必须经过学生自己的观察、研究、分析、综合等一系列智力活动才能获得。学生是学习的主体，只有学生自觉地向教师学习，虚心听取教师的教诲，教师的主导作用才能充分发挥，教学才富有成效。与此同时，学生也应该强化自己教育自己、自己管理自己的意识。

在教学管理的问题上，教师要有正确的学生观，以理解、信任的态度正确地运用表扬和批评的艺术，巧妙地达到教育学生的目的。魏书生教育违纪学生，就很注意批评的方式，他分三种情况来处罚违纪的学生。对有迟到这一类小错误的学生，规定他在休息时为大家唱一支歌。这样既可训练了他唱歌的本领，又提高了当众表演的能力。显然，这个学生唱歌时，愧疚的心情会隐隐浮上心头，就会使他今后一听到或一唱起这支歌时，就会想起自己曾犯过的某一错误，从而引起警戒。至于犯了较大的错误，则规定他去做一件好事。而这件好事要自己去寻找机会来做。这样，从寻找到做，一系列的心理过程，就是认识错误、改正错误的过程。犯有严重错误的，则要写一份说明书。其中既可写自己犯错误的原因，对错误的认识，也可写自己的辩解。学生不能不认真地考虑怎样把这份说明书写好。思想斗争必然很激烈，使其对自己的错误有认识，而且他还得考虑布局谋篇，遣词造句，这就使其写作能力也得到提高。显然，魏书生的做法是一种师生共同进行教学管理的方式，并且有利于培养学生自我管理的能力。因此可称为课堂教学管理艺术。

在进行课堂管理时，采用不同的方式方法，对学生的思想、情感等方面会产生不同的影响效果。只有当管理真正成为课堂教学的一种不可或缺的行为时，教学才会由多元性、散漫性和随意性向系统性、规范性和科学性转化，教学也才张弛有度，疏密有致，也才能提高教学效益。

【要点小结】

1. 课堂教学管理需要协调好的几对关系：教与学的关系、教师和学生的关系、学科之间的关系、课内与课外的关系。

2. 要提高课堂教学管理效能，必须确立这样几个基本原则：以班级为起点建立完善的管理系统，教学、研究、管理的统一；处理好影响课堂教学效能的各种因素；教师发挥好主导作用。

3. 课堂教学管理的内容主要包括方向、容量、难度、程序、时间、方法、气氛、纪律等几个方面。

4. 教师课堂教学能力包括四种成分：课堂教学设计能力、课堂教学的操作能力、课堂教学的管理能力和课堂教学的自我监控能力。

5. 课堂教学管理方法主要有：根据课堂教学实际情况进行有针对性的调控、抓住优势兴奋中心进行有效管理、促进师生情感交流、强化学生的自我管理。

【学业评价】

1. 如何抓好课堂教学管理？

2. 选择一节课进行考察，对教师的课堂教学能力进行评析。

3. 如何运用课堂教学管理方法管理好课堂教学？

【参考书目】

1. 黄魁耀，王德清. 实用学校管理学[M]. 成都：成都科技大学出版社，1995.

2. 程振响，刘五驹. 学校管理新视野[M]. 南京：南京师范大学出版社，2001.

第十一章 科研管理

【本章知识结构】

- 学校科研的内容
  - 教育基础理论问题
  - 教育理论应用性问题
  - 教育实验与发展问题
- 学校科研管理的环节
  - 科研规划管理
  - 科研课题管理
  - 科研过程管理
  - 科研成果管理
- 教学与科研的结合
  - 当前中小学教学与科研关系存在的误区
  - 当前中小学教学与科研结合的原则

【学习目标】

1. 了解学校科研的内容。
2. 掌握科研管理的各环节。
3. 理解教学和科研的关系。

学校科研是现代学校发展的重要推动力，是现代学校形成特色和品牌的保证。重视学校科研，发展学校科研，是现代学校推动改革、提升质量、扩大影响的必由之路。本章从学校科研的意义、学校科研的内容、学校科研的管理环节以及学校科研与教学的结合等方面对学校科研管理进行论述。

第一节　学校科研的意义

学校科研也就是学校教育科学研究，是研究和认识教育本质与客观规律、创新教育理论和方法，继而推动教育发展、提高人才培养质量的一种创造性活动。发展学校科研具有重要的意义，可以推动学校决策科学化，提高学校教育教学质量和办学水平，为教师专业发展开辟重要途径，架构起教育理论与教学实践的桥梁等。概括起来，最主要的是以下

"三个转变":

一、提升教师教育理论水平,使其从教书匠向专家型教师转变

被宋庆龄誉为"万世师表"的我国著名教育家陶行知先生把教师分为三类,一类是教书先生:教书不教人,最差的教师;一类是传递先生:传递知识,不讲方法,不教会学生学习,不是好教师;一类是教学先生:教会学生学,交给学生一个点石成金的手指头,最好的教师。教学先生,就是我们现在所说的专家型教师,正如德国资产阶级民主主义教育家第斯多惠所说的"科学知识是不应该传授给学生的,而应当引导学生去发现它们,独立地掌握它们","一个坏的教师奉送真理,一个好的教师则教人发现真理"。也就是说,一个好的教师,应该是一个教会学生学习、"授人以渔"的专家型教师。实践证明,学校发展教育科研的过程,就是推动教师个体增强自我成长意识、提升教育教学水平、完成内在文化更新、促进自身角色转型的过程。教师个体以自己亲身经历及大量实践经验为基础,以问题为切入点,采用科学的方法对教育教学实践中存在的各种问题进行研究,认识其内在本质,发现其客观规律,并将其应用于新的实践,就会使教育教学水平发生质的变化,就会形成独特的教学思想、模式和风格,就会产生"点石成金"的效应,从而褪去"匠人之气",从"教书匠"向"专家型"教师转变。

二、增强学校科学文化品质,使其从外延式向内涵式发展转变

学校是传播文化、培养人才的场所,也是发展文化、创新文化的阵地。文化是学校最为丰富、最为迷人的内涵,是学校突出特色、树立品牌的最为深刻、恒定的动力源。一所学校由历史传统积淀而成的文化,对师生、对社会有着持久的吸引力。作为学校教育和发展的一种理念、思想以及改革推动力,学校科研追求的是学校整体革新和提升,从而凝练成为学校发展的文化内核。学校科研通过挖掘人的价值,推动人的发展,并以人的全面发展作为出发点和归宿,促进学校管理的全面革新,使学校整体水平得以提升。而以人的发展为基础和核心来追求教育质量和效益的全面进步,是学校教育的内涵式发展要求。"内涵式发展"反映了学校教育发展的本质。科研意识、科研能力和科研水平正是促进学校教育发展质变的关键因素。通过科研来反思教育行为和人的发展,分析、解决教育教学中的实际问题和不适应环节,探索新方法,找寻新途径,总结新规律,改变"日光加灯光,时间加汗水"、"耗时、耗量、耗精力"的外延式发展。从而减少投入,降低损耗,以提高效率来促进学校教育的质量和效益,推进学校发展从外延式向内涵式发展转变。

三、推动学校教育教学改革,使其从封闭型向引领型发展转变

学校科研是学校教育的第一生产力,是学校教育教学改革的多级助推器,是学校可持续发展的长效内驱力,是学校提高教育教学质量和办学效益的重要渠道。教育理念主导着教学行为,使教育教学规律在教学实践中得以内化。学校科研通过更新教育教学观念,树立新思想、新理念,使教学改革得到不断推进、教学质量得到不断提高成为可能。随着经济、社会、文化的发展和进步,学校教育发展定位已经悄然发生变化。一所学校不再是

单独的个体发展,不再是身处世外桃源的封闭式发展,而应积极融入教育改革洪流;通过科研,不断丰富和完善教育理论,形成特色与品牌,实现学校整体性革新和进步。同时,通过科研的辐射,带动和引领区域教育改革,引领社会风气和时尚,在教育促进社会经济发展中扮演重要的角色和发挥积极的作用。

第二节　学校科研的内容

学校科研以人的发展为终极目标,以教育理论为攻关武器,以教育实践为研究对象,以科学方法为技术手段,研究教育的发展变化,透视教育的本质,探寻教育规律,促进学校教育发展。相应地,学校科研的内容是丰富多彩、立体多样的。根据研究视角和出发点的不同,其所划分的类别也不同。比如,从教育本身出发,其研究内容包括学校教育内部和学校教育外部问题等;从学校发展角度看,其研究内容则包括学校发展定位、教师队伍建设、学校管理过程、学校文化建设、学生学习成长等;从教育教学改革发展角度看,其研究内容会涉及教育教学现象、教育教学过程、教育教学内容、教育教学方法以及与之相关的社会现象、心理现象、教育教学工作的组织管理等等,不一而足。角度不同,侧重点则不同。原则上,学校科研的内容一般包括以下三个方面:

一、教育基础理论问题

主要包括对教育的基本规律和原理的研究,具有相对的抽象性。教育基础理论分为纯粹理论和经验性理论两类。纯粹理论具有一定的思辨性,理论性较强,包括探讨教育本质、教育规律、教育原理、教育哲学、教育心理、教育政策法规、教育体制机制等。经验性理论的实证性和可操作性相对较强,包括教学原理、教学方法原理、校长素质、教师职业压力、学生心理研究、学校管理、学校文化等。

二、教育理论应用性问题

主要是运用教育基本规律和原理解决现实问题,解决的是一线教师在日常工作中遇到的问题,其成果直接可应用于他们的教育教学中,具有较强的操作性。一般包括教师教学模式的研究、课堂研究、课程改革、班主任工作、学生管理、教师专业发展等。

三、教育实验与发展问题

教育实验与发展,也就是教育开发性研究问题。这类研究不是为了获得新的知识,而是展开知识,将已有的研究成果与经验加以推广与普及,建立实验基地,转化教学成果等,从而把基础研究、应用研究获得的知识转变成可以实施的计划(包括为进行检验和评估实施示范项目)。其最终目的是把研究的成果应用到教育教学上,以解决教育教学中的实际问题。

上述三方面的学校科研内容各自有不同的目的、性质、特点、地位和作用,但三者是具有内在联系的,是相互关联、相互渗透、相辅相成、不可截然分开的。

第三节　学校科研的管理环节

学校科研的意义是重大的，学校科研的内容是丰富且繁杂的。因此，科研管理就成为必要的专门性工作，具有一定的规律性和程序性。加强对学校科学研究的领导、组织和管理工作，是学校管理工作的重要组成部分，有效的管理对于学校科研的发展来说至为关键。学校科研管理的一般环节包括以下几个方面：

一、科研规划管理

(一)学校科研规划的基本含义及其分类

学校科研规划是学校对未来一段时期内教育科学研究活动做出的前瞻性设计，是从总体上、宏观上、原则上对学校教育科研发展远景、规模、步骤及效益提出的发展设想，是学校未来教育科研行动的纲领性规定。学校科研规划具有导向性、战略性、全局性、本土性、科学性、先进性和可行性等特点，发挥着导向、调控、激励和统领作用。

学校科研规划从时间角度划分，一般分为长期规划、中期规划和短期规划。长期规划原则上是五年一个周期，带有宏观性质，因此也可以叫五年规划，是这一时期学校科研发展总的统领性文件。中期规划一般是1～3年。短期规划一般是1年或半年，有时也称为年度计划。

(二)制订学校科研规划的依据

由于学校科研规划是对学校未来科研发展做出的预测性计划，因此，编制科研规划必须有科学的依据作为支撑，否则就会失去其科学性、方向性和可操作性。科研规划编制的依据，一般包括：(1)党和政府的有关方针政策、发展纲要，上级领导部门的指示以及现行的教育政策法规；(2)先进的科学的教育理论、教育科学发展动态与未来趋势的预测；(3)上级主管部门的教育科研规划以及本地区教育改革与发展的需要；(4)学校发展现状与条件，包括科研基础、组织基础、队伍基础、物质条件及制度基础等。

(三)学校科研规划的文本内容和体例

作为一个具有法定意义的学校科研发展规划，其文本有一定的规范性，要求符合一定的行文体例。具体地讲，一个完整的科研规划文本，一般应该包括现状分析、指导思想、总体目标、科研任务或课题规划、实施途径与保障措施等几个方面。

现状分析分学校内部和学校外部两种。学校内部现状包括学校上一个规划周期所取得的成绩，存在的问题及其原因分析，待突破或提高的环节等；学校外部现状主要介绍同类学校在同时期里发展的情况，以及教育理论发展水平。加强对学校外部现状的分析，有助于找准学校发展的位置。现状分析非常重要，这是科学制订学校科研规划的重要现实依据。

指导思想是整个规划的方向和指南。找准指导思想，就找到了正确的发展方向，找到了学校发展的整体定位。

总体目标是根据学校的整体定位和发展现状对未来一定时期内教育科研工作的发展方向、前景、规模、程度或标准等做出的一种预测和计划。目标制订一定要立足于客观事实,注意科学、准确。既要避免鼠目寸光,满足于现状;也要避免好高骛远,可望不可达。

科研任务或课题规划是整个规划的重点。这些任务或课题,都是基于学校发展需要和当前教育科研发展现状及趋势而确定的,是完成总体目标不可或缺的组成部分。制订出科研任务或课题规划,学校科研就有了明确、清晰、可行的思路、任务和研究步骤,研究者也就能有计划、有系统地进行研究。

实施途径与保障措施是规划的一个重要环节,也是规划得到落实的一个保证,体现了学校的科研组织能力,发展科研的决心,执行规划的力度等。

(四)学校科研规划制订的步骤与程序

学校科研规划制订的步骤和程序,一般包括四个阶段。

第一阶段是调查研究。这个阶段极为重要,其所获得的数据信息,是制订规划的最为原始的直接的依据。

第二阶段是编制文本。对第一阶段所获得的信息进行整理分析,去伪存真,然后根据分析结果对学校科研发展做出合理设计,形成规划的初稿。

第三阶段是论证修改。这个阶段的主要工作是广泛征求意见,根据各方建议,反复磋商,反复论证与修订,形成规划的送审稿。

第四阶段是审定颁布。由学校校务会审定规划文稿后以一定的形式进行发布,作为学校的一个法定文件要求教职员工严格执行。

(五)学校科研规划制订的要求

(1)要高度重视,认真对待。认真细致地查阅资料,认真细致地进行思考,认真细致地讨论修改,学校教育科研计划才能制订出来。把研究计划流于形式,马马虎虎、敷衍了事,对课题研究是毫无帮助的,对学校科研发展也是毫无帮助的。

(2)要明确全面,重点突出。制订学校科研规划,必须明确、全面,越是明确就越能起到规划应起的作用,越是全面越能体现科学指导的理念。强调明确,并不是要具体到每个课题或任务的做什么、怎么做和做得如何,而是指要把目标和任务等明确提出,做到发展思路清晰,阶段任务明晰,措施具体可行。强调全面,就是要体现规划的科学、协调及可持续性,不失偏颇,整体推进。同时,在全面的基础上,要求要有层次、有重点、分阶段的发展规定。

(3)要有科学性,合理可行。科研规划的制订一定要讲究科学性,要符合教育研究方法的要求,要在掌握一定理论和事实材料的基础上进行,同时又要切实可行,充分考虑学校当前的发展基础、研究能力和研究条件等。如果制订出的科研规划看似水平很高,但实际上不能实施,这个规划也是无用的。

(六)科研规划的落实

落实与有效执行是学校科研规划的最为关键的一个环节。一个再好再全的规划,如果不能付诸实践,执行好、落实好,而是束之高阁,那么就只能是花瓶一个,废纸一堆,没有效用。落实与有效执行,首先,要成立学校科研工作领导小组,研制配套措施,并使之实际到位，同时安排专人负责，狠抓落实，监督成效；其次，要制订具体执行计划，发布工作时间表，绘制计划执行路线图，通过教研室、教研组等任务分解，层层推进，责任到人；最后，加强科研工作考核。

二、科研课题管理

课题研究是学校教育科研的基本形式和手段。学校科研工作的目标主要是通过课题研究来实现的。有课题意味着就有科研经费、科研任务及研究方向，也就有产出成果、提高科研效益的可能。因此，如何确立课题，如何申请课题是学校科研工作的重中之重，是科研管理的主要环节。

(一)何为课题

所谓课题，就是指我们要研究、解决一定背景或条件下的问题或亟待解决的重大事项。教育科研课题，是开展教育研究工作的平台，是在一定时空条件下需要解决的教育领域特定问题。对于中小学校来讲，学校教育科研课题更多属于应用性研究和实验发展研究，就是用最新的教育教学理论来审视、指导具体的教育教学工作，通过比较科学、规范的形式来解决教育教学工作中的问题和困惑。

(二)课题来源

当前，我国学校教育科研纵向课题一般有三大来源：

(1)全国教育科学规划课题。全国教育科学规划课题分为两大类：一类是国家哲学社会科学基金教育学项目，是国家哲学社会科学基金项目的单列学科，设有国家重大项目、国家重点项目、国家一般项目和国家青年基金项目；另一类是教育部课题，设有教育部重点课题，教育部规划课题(单位资助经费)，教育部青年专项课题。同时，为推进各专项工作，全国教育科学规划办公室还与教育部人事司合作，推出“园丁工程”专项课题；与教育部体卫艺司合作，推出“学校体育、卫生、艺术和国防教育”专项课题；与教育部职业与成人教育司合作，推出“成人教育和职业教育”专项课题；与教育部考试中心合作，推出“教育考试科学研究”专项等。此外，为研究提升我国外语教育质量，全国教育科学规划办还设有“外语教育研究专项课题”等。

(2)省区市教育科研规划课题。各省区市教育主管部门按照全国教育科学规划办公室课题规划体制和运行模式，设立了相应的地方教育科学规划制度，覆盖所属辖区。各省区市在课题规划工作运行中，既有共性，即在当地教育主管部门领导下，负责本地的教育科研规划工作；也体现出不同特点。一般情况下，在各省区市教育科研规划课题中，基本上都设有重点课题、一般(规划)课题。

(3)学校自设的校本课题。条件允许的学校都会根据学校科研发展情况设立校级课题，用于资助本校教师从事教育科研工作。

(三)课题选题

选题是课题内容与研究任务的高度浓缩与概括，是课题整体思想的集中体现。选题是课题研究的最为重要的一个环节。

(1)选题来源一般来自教育实践和教育理论文献。一是向教育实践要课题。将教育实践中存在的问题整理归类,结合自己的研究水平和能力,从这些问题中甄别确定有研究价值、具有实际意义的问题作为课题;把日常教育教学经验提炼形成理论,在理论高度进行验证,寻找理论支撑;基于学校教育教学发展现状,发现或揭露其中存在的问题。二是向理论文献要课题。古人云"尽信书不如无书"。由于时空背景、社会发展等变化,原有资料或文献中往往有诸多不适应环节。通过资料寻疑,揭露理论与实践差异等,从而产生新的研究课题;在一定的教育实践和理论探讨中,基于对教育理论的预设判断,就某些可能会产生的问题或突发事件做出的一种意向性研究。中央教育科学研究所朱小蔓教授在谈到教育科研课题时明确指出:"教育科学视野中的教育具有民族性、地域性、具体情景和独创性,一定不能随着经济全球化而消融了它的以道德为精髓的民族精神和文化差异。……改革开放以后,国外的教育观念、教育经验大量涌入,我们教育研究的任务就是要将其本土化,把他们先进的教育思想和经验融入中国的情景中。""……所有的思想都应当来源于实践,研究人员必须敏感于实践,脱离实践是不可能真正找出那个能够还原到实践并能够指导实践的思想的。有些理论是杜撰出来的,不能还原到实践的,因此也不能对实践发生影响力。当然,有些理论可能是经过文献研究,那也是需要的,但是任何一种有价值的理论研究必须能够关照实践、解释实践。教育研究的视角、选题,都应该有较大的调整,一定要回到火热的生活中去寻找课题。"

(2)选题应该注意的几个问题。首先,要科学选题。有创意的选题是成功的一半。一般情况下,选题要有问题意识,也就是要有敏感性;要有明确的研究限制,也就是时空或事件等研究背景;要有可操作性,也就是要有可研究性,假大空或漫无目的的选题是没有任何研究价值的。选题时要尽量参照课题指南,所设题目不要太大,也不宜过小,要做到以小见大,小而精深,达到"雄狮搏兔"的效果;选题时还要考虑到自己的学术基础和优势。其次,选题要注意查新。要对当前研究现状有了解。再次,选题要注意民族性和实践性。教育科学具有很强的民族性、区域性和实践性。课题来自实践,应还于实践,同时在实践中不断自我丰富和完善。第四,选题要新颖。新颖是选题的第一要求。所谓新颖的选题一般包括四类:一是尚无人涉足的学术处女地;二是学科前沿的理论探讨;三是老问题的新视察,新问题发掘或新策略、新方法的运用;四是海外新理论、新视点的引进推广。最后,选题的类型与程度要适中。选题不宜过大,过大自己驾驭不了,课题研究可能会广、博而不深,流于形式,半路夭折。

(四)课题论证

课题申请是课题研究前提或必备的环节。它能够对研究价值也就是是否值得立项资助进行有效鉴定,可以促进研究方案的不断完善,保证研究的质量。因此,写好课题申请论证,是获得课题立项资助的关键。不同的课题来源,其申报要求不同。但基本上都包括课题选题、申请人和课题组成员信息及其学术基础、课题论证报告、任务分工、经费预算及预期成果等方面。关于课题选题,上文已作介绍,在这里着重介绍课题论证报告、任务分工、经费预算及预期成果。

课题论证报告是课题的主要部分。申报的课题最终是否获得通过,取决于评审专家评价的高低。评审专家评价的唯一根据就是课题申请书。因此,填写课题申请书时,切不可草率敷衍，应根据课题申请书所提供的评审指标，认真论证，特别要在重点栏目上下工夫。评议指标一般情况下包括：课题名称是否新颖适度（选题）、课题意义和价值是否重要（必要性）、研究内容是否充实（对该课题的现状、观点等论证是否充分）、学术思想是否有特色和创新、研究思路和方法是否清晰与创新、研究基础是否雄厚与扎实（能否有能力承担和完成该课题）等。

（1）内容论证科学性。课题论证是项目评议指标中最核心的部分，主要包括：本课题国内外研究现状述评、选题意义和研究价值，主要考察学术视野和把握学术发展脉搏、意义价值；本课题的研究目标、研究内容、主要观点和创新之处主要是提出应达到的目标，梳理研究问题和抓住内在逻辑关系，观点的阐述要适可而止，若隐若现，有朦胧之美，使人产生期待感。在内容的提炼方面要注意"留白"或"余地"等。科研人员在具体论证时，首先，用词要简明、条理要分明、叙述要清楚，应尽可能掌握比较全面的、动态的学术信息，在对前人研究分析的基础上采用"淘金式"方法，点明该项研究所要解决的主要问题和核心问题，体现该项研究的独到之处，构建新的理论或提出新的概念、观点、方法。其次，要讲究论证的方法和技巧，在对项目研究内容做可行性分析论证的基础上，应充分体现"你无我有、你有我独、你独我新"的研究风格。做研究更要讲创新，只有不断创新，才能有所突破，占领该研究领域的制高点。

（2）研究方案具有可操作性。研究方案是保证研究工作的研究目标实现的必要条件，主要包括：本课题的研究思路、研究方法（文献法、调查法、比较法、实验法、田野调查法、深度访谈法等）、技术路线和实施步骤（研究阶段的划分）等。科研人员在设计研究方案时，要紧扣研究内容和需要突破的问题，坚持科学性与可行性相结合、连续性和贯穿性相结合的基本思路，科学划分研究阶段，明确预期阶段性研究成果以及可能发生的经费预算，计划安排调研。

（3）研究基础。研究基础主要指与本项目研究有关的工作积累，包括已经取得的相关研究成果、研究队伍（学术背景和研究经验）、组成结构（如职务、专业、年龄等）、完成课题的保障条件（如研究资料、实验仪器设备、研究经费、研究时间及所在单位条件等）。

前期成果积累和已具备的研究条件是申报各类项目的基础，也是进一步开展深层次可行性研究的保障；研究队伍的组成要注意科学、合理搭配，既要考虑年龄上的老中青，也要考虑职称上的高中低，应本着"搞一项研究，不但要产出一批高水平的成果，推动学校科研发展，而且还要带动一批中青年骨干，推动人才创新"的原则进行梯队组合。

（4）明晰预研任务，标明成果名称。预期研究成果及其形式反映的是一个课题的最终结晶。成果名称的设计及其形式与课题有着千丝万缕而又举足轻重的关系。预期成果一般情况下分为两部分：预期阶段性成果和最终成果。阶段性成果是完成最终成果不可缺少的重要过程。课题研究过程中所需解决的具体科学技术问题，包括拟研究的范围、内容和具体指标等，写作时应力求内容具体、完整、切题，目标集中、明确，突出阶段性成果。对课题的管理，更多的是通过最终成果的验收来完成对课题完成质量的评价。因此，最终成果的完成质量以及名称的形成就应有更多的考究。

（5）结合研究计划，合理预算经费。经费预算要合理、详细，要视主管部门能给予的经费支持强度而定，不可漫天要价。一般来说，预算有规定额度的按照该额度预算就行；如果没有规定额度的，可以按照该类项目通常批准额度的略高一点预算为好，不要超出太多。

(6)制订课题研究方案或研究技术路线。制订课题研究方案或研究技术路线是中小学教育科研中的一个重要步骤。研究方案或研究技术路线就是如何进行课题研究的具体设想，是开始进行课题研究的工作框架。

(五)课题申报

一般情况下，学校科研课题申报主要指的是由学校科研主管部门组织科研人员或教师申请本校或上一级教育主管部门所设立的教育科研课题。课题申报过程一般包括以下四个环节：

(1)发布申报通知。由学校科研主管部门发布本校课题申报通知或转发上一级教育主管部门设立的教育科研课题申报通知，广为宣传，多方组织。

(2)组织培训。有条件的学校都会组织有意向申报课题的教师进行集中培训。培训内容一般包括当前教育科研发展趋势、课题申报通知要求、申请成功案例及经验介绍、申请注意事项、材料制作与报送等。这一环节非常重要，是提高课题申报质量的有效组织方式。

(3)校内审核及预评审。在课题申报材料报送之前，学校科研主管部门或教研室应对科研人员或教师所申报的课题进行资格审查、政治审查及学术审查，确保课题申报材料的规范性。有条件的学校还应组织相关专家进行预评审，对申请材料进行学术评价与课题指导。

(4)课题材料报送。审查合格的申请材料，加盖学校科研主管部门或学校公章后，即可报送相关部门。申请本校课题，一般由教研室或教研组签署意见后报送。所报送的材料，制作要规范、简洁，要严格按照课题受理部门的要求排版印制。还要注意材料份数及附件材料的齐全、报送材料的时间截点等，避免带来不必要的麻烦。

(六)评审立项

课题评审立项环节极为关键。课题受理部门将受理期内接收到的申报材料按一定的学科类别进行分类登记，然后对申报材料进行资格审查及政治审查，将合格的申报材料以一定形式送交评审专家进行评审。专家评审，一般情况下有三类：一类是进行匿名通讯评审。将隐去申请者个人信息的申请材料邮寄到相关专家手上，然后将专家打分结果汇总并按一定比例进行划线。一类是会议评审。以一定形式召开专家评审会，相关专家聚集一起进行评阅与讨论，最后确定立项者名单。还有一类是将匿名通讯评审和会议评审相结合。在匿名通讯评审的基础上，进行会议协商。此类更加有效地吸纳了前两类的优点，进一步规避了前两类存在的不足。专家评审结果汇总后，按一定比例确定拟立项资助名单，经报批与公示后发布正式立项结果。

(七)课题档案

做好课题材料归档工作，有助于规范课题的过程管理及验收结项。原则上，仅对获准立项资助的课题材料进行归档管理。归档的课题材料一般包括课题申请书、立项通知书、经费划拨清单、立项合同、合作协议等。

三、科研过程管理

以中小学教师为研究主体的中小学教育科研多属于“应用性研究”，强调研究的针对性和实效性，这种研究多是以课题为载体进行的创造性工作。因此，加强中小学科研过程管理，也就是加强课题研究过程管理。

(一)课题开题

加强开题管理是学校科研有效运行，提高投入产出效益，促进人才培养及团队建设的重要保证；也是促进中小学教育科研向规范化、科学化、效率化发展的一个重要举措。一方面，有利于增强课题承担单位的责任意识，增强课题组课题过程的研究意识；另一方面，有利于突出中小学学校科研“应用性”研究的特点，使其更好地为学校改革与发展服务，为教育决策服务。加强课题开题管理，要做到以下几个方面：

(1)要精心准备，认真组织。学校教研室或教研组要积极组织课题开题，承担起实施者和组织者的作用，针对课题开展的需要，精心准备。既要为本校研究者提供各种便利条件，确保研究者有充裕的空间和时间，又要帮忙协调课题相关的专家对本课题所进行的有针对性和有效性的指导。

课题负责人要在开题会上向与会专家及人员汇报开题报告。开题报告一般包括：研究目的或选题意义、课题价值、课题研究的条件、课题国内外研究现状、课题内容、研究方法与技术路线、预期成果、研究阶段与任务分工、经费预算等。

(2)要务求实效。开题要突出求真务实、力求实效的研究学术氛围，使思者有言，言者尽意，达到集思广益的效果。因此，课题开题应着重体现课题研究的方向和内容，使课题论证会成为课题研究单位中不同观点的相互切磋和争鸣的机会，从而达到有效、合理地研究问题、解决问题的目的。

(3)要严把研究方向。课题要坚持以解决教育的实际问题为基本出发点和归宿点，坚持以应用研究为主；要坚持以能否解决教育改革与发展中的理论与实践问题，以实际效果为衡量科研成果的标准，而不是追求凭空建立所谓的理论体系。

(4)要形式多样化。开题形式不仅仅囿于带有局限性的“课题组陈述研究方案，专家点评和针对性的指导”的单一的形式，可以适当鼓励如“教师论坛”、“课题组与专家、参会人员互相提问的会员性参与”等开题创新形式的运用。要提倡平等的、同志式的、充分说理的批评与反批评。

(二)跟踪管理

跟踪管理主要是指学校指定专人跟踪课题研究过程，对课题研究过程中出现的各种问题及时予以配合解决或帮忙协调，确保课题研究得以顺利进行。跟踪管理不是必需的环节，一般条件允许的学校可以增加这一举措。

(三)中期检查

中期检查既是对前一阶段的研究工作进行总结与反思，又是对后一阶段的方向、目标、内容、任务和思路等进行调整或布置，是课题研究过程管理非常重要的一环。

(1)中期检查的内容。一般情况下包括两个部分,一是主要核查课题研究的阶段性计划落实情况,课题组各成员阶段性任务落实情况等,包括课题档案及相关信息整理以及阶段成果的产出等。二是根据前一阶段的计划执行情况,对下一阶段课题研究任务的完成进行展望或安排。

(2)中期检查的形式。中期检查的形式可以多样化,可召开阶段性总结会议;可形成书面的阶段总结报告;也可采取小型论坛的方式,现场对课题任务执行效果进行反思,对阶段性成果进行评价。

(3)需要变更的事项。课题在实施过程中如有以下情况应申报管理部门批准。比如,变更负责人的,变更课题组成员的,变更课题管理单位的,改变成果形式的,完成时间延期一年以上的。

(4)严格处理的事项。课题在实施过程中,如出现以下情况,可根据情节轻重给予整改、通报批评、撤销等。这些情况包括:未落实计划或不按计划开展研究,成果有严重政治问题的,作假或抄袭,成果与预期严重不符的,违反财务制度等。

总之,通过课题的中期检查,能够帮助课题组建立起一套行之有效的课题研究管理模式、课题研究与学习制度,确保课题研究的严肃性和规范性。

(四)结项验收

课题的结项验收主要是对课题研究计划执行情况的总体性、终结性的评估验收。包括以下几个环节:

(1)结项申请。课题研究计划周期结束后,由课题组向有关方面提出结项鉴定申请。课题组同时按要求提交结项申请报告、课题最终成果、阶段性成果等相关材料。

(2)课题主管部门组织专家对课题的鉴定验收。方式一般情况有两种,一是通讯鉴定,将需要鉴定的材料邮寄到专家手中,请专家做出鉴定性意见。另一种是会议鉴定,也叫现场验收。由课题主管部门组织5～7个专家,对课题结项材料进行评估,做出鉴定性意见。

(3)公布结果。课题主管部门汇总专家意见,经报批后,发布课题结项验收结果。

在结项验收这个环节,应着重关注的几个问题:

一是结项验收的内容。主要包括课题的研究价值与意义、研究计划的执行情况及其存在的问题、最终成果及其主要创新点、课题所取得的重要成果及其社会反响、经费使用情况、成果推广情况、新的研究展望等。

二是结题报告的撰写。结题报告要以“研究报告、工作报告”的格式撰写,要注意文字、逻辑结构及实践基础上的不同理论视角等。

三是课题结项的鉴定。专家鉴定意见一般会从正反两个方面进行鉴定。既对课题所取得的成绩予以肯定,又指出课题研究存在的不足。并根据这些成绩或不足予以定性和定量的评价,最后提出鉴定结论。

(五)信息管理

课题信息管理对于课题的过程管理有着重要的作用,是课题科学实施、档案健全、经验积累的必需工作内容。从课题实施的阶段性角度看,课题信息可分为:课题论证立项阶段信息、课题开题实施阶段信息、课题中期检查阶段信息、课题结项验收阶段信息、课题成果推广阶段信息等；从课题实施的功能性角度看，课题信息可分为：课题工作信息、课题调查数据信息、个案信息、课题实验信息、课题成果信息、课题成果推广反馈信息等。无论从哪个角度划分，对课题信息的管理要充分体现以下几点要求：

(1)科学性。要求做到准确、可靠、科学，每一类信息要有独立性，以免产生信息混淆、杂乱无序的后果。要编制目录后分类别装订成册，做到美观、实用、便于保管。

(2)系统性。强调每一类信息之间的联系和有序，所收集的信息要能反映课题研究全过程的内容，力求在时间和空间上有内在的逻辑联系。

(3)实用性与可行性。保证满足最迫切需要的信息，精简无用的和虚假的信息。

(4)完整性。课题信息要注意保存完整，使之成为一个整体，不出现内容空缺、重复交叉等现象。

学校科研管理部门要加强对课题信息的管理，通过建立信息情报管理的制度，管好相应的图书资料、课题档案等，以课题信息、工作简报等方式，扩大宣传力度，使学校(课题组或教研室)与外部有一个畅通的信息情报交流渠道；同时，科研管理部门要充分发挥信息情报的导向作用、参考作用、反馈激励作用和原材料作用，进一步发挥课题促进和引领教育教学改革的功效。

(六)课题奖励

课题奖励主要是课题主管部门为鼓励课题承担者认真组织课题实施，产出更多更好的课题成果而专门设立的课题评价活动。一般情况下，分为两种，一是以课题结项鉴定意见为准，设有优秀、良好、合格和不合格四个等级。通过宣传表彰、物质奖励等方式对取得优秀和良好的课题进行价值认定。另一种是专门设立教育科研优秀课题奖。以一定时间段内完成的课题为评奖对象。一般情况下是统一发布评奖通知，已完成的课题承担单位或个人按照要求申报或推荐，课题主管部门组织评审后公布奖励结果。

四、科研成果管理

学校科研成果是指学校教育科研人员或教师对某一教育科研课题或现象进行研究，获得具有一定学术意义或实用价值的创造性结果。成果的基本表现形式为著作、论文、研究报告、调查报告、实验报告、软件、工具书等等。学校科研成果是学校科研管理的重要环节和内容，加强学校科研成果的管理具有重要的意义。

(一)成果登记与归档

成果登记与归档是学校科研成果管理的一个基础性环节，是由学校科研管理部门或教研室进行的一项定期或不定期的科研管理活动。进行成果登记与归档，能及时、准确和完整地统计学校科研成果，促进科研成果信息的交流，助推科研成果的宣传与转化，为教育教学改革服务。同时也为学校推荐报奖做好前期工作。拟申报登记的科研成果应同时满足以下条件：一是登记成果信息规范、完整；二是该成果已公开发表或经过鉴定验收的课题成果；三是不违背国家的法律、法规和政策；四是不涉及抄袭造假、违背学术道德。需要登记的科研成果需要提交以下材料：应用类成果，如研究报告、调查报告、实验报告、软件等，需要提交相关的评价证明(鉴定证书或者鉴定报告、教育科研项目验收报告、采纳证明等)；基础理论成果，如科研论文、著作、工具书等，需要提交公开发表或出版的样刊的原件与复印件、各种学术评价意见及成果发表后被引用、转载的证明。学校科研管理部门或教研室对提交登记的成果进行分类整理，审核确认后予以入库归档。

(二)成果推广与转化

学校科研成果的推广与运用是学校教育科研工作的重要内容，也是学校发展科研的价值所在。一个完成质量比较高的科研课题，其成果都是具有推广价值的。课题成果只有推广好，才能真正发挥出学校教育科研的促进作用。换言之，也就是中小学教育科研课题成果必须回到教育教学实践中，指导教育教学实践，才能检验课题成果的实效性和可行性，否则就只能当束之高阁的供品，中看不中用，即使结论再科学、质量再高，也是毫无意义和价值的。因此，对课题成果进行推广应用，是课题完成后需要做的一项极为重要的工作，也是成果管理的一个重要环节。推广工作要以实实在在的效果为基础，精心策划，认真组织，科学实施。实践证明，只有那些经过了较长时间、经得起实践证明的成果才是有效果的科研成果，才能使课题的实质效益得到最大限度的发挥。学校科研成果推广与运用的形式很多，通常有以下三种形式：一是直接转化式，即把科学的结论直接运用于教育实践活动；二是交流启发式，也就是通过公开发表、论坛发言、多渠道推广等方式，运用理论或实践成果去影响他人；三是形成研究报告或政策建言提交给相关管理部门，直接为教育决策服务。

(三)成果评奖与申报

设立优秀成果奖，是教育科研主管部门或相关组织对科研人员前一段时期内所产出的优秀成果进行奖励和表彰，是政府或社会对这些成果以一定形式和程度的认可，也是为了鼓励科研人员继续潜心科研，产出更多的精品力作，为教育改革发展服务。

(1)教育科研优秀成果奖来源。一是学校上一级的教育科研管理部门，代表教育行政部门；二是学校本身；三是群众社团、学会等民间行业组织；四是学术论坛等学术交流平台。

(2)优秀成果的评奖范围。一般包括公开出版的著作、工具书，公开发表的论文，调查报告、研究报告、实验报告等。

(3)优秀成果奖的评选程序与步骤。一是按程序逐级上报。申报者需填写由上级教育科学规划领导小组办公室或相关机构统一印制的《申报评审书》，并由申请人所在单位审查后加盖公章，签署意见。二是报送材料。经学校科研主管部门或教研室审核合格并加盖单位公章的材料，包括申请评审书、所报成果及其社会反响等，统一报送。三是评审。由教育科研管理部门或相关机构组织专家组以一定形式公开公正独立评审。四是成果奖励。就是由优秀成果奖组织单位或教育行政部门对获奖成果下文表彰并颁发荣誉证书，并以一定形式和方式向社会发布与宣传。同时对一些价值较高的教育科研成果予以组织推广。

第四节　教学与科研的结合

科研是学校发展的发动机与变速器，教学则是学校工作的中心，二者在学校工作中都具有极其重要的意义。对于中小学教师来讲，如何处理好教学与科研的关系是不可回避的问题。

一、当前中小学教学与科研关系存在的误区

(一)科研无用论

认为不搞科研照样能教好书，照样能提高升学率，教学就是一切。

(二)科研万能说

认为科研与教学同等重要甚至重于教学。科研发展了，教学成绩、升学率和学校地位及影响就会自然而然地得到了进一步的提升，将科研作为学校发展的万能魔力。

(三)科研功利化

认为科研能在职称评定、晋升、津贴以及获取各种专家名誉等方面扮演重要角色或成为直通阶梯，一切为了科研，把科研作为主业而渐疏于教学。

(四)两个中心论

认为科研重要，教学也重要，它们是学校发展的两个中心。这两个中心平行发展，互不干扰，两手抓两手都硬。

其实，无论持上述何种观点，我们认为，都不利于学校工作的整体提高。在实际工作中，既不能将教学与科研截然分开，也不能过分地只强调教学或科研的重要性。教学是学校发展的中心任务，科研是促进学校教育教学改革、推动学校发展、提升学校地位与影响的手段，二者相辅相成，相互促进。

二、当前中小学教学与科研结合的原则

一般意义上讲，教学与科研犹如学校工作的两翼，二者有着不可分割的内在联系，缺一不可。中小学科研是为教育教学服务的，更多地属于应用性研究，从教学实践中来又回到教学实践中去。因此，教学实践为科研提供了素材，是科研的“源头”，科研则推动了教学的改革与创新，是教学的“活水”。离开科研的教学是一潭死水，离开教学的科研则是无源之水。妥善处理好教学与科研的关系，促进二者的有效结合，要从观念上认识和从实际上践行以下三个原则。

(一)目标一致原则

在中小学，无论是针对学生的学，还是教师的教与研，其出发点和归宿点都是为了提高教师素质，提升教育质量，促进学生成长，推动学校发展。从这个意义上讲，教学与科研目标是一致的。也就是说，二者在教育发展过程中的区别只是所扮演的角色不同、承担的

具体任务不同而已。

(二)相辅相成原则

如前文所述,科研的作用就在于提高教学质量、促进教学改革,是为教学服务的。教学不是孤立的教学,科研也不是孤立的科研。教学的贡献在于为科研提供了问题载体、素材来源,是科研的基础。同时,要让科研服务于教学,充分发挥科研的价值,要将教学中存在的问题交给科研去解决。要树立起"问题即课题,工作即研究,效果即成果"的工作理念,善于把教育教学工作自觉地纳入研究的轨道,有意识地培养自己的研究习惯,学会一边教学一边研究,教学与研究相结合,相辅相成,相得益彰,相互促进。

(三)教研一体原则

我国著名学者查有梁先生曾对教学研一体化关系进行了精辟的概括。他说,"学然后知不足,教然后知困,研然后知美。知不足然后能自反也,自反方知:学习即快乐;知困然后能自强也,自强方知:教育即发展;知美然后能自创也,自创方知:创造即享受。故曰:教学研相长也,此乃教育之理想境界也。"这句话是说,现代学校必须将学生学习、教育教学、教育科研三者融为一体,只有将三者融于一体,才能有效促进学生的全面和谐发展、教师的专业发展和学校的可持续发展。当今基础教育改革与发展对教师角色和工作职能提出了更高的要求,一个合格的教师不仅要会教学,具有高超的教育教学艺术水平,做到教书育人;而且要树立终身学习的理念,不断地学习现代科学的教育教学理论、学习新知识、发展新能力;还要深入开展教育科研,做到教学研统一。

【要点小结】

1.学校科研的内容一般包括:教育基础理论问题、教育理论应用性问题、教育实验与发展问题。

2.学校科研要实施以下几个环节的管理:科研规划管理、科研课题管理、科研过程管理和科研成果管理。

3.教学与科研要紧密结合,避免科研无用论、科研万能说、科研功利化和两个中心论等错误认识。

【学业评价】

1.学校科研的选题主要从哪几个方面进行考虑?中小学如何根据自己的优势进行选题?

2.试论述学校科研管理的主要环节。

3.试评析学校科研管理中的几个常见误区。

【参考书目】

1.刘电芝.教育与心理研究方法[M].重庆:西南师范大学出版社,1997.

2.吴志宏.教育管理学[M].北京:人民教育出版社,2006.

3.王德清.学校管理原理[M].成都:成都科技大学出版社,1993.

4.袁振国.教育政策学[M].南京:江苏教育出版社,1998.

第十二章

德育工作管理

【本章知识结构】

- 德育工作管理的任务
- 德育工作的组织管理
  - 完善领导体制
  - 健全管理机构
  - 建立德育工作指挥渠道
- 德育工作各途径管理
  - 教学活动　班主任工作
  - 团、队、会　课外活动
  - 校外教育工作
- 德育工作常规管理
- 德育工作质量管理
  - 制订德育工作质量标准
  - 加强德育工作的质量控制
  - 做好德育工作的质量评价

【学习目标】

1. 了解德育工作管理的任务和组织管理。
2. 熟悉德育常规和德育工作的各种途径。
3. 掌握提高德育工作质量的管理措施。

第一节　德育工作管理的任务

德育工作管理，是学校管理的重要组成部分，是学校领导干部和教职工的职责。加强学校德育工作管理，是落实德育在学校工作中的首要地位，保证学校办学方向的需要；是全面贯彻党的教育方针，实现学校培养目标的需要；是精神文明建设、促进青少年健康成长的需要。它对于提高学生的思想政治觉悟，形成科学的世界观，培养共产主义道德品质，造就现代化建设的一代新人，具有重要的意义。

根据党的教育方针、学校培养目标、德育工作的规律和青少年身心发展的特点，学校德育工作管理的任务有以下几个方面：

一、坚持正确的政治方向，全面落实德育的首要地位

所谓德育为首，是指德育在决定学校的性质，实现学生德、智、体全面发展的培养目标中，起着决定作用；学校必须坚持正确的办学方向，把德育贯穿于学校教育教学工作的全过程和学生日常生活的各个方面，渗透于智育、体育、美育和劳动技术教育之中，始终把培养学生坚定正确的政治方向放在首位。早在 1978 年，邓小平同志就指出："毫无疑问，学校应该永远把坚定正确的政治方向放在第一位。"①

二、健全德育工作的管理制度，建立良好的教育秩序

德育工作管理制度，既是一种管理的手段，也是一种教育因素。它体现了正确的道德内容和行为标准，是建立良好教育秩序的保证。德育工作管理制度，有国家颁布的法令、法规，如《中学德育大纲》、《小学德育纲要》、《中学生守则》、《小学生守则》、《中学生日常行为规范》、《小学生日常行为规范》等。学校根据自己的实际情况制订的规章制度，如"学生进校规则"、"课堂规则"、"集会纪律"、"请假制度"、"三好学生和优秀班集体评选标准"、"学生校外生活规则"、"文明礼貌尊师敬长实施细则"等。制订德育工作管理制度，要符合政策规定和教育规律，要富有教育意义和考虑群众意愿，要精炼明白、可行可检和相对稳定。学校有了健全的德育工作管理制度，德育管理的权、职、责才分明，各部门的人员才能各司其职，各负其责，才能确保管理的规范性，克服随意性，才能建立起稳定、良好的教育秩序。

三、全员参与，组织好德育管理的队伍

学校领导者要从总体主管好德育，教职工要在自己的工作范围内管好德育，学生也要进行自我管理，校外教育机构要配合管理，这就是全员参与管理。全员参与，要充分发挥各种教育力量的能动作用，建设好德育工作管理队伍。首先，要建设好党、团、队的专职干部队伍，这是德育工作管理的领导和骨干力量。专职队伍的建设，既要注重政治素质，又要注重业务素质，要改变政工干部无业务的观念，树立德育管理要讲科学、政工干部要具有较高的管理、业务水平的新观点。其次，要建设好班主任队伍。班主任对本班的德育管理起主导作用，要改变那种凡教师都当班主任的做法，学校应派那些思想好、责任感强、懂得管理的优秀教师担任班主任工作。第三，各科任教师和职工队伍的建设。包括各科教师在内的全校教职工是德育工作管理的重要力量，要改变德育管理单靠政工干部和班主任抓的片面现象，依靠全体教职工参与管理。第四，要建设好学生干部队伍。德育管理也包括学生组织——学生会和班委会、学生的自我管理，要改变那种把学生视为仅仅是被管理对象的传统思想，确立学生也能进行自我管理的新观念。第五，建设好校外教育机构。德育管理不能缺少校外教育力量的密切配合，要改变那种德育管理搞封闭式"孤军作战"的倾向，确立校内外有机配合的全方位管理思想。

---

① 邓小平文选[M]. 北京：人民出版社，1983.

四、认真做好计划、组织和协调工作，提高德育工作质量

提高德育工作质量，是德育工作管理的出发点和归宿。因此，德育工作管理要有计划、有组织地实行目标管理，必须设计科学的管理程序，选择好最佳管理方案，强化控制管理过程，严格考查、考核；同时要认真做好协调工作，确保德育工作质量不断提高。

学校德育工作，是一项牵涉面广的较复杂的工作，是各种教育内容、教育方式和教育力量综合影响学生成长的工作。因此，德育工作管理从客观上就存在着对各方面的关系进行协调的问题。从内容上看，要正确处理政治教育、思想教育和道德品质教育的关系，使三者有机地联系，相得益彰；从途径上看，要正确处理教育与教学的关系，课内和课外的关系，校内和校外的关系，使教学活动、课外活动和校外活动都能有目的地渗透德育，起到应有的教育作用；从职能上看，要处理好整体和局部的关系，政工部门和其他部门的关系，要以整体的管理推动局部的管理，又以局部的管理促进整体管理，既不能以整体管理包揽局部的管理，又不能以局部管理冲击整体的管理。同时，既要发挥政工干部的专职作用，又要发挥其他部门的协同作用。总之，通过认真的计划、组织和协调工作，不断提高德育工作的质量。

五、深化德育工作管理，开展科学研究，提高德育工作科学管理的水平

深化改革，开展科学研究，是德育工作管理中一项值得重视的任务。当前，教育改革正向纵深发展，德育工作管理也要适应新形势的需要。因此，我们要树立改革意识，消除因循守旧、故步自封的传统习惯的影响，有目的、有计划地开展科学研究，加强专题探讨，不断总结经验，大胆探索德育工作管理的规律，积极进行管理体制、内容和方法的改革，走出新路子。学校德育工作管理者，特别是校长和党支部书记，要提高自身的德育管理能力，自觉实现由经验型管理向科学型管理的转变，带领全校教职工把德育工作管理提高到一个新的水平。

第二节　德育工作的组织管理

德育工作任务的实现，要靠一定的组织措施来保证。因此，德育工作的组织管理是重要的。

一、完善德育工作管理的领导体制

德育工作的领导体制，是德育工作管理的根本问题。要建立德育工作的指挥系统，实现德育工作管理的任务，必须解决好德育工作管理的领导权主属（谁全权负责）、权限大小和职责范围等内容，而衡量一种德育领导体制的优劣，主要标准是工作效率。

现阶段，学校通常是由党支部管理教职工的思想政治工作，由校长为首的行政系统管理学生的德育工作。因此，应该建立和完善由校长负责、党支部充分发挥政治核心作用的德育工作管理的领导体制。实行校长负责制，校长首先对办学指导思想和方向负责，即对

德育工作负责。只有建立起在校长领导下的德育实施体系，才能从领导体制上保证德育的实施。否则，由校长之外的系统指挥实施德育，其工作是很难保证的。因此，无论是已经实行校长负责制，还是尚未实施校长负责制的学校，都必须建立这样的领导体制。具体要求如下：

(1)中小学校长要加强对德育工作的领导，按照德育法规办事。必须认真贯彻中共中央有关文件精神，切实把德育工作放在学校工作的首位。

(2)在校长领导下，由政教处具体组织实施德育的具体工作。

(3)把德育工作列入校长任期目标内，作为考核校长业绩的重要内容之一。

(4)建立岗位责任制，校长对德育工作提出质量管理指标，按照职责范围分层落实，严格考核，使全体教职工明职尽责。

(5)学校党支部要充分发挥政治核心作用和监督保证作用，支持、维护校长对德育工作全面负责的领导体制，关心并参与学校对德育工作实施计划的制订、执行，密切配合校长做好学生的德育工作。

二、健全合理的德育工作管理机构

德育工作的管理，是实现德育目标的必要手段。因此，在改革和健全领导体制的同时，要健全合理的管理机构，以保证德育工作正常而有效地运转。这里就管理机构的结构问题作一些探讨。

德育管理机构在结构上合理，才能充分发挥好自己的功能。所以，中小学德育的管理机构，其层次的划分、规模的大小、分工的状况，都不能凭一时的热情随意设置，必须按系统的原理和严格的科学程序合理地加以组织。

管理机构的系统总要表现为层次的。管理层次的设置，必须合理、完整。设置层次要依据机构的性质和任务以及大致的有效管理幅度来确定，不能因人设位，也不能设虚岗。现在，中小学德育管理结构，一般可以考虑分为这样几个层次：

一层：校级——校长主管全校德育工作；

二层：处级——政教主任负责日常德育管理工作；

三层：组级——年级组长协调年级德育工作；

四层：班级——班主任全面负责本班学生的德育工作；

五层：学生级——学生接受德育管理并进行自我管理和自我教育工作。

这样的管理层次，也不是绝对的，各校应因地制宜，科学安排。

三、建立德育工作管理的两个指挥渠道

科学的德育工作管理系统，有两个主要标志：一是决策下达的渠道畅通，二是执行、反馈信息及时。这样的管理，才能富有成效。

学校建立有效的德育工作管理指挥系统，就是要在完善德育工作领导体制和健全合理的管理机构的同时，建立两个有效的指挥渠道，一条是在校长领导下，通过管理教学的教导主任指挥各科教研组和教师，实现对学生德育工作的管理；另一条是与政治工作密切

结合的渠道，即在校长的领导下，通过管理德育的政教主任指挥各年级和班主任，并在党支部领导下的群众组织——工会、共青团和学生会的配合下，实现对学生的德育工作管理。这两条渠道并行不悖，发挥各自的优势，互相促进，使学校的德育工作高效能地运转。

第三节　德育工作各途径的管理

一、德育工作各途径的管理

德育途径，是实现德育工作管理任务的具体活动渠道。中小学对学生进行德育的主要途径有：教学活动、班主任工作、团队会活动、课外活动、校外教育工作等方面。德育工作途径的管理，要针对各自的特点和作用进行。

(一)教学活动

中学各门学科的教学活动，是对学生进行德育的基本途径，也是最经常的途径。因此，各科教师都必须明确本学科的德育任务，结合教学对学生进行德育工作。要寓教育于教学之始终，同时对学生严格要求，教书育人。其中，思想政治课具有较突出的地位和作用，绝不能等同于一般的文化课，更要保证质量。学校领导应从以下几个方面加强思想政治课的管理：

(1)认真选择思想政治课教师，要选派政治觉悟高、思想品德好，具有一定马克思列宁主义理论水平和能力较强的教师担任。

(2)要关心思想政治课教师，给他们创造必要的业务进修条件和工作条件，帮助他们系统地掌握马克思列宁主义基本理论，提高业务能力。

(3)组织任课教师认真学习党的方针政策，加强教学指导，改革教学方法，彻底改变那种专为升学考虑而教学的状况，努力提高德育质量。

(二)班主任工作

(1)选好对象。学校应选派政治思想好，事业心强，热爱学生，作风正派，业务水平较高，工作能力较强的教师担任班主任。

(2)培养提高。要创造条件帮助他们学习马克思列宁主义理论，学习党的教育方针和政策，学习教育理论，不断提高他们的思想素质和业务素质。

(3)加强领导。学校要拟订班主任工作制度，使之有章可循，工作规范。

(4)交流经验。组织班主任参观学习、座谈交流，走访有经验的教师，提供学习交流的机会和条件，推广典型，带动全面。

(5)开展研究。要针对班主任工作中带普遍性的问题，经常组织研讨，如“怎样转化差生”、“怎样培养学生骨干”等。与此同时，还可开展各种竞赛活动，引导他们努力探索、创新，研讨在新形势下班主任工作的新特点及其规律。对成绩显著者，应及时表彰，鼓励先进，不断提高德育管理水平。

(三)团、队、会活动

学校共青团、少先队和学生会，是中小学生自己的群众组织，是学校德育工作中最有生气的力量。这些组织的活动，在培养学生自我教育、自我管理能力和独立思考以及创造精神方面，有着自身的特点和特殊的作用，是对学生进行德育的重要途径。这里着重谈一谈学生会的管理问题。

(1)要把学生会工作列入学校工作计划，指导他们定好工作计划，开展工作。学校有关会议要吸收学生会干部参加；学生会的重要会议学校领导也应参加，并给予指导。

(2)学校要协调好团、队、会工作，定期召开三个组织干部的联席会议，分工协同，步调一致。

(3)关心指导和帮助每年召开一次的学生代表大会，而学生干部的工作负担不能过重。

(4)重视对学生会干部的培养提高，做到管而不死，注重发挥他们的主动积极性，培养和提高他们独立工作的能力和自我教育的能力。

(四)课外活动

各种各样的课外活动——科技兴趣的、文娱体育的、劳动实践的、社会服务的等，对于扩展学生的知识视野、发展学生的个性特长、培养学生的意志和生活情趣以及形成良好的思想品质，都具有重要的作用，是中小学德育的必要途径。首先，要提高认识，德育工作不能重课内轻课外；其次，要有周密的计划；再次，要有认真细致的准备；最后，不能流于形式，应务求实效。

(五)校外教育工作

学校德育工作管理的任务，是在学校、家庭和社会三种力量的合力作用下实现的。家庭和社会的教育工作，既是学校德育工作的一块重要阵地，又是学校德育工作不可缺少的途径。

(1)学校要提高认识，求得家庭、社会的支持，明确共同的教育责任，配合教育。

(2)学校要指导家庭、社会的教育工作，帮助其端正教育思想，选择正确的教育方法，要向家长、社会各方面的有关人员介绍“德育大纲”、“学生守则”、“行为规范”和党和国家关于加强学生德育工作的方针政策，宣传和普及教育学生的有关知识，推广成功的教育经验，把德育管理工作落到实处，争取德育管理获得最佳效益。

(3)学校要重视各种社会信息渠道——书刊、影视、戏剧等对学生的影响，扬长避短；要创造条件，有计划地建设与校内德育相配套的校外教育基础。同时，要充分发挥革命前辈、英雄模范和科学家、企业家的榜样教育作用。

(4)学校应采取有效措施，加强同居委会、村委会、少年宫、科技馆、图书馆、厂矿、机关、部队、商店等社会教育力量的联系，采取一定形式，组成强有力的教育网络，充分发挥其教育作用。

二、德育工作的常规管理

德育的常规管理，是指按德育工作计划、规章制度对固定性活动的经常性管理。德育的这种管理，是按事物发展规律而进行的，是一个学校德育工作正常运转不可缺少的管理手段。坚持常规管理，有助于保持德育工作的连续性和建立正常教育秩序，对实现德育目标有着重要意义。

（一）一日常规

一日常规，是按照作息时间，对每天从早到晚的常规要求。它是德育工作的重要基础，建立得好可以减少偶发性违纪事件，也有利于保持良好的校纪校容。

（二）一周常规

一周常规，是指每周例行的德育常规性要求。如星期一的升旗仪式，值周总结，周会校会；一周中的班会、团队活动；周末大扫除等。一周的德育常规抓得好，有助于巩固和促进学校良好的教育秩序。

（三）学期常规

学期常规，是指每学期从开学到放假不同阶段的德育常规要求。如学期初，要安定学生的思想情绪，及时调整班级，组织整顿常规纪律，拟订德育计划，提出学期的要求，尽快建立正常的教育秩序。学期中，检查各科教学、班主任、团队会等德育工作计划的执行情况，分析德育状况，提出改进措施，以推动下半学期德育工作的开展。学期末，做好学生的复习备考工作，组织评选先进，做好操行评定，交流德育工作经验，填写学生通知书，做好学期德育工作总结等。学期常规抓得好，能显现出学期德育工作管理的明显效果，也为下一学期德育工作管理提供了借鉴。

（四）假期常规

假期常规，是指寒暑假对学生德育常规的要求，寒暑假对学生的德育工作不能放假、暂停，而要向学生提出明确的要求。比如，认真完成假期作业，阅读有益书籍，慎重交友，遵守社会公德，参加力所能及的有益劳动，春节拥军优属，暑天夏令营及其他调查实践活动。亦可举行“返校日”活动，既可了解学生各阶段的思想状况，又可及时进行有针对性的思想教育工作。其中对后进生更要在关心的基础上加强管理，以利促进转变。假期结束，学生返校，应及时小结，表扬好人好事，指出差距，以促进新学期德育工作的开展。

（五）全学程常规

全学程常规，是指初中或高中整个阶段各年级的德育常规要求。一个学程包括几个年段，各年段又各有其特点，根据其各自的特点确定德育重点，也应有一定的常规性。

初一、高一——中学生活的两个“适应期”，特点是一个“新”字。学生由小学升入初中、由初中升入高中，对每个新生来说，是一种质变，尽管有程度的不同，但是都有一个适应过程，这一点是相同的。首先，要适应新的环境。因此，要向两类新生指出初中和小学，高中和初中的差异，讲解学校的规章制度和中学生的行为规范，对初中新生和异校升入高中的新生，还要组织他们参观校园，向他们介绍校史，要消除初、高中新生因环境变化而引起的心理紧张与不安，尽快地使他们适应新的环境。其次，要适应新的人际关系。这就要求教师健全班集体，组织丰富多彩的活动，使师生之间和学友之间逐渐了解，进而达到亲密无间。最后，要适应新的学习内容。因为初中、高中新生面临着新的学科门类，学习上存在着如何“接轨”的问题，自然在心理上有着不同程度的压力，因此要尽快地让他们适应。同时，相应地要抓好小学和初中、初中和高中德育的衔接，抓好基础性常规教育，使初中、高中新生有一个好的思想政治教育和品德教育的起点。

初二、高二——中学生活的两个“关键期”。其特点在一个“分”字上。这里讲的关键期,有两层意思:

一是初二和高二分别处于初中和高中的中间年级,在教育上属于承上启下的关键时期。在这两个年级中,学生之间都会出现一定的分化,这就要求注意思想“滑坡”和防止两极分化。因此,这一阶段德育工作抓得好,可以发展初一和高一已经取得的教育成果,为初三和高三取得新的教育成果打下良好的基础。

二是初二是整个中学思想教育的关键。首先,初二是中学生生理成长的高峰期,早恋现象出现了,甚至过失犯罪都有可能发生。其次,初二学生大都超龄“离队”,一时不可能都加入共青团,以致游离于团队组织之外。如果教育抓得不紧或教育不当,就易于淡化组织观念,造成纪律松弛。最后,根据心理学的研究,初二是整个中学阶段思维和品德发展的质变期,德育抓得及时,可以使他们朝着积极方面发展,否则,也有可能走向反面。据对某工读校 421 名学生始犯错误的年龄统计表明:未成年始犯错误的高峰年龄是 12～15 岁,其中 13 岁比例最大,而 13 岁的中学生大多处于初二年级阶段。因此,我们要高度重视 13 岁、高度重视初二年级的德育工作,要把责任心强、富有思想政治教育和品德教育经验的教师安排在初二担任工作,确立初二是中学德育工作重点的观念,切实把好关,抓好这个关键期。

初三、高三——人生道路的两个“选择期”。特点在一个“择”字。中学生进入初三、高三,便进入了毕业的“冲刺”阶段,“稚气”减少,渐趋“老成”,而且面临毕业、升学、就业的选择问题,客观现实摆在他们面前,对于未来的职业选择和前途的紧迫感日益增强,在这两个年级,要加强人生目的的教育和引导,帮助他们进行前途的选择和安排。教师要善于分析优、中、差学生的不同心理和思想倾向,有的放矢地做好教育工作,使他们能正确认识理想和前途,正确对待升学与就业,培养他们成为现代化建设事业所需的合格人才。

总之,抓好全学程常规的德育工作,为实现学校的德育目标,具有特别重要的意义。

(六)重大活动常规

重大活动常规,是指国家传统节日活动和校内特有活动的德育常规要求。国家传统节日活动有:元旦讲形势,热爱社会主义祖国;清明给烈士扫墓,缅怀先烈;五月讲革命传统,发扬光大革命精神;六月讲理想前途,树立为人民服务思想;七月讲热爱共产党,增强对党的认识;八月讲拥军,学习人民解放军铁的纪律;九月讲尊师,向人民教师学习致敬;十月讲爱国,激励爱我中华、建我中华的热情,树立报效祖国的伟大志向。校内特有的活动有:举行校庆活动,热爱学校,刻苦学习,奋发有为;举办运动会,努力锻炼身体,为国争光;组织文艺活动,丰富文化生活,发挥特点,努力成才……节日教育活动,是集中性群众教育活动,组织得好能收到明显而突出的教育效果。

第四节　德育工作的质量管理

德育质量包括德育工作质量和学生思想品德的质量。如何进行质量管理,以保证德育工作管理任务的实现，是德育工作管理的关键问题。为此，必须制订具体的标准，设计管理程序，进行科学的考核、控制和评价。

一、制订德育工作的质量标准

（一）明确德育质量标准的依据

党中央、国家教育部制定的一系列德育工作文件，是制订德育质量标准的政策依据。这些文件主要有：《中共中央关于改革和加强中小学德育工作的通知》、《中共中央关于改革学校思想品德和政治理论课程教学的通知》以及原国家教育部制定的《中学德育大纲》、《中学生守则》、《小学生守则》、《中学生日常行为规范》等。

（二）把握德育质量标准的内容

《中学德育大纲》反映了党和国家对中学生政治、思想和道德素质的基本要求。据此可知，初、高中阶段各自的德育质量标准的基本内容是：

初中阶段：初步的马克思主义常识教育、爱国主义教育和国际主义教育、理想教育、道德教育、劳动教育、社会主义民主法制和纪律教育、身心卫生和个性发展教育。

高中阶段：马克思主义常识教育、爱国主义教育、国际主义教育、理想教育、道德教育、劳动教育、民主法制与纪律教育、身心卫生和个性发展教育。

除此，还要随着经济、政治形势发展，进行形势任务和时事政策等教育，结合纪念重大节日进行革命传统教育，结合有关学科教学和各种课外活动进行审美教育。

明确了德育质量标准的依据、原则和内容，在制订德育质量标准时，就有法可依，有章可循。然后，按照初高中阶段分年级按内容进一步具体化，制订出实施标准的细则，如各年段的具体要求，优秀学生的具体标准，优良差生等各类学生的具体标准等，那么，德育的质量管理就切实可行了。

二、加强德育工作的质量控制

加强德育工作的质量控制，主要是通过日常工作进行，即排除不利因素，采取多种有效方法，使质量标准得以实现。其中制订德育工作计划、组织实施、督促检查、分析总结，使德育管理过程得到正常运转。此外，还可以采取以下方法：

（一）提出德育质量控制指标

(1)思想认识：主要按《中学政治课教学大纲》的教学目标、考试内容。要求及格率达到100%，优生率达85%。

(2)道德行为标准：按《中学生守则》和《中学生日常行为规范》、《小学生守则》进行评定，等级可为优、良、中、及格、不及格等。要求不及格不能超过5%，良好以上要达80%。

(3)差生转化指标：品德方面的差生率是指操行等级在及格和不及格之间的学生占有率。要求差生的转化率必须大于30%。

(4)违法犯罪不能超过指标：违反法律及治安管理条例拘留以上的处罚者，不能超过万分之八。

(5)学生集体精神面貌:做到文明礼貌、团结友爱、遵守纪律、清洁卫生、勤奋学习的人数占80%以上。

(二)统计分析

把学生德育工作状况的统计数据、资料进行统计学的数量处理。可以用一个班、一个年级为单位进行分析:学生的政治课成绩是上升还是下降?幅度多大?后进生的转化是否提高?违法犯罪率是上升还是下降?……然后制成图表,发现问题,分析原因,采取措施,解决存在的问题。

(三)评比奖惩

奖励和处罚,是德育工作的方法之一,也是德育质量控制的重要手段。评比可以在学校内、年级内和班级内进行,对评出的先进集体和个人要大力表彰。对后进生要进行批评帮助,但要以表扬为主,批评惩罚为辅,着眼于教育提高。

提出质量控制指标要审慎。可以先试点,后逐步推广和完善。必须注意的是,德育质量控制,是一项长期的经常性工作。因此,要系统整理德育质量管理资料,健全档案。否则,临渴掘井,德育质量管理无据可依,德育的质量控制就难以发挥应有的作用。

三、做好德育工作质量的评价

德育的质量,具体反映在工作质量和成果质量两个方面。做好德育工作质量的评价,应全面考核、分析这两个方面。

(一)德育工作的质量评价

德育工作的质量评价是按照《中学德育大纲》和《小学德育大纲》的要求,对评价对象已完成的工作做出肯定或否定的判断,它们是实现对德育工作导向、激励、调控功能的重要手段。这种评价包括:学校各部门的作用发挥情况如何和教职工德育职责落实的情况等方面。

1.德育工作质量评价的几点要求

(1)应坚持肯定评价与否定评价相结合,以肯定评价为主;

(2)评价德育工作过程与评价实绩相结合,重视德育过程的评价;

(3)客观性与主观性评价相结合,以客观性评价为主。要重视和尊重学校各部门的自我主观性评价,但要以上级部门和兄弟学校的客观性评价为依据,综合好两个方面的评价;

(4)应把评价工作与指导工作结合起来;

(5)形成性评价与终结性评价相结合,重视形成性评价。终结性评价是对活动结果的评价,形成性评价则是通过揭示存在的问题、反馈的信息,以促进德育工作改进的而评价。

2.德育工作质量评价的实施

(1)教学中的思想政治教育——教书育人。首先,要看教育思想是否端正,是否具有育人意识;其次,从教师教案中检查是否落实了有关思想教育的内容;再次,看学生的群体精神面貌,思想提高幅度是否大;最后,检查政治课期末考试的成绩。

(2)班主任工作。首先,要看是否制订并执行了德育工作计划;其次,要看是否形成班风好、学风好的健全的班集体;再次,要看执行计划开展活动的效果;最后,要看班集体在校级、县级以上的评比中是否跨入先进行列。

(3)共青团、少先队、学生会工作。首先,要看是否制订并执行了德育工作计划;其次,要看执行计划开展活动的效果。

(4)管理工作的评价。首先,要看是否制订并执行了德育工作计划;其次,要看是否形成运转正常的德育网络格局;再次,要看德育工作的实绩。

对学校德育工作的评价,主要采取多看、多问、多听的方法查阅各种书面材料,进行听取口头汇报,组织座谈会、问卷调查等。一般先是自评再他评,最后评分定等,写出书面评价结果。

(二)德育成果的质量评价

学生的德育成果质量,具体反映在思想品德的面貌上。对学生思想品德面貌的评价,即传统的操行评定。如何科学地评定学生的操行,是德育质量评价的重要课题。根据近年来教育学和心理学的研究,操行的结构既包括一定的活动系统,又包括这些活动中的态度系统。

1.操行评定的原则

(1)客观性原则:所谓客观,就是评定的对象和评定的标准相结合,既不随意拔高,也不随意压低。要采取实事求是的态度,不能主观臆断和掺杂个人感情,要调查研究,力求公正准确。

(2)全面性原则:一是评定的标准和内容要全面;二是全面发展地看待学生,科学地分析优点,既要看他们的行为结果,又要注意目的动机,并使二者有机结合。

(3)民主性原则:要充分发挥班主任、科任教师和学生的作用,实行学生自评、小组评和班主任评的有机结合,防止压制民主或放任自流。

(4)定性定量原则:定量是定性的基础,定性则是定量的出发点和归宿,做到定性评述与定量评判的有机结合与统一。

2.操行评定的方法

近年来,操行评定改革可以归纳为以下几种主要的原则性方法:一是等级评定法,二是评分评定法(加减分数,积分测试评分法),三是人际关系评定法,四是人格评定法,五是模糊数字评定法。这里简单介绍等级评定法和评分评定法。

(1)等级评定法,即定性化量法。这是在调查研究的基础上,通过对学生的政治思想、品德、学习、劳动、纪律等方面的分析,进行文字评述,评定等级。按规定可分为优秀、良好、及格与不及格四个等级。等级评定法,偏于定性评述,若缺少充分的定量评判的结合,则会反映出教师的主观意向大,客观性较差。

(2)评分评定法,即定量计分法。这是在分解德育目标的基础上,把学生的思想行为划分成若干因子,每个因子又按优、良、中、差分成若干等次,确定不同因子的不同数量,明确计分标准,最后按分数高低评定优劣,确定等级。优点是计分标准比较客观,评定的结论有数量为依据。缺点是用固定的计分模式反映学生经常发展变化的思想品德,往往也不准确,容易产生脱离实际的倾向。

以上两种评定方法要相互结合，才能对学生的操行作出比较正确的评定。

3. 操行评定的管理

(1)学校要有一名校级领导分管此项工作，对学生操行评定的优秀或不及格者，要经校长或政教主任审定。

(2)中学非毕业年级学生，操行成绩不及格者，可以按试读生办理；毕业年级学生，操行不及格者，按肄业办理；初中学生学习成绩优良、操行连续三年为优秀等级者，可作为免试保送学生对象。

(3)中学凡由原校转出或毕业的学生，到新的学校或工作岗位后，一年内在道德品质、思想政治等方面有严重问题，并查明这些问题在原校确已发现，而在操行中加以隐瞒的，应追究原校有关人员的责任，并作出严肃的处理。

【要点小结】

1. 学校德育工作管理的任务有以下几个方面：坚持正确的政治方向，全面落实德育的首要地位；健全德育工作的管理制度，建立良好的教育秩序；全员参与，组织好德育管理的队伍；认真做好计划、组织和协调工作，提高德育工作质量；深化德育工作管理的改革，开展科学研究，提高德育工作科学管理的水平。

2. 德育工作的组织管理。首先，需要完善德育工作管理的领导体制；其次，要健全合理的德育工作管理机构；再次，建立两个有效的指挥渠道，即在校长领导下，通过管理教学的教导主任指挥各科教研组和教师，实现对学生德育工作的管理。另一条是与政治工作密切结合的渠道，即在校长的领导下，通过管理德育的政教主任指挥各年级和班主任，并在党支部领导下的群众组织——工会、共青团和学生会的配合下，实现对学生的德育工作管理。

3. 对德育工作实施的各途径主要包括教学活动、班主任工作、团队会活动、课外活动、校外教育工作等方面。

4. 德育质量包括德育工作质量和学生思想品德的质量。德育质量管理，首先，要制订德育工作的质量标准；其次，加强德育工作的质量控制；再次，做好德育工作质量的评价。

【学业评价】

1. 德育工作主要通过哪些途径得以开展？如何管理好德育工作各途径？

2. 如何进行德育工作的质量评价？

【参考书目】

1. 邓小平. 邓小平文选[M]. 北京：人民出版社，1983

2. 陈孝彬. 教育管理学[M]. 北京：北京师范大学出版社，1999

第十三章

体育卫生工作管理

【本章知识结构】

- 体育卫生工作管理的任务
- 体育卫生工作管理的要求
- 体育卫生工作管理系统
  - 组织系统
  - 管理制度
- 体育工作管理
  - 体育课的管理
  - “三操”和课外体育活动的管理
  - 运动会和体育竞赛的管理
  - 运动场地和体育设备设施的管理
- 卫生工作管理
  - 教学卫生管理
  - 体育锻炼的卫生管理
  - 劳动卫生管理
  - 疾病的防治管理

【学习目标】

1. 了解体育卫生工作管理的任务和要求。
2. 学会制订体育卫生工作的管理制度。
3. 熟悉体育卫生工作管理的各环节，能在实际工作中实施管理要求。

第一节　体育卫生工作管理的任务和要求

体育卫生工作管理是全面贯彻党的教育方针的一项重要工作，是整个学校管理工作的重要组成部分。中小学生这个时期正处于长身体的重要时期，他们的身体健康状况关系着年青一代的未来，也关系着民族的强弱和国家的盛衰。因此，必须加强对体育卫生工作的管理，促使体育卫生工作管理正规化、科学化。

体育卫生工作意义重大，必须充分予以重视。管理好这项工作，使其在提高学生身体健康水平和提高学校教育质量方面发挥应有的作用。

一、体育卫生工作管理的任务

根据《中小学工作条例》、《中小学体育教学大纲》和《中小学卫生工作》规定的要求，学校体育卫生工作的根本目的是增强学生的体质，提高健康水平；培养良好的体育卫生习惯；进行共产主义思想品德教育，树立良好的体育道德风尚。为达到此目的，学校体育卫生工作管理必须完成以下任务：

(1)认真贯彻执行《中小学体育工作规定》、《中小学卫生工作规定》和《中小学体育教学大纲》等的规定和要求，积极推行《国家体育锻炼标准》；

(2)建立健全学校的体育卫生工作领导和管理组织；加强体育卫生工作的队伍建设，明确分工和职责范围；

(3)建立健全学校的体育卫生工作制度，并严格监督执行情况；

(4)搞好学校体育卫生工作的计划、检查、总结工作。不断总结经验、探索规律，提高领导与管理的科学水平。

二、体育卫生工作管理的要求

为完成体育卫生管理的任务，体育卫生工作管理必须遵循以下要求进行：

(一)全面贯彻教育方针，摆正工作的位置

我们办学的根本目的，是提高德、智、体的质量，正确处理三者的关系。从体育与德育、智育的关系来讲，身体是德、智发展的物质基础，毛泽东同志早年在《体育之研究》一文中就明确提出："体育一道，配德育与智育，而德智皆寄于体，无体，是无德智也。"人的一生，成长发育最迅速的时期是中小学时期。在这时期，通过体育锻炼，增强体质，对现在的学习或将来参加国家建设，都是非常必要的。身体健康，精力充沛，也就为学习科学文化知识奠定了必要的物质基础。有了物质基础，学生的智力才能得到较好的发展，并能顺利完成学习任务，将来才能更好地担负起四个现代化建设的重任。体育本身又是德育的一个重要手段，通过它可以把青少年学生引导到健康有益的活动方面来，在活动过程中培养集体主义精神、遵守纪律等高尚的道德品质。学校管理人员应从中小学的教育目标出发，处理好德、智、体三者的关系，摆正学校体育卫生工作的位置，克服片面追求升学率以及忽视体育的倾向。其具体要求是：做到在学校整体规划上将体育卫生工作放在一定的位置，实施中有措施，检查时有标准，总结时有评估，财力物力有保证。

(二)按身心发展规律和规定进行科学管理

应按青少年身心发展规律及国家对体育卫生工作的有关政策和规定，进行科学的管理。

(1)全面锻炼促进身心发展。身心发展是指学生身体的各部位、各器官系统和机能、各种身体素质和基本活动能力，都得到发展。只有实行全面锻炼，人的体质才能得到全面的加强。学校管理人员应做到按照有关规定的要求，结合学生实际，全面科学地安排体育工作。对于部分学生，为了在某个专项上提高运动技术水平，争取好的成绩也是必要的、

允许的。

(2)坚持锻炼持之以恒。身体素质的增强,需经过长时间的、坚持不懈的系统锻炼才能生效。锻炼身体也和做其他工作一样,不能一曝十寒。毛泽东同志在《体育之研究》一文中就指出:“凡事皆宜有恒,运动亦然。”说明锻炼身体“贵在坚持”的重要性。因此,学校领导管理人员,要注意安排体育课、课间操和课外体育活动,确保学生每天至少有一小时的体育锻炼时间,培养学生经常参加体育活动的习惯。

(3)循序渐进逐步提高。循序渐进,是指安排运动量和学习技术要从实际出发,逐步深化,不断提高。运动量是指体育锻炼时机体的生理负担量。它是由运动的距离、强度和时间等因素决定的。在经常锻炼的过程中,体育运动时会引起一系列的生理反应,这就有个逐渐适应的过程。适应之后,又可在新的基础上增加运动量,促使人体各器官系统的机能进一步提高,这即是循序渐进的增强体质的过程。对运动技术的学习,也应从实际出发。由易到难,由简单到复杂,并注意防止企图在短时间内通过不适当的加大运动量来提高运动成绩的错误做法,这是学校领导管理人员应当注意的。

(4)注意年龄性别和个性差异。中小学生的年龄,从儿童或少年期到青春期,其差别都很大,表现在其身体发展的水平不同,心理发展的状况亦不相同。就是在同一年龄阶段,由于性别不同,两者的差异也很大。个体之间,也由于各种因素的作用而存在着差异,表现在不同学生在承担运动量绝对水平上的差异,也表现适应运动量的变化能力不一致,以及掌握动作技巧的准确和所需时间的悬殊。同样,中小学生对卫生知识的掌握和良好卫生习惯的养成,也是一个从易到难、循序渐进的过程,学校领导管理人员应根据这些特点和差异区别对待,进行教育、管理。

(三)正确处理普及与提高、预防与治疗的关系

(1)普及与提高的关系。普及与提高是对立统一的,是相互制约,相互依存,而又互为条件的。普及,就是加强基础训练。上好体育课,开展包括《国家体育锻炼标准》在内的多种多样的群众性体育活动;加强早操、课间操、眼保健操和课外体育活动的管理。提高,包括两层意思:一是普遍地在原有的基础上的提高,把广大学生的体质水平和运动技术水平向前推进一步;二是重点的提高,对部分基础较好、有某种运动特长的学生的提高。如建立运动队,训练体育活动骨干,为国家输送合格的体育人才。但学校体育的提高与专业训练是不相同的,它应服从于学校的培养目标,为增强学生体质服务。学校领导管理人员应有效地处理好普及与提高的关系,使二者有机结合起来,推动学校体育活动广泛地开展。

(2)预防与治疗的关系。《中小学卫生工作规定》已明确指出:“学校卫生工作的主要任务是贯彻‘预防为主’的方针。预防为主,就是要加强卫生教育,卫生监督,卫生保健以及疾病预防等方面的工作。在这个前提下,做好疾病治疗工作。”这是处理学校卫生工作中预防与治疗关系的正确方针。防中有治,治中有防,二者紧密相连。学校管理人员应正确认识、认真贯彻这一方针,促进学生身体的正常发育。

(四)体育锻炼与卫生保健相结合

学校的体育卫生是促使学生身体健康发育的两个重要方面。体育是通过身体锻炼引起机体发生量和质的变化,从而提高机体的工作能力。卫生是通过疾病防治维护机体的

正常生理功能，从而保持机体的工作能力。概括地说，前者起到发展身心的作用，后者则起到保证健康的作用。若不进行体育锻炼，就不能增强体质；不讲究卫生，就不能保持健康。因此，在积极开展体育活动的同时，必须加强卫生保健工作，两者相辅相成，互相促进，使学生身体正常发育，健康成长。学校领导管理人员，应将体育工作人员和卫生工作人员组织起来，紧密配合，共同研究，以便搞好学校的体育卫生工作。

（五）从学校实际出发因地制宜开展体育卫生工作

学校的条件，千差万别。从师资、生源到场地设备，都有差异。开展体育卫生工作，一定要从本校的实际出发，发挥主动性、积极性，群策群力，挖掘潜力，不断改善条件，充实设备。采取小型多样的形式，克服各种条件的限制，把群众性的体育活动开展起来，完成体育工作的任务。卫生工作应根据自己的条件，在具体工作中，加强卫生知识的宣传教育和卫生监督，坚持预防为主，促进学生身体的健康。

学校领导管理人员，要从本校实际出发，确定体育卫生工作的具体目标，向体育卫生工作人员提出适当的要求。同时，又要根据《体育教学大纲》和《中小学体育卫生工作规定》的要求，开辟场地，添置设备，为开展体育卫生工作创造条件。

第二节　体育卫生工作的组织管理

加强对体育卫生工作的组织管理，建立健全体育卫生工作指挥系统和各项制度，是提高体育卫生管理工作很重要的方面。

一、体育卫生工作管理的组织系统

要搞好学校的体育卫生工作管理，学校领导必须提高认识并予以重视，建立和健全体育卫生工作的组织管理系统。

（一）组织领导机构

(1)领导核心。由学校的校长或副校长中的一人分管体育卫生工作，有的大型学校，专设体育卫生处；有的由教导处分管体育，总务处负责卫生；也有的学校则两者都由教导处或政治教育处负责。

(2)“体育卫生委员会”或“体育卫生领导小组”。学校的体育卫生是一项十分复杂的工作，涉及的面广，学校可在分管校长的主持下建立“体育卫生委员会”或“体育卫生领导小组”，吸收教导主任（含体卫处主任）、总务主任、体育教研组长、校医（或保健教师）、团队负责人及其有关人员组成。有的还可有教师代表和学生代表参加，委员会或领导小组根据教学计划和学校工作计划的要求，统一领导、组织和指挥学校的体育卫生工作。

此外，学校还成立有体协分会、红十字会等一些群众组织，促进群众性的体育卫生活动更好地开展。

（二）体育教研组和卫生室

这是学校的专职体育卫生组织。建设好教研组和卫生室，明确各自的职责，对开展学校的体育卫生工作有重要意义。

(1)体育教研组。体育教研组必须认真执行体育工作计划，履行好教研组的职责。其职责是：①根据教学计划，协同有关部门制订学校体育工作计划。②组织全组教师业务进修，开展教研活动和体育科研工作，努力提高体育课教学质量。③组织好早操、课间操和课外体育活动，搞好运动队训练和校内外的竞赛活动。④协助卫生室搞好学生的体检工作，并协同校医一起研究改进学校的体育卫生工作。⑤向师生进行体育知识的宣传教育工作。⑥协助总务处做好体育器材的选购、维修和保管工作。

(2)卫生室。中小学一般在教导处之下设卫生室，卫生室在认真执行学校有关卫生工作计划中，履行好自己应尽的工作职责。其职责是：①贯彻预防为主的方针，积极开展卫生宣传教育工作，重点做好学生的防病工作。②开展学生疾病的矫治工作。③监督教学卫生，体育卫生，生产劳动卫生，生活卫生并督导学校环境卫生和个人卫生。④组织学生体检，实行健康监测，建立保管学生的健康档案，掌握和研究学生的生长发育和健康状况。⑤组织、培训和指导学校卫生员的工作，向学校领导汇报卫生工作情况，提出建议、方案和具体措施。学校卫生室隶属教导处，同时接受卫生防疫业务部门的指导。

(3)学校共青团、少先队、学生会应设体育生活部，各班委会设体育生活卫生委员。在学校统一领导下，协助体育组和卫生室开展群众性的体育卫生工作。

二、体育卫生工作的管理制度

为有效地对体育卫生工作进行管理，使学校体育卫生工作能够有条不紊地进行，学校领导人员必须从实际出发，依靠体育卫生工作人员，制订必要的规章制度，使体育卫生工作经常化、制度化。

(一)体育卫生工作计划

制订体育卫生工作计划，是搞好学校体育卫生工作的保证。体育卫生计划的制订可分全学期综合计划和单项计划。综合计划如在一学期内进行的全校性的和班级间的体育卫生活动、文明礼貌月关于卫生工作的活动等，本着统筹兼顾的原则，科学安排。有些涉及全校的重要活动，如全校运动会、文明礼貌月活动等，在执行时要制订单项计划。

(二)学生生活作息制度

学生生活作息制度，是指对学习和业余生活的安排，包括以下三方面：

(1)规定作息时间。根据有关规定，学生的学习时间，包括上课、自习和课外活动时间在内，小学生每日不超过六小时，中学生不超过七小时。学校安排作息时间表，要控制学生实际的负担量，走读生要规定离校时间，星期日和节假日及课外活动时间不集体补课，对学习成绩差的学生进行必要的辅导，也要适当控制时间。任何教师不得占用学生的休息时间和课间操、眼保健操时间。

(2)保证休息和课外体育活动时间。根据年龄特点，保证学生有足够的睡眠时间，小学生每天不得少于 10 小时，初中生不少于 9 小时，高中生不少于 8 小时，夏季还要安排午休时间，寒暑假保证休息。学校除每周两节体育课外，要保证“两操”、“两锻炼”，并做到每天有一小时的体育活动。对于住宿生还应安排早操及个人卫生活动时间，使他们养成良好的生活习惯。

(3)合理分配社会活动及文体活动时间。学生的社会活动是少先队、共青团、学生会活动以及校内外的公益劳动等。根据规定,学生参加这些活动,每周总计不得超过两小时,学生干部最多不得超过3小时。此外,对于课外文体活动,每周至少应安排一次,可全校安排,也可分年级安排。

(三)体检制度

为及时掌握学生的发育和健康情况,学校应对学生进行定期身体检查。在新生入学时和学生毕业前,进行比较全面的检查,平时每年检查一次。检查后要进行统计分析,提出矫治保健措施,并建立健康卡片。对学生的常见病、多发病、营养情况等进行调查统计,积累资料,使学校体育卫生管理工作建立在科学的基础上。

(四)实施《国家体育锻炼标准》和学校体育竞赛制度

(1)《国家体育锻炼标准》是我国的一项体育制度,是促进学生正常发育,提高学生体质的重要制度。订出计划,落实措施积极实行。每学期进行一次"达标"测验,测验项目根据规定事先公布,测验成绩要如实记载,连同体育成绩、参加运动会的成绩,一并存入档案。

(2)体育竞赛是推动普及、促进提高的有效方法,分校内校外两类。校内又分学校、班际和班内三级。内容有全校性运动会,选拔赛、对抗赛、邀请赛及单项比赛。竞赛应列入体育工作计划,做到目的明确,要求具体,组织周密,任务落实。坚持小型多样、校内为主的原则和"友谊第一,比赛第二"的竞赛精神,不断提高竞赛效果,达到预期目的。

(五)学校环境卫生保洁制度

学校环境卫生是培养学生良好卫生习惯的重要条件,也是学校精神面貌的一个重要体现,必须予以高度重视。学校环境卫生须做到:

(1)建立分区包干、责任到班和经常检查的评比制度。坚持每天一小扫,每周一大扫及各种节假日前的更大、更彻底的扫除制度。

(2)建立定期和不定期的个人卫生检查制度。做到环境卫生与校园美化、绿化相结合,创造优美的环境,促进学生全面发展。

第三节 体育工作管理

一、体育课的管理

体育课是中小学教学计划中规定的一门必修课,是学校体育工作的基本组织形式,是各项体育活动的基础。学校领导管理人员,必须抓好体育课这一体育工作的中心环节,努力搞好体育课的教学质量。

(一)抓"大纲"明确体育课的目的任务

"大纲"规定了学校体育教学的任务、教材体系和对教学的基本要求,指明了体育教学的基本方向,是国家指导学校体育教学的指令性文件。学校领导管理人员应组织体育教师一起认真学习和贯彻执行“中小学体育教学大纲”,用“大纲”精神指导教学。明确中小学体育教学的根本目的在于增强学生体质。根据这一目的,“大纲”提出体育课教学主要有三项基本任务:一是锻炼身体,增强体质;二是学习体育的基础知识、基本技能和基本技巧;三是向学生进行思想政治教育。三者之中应抓住增强体质这一中心任务。

(二)抓“质量”慎重制订“量标”

加强体育课的教学管理,基本工作在于慎重制订“量标”,使教研组和全组教师对教学有一个统一的认识和准确的评价,从而不断地提高教学质量。制订“量标”应从体育课的基本任务出发,突出增强体质这一根本目的。做到“教、学、练、育”四统一,“量标”的内容为:

(1)教学中教师的主导作用和学生的主体作用的发挥,较好地完成教学任务。

(2)合理选择和安排教材。

(3)运动密度和运动负荷安排合理,学生获得必要的炼身实效。

(4)学生能正确地学习和掌握一定的体育基础知识、基本技能和基本技巧。

(5)教师熟悉教材,教学原则运用恰当,教学方法使用灵活,示范动作准确、熟练、轻快、优美。

(6)在教学过程中能结合教材对学生进行思想品德教育,培养良好的道德品质。

(7)对男女学生和病残体弱学生能区别对待,免上体育课的学生都能到课见习,参加集合且有安排。

(三)抓“计划”备好课

(1)教学工作计划。是学校体育工作的重要组成部分,它是根据国家规定的“体育教学大纲”和教材,对学校体育教学工作的科学的系统安排,是体育教师进行教学的主要依据。体育教师应根据大纲的要求钻研教材,在学期开始前订好学期教学计划和进度,并根据实际和本校条件,写出下周的课时计划,课时计划课前要熟悉,并做好场地、器材的安排。还应考虑因季节和天气变化将教材作适当的调整和更改,使上课能顺利进行,完成教学任务。

(2)备课。教师的备课要做到:一备教材,二备学生,三备场地、器材。要特别重视教师的讲解和示范动作,准确的示范动作是上好体育课的关键。注意组织集体备课,以便对具有代表性的问题共同研究解决。

学校领导管理人员,对学期体育计划要进行检查,有不妥之处,要同教师商量修改。对课时计划可适当抽查,坚持无计划不上课的制度。学校管理人员还应适当参加教师的备课和听课,以便指导教学。

(四)抓“常规”建立正常教学秩序

制订教学常规,不仅有助于建立体育课的正常教学秩序,而且还能加强学生的思想教育,培养学生守纪律、讲文明、懂礼貌的优秀品质。其内容包括:出勤情况的报告制度,请假手续的规定,安全措施,穿着要求,陈列、收检器材和爱护场地的规定,以及教师的言传身教等规定,都必须严格执行,严禁“放羊式”的体育课。

(五)抓"总结"探索教学规律

每个体育教师、教研组在学年结束时,都要写教学经验总结以肯定成绩,提出问题,改进工作,同时积累资料,以进行体育教学规律的不断探索。

二、"三操"和课外体育活动的管理

"三操"和课外体育活动是体育课的继续和补充,是巩固和扩大体育课的有效途径,是学生进行体育锻炼的重要组织形式,是学生的身心健康发展不可缺少的,必须加强管理。

(一)"三操"的管理

"三操"指的是早操、课间操和眼保健操。

(1)早操和课间操的管理。早操和课间操对身体具有全面锻炼的功能,起着调节精神、提高学习效果、进行思想纪律教育的作用。课间操安排在上午第二节课后进行,以广播操为主。冬季以课间操为主,夏季以早操为主,走读生的早操可在家里进行。场地不足的学校,课间操可在室内如过道、走廊进行。集体操练要求集合迅速、安静,动作整齐、认真。班级之间可以组织互相检查、评比,以提高操练质量。

(2)眼保健操的管理。眼保健操是保护学生视力的有效措施,宜安排在每天上午第四节课前和下午的第二节课前各一次,由这两节课的教师和班干部负责组织。要求穴位准确,手法正确,用力得当,姿势正确。操后还应向窗外远眺一分钟,使眼保健操更有成效。

(二)课外体育活动的管理

课外体育活动是指每天下午课余的体育活动,活动的内容可以《国家体育锻炼标准》为中心,开展各种小型、多样、灵活、自由的运动锻炼,也可以班、小组为单位,因地制宜地开展。体育课教师应把活动内容事先作出安排,班主任负责领导教育,学生干部负责组织,也可由少数体育爱好者负责组织活动。

学校领导管理人员对"三操"和课外体育活动的管理,要保证时间,加强组织,严格要求。

三、运动会与体育竞赛的管理

(一)运动会的管理

学校运动会是检阅学生体质和运动技术水平,选拔运动人才,推动学校群众体育运动的好形式。学校领导管理人员应抓好如下几个环节:

(1)做好宣传工作。使学生明确认识运动会的目的。在比赛期间,可通过广播或小报,及时报道成绩和表扬好人好事。对比赛中出现的不良作风应及时纠正,防止和克服锦标主义。

(2)做好组织工作。保证运动会顺利地进行,组织工作十分重要。运动会由校长主持,体育教研组负责组织和裁判,教职工参加工作,团、队、学生会及各班班委会配合,这样,既能鼓舞学生开好运动会的士气,又调动了学生的积极性。

(3)做好场地及器材的准备工作。运动会前,就应认真平整场地,检查器材,加强保护措施，防止运动会开始后伤害事故的发生，影响成绩的提高。

(二)体育竞赛的管理

体育竞赛不仅能推动群众性体育活动的开展，丰富学生的生活，而且有助于培养学生的荣誉感和集体主义精神。应坚持“小型、多样、课余”的原则，并与《国家体育锻炼标准》结合起来。根据季节特点，开展全校、年级或班级间的比赛，也可组织校际间的比赛。次数不宜过多，以免影响学生的学习和休息，打乱正常的教学秩序。

此外，根据学校的不同条件和校际比赛的需要，可组织各种校运动队。运动队要有专门的体育教师负责组织和训练。训练时间每周二至三次，每次时间以 60 分钟左右为宜。应教育和培养出思想好、作风正、技术精、纪律严的运动队伍。

四、运动场地和设备的管理

运动场地和设备是学校体育工作的物质基础。学校领导管理人员应努力搞好运动场地，充实器材设备。建立体育器材保管室，配专人负责保管、维修和场地管理。同时建立制度，并教育学生爱护场地、器材和设备，延长其使用寿命。

第四节　卫生管理工作

学校在积极开展体育活动的同时，须重视搞好卫生管理工作，促进学生身体健康和培养良好的卫生习惯。

一、教学卫生管理

对教学工作的卫生管理，有助于发展学生的智力，因此学校领导管理人员应予以重视，做好管理工作。

(一)做好课程安排

课程安排要有利于学生的健康，符合科学用脑要求。中小学生一般是上午注意力集中，上午第四节或下午疲劳现象逐渐增加。因此，安排课表时，中学应将比较难的、需要理解力强的课程安排在上午第一、二节，小学在第二、三节，较容易和不太需要理解力的课程可安排在第四节或下午，但不能够一个科目连上两节。

(二)控制学生学习负担

严格控制学生的学习负担，要根据国家教委规定，严格控制课时、课外作业的分量和考试次数，使学生的学习负担不要过重。并且严格控制教师占用学生的自习、课外活动和课余的休息时间，限制将节假日和星期日用来给学生补课，并注意学生学习时用眼的卫生。

(三)培养学生正确的学习姿势与习惯

主要是抓教师在教学时对学生良好的学习习惯的培养，正确的坐、立、读、精辟姿势的教育。要求学生坐要正，立要直，读书写字要做到眼睛距书本一尺，胸口离桌一拳，手指离笔尖一寸，不用嘴、牙咬笔杆或毛笔尖。教师的板书要大小适当，整齐规范。班主任应定期调整学生的座次。课间休息应动员学生到户外活动。并注意教学设施符合卫生要求，如桌椅高度适当，教室的通风、采光符合要求，黑板不反光。

二、体育活动的卫生管理

搞好体育卫生管理，是保证学生体育锻炼取得良好效果的重要条件之一，体育锻炼的卫生管理要求是：

(1)体育活动前做好准备活动，活动后做好整理活动，活动时要穿合适的衣服和鞋子；

(2)锻炼难度和时间的要求，要适合学生的年龄、性别和体力特点，分组进行不同要求的锻炼；

(3)饭前、饭后不做剧烈运动，避免消化系统受损伤；

(4)对有病和体质太弱的学生，可组织其进行保健性锻炼，对有心脏病的学生，应停止其参加锻炼。

三、劳动卫生管理

中小学生正处在长身体的时期，缺少劳动经验，学校领导人员在组织他们参加劳动时，应把卫生监督放在重要地位，做到：

(一)控制劳动强度

学生参加劳动，强度要适当，不能过高，不搞经济承包，也不搞竞赛和突击，更不能加夜班。安排劳动要注意年龄、性别和体质的特点，安排相应适合的劳动，对有病的学生或女生的特殊情况，应免除或安排轻微劳动。

(二)加强劳动保护

学生参加劳动应有一定的设备与措施，如通风、降温、防寒等。劳动保护工作要做好，不能让学生在无保护的情况下进行劳动，更不能让学生参加有危险的、有毒的劳动。

(三)定期进行安全检查

劳动中要注意安全教育，遵守操作规则，制订安全措施，预防房屋倒塌、失火、触电、溺水、食物中毒、煤气中毒、工伤事故的发生。

四、疾病的防治管理

中小学生正在发育阶段，对疾病的抵抗能力较差，又生活在集体环境中，传染病容易流行扩散，在学校加强疾病的防治管理工作，更有其特殊意义。

(1)卫生知识教育。主要是常见病及传染病的预防常识教育，了解发病起因，采取相应的预防措施。

(2)建立常规检查制度，加强疾病防治工作，尤其是对流行性疾病的监测。

(3)建立卫生员制度，实行卫生监督，以加强对疾病防治的有效性。

(4)建立卫生保健制度,主要对医疗经费合理使用,设备、药品科学管理。

(5)确定师生员工的健康标准,加强体育锻炼,养成良好的饮食卫生工作习惯。

(6)加强环境卫生管理,消除其污染源,杜绝传播媒介的滋生。

(7)对疾病出现采取必要措施加以控制,尤其对突发性及流行性疾病,既要对致病者进行隔离、控制、治疗,又要查清病源。

【要点小结】

1. 学校体育卫生工作管理的任务是认真贯彻执行《中小学体育工作规定》等规定;建立健全学校的体育卫生工作领导和管理组织;加强体育卫生工作的队伍建设,明确分工和职责范围;搞好学校体育卫生工作的计划、检查、总结工作。

2. 体育卫生工作管理要求由学校的校长或副校长中的一人分管体育卫生工作,有的大型学校,专设体育卫生处;有的由教导处分管体育,总务处负责卫生;也有的学校则两者都由教导处或政治教育处负责。建设好教研组和卫生室,健全体育卫生工作的管理制度。

3. 体育工作管理需要抓好体育课的管理,落实"三操"和课外体育活动的管理,搞好运动会与体育竞赛的管理,搞好运动场地和设备的管理。

4. 卫生工作管理要落实好教学卫生管理体育活动的卫生管理,劳动卫生管理,疾病的防治管理。

【学业评价】

1. 体育卫生工作的主要任务是什么?

2. 如何搞好体育工作管理?

3. 如何搞好学校卫生工作管理?

第十四章

美育工作管理

【本章知识结构】

- 美育工作管理的任务
- 美育工作管理的要求
- 美育工作管理的原则
  - 内容上思想性和艺术性的统一
  - 途径上渗透形态与独立形态的统一
  - 审美心理上情感体验和逻辑思维的统一
  - 工作设计上整体性和参与性的统一
- 美育管理的内容和方法
  - 美育思想管理
  - 艺术教育管理
  - 学科教学中的美育管理
  - 课外活动中的美育管理

【学习目标】

1. 了解美育工作管理的任务和要求。
2. 熟悉美育工作管理的内容，掌握美育工作管理的方法。

第一节　美育工作管理概述

美育是学校全面发展教育的重要组成部分，如果说没有美育的教育是不完全的教育，那么没有美育管理也就是不完全的学校管理。因此，加强学校美育工作管理具有多重意义。

一、美育及美育管理的意义

美育即审美教育，是指学校培养学生认识美、欣赏美、创造美和体现美的思想、感情和能力的教育活动。在《中国教育改革和发展纲要》中特别强调："美育对于培养学生健康的审美观念和审美能力，陶冶高尚的道德情操，培养全面发展的人才，具有重要作用。"美育是其他教育不能替代的。美育工作管理就是要求学校管理者按照美的规律来管理学校,使学校师生员工身心和谐、健康的发展,使校园环境美丽整洁,有良好的校风、校貌。总之,美育管理既是学校管理强有力的手段,又是获得管理效果的必然要求,它所带来的人与人、人与社会、人与自然的和谐,合规律、有秩序的社会韵律,是其他教育所不能代替的。所以,加强学校美育工作管理的意义就在于:第一,保证教育方针的全面贯彻,使学生在德智体美劳各个方面得到全面和谐的发展。第二,促进学校社会主义精神文明建设。社会主义精神文明不仅本身包含有美和审美的内容,而且各个方面的建设都不能缺少美育这个重要手段和途径。第三,提高学校整体管理水平。美育促使人们按照美的要求、规律来管理学校、美化学校,促使人们在管理实践中体现自己的理想、感情、道德和才智。学校校风校貌和校园环境、学校师生行为举止和精神风貌、文化氛围都渗透着美育的力量和效果。加强学校美育工作管理,努力创造环境美,积极提倡语言美,大力表彰行为美,全面培养心灵美,就能有效地推动学校精神文明建设,从整体上提高学校管理水平。

二、美育工作管理的任务和要求

(一)端正指导思想,认清学校美育任务

学校美育工作管理的首要任务就是要在全体领导和教职工中确立德智体美劳五育并重的管理思想,使教职工对于美育与学生的全面发展,美育与精神文明的建设,美育与各科教学和校园环境建设等有一个正确的认识。事实证明,加深对学校美育意义的理解,真正把美育落到实处,是学校美育工作管理的首要内容。

(二)加强美育工作的组织领导,形成校内外美育工作管理网络

学校在组织管理过程中,从校长、教导主任到教研组长、年级组长,从艺术学科教师到每一个学科教师,在确立他们的岗位职责时都应赋予美育工作管理的任务。美育意识,应该渗入学校每个成员和每项工作的全过程。农村乡镇中小学尽可能由分管校长、教导主任、大队辅导员和美术、音乐、手工教师共同组成美育工作小组,制订美育工作计划,协调美育工作。有条件时还可聘请校外专家和有特长的家长组成顾问组或辅导组,指导展开艺术教育方面的工作。这样形成校内外美育工作管理的组织网络。

(三)培养和提高教师队伍的美育素质和美育工作管理的能力

学校美育活动是通过教师来进行的,而教师队伍美育素质状况如何,对于儿童审美能力、道德品质和创造才能的培养具有重要作用。因此,首先,要提高教师对美育管理在学校管理中地位的认识,转变观念,五育并重,美不可少的思想。其次,提高教师的审美素质,优化师德风范。要求在仪表风度、行为举止、接人待物等方面成为学生无声的美和美育自我管理的楷模。再次,学校要按照不同情况、不同方式致力于教师美育素质的培养,琴棋书画,一专多能。学校要给教师机会进修学习,给时间,给经费,用请进来、送出去等方法培养教师多方面的审美能力。

(四)创造美育管理环境

校容校貌和各种物质设施是构成学校美育环境的主要因素。整洁美观的校容,秩序

井然的活动,团结友爱、文明礼貌的风气,不仅能使师生产生愉快舒适的心境,同时对学生美的情操、良好行为习惯的陶冶与培养,都有着不可估量的作用。所以重视校园美化,引导师生参加美化校园工作,增强他们创造校园美的意识,培养他们创造美、珍惜美的观念和能力,以美的校园陶冶师生的情操,又以师生美的行为习惯为校园增添光彩。

第二节 美育工作管理的原则

美育管理应当符合美学原理和教育学原理。美育管理的原则是根据美育的目的、特点和美育过程的规律而制订的,也是美育管理实践经验的概括和总结。它作为美育管理实践的指导性原则,贯穿于各种美育实践活动中。随着美育实践的发展,美育管理理论研究的深入,美育管理原则更加科学,更加具有应用性。这里仅就目前的研究水平提出如下几条原则:

一、美育管理的内容上要注意思想性和艺术性的统一

美育内容的思想性是指美育作为社会主义精神文明的组成部分,应以共产主义思想为指导,通过美育实施鼓舞青少年一代积极向上,促进青少年确立革命的人生观,为实现社会主义共产主义而奋斗。美育内容的艺术性要求艺术形象较完美,有较高的审美价值。美育内容的思想性和艺术性的统一,要求在运用艺术手段实施美育时首先要考虑艺术作品具有健康的、正确的、先进的思想内容;同时要求表现内容的审美形象生动鲜明,有感染和说服的力量。能激发学生的想象和情感,起到鼓舞人的作用。因此,在贯彻这一原则时要注意美育教材的选择。选择那些思想上、政治上好的,艺术性高的作品。既要反对唯美主义,单纯地进行美的欣赏;也要反对离开美的形象和艺术表现形式,用枯燥无味的政治术语进行空洞说教。要密切结合具体的美的形象去感染、激发学生的思想情感,寓思想教育于美的形象、美的欣赏之中,做到美育内容的思想性与艺术性的有机统一。

二、美育管理途径上注意渗透形态与独立形态的统一

美的广阔性决定了美育途径的多方面性,而多种途径又可以概括为渗透形态与独立形态两种。渗透形态的美育就是寓于教学、教育和行政管理工作的美育。美作为事物的一种属性广泛的存在,决定了学校教育与行政的广大领域中都有审美关系,有待于人们去自觉处理。如教育者力求以美的形象出现在学生面前,在各项活动中努力建立一种美的形式,美化人与人之间的关系,在各科教学中引导学生发现教学内容中的美等。独立形态的美育是指以审美教育为主要内容的课外活动。第一,各门美育专业课程,即音乐、美术、体育课和各校自行增设的有关选修课,如艺术欣赏课、美学理论课等。第二,组织学生进行广泛的审美活动。骒春游,到动物园、博物馆,组织学生参加义务劳动,做好人好事,慰问军烈属、孤寡老人,开展体察社会生活美主题系列活动,组织学生参加“五讲四美”“三热爱”活动等。

三、美育管理应遵循审美心理的情绪体验和逻辑思维的统一

审美活动是在理解美的对象时的情感活动。美育的特点之一是以美感人，以情动人。因此，在实施美育过程中，必须重视激起学生的情感体验。要引导学生深入到作品的意境和角色中去，要创设具体的审美情境，无论是电影、戏剧、小说、诗歌的欣赏，还是音乐、绘画的欣赏。教师都应当引导学生设身处地体验艺术形象和艺术家本人的思想情感。但是，情感激发程度又同认识的深浅有着密切的关系，只有对审美对象充分感受并有所理解才能有情感体验。一个人的知识愈丰富，美学和艺术修养愈高，对美的理解、欣赏、评价愈深刻，他的情感体验就愈丰富。因此，必须借助逻辑思维，去深入分析艺术作品和生活中的美，去辨别是非好坏，培养审美观点和鉴赏评价的能力。如果离开学生的逻辑思维，既得不到美的情绪体验，也培养不出审美观点。如果只迷恋于情绪方面，对作品缺少应有的分析，就不能激起学生深刻的、自觉的感受和牢固的印象。

因此，贯彻这一原则应在培养学生感情的同时，注意逻辑思维的发展，在引导学生对美的直接感受和享受的同时，注意学生对美的形式和内容的分析和理解，掌握有关审美知识，重视美育认识世界的作用。

四、在美育管理工作设计上注意整体性和参与性的统一

美育管理的整体性就是要求学校的方方面面作整体思考和通盘设计、安排，发挥综合功能和整体育人的效应。学校里的教育教学、课外活动，党政工团、后勤基建，校办企业等诸方面；学校里的自然环境、人际环境、心理环境等方面都形成一个整体、一个目标——以美育人。美育管理的参与性就是强调学校师生员工都是审美活动的主体和客体。教师在审美教学活动中起主导作用，在校园文化建设中也同样起着设计师和导向及榜样示范作用。学生参与创造美，体现美的校园文化建设有着极其重要的教育意义。那种仅仅是学校领导拨经费，在楼道、教室里贴一些名人字画、摆一些花盆，而学生仅仅是处于被动观赏的地位的办法，其审美教育作用就没有充分发挥出来。参与性就是要求发挥学生的主动性，积极参与创造美、表现美、维护美的活动。自己出主意，自己动手布置设计，只有自己参与创造的美，才是他们真正看得见、摸得着的，才能使他们成为这种美的热心维护者和宣传者，才能在自己的创造性劳动中体验成功的喜悦，珍惜劳动成果的认识和审美水平的提高。

因此，贯彻这一原则要求学校管理者认识到，审美是一个多层次、多因素、全方位的系统工程。不仅要把美育渗透到教学领域，努力挖掘和利用各科教学中的美育因素；而且还要人人参与建设一个整洁优美、富有教育意义的环境，人人参与创造一个团结友爱、和谐一致的班风、校风的人际环境。

第三节　美育工作管理的内容和方法

如前所述，美育是一个多层次多因素全方位的系统工程。这个管理系统里包括：学校

美育思想管理，艺术教育管理，学科教学中的美育管理，课外活动中的美育管理，教师美育管理，校园环境建设中的美育管理等方面，现分述如下：

一、学校美育思想管理

在当前教改考察之后，我们会发现，学校美育的贫困仍然没有多大的改变。这里除去体制等方面的原因以及条件之外，在美育管理中还有许多美育观念需要更新。

（一）转变美育可有可无的观念，树立没有美的教育是不完全的教育的观念

周恩来同志早就针对美育可有可无的思想认识说过："我们向社会主义、共产主义社会前进，每个人都在德智体美等方面均衡发展。不均衡发展，一定会有缺陷。不仅影响个人能力发挥，对国家也不利。"美育无论是对青少年身体素质，还是对国家防腐拒变都不是可有可无的。

（二）转变美育是增加学生负担的糊涂观念，形成各育相辅相成，

各科相得益彰的新观念。

现在有人认为，德、智、体三块已经摆不平了，再增加美育岂不增加了学生的负担吗？我们认为这种观点是形而上学地看待问题。德智体美相辅相成，水乳交融。现代生理心理、神经心理研究成果表明：实施美育有利于左脑进入抑制状态，发展右脑进行形象思维，使左右脑均衡使用，使逻辑思维和形象思维都得到发展。大量的美育实验和实践也表明：美育能促进学生语言能力、观察能力和想象力的发展，促进学生创造性思维的发展；也有利于学生的兴趣、自信心、毅力、意志、纪律观念、集体观念等道德素质的发展。如果说实施美育减少了学生自学和作业的时间，那正是减轻了学生的课业负担，有利于促进学生的全面发展。

（三）转变美育仅仅是教育措施和方法的观念

树立美育必须树立、培养学生的审美观念和审美能力的观念。

有些人把美育理解为仅仅是通过直观教学，尤其是通过电化教学创造悦耳、悦目、悦心的情境，激发情感共鸣的情境和寓教于乐的情境就达到美育的目的了。但我们认为那仅仅是一些片面的、表面形式的看法和做法，美育内涵远不止这些，它还有其独特的任务。首先是培养学生充分感受美的能力，能通过自己的感官，反映客观存在着的美。其次，培养学生正确地鉴赏美的能力。即不仅是感知到什么是美，而且能够理解、评价这个事物为什么美及美在那里，鉴别出美的种类和程度。再次是培养学生创造美和体现美的能力。即通过自己的艺术创作或美化自己的生活和行为来创造美、表达美、再现美。所以，仅仅将美育理解或看做是一种教育方法，就不能全面理解美育任务、内容和方法，当然也就谈不到提高学生的审美观念和能力，就不能培养学生真善美的心理结构。

（四）转变教学只是智育或德育的观念，树立教学必须贯彻德智体美全面发展的观念

有些教师和领导往往把教学与智育等同起来，认为教学只是实施智育，忘记了教学的教育性；当要求强调德育为首并渗透各科教学中时，就又只把教学与德育、智育等同起来，忽略了必须实施全面发展的教育。这就导致美育即艺术教育，与其他学科教学无关的认

识。其实各科教学都可以从本学科出发，从学生掌握知识和具有的能力出发，探索、挖掘美育因素，正如法国美学家罗丹所说："美是到处都有的，对于我们的眼睛，不是缺少美，而是缺少发现。"

(五)转变美育即艺术教育的观念，树立全面实施美育的观念

许多人认为美育就是艺术教育，只需要音乐和美术两门学科实施美育就可以了。如前所述，美育外延要大出艺术教育很多。从审美内容上看不仅有艺术美，还有自然美和社会美。从审美途径上看，不仅有艺术教育、各科教学，还有课外活动、教师榜样示范、校周环境建设，也有学校管理的目标制订、组织实施、评价检查等从自身管理活动中选择和突出出来的具有美育作用的内容。所以，如果只抓音乐、美术就大大缩小了美育的范围，削弱了美育的作用。

(六)转变艺术学科只教演唱、演奏和绘画等技巧的观念，树立既培养审美能力又培养审美观念的观念

艺术学科中培养演唱、演奏和绘画等技巧，发现并培养一些艺术家的幼苗等都是很有必要的。但一味追求培养什么"家"，一味追求在竞赛中获得名次，而忽略学生艺术的鉴赏力和审美观念，忽略艺术教育要使学生以真善美去战胜假丑恶的目的，以致学生不会辨别艺术作品的美丑和美的层次的高低。所以，学校美育工作管理的导向应是：把每一个学生培养成"生活艺术家"，具有把自己的业余时间和精力投放到文明健康的文娱生活中去的自娱能力与技能。

二、艺术教育管理

艺术教育是学校实施美育的主要途径。实施艺术教育管理，意在通过音乐、美术等学科及各种活动中的审美要素对学生进行审美教育，要抓好艺术教育管理，应采取以下管理措施。

(一)制订总体规划，确定管理人员

学校艺术教育，首先，应根据国家教委制订的《全国学校艺术教育总体规划》，根据本校实际制订出长期和短期的艺术教育规划。加强宣传，提高认识，切实确立艺术教育在学校中的地位。其次，学校应确立分管艺术教育的校长、主任，便于在当地行政部门和上级艺术教育管理机构指导下，督促、检查学校贯彻和执行美育与艺术教育的方针，便于名正言顺地管理本校的艺术教育工作，避免艺术教育无人分管、盲目自流、自生自灭的状态。

(二)加强队伍建设，提高师资水平

当前艺术教育的最大困难是师资奇缺。要改变这种状况，国家除了要调整充实现有高等艺术师范教育专业、多培养出艺术教育师资之外，还要发挥教师进修院校的作用，举办艺术教育师资短训班。另外，学校管理上要采取各种得力的、实在的具体措施，稳定艺术教育师资队伍，严格控制艺术师资改行、流失；鼓励其他学科教师中有艺术专长的兼职教学，在评职、评先进、奖励、改善工作条件等方面采取措施，鼓励艺术教育教师终身从事

艺术教育事业。

(三)加强艺术教研活动和美育设施建设

学校管理者要积极配合上级教研部门，检查艺术教师备课、上课，保证教师能参加艺术教研和培训活动，定期组织艺术教学经验交流。研究教材教法，切实改变那种音乐课即唱歌，美术课即画画的单一局面。美育设施建设，主要包括艺术教育所需的各种器材和音、美专用教室及文娱活动场地。目前，许多学校艺术教育设施、器材极其简陋、贫乏，因此，学校管理者要力争确保购买资金，逐年积累，用好管好艺术教育器材、资料等。

三、学科教学中的美育管理

在学校教育中，对学生实施美育，除了艺术教育之外，更多的是通过各科教学来进行。因此，学科教学中美育管理应注意抓以下几个方面的工作：

(一)学科教学应强化美育思想、提高渗透意识

在我国，目前通行的学科课程大致可以分为语文、数学、自然科学、社会科学和外语五大课程系列。这些不同学科课程都有自己的教育任务、教学内容以及与之相适应的教学方法。由于受把美育等同于艺术教育的思想影响，学科教学中就很少涉及与审美有关的问题，不仅教育学理论上很少涉及两者的关系，而且在教学实践中也很少研究不同学科教学的美育问题，这就使美育在整个学科教学活动中出现空白点，在一定程度上影响了学生的全面发展。当前，强调学科教学要树立美育观念，不仅是以美辅德、以美引真的需要，也是提高教学质量和学习效果的需要。因为脱离美育的单纯智力教育，就势必把学科教材当做一种僵死的知识来处理，往往使学生感到枯燥无味，降低学习兴趣，影响教学效果。

(二)加强课堂教学活动中的美育管理

课堂教学活动过程的美育性质与专门性美育课程的美育性质是很不相同的，前者的主旨在于培养学生对智力活动本身的审美兴趣和能力，从而激发其智力发展和求知欲望的提高。后者在于培养学生对客观事物的审美兴趣、能力，能够欣赏美、创造美。因此，课堂教学活动的美育管理内容主要是：

(1)创造课堂和谐气氛，使师生之间的知识传递融入和谐的情感交流之中。首先，教师态度和蔼，思维活跃敏捷，讲述生动有趣、引人入胜，学生听课就精神饱满、注意集中而不知疲倦。所以，和谐的情感交流是课堂教学活动审美化的首要标志。其次，还在于创造一个轻松而有秩序的课堂气氛。课堂作为有秩序的整体，应该是按学生特长、需要进行学习，发挥每个人的学习主动性。再次，有一个疏密相间，张弛结合的课堂节奏。课堂节奏是为了适应学生学习的心理特点而对教学进度与结构作出艺术化安排和调整的结果。它能够给学生带来精神上的振奋和愉悦。它带来的审美与享受往往不在艺术欣赏之下。

(2)使课堂教学活动过程本身艺术化，使学生在其间受到陶冶和训练。这一艺术化包括教学内容组织的艺术化和教学活动过程的艺术化。教学内容组织艺术化包括：以阐明基本概念、规律为准绳，合乎学生的已有知识经验、理解水平和智力发展的可能，逻辑严密，结构合理地组织教学内容，具体形象地进行教学，使学生感到有一定难度。从教学活

动过程艺术化看,它体现在教学活动各个环节的安排下。不同类型的课堂环节具有不同的结构方式,它们之间的相互关系和时间比重互不相同。课堂教学环节的整体结构的巧妙安排,就是教学活动美育的重要内容。课堂教学活动中的美育并不是要在教学内容之外,生硬地搬进艺术教育的内容,而是通过师生的双边活动的巧妙安排和组织,把课堂教学中的智力内容与组织活动的审美形式结合起来,以收到美育的效果。

四、课外活动中的美育管理

课外活动是对学生进行美育的重要途径。课外活动中的美育,在于充分利用艺术媒介,如文艺创作和文娱演出,影视观赏、工艺制作,美化校园等活动来培养学生的审美趣味;在于通过内容丰富、形式多样的社团、小组活动来充分发挥学生的个性、兴趣爱好和特长。因此,学校管理者在开展课外活动时应注意以下几个方面的问题:

(一)处理好课外活动和课堂教学的关系

课堂教学和课外活动是学校教育工作的两个组成部分,二者相辅相成,缺一不可。强调课外活动的重要性和美育意义的同时,也切不可因此而削弱或轻视学科教学。那种把学科教学理解为传授知识,把课外活动看做是发展能力或前者注重基础教育,后者是促进个性发展的认识都是不正确的。理想的课外活动应当与学科教学组成高效率的教学体系。把活动引进课堂,使课堂生动活泼,在课外活动中,强调目的性、知识性和实践性。着重于知识的综合运用,同时在课外活动中丰富学生的感性认识和生活经验,为学科教学打好基础。

(二)正确认识学生的审美兴趣

发现和确定自己的审美兴趣所在,不是一件简单的事情。它需要在教师指导下不断探索、尝试才能完成。学生的审美兴趣很大程度上是美育的结果,它随着知识面的扩大和能力的增强而变化、发展。因此,课外活动既是自由的,又是不自由的,学生可以作出一定的选择,由此了解自己的兴趣所在、能力所长。但是,它必须在一定的期限内,如一学期或一学年,轮流从一个活动领域转向另一个活动领域,否则就谈不上审美兴趣的培养。

(三)课外活动的时间分配问题

近年来,一些学校采用上午上课、下午活动的时间分配方式,以确保课外活动的时间和空间。但我们认为,这样分配时间不符合学校卫生学的原理。学校工作时间是个常数。根据我国目前教学技术水平和中小学教学任务分析,用上午时间完成大纲规定的教学内容,其密度和强度都是非常大的。从课外活动的现状来看,一月五个下午时间来用于活动,似乎也不切实际,也很可能流于形式。学校管理有一个十分重要的原则即“均衡”,矫枉过正或走极端都可能会影响教育目的的实现。合理的解决办法是动静搭配。文化课的教学和课外活动穿插进行,合理调节学生的精神状态,使左右脑活动符合生理活动的规律,学科教学专业化、系统化,课外活动要多样化、综合化,二者互相补充和促进。

五、教师榜样示范管理

教师的榜样示范有着不可估量的美育作用。学高为师,身正为范是建立在师生之间的情感和心灵关系上的，并通过学生的尊师感情发挥作用。学校管理者要抓这样一些工作：

(一)教师的服饰美、教态美和语言美

在学校里，教师的仪表有特殊要求，即教师的精神面貌和行为举止，言谈风度以及服饰外表。它构成一个学校的人文环境，对学生起着潜移默化的作用。它要求教师衣着朴素整洁、举止大方，在教学中不仅精神振奋、情绪愉快、教态亲切、有长者风度，而且要有良好的卫生习惯。教学语言简洁，准确，形象风趣，语调具有感染力，吐字清晰，调值适中，速度平缓，富于节奏，使学生感到平易、亲切，能激起强烈的审美情感体验。

(二)教师的职业道德美、高尚情操是教师在教育工作中的行为规范

它要求教师热爱教育事业，热诚关心学生全面成长，诲人不倦，以身作则，既教书又育人。由于青少年的可塑性、模仿性强，教师的表率作用就显得特别突出。教师的一言一行、一举一动都对学生心灵产生深远的影响。所以，凡要求学生做到的，首先要自己先做到。教师要加强自身道德的审美修养，把自己变成一个有道德的人，有审美能力的人。

(三)不断培养、提高教师的业务素质

教师的业务素质体现在教师学问的高低上，而教师学问的审美教育影响对学生也是巨大的。学生总是以敬仰甚至崇拜的心情对待那些学问渊博的教师。教师研究学问时的勤奋态度，在学生看来是美的，从而激发学生学习的热情并把刻苦学习当成一件乐事；教师研究学问时的谦虚态度，在学生看来也是美的，从而赢得学生的尊重。教师的工作态度、教学方法等处处都显示出一个人的学问，都作为一种行为示范教育和影响着学生。所以，要重视不断培训、提高教师的业务水平的工作，使其成为学识渊博的人。

六、校园环境建设的美育管理

校园环境，不仅有人化自然环境，更有人为的心理环境。美育的一个重要特点就是潜移默化地使学校成员于不知不觉中受到教育，学生每天大部分时间生活在学校里，学校环境的好坏，对教育往往产生意想不到的影响。美的环境使学生受到美的熏陶和感染。不但精神上时时感到愉快，思想上也时时处于健康向上的状态。

(一)做出校园布局、建筑形式和色彩格调的总体规划

校园建筑及辅助设施建设要有时代气息和审美情趣，在规范化、标准化基础上，要有自己的文化风格，无论形式还是色彩都应给人一种愉悦的文化影响。在分步实施中，应注意绝不搞成“拆东墙补西墙”和“今朝建设明日改建”的局面。

(二)贯彻勤俭节约、少花钱多办事的原则

自己能干就自己动手，精打细算把有限的钱花在关键的地方。这里强调勤俭节约、少花钱多办事的原则，不仅是一个财务经济问题，更是贯彻美育管理中的参与性原则，学校师生员工共同建设校园环境，所取得的育人效应是无法用金钱来计算的。

(三)更新管理思想,实行感情管理的方法,沟通领导与师生员工间的思想感情

在教职工中开展以爱生为核心的活动,密切师生关系;在学生中开展尊师爱校活动和建好班风的自我教育活动。许多学校的管理实践证明,造就出这样一种心理环境,整个学校生活中洋溢着和谐向上的气氛:呈现出重知识、爱科学、讲文明的风气,呈现出人际关系的友好气氛。这样的环境,能唤起师生的美感。因此,良好的心理环境就像“润物细无声”的春雨,浸润着人们的心灵。

【要点小结】

1.美育工作管理的任务和要求是端正指导思想,认清学校美育任务;加强美育工作的组织领导,形成校内外美育工作管理网络;培养和提高教师队伍的美育素质和美育工作管理的能力;创造美育管理环境。

2.美育工作管理的原则主要有:美育管理的内容上要注意思想性和艺术性的统一;美育管理途径上注意渗透形态与独立形态的统一;美育管理应遵循审美心理的情绪体验和逻辑思维的统一;在美育管理工作设计上注意整体性和参与性的统一。

3. 美育工作管理的内容和方法主要包括:学校美育思想管理,艺术教育管理;学科教学中的美育管理,课外活动中的美育管理,教师榜样示范管理,校园环境建设分的美育管理。

【学业评价】

1.美育工作管理要坚持哪些原则?

2.美育工作管理的内容主要有哪些?

第十五章

劳动技术教育工作管理

【本章知识结构】

- 劳动技术教育工作管理的任务和要求
- 劳动技术工作的组织管理
  - 制订计划
  - 建立组织系统
  - 建立管理制度
- 劳动技术工作管理的内容
  - 过程管理
  - 质量管理
  - 安全管理

【学习目标】

1. 了解劳动技术教育工作管理的任务和要求。
2. 熟悉劳动技术教育工作管理的内容，掌握劳动技术教育工作的组织管理。

第一节　劳动技术教育工作管理的任务和要求

劳动教育是马克思主义理论的重要组成部分，也是社会主义学校管理工作的一项重要任务。当前，劳动和劳动技术教育是我国学校教育中的一个薄弱环节。我们要提高认识，更新观念，认真总结历史经验教训，努力开创劳动技术教育的新局面。

一、劳动技术教育的概念和意义

劳动技术教育包括劳动教育和技术教育两个方面。

什么是劳动？劳动就是人类创造物质财富和精神财富的活动。人类创造物质财富的活动叫做物质生产劳动；人类创造精神财富的活动叫做精神生产劳动。这是两种不同性质的生产劳动，都是人类的劳动，只是劳动耗费的形式不同，一种是使用体力劳动的活动过程，一种是使用智力劳动的活动过程。

体力劳动，就是人们使用体力为主的生产活动过程；脑力劳动，是以使用智力为主的生产活动过程。这两种劳动，是人类劳动的分类或社会分工的不同而出现的两种不同形式的劳动。

在实践中，体力劳动和脑力劳动是密不可分的，两者都是劳动。只是劳动者使用的工具不同，形式不同，表现的侧面不同。体力劳动必须以脑力劳动为其智力支柱，而脑力劳动必须以体力劳动为其物质基础，二者是互相依存和制约的。随着科学技术的发展，劳动资料日益复杂化，在劳动过程中，人们使用智力活动的时间和机会越来越多，科学知识和技术的作用越来越大，从事脑力劳动的人也将越来越多。

什么是劳动教育？劳动教育主要是培养学生的劳动观点、劳动态度和劳动习惯的教育。劳动教育应以劳动实践为主，以正确的劳动观点和态度为指导，以劳动知识和劳动技能为基础结合进行的思想教育。总之，所谓劳动教育，就是教育者向受教育者传授劳动知识和技能，培养他们的劳动观点、态度和习惯的教学活动。

技术教育主要是使学生掌握一些基本的生产技术知识和劳动技能。通过实践活动，即实际操作来掌握生产知识技能，着重培养学生的动手能力。

重视劳动技术教育体现了马克思列宁主义教育理论的一项重要原则。马克思根据他对机器大生产及其发展规律的科学分析，建立了人的全面发展的学说。并且指出："生产劳动同智育和体育的结合，不仅是提高社会生产的一种方法，而且是造就全面发展的人的唯一的方法。"[①]列宁说："没有年轻一代的教育和生产劳动的结合，未来的理想是不能想象的……"[②]邓小平同志于1978年《在全国教育工作会议上的讲话》中指出："现代经济技术的迅速发展，要求教育质量和教育效率的迅速提高，要求我们在教育与生产劳动结合的内容上、方法上不断有新的发展。"

建国以来，党和政府对此一贯重视，并多次作出明确的指示。1958年，中共中央、国务院在《关于教育工作的指示》中要求："在一切学校中，都必须把生产劳动列为正式课程。每个学生必须依照规定参加一定时间的劳动。"为此，教育部颁发的中小学教学计划，都把生产劳动作为一门课程，规定了时间和要求。1980年国务院批准了教育部和国家劳动总局的报告，要求逐步发展职业技术教育，并改革普通高中的课程，逐步增设职业（技术）教育课。1981年教育部颁发的教学计划，以"劳动技术教育"作为一项重要内容，明确指出开设劳动技术教育课，目的是"使学生既能动脑，又能动手，手脑并用，全面发展。"1982年10月教育部又颁发的《关于普通中学开设劳动技术课的试行意见》中指出："劳动技术教育是中学教育不可缺少的组成部分。开设劳动技术课的目的，在于培养德智体全面发展的一代新人。"

这里所讲的劳动技术教育，并不同于作为德育范畴的劳动教育，劳动技术教育蕴涵着劳动教育，但其主要目的是指学生获得一定的劳动技术知识和劳动技能。同时锻炼身体，锻炼意志，调节学习和休息，发展智力，提高分析问题和解决问题的能力。

重视和加强劳动技术教育，是社会主义学校教育的一项基本内容，也是不同于资本主义学校教育的一个重要标志，学校管理者应把它作为重要工作抓紧、抓好。

---

① 马克思.资本论(第1卷)[M].北京：人民出版社，1975.

② 列宁全集(第2卷)[M].北京：人民出版社，1963.

二、劳动技术教育管理的任务

劳动技术教育工作管理的任务，就是要把劳动技术教育同对学生进行道德品质教育、辩证唯物主义和历史唯物主义教育结合起来，把理论和实际紧密结合起来，从而使青少年受到多方面的实践训练。因此，通过劳动教育可以开阔学生的眼界，丰富感性经验，促进德智体全面发展。

劳动技术教育管理的任务分为总任务和具体任务。

(一)总任务

(1)研究劳动技术教育在教育中的地位和作用，正确处理劳动技术教育与德智体美的关系。

(2)研究劳动技术教育在人的全面发展中的地位和作用，正确处理体力劳动和脑力劳动的关系，合理安排脑力劳动和体力劳动的内容和时间。

(3)研究劳动技术教育的授课教师和指导教师的任用和培训问题，组织人员编写适合劳动技术课的教材和参考资料。

(二)具体任务

(1)在劳动技术教育活动中实施思想品德教育。劳动技术教育要以共产主义思想为指导，因为人作为社会关系的总和，他的发展方向与其所从事的生产劳动是一致的。列宁说："不要只限于阅读共产主义书籍和小册子，只有在劳动中同工农打成一片，才能成为真正的共产主义者。"[①]如果一个人从不参加生产劳动，他绝不会懂得劳动创造世界的道理及其伟大意义，也绝不会懂得劳动人民的甘苦和美德，好逸恶劳，贪图享受，轻视劳动和劳动人民，其根源都在于脱离劳动。

通过劳动技术教育，要使学生懂得生产劳动是人类最基本的实践活动。没有劳动，人类就无法生存，社会就不能发展。

(2)使学生初步掌握劳动的基本知识和技能。因为劳动教育的内容十分丰富，所以劳动的基本知识和技能也多彩多姿，概括起来，可分为以下几类：

①安排学生做家务劳动和自我服务性劳动。学校要作为一项任务布置给学生，在家里帮助大人做一些力所能及的家务事。如煮饭、炒菜、扫地和整理床铺、洗衣、担水、劈柴、修理家具，以及整理自己的书案，能简单地缝补衣服等；在学校里，打扫教室和校园的卫生，修理桌椅，制作或修理教具、体育器材、实验器材，绿化校园等。

②安排工农业生产劳动。工农业生产劳动是人类最基本的实践活动，也是人类赖以生存的条件。在劳动技术教育的管理中既要安排适当的工业生产劳动，又要安排一定的农业劳动。工业劳动中的水工、钳工、电工、无线电技术、识图和制图、工艺制品等等，有的需要动手，有的需要动脑，有的需要手脑并用。农业劳动中的农作物栽培，植树造林，动物的饲养，食用菌的栽培和管理，水产品的养殖，农业机械维修等。

③安排适当的服务性劳动。有的人把社会生产和生活服务的劳动，称为"第三产业"。

---

① 列宁全集(第4卷)[M].北京：人民出版社，1972.

大致包括交通运输、服装设计和缝纫、家用电器的修理、家具制作、美术装饰、烹调、商业、财会、医护和政法等。

通过对上述的一些劳动活动的解说,使学生初步掌握劳动技术教育的基本知识和技能。第一,使学生初步掌握或了解一些劳动的基础知识和技能;第二,使学生在实践中掌握一些管理知识;第三,在实践中培养学生的劳动观点,劳动态度和习惯;第四,发展学生的智力和体力。

(3)实施劳动技术教育,促进学生全面发展。在中学进行劳动技术教育,可以帮助学生把书本知识和实际结合起来。通过劳动,促进学生机体的发育和体力的增强。在劳动实践中培养学生热爱劳动,遵守劳动纪律,爱护劳动成果,勤劳俭朴的思想品德,陶冶学生的心灵,培养学生创造美和审美的能力。通过劳动磨炼意志,培养坚韧不拔的毅力,同时能增强智力,苏霍姆林斯基说:“儿童的能力和禀赋就蕴藏在他们的手指上。”说的就是这个道理。

三、劳动技术教育工作管理的要求

根据劳动技术教育的特点和任务,学校领导、教师在劳动技术教育工作管理时,应注意以下几点基本要求:

(一)坚持教学为主,处理好教学与劳动的关系

普通中学必须坚持以教学为主,以劳动技术教育为辅的精神,严格按照国家教委颁发的教学计划办事,处理好教学与劳动教育的关系。我们要吸取以前的经验教训,不能忽左忽右,增加学生的课业负担,挤占劳动时间用来补课,甚至不安排劳动教育的时间。

劳动技术课的具体内容和教学时间,国家教委在制订的《全日制普通中学劳动技术课教学大纲》(试行稿)中都作了详细的规定。初中每学年两周,每天按 4 课时安排,三年共 144 课时;高中每学年四周,每天按 6 课时安排,三年共计 432 课时。教学时可按规定的课时和大纲内容选择具体的教学项目。劳动技术教育必须坚持理论和实践相结合,在时间安排上,授课时间一般占 40%,劳动时间占 60%。通过实践,加强对理论的理解,提高学生分析问题、解决问题的能力。

(二)劳动技术教育应坚持因地制宜,因校制宜

我国地域辽阔,幅员广大,民族众多。地区之间自然条件不同,生产、生活、文化、经济的发展水平很不平衡,城乡各异,学校与学校的条件千差万别。因此,一定要从实际出发,因地、因校制宜。采取多种形式,宜工则工,宜农则农,宜商则商,不能采取一个统一模式,更不能“一刀切”。劳动教育的目的是为了贯彻教育与生产劳动相结合的原则,实现普通教育的双重任务,达到育人的目的。只有从这个基点出发,才能发挥本地、本校的优势,使劳动技术教育收到实效。

(三)劳动技术教育中要照顾学生的年龄、性别特点

中学生正处在人生发展的关键时期,他们的身心都处在由不成熟到基本成熟,从不定型到定型的最重要时期。学校在安排劳动时,要注意保护学生的身心健康。他们参加生

产劳动实践，是在劳动中得到教育和锻炼，不能同成年人的劳动要求一样，不能搞计件、包工，更不能组织劳动量和劳动强度过大的竞赛。在任何劳动中，都不能超过学生体力、脑力的负荷，防止劳动量过大，要允许有正常的疲劳。同时注意保证劳动项目和劳动场所无毒害、无危险。加强劳动安全、操作规程的教育，重视劳动保护和劳动卫生，严禁学生夜间劳动。对于女生和病弱的学生，应给以适当照顾，对于残疾学生，应免除其劳动。

第二节　劳动技术教育工作的组织管理

劳动技术教育的组织管理，涉及的方面和内容较多，概括为以下几方面：

一、制订劳动技术教育工作的计划

劳动技术教育，是我们社会主义学校教育的重要组成部分，并且有其特定的教育任务。因此，劳动技术教育的实施必须有目的、有计划地进行，不能放任自流，否则就不会有实效。一所学校，必须制订年度劳动教育计划或学期劳动教育计划。制订劳动计划，既要从本地本校的实际出发，又要考虑到未来发展的需要。计划内容应包括定班级、定内容、定时间、定地点、定负责人等。劳动时间的安排，应有集中的和分散的两种。分散安排，要有阶段性的计划，以防被挤掉；集中安排，不论校内或者校外，都应由负责的干部或教师事先联系，具体实施。每个班（或年级）在劳动之前，要根据劳动的内容和地点，结合本班的实际，制订具体的执行计划。

二、建立劳动技术教育工作管理的组织系统

实施劳动技术教育工作，要求一所学校要有一名校级领导分管劳动技术教育工作，成立劳动技术教育委员会或领导小组。吸收教务处和总务处的负责人参加，若有校办厂（农场）的学校，还应吸收厂（场）的负责人参加。任务是制订实施方案和计划，统一各方面的力量，协调关系，进行统一指导和安排。要有专人负责劳动教育、教学工作及其成绩的考核、评定等，还需有人负责财务管理、物质供应、筹划生产劳动基地及其设备，保管固定资产等。

校外劳动技术教育活动，学校委派一人临时组织和指挥，各班由班主任负责组织和管理，学生班长和劳动委员协助班主任。人数较多的学生在校外劳动，应有一名校级领导亲自带队，劳动技术课的教师要参加教育指导，学校有关领导和教师要尽可能和学生一道劳动，以利于掌握情况及时指导，并起到以身示范的作用。

三、建立劳动技术教育工作的管理制度

劳动技术教育工作的管理制度，是保证劳动技术教育工作正常进行、提高劳动技术教育质量的重要手段。学校有关领导应根据上级有关规定和实际，制订切实可行的制度。劳动技术教育管理制度的内容包括：学生参加劳动的规则、生产操作规程、劳动保护制度、成绩考核制度和奖惩办法等。其中成绩考核，在学年（或学期）末，要根据学生的劳动时

间、劳动态度、劳动纪律及掌握知识和技能等情况评定成绩。成绩可分为优、良、及格、不及格四等，并记入学生的成绩册，对整个劳动过程的评语应作为学年(学期)的操行评语，并作为评选“三好生”的条件之一。

执行制度要做到五落实。有人分管，领导落实；有人教，教师落实；有计划，时间落实；有制度，考核落实；有场所，基地落实。

第三节　劳动技术教育工作管理的内容

一、劳动技术教育的过程管理

劳动技术教育的过程管理，包括学校怎样去组织劳动技术教育，在劳动过程中的思想教育，劳动技术教育的教材、场地问题，劳动卫生、劳动保护，劳动技术教育的成绩评定与考核等一系列的问题。

(一)加强对劳动技术教育的组织领导

学校领导在管理学校的工作中，必须重视对学生实施劳动技术教育的组织管理。

劳动技术教育既有生产劳动问题，又有教育教学问题。利用劳动技术教育培养全面发展的人才，学校应设立劳动技术教育的管理机构。这个机构统一安排和指挥学校的劳动技术教育，有组织、有计划、有目的地进行劳动技术教育。每次实施劳动技术教育后，应开会总结劳动技术教育工作的经验教训，并制订新的方案和措施，不断改进工作。

(二)在劳动技术教育中的思想教育管理

学校必须把劳动变为一种有力的教育手段，把思想品德教育贯穿于劳动的活动中。教育家马卡连柯认为：“在任何情况下，劳动如果没有与其平行的教育——没有与其并行的政治和社会教育，就不会有教育的好处，会成为不起作用的一种过程。”只有通过各种不同形式的劳动，把思想教育渗透到劳动的全过程中，才能达到教育的目的。首先，在学生参加劳动的动员教育中，应讲明劳动技术教育的目的、意义及要求，宣布劳动纪律，注意教育的针对性和现实性。其次，在劳动过程中，应有人监督劳动纪律、劳动制度的实施，并及时纠正违纪违章情况。同时注意检查劳动质量和产品质量，并深入了解学生的思想情况，进行思想教育工作。当劳动进行到一个阶段时，应作小结。最后，在劳动技术教育工作结束时，要及时进行总结，表扬好人好事，批评违纪违章人员。也可通过产品展览、交流体会进行总结。

(三)劳动技术教育的教材、场地建设

根据《劳技课教学大纲》的精神和学生年龄、性别特点，选择教学内容，做到统一性和灵活性相结合的原则，编写出劳动技术教育课的教材，并在实践中丰富和完善。

(四)在劳动技术教育中，要注意劳动卫生和劳动保护

中学生正处在长身体长知识的关键时期，劳动技术教育是为了促进青少年的身心健康发展，培养全面发展的人。所以，在劳动前要注意合理安排劳动，有疾病的人可暂不参

加劳动，同时注意劳动与休息相结合，防止过度疲劳，尽量不搞劳动竞赛，创设合适的劳动场所，注意劳动的技术、技巧，严格按照规章制度办事，防止各种事故的发生。

(五)抓好成绩考核

劳动技术教育的成绩考核，可根据劳动态度、劳动纪律、劳动成绩、劳动过程中的违章违纪等进行考核。每个学生劳动结束后要写出书面总结，并将考核成绩和书面总结装入学生档案。对劳动技术教育过程中表现不好的学生，当年不能被评为“三好学生”。

二、劳动技术教育的质量管理

为了高效高质地完成劳动技术教育任务，学校必须切实加强劳动技术教育工作的质量管理。

(一)质量管理的标准

开设劳动技术教育课的目的，在于培养德、智、体、美、劳全面发展的一代新人。这是中小学劳动技术教育的总目标，也是劳动技术教育管理总的质量标准。

学校可根据这一总的要求制订出切合实际的具体化、实际化的质量标准。

(二)质量管理的内容

管理的目的在于提高质量，好的质量是管理的结果。质量管理的内容可从三个方面讲。一是准备工作的质量，包括机构设置、人员配备、项目选择、教材编写、场地设备，师资、时间和组织安排。二是劳动技术教育的实施质量，包括劳动前的组织、教育和动员工作；劳动中的思想教育，劳动技术教学过程，劳动技术指导；劳动结束的总结、评估等等。三是劳动技术结束工作的质量管理，包括班主任、专职教师、学生的总结，成绩评定，质量分析，经验教训的总结等等。

(三)质量管理的方法

质量管理的一般方法有三个：一是提出指标，在实施劳动技术教育前，学校必须依据劳动技术教育的目的、任务和学校实际情况，采取由上而下、由下而上、上下结合的方法，提出一个经过努力才能实现的质量指标，组织动员师生去努力达到。二是质量检查，可分阶段检查、定时间检查、自查、他查、领导检查等多种形式，目的在于及时发现并处理问题，总结经验教训。三是质量分析，质量分析是正确评估劳动技术教育质量的需要，对于指导以后管理具有重大的意义。质量分析，可采用对比(包括横向和纵向的对比)分析，前后分析，个人与集体的分析，集体与集体的分析等。

(四)建立质量管理档案

建立劳动技术教育档案，是学校劳动技术教育管理的制度化、规范化和科学化的主要标志。负责兼任劳动技术教育的校级领导，可委托班主任和专职教师在劳动技术教育结束后，将计划、总结、成绩统计等资料交有关人员审核，然后分类整理并送学校档案室保存备查。

三、安全管理

1987年国家教委在颁发的《普通中学劳动技术课教学大纲》(试行稿)中,特别指出实施劳动技术教育时要“根据学生的年龄、性别等生理特点和知识水平,选择他们力所能及的、无毒害、无危险的劳动项目。”

学校在组织学生劳动技术教育的过程中,要选择好场所,如有危险建筑或场所周围有不安全因素时,可暂停劳动技术教育或另选场地。在劳动过程中,教育学生遵守操作规程和劳动纪律,听从指挥。学生参加的劳动项目一定要量力而行,劳动的时间和强度一定要严格控制。要经常进行安全教育,保证安全生产督促他们按规章制度办事,遇有违纪违章者应及时教育,严重者带离现场。同时,加强安全措施和预防措施,以防事故的发生。

【要点小结】

1. 总体上讲,劳动技术教育的任务在于研究劳动技术教育在教育中的地位和作用,正确处理劳动技术教育与德、智、体、美、劳的关系;研究劳动技术教育在人的全面发展中的地位和作用;研究劳动技术教育的授课教师和指导教师的任用和培训问题。具体来讲,需要在劳动技术教育活动中,实施思想品德教育,使学生初步掌握劳动的基本知识和技能;实施劳动技术教育,促进学生全面发展。

2. 劳动技术教育工作的组织管理,需要做好以下几点:制订劳动技术教育工作的计划,建立劳动技术教育工作管理的组织系统,建立劳动技术教育工作的管理制度。

3. 劳动技术教育工作管理的内容主要包括:劳动技术教育的过程管理,劳动技术教育的质量管理以及安全管理。

【学业评价】

1. 如何搞好学校劳动技术教育工作的组织管理?
2. 试论述“五育”之间的相互关系。

【参考书目】

1. 马克思.资本论(第1卷)[M].北京:人民出版社,1975.
2. 列宁全集(第2卷).[M].北京:人民出版社,1963.
3. 列宁全集(第4卷).[M]北京:人民出版社,1972.

第十六章

总务工作管理

【本章知识结构】

- 总务工作管理的任务
- 总务工作管理的要求
- 总务工作的组织管理和计划管理
- 总务工作管理的内容
  - 财务管理
  - 校产管理
  - 生活服务工作管理
- 勤工俭学工作管理

【学习目标】

1. 了解总务工作管理的任务和要求。
2. 熟悉总务工作管理的内容。

学校总务工作是办好学校的重要方面，是全面完成教育任务的后勤保证。勤工俭学活动是全面贯彻教育方针，提高学生素质，改善办学条件的重要途径。学校领导者要充分重视这两项工作的管理。本章主要就总务工作和勤工俭学工作管理的任务、要求、组织管理和管理内容，分别进行论述。

第一节　总务工作管理的任务和要求

一、总务工作管理的意义

总务工作管理是对学校财力、物力等行政事务的管理，使之最大限度地满足师生员工教育、教学和生活的需要，为完成中小学的教育任务创造最优条件，以保证各项工作的顺利进行。同时，在服务工作中对学生施以教育影响，服务育人。可见，总务工作管理是学校管理工作的重要组成部分，在学校管理工作中占有重要地位。

(一)总务工作是办好学校、实现中小学教育任务的物质保证

古语说:“兵马未动,粮草先行”,足见军事活动中后勤工作的重要性。同样,要办好学校,完成教育任务,必须做好后勤工作,提供物质保证。总务工作就是学校工作的“先行官”。

(二)总务工作也具有教育性

总务工作管理是一门科学,它既要运用教育经济学、财务会计学等方面的知识,又要运用伦理学、美学等方面的学问。总务工作以崇高的思想境界和科学的管理方法为教育教学服务,为师生生活服务,这本身就是对师生员工进行“润物细无声”的教育影响,使他们受到勤俭办学、艰苦创业等生动教育;加强管理、严格要求、赏罚逗硬也是对师生进行爱护公物、遵纪守法等方面的品德教育。优美、整洁、静雅的学校环境,不仅为师生提供了一个良好的教学和读书环境,也有利于熏陶他们的品德和情操。总之,总务工作是把思想政治教育寓于“服务”之中。

(三)总务部门是执行国家财经政策的职能机构

自从邓小平同志号召全党全国“抓好教育”以来,“教育是立国之本”的认识已逐步深入人心,各级政府花在办教育上的经费也逐年增加。钱增加了,更要管好。学校把管财的任务交给了总务部门。在财经管理上国家有一系列严格的规定。在执行财经政策、维护财经纪律方面,总务部门是校长强有力的助手。

(四)管物理财、开源节流,提高教育投资的效益

我国在相当长的一段时期内,教育投资不可能大幅度地增加。为使有限的教育经费发挥最大作用,学校领导者要充分调动总务人员的积极性,使他们发挥智慧和力量,提高教育投资的效益。

(五)解除教职工后顾之忧,为他们安心工作创造条件

中小学教职工的工作十分繁重,有时甚至无暇顾及家庭和生活。总务管理应为他们创造条件,尽可能满足他们衣食住行等基本生活需要;还要创造良好的学习和工作环境,使他们能集中精力和时间做好教学和其他工作,不为或少为生活琐事分心、担忧。

二、总务工作管理的任务

总务工作管理的基本任务是:管好财物,整建环境,完善设备,改善福利,为实现学校教育目标提供物质保证。

(一)管好财物

即是理好财、管好物。理财又叫财务管理,即经费的收支管理;管物又叫校产管理,即校舍、设备、教具仪器、生产厂房工具和物质等的管理。管理好学校的财务和校产是总务工作的主要任务。财务管理是总务管理的重要方面,一方面要开源,要努力争取更多的经费(包括政府拨款,在政策允许的范围内争取捐资助学,办好勤工俭学企业等)。另一方面要节流,要致力于提高已有经费的使用效益。校产管理不仅要保证财产不遗失、不流散,

而且要保证财产在使用过程中保持良好状态，充分发挥其作用。财产管理的关键是对使用者的管理。

(二)整建环境

学校环境包括教学环境、课外活动环境和文化环境。从实际出发，因地制宜地整建和创造良好的学校环境(尤其是教学环境)，是总务工作管理的又一重要任务。

教育活动总是在一定的环境中进行的。学校不但要重视物质环境的建设，还要重视文化环境、社会环境的培植。良好的学校环境是一种积极的教育因素，是学校精神风貌的重要标志。我国许多知名学校都十分重视校园环境的整治，使学生一进入校园就有一种幽雅、美好的感觉，觉得确实是一个读书的好地方。

(三)完善设备

逐步充实和完善学校的各项设备，努力满足教育和教学的需要，以提高教育质量，这也是总务工作管理的基本任务之一。

学校设备不仅要充实完善，而且要标准化、规范化、现代化，这是国际上学校管理的共同经验。原教育部于 1982 年 4 月重新制订了《中等师范学校及城市一般中小学校规划面积定额》，对学校各种用房的建筑面积和课桌椅的尺寸都有明确的规定。目前，各地已在进行普及实验室达标建设，国家制订的标准对实验室(包括实验桌、电源、水源等)、仪器、设备都有具体的要求。学校设备标准化、规范化、现代化与学校管理科学化的要求相一致，中小学生正处在身体发育时期，各种教学设备是否符合他们的年龄特征和生理、心理的要求，直接影响到他们的正常发育和健康成长。

图书和仪器设备是学校设备是否完善的重要标志。学校在经费安排上应保证这两方面设备的充实。

(四)改善福利

生活福利的范围十分广泛，凡是涉及师生生活上的各种问题，除人事安排、工资奖金外，其他大都属于这个范围。其中重点是伙食和住房，这是教职工最关心的事，也是不少学校的困难问题。生活福利关系到全校师生员工的生活，其好与差的状况影响到教职工的积极性，影响到教职工队伍的稳定，同时也关系到教职工的工作效率和学生的学习质量。因此，创建最基本的生活福利条件并不断改善它，是十分重要的。目前，中小学教师的生活和工作条件仍然较差，尤其是农村小学教师境况更差。要想方设法力争尽快改变这种状况。

三、总务工作管理的基本要求

(一)树立正确的思想观点

总务工作任务繁重，要管理好必须加强对职工的思想政治教育，让每个职工都树立正确的观点。一要有服务观点。即为教育、教学服务，为学校全员生活服务的观点。总务工作的作用集中体现在“服务”上。二要有经济观点。就是从经济效益的观点出发去理财管物，做到花钱得当，物尽其用。三要有教育观点。学校全体教职工都要以自己的工作、思想、行为教育来影响学生。四要有群众观点。总务工作关系着每个部门、每个人的工作和生活。所以,要虚心听取群众意见,依靠群众做好工作。

(二)为教育、教学服务,为师生生活服务,在服务中育人

学校教育总务工作者应以服务为荣,尽心尽力地做好服务工作,以优质服务教育影响学生。学校的中心工作是教学工作,要根据教学工作不同时期的不同要求,做好配合工作。总务工作应该想在教学需要之前,干在教学工作之前。

学校的根本任务是培养学生,教师是育人的主力军,为顺利达成学校教育目标,总务工作必须为师生生活创造必要的条件,使师生集中精力做好教学工作和学习。

(三)勤俭办学,提高资金使用效益

勤俭建国、勤俭办一切事业,是我国社会主义建设的长期方针,也是党的优良传统。在学校总务工作中,要继续发扬艰苦奋斗精神和勤俭办学作风,并以此教育和熏陶学生。要健全各项管理制度,充分发挥财和物的经济效益,堵塞漏洞,防止"跑冒滴漏"。要制订各种奖惩办法,责任落实到人。对那些提高资金使用效益,挽回学校损失,提出合理化建议,为学校节约了资金的人员实行奖励。

(四)教育职工,严格按政策办事

在现实社会中,还存在着陈旧的思想观念和习惯势力,尤其是在逐步确立市场经济体制的情况下,有不少陈旧的思想和观点又沉渣泛起。如什么"常在河边走,哪有不湿鞋"、"人情留一线,今后好见面"、"有权就要用,过期就作废"等等思想,无时不在侵袭人们的思想。要杜绝贪污腐败和违法违纪事件发生,一是要加强教育,教育要求总务人员廉洁奉公,不以权谋私,按政策和财经纪律办事,坚持原则,一视同仁。二是要健全制度,分清责任,加强监督,严明奖惩。

(五)实事求是,因校制宜

在总务工作的管理中,一定要坚持实事求是的原则,既不浮夸虚报,也不缩小问题。例如在财经管理上,一般学校都要求每月填写月报,向校长和上级主管部门汇报情况。如果出现赤字或亏空,要及时反应,并主动想办法弥补。不能瞒上欺下,以致影响全局。校舍出现危险,电路出现隐患等应及时反应,立即采取排危措施。在修建和购物方面,应根据需要和可能,研究出合适的方案。不可贪大求洋,盲目攀比,以致造成浪费。

四、正确处理总务工作管理中的两个关系

(一)总务职工与教师的关系

不少职工认为,总务工作是服侍人的工作,低人一等,心理不平衡。因而常常对别人的言谈举止十分敏感,稍有不对即产生矛盾。教师又往往对总务工作的繁杂艰辛不理解,认为总务人员工作清闲,奖金却与自己差不多,心里也感到不平。个别教师有一种优越感,认为"你们就是该为我服务",这种思想溢于言行,就更会加深矛盾。学校领导要处理好这两个群体之间的关系。解决这一矛盾的方法有两个。一是加强教育,沟通思想。要

使教职工认识到社会主义社会的人际关系是建立在“我为人人,人人为我”的基础上的,大家都是为人民服务,都在互相服务。只有分工不同,没有高低差异。为实现学校教育目标,两者都不可缺少。学校可以通过经验交流会、学期总结会等形式有意识地让教师和职工通报自己的工作,以求达到互相了解,互相尊重,互相支持。二是分配要合理。学校领导者要通过内部改革,科学地测定每个工作岗位的工作量,合理分配工作,避免劳闲差异太大,并让工作量与奖金挂钩。一般来讲,教师的待遇要高于职工,但成绩突出的职工可以高于教师。在评先进、评职称、分住房等方面,要兼顾两者的利益。

(二)教导处与总务处的关系

教导处和总务处是校长领导下的平行机构,两处的工作须密切配合,协调一致,才能很好地达成学校的工作目标。在管理过程中,两个部门之间、人员之间难免发生矛盾。学校领导要注意协调二者的关系。首先是加强教育。要求教导处应尊重总务处的工作,有事平等商量,有问题共同想办法解决,不能埋怨指责,总务处则应主动配合教导处的工作,教导处提出的合理要求,应克服困难尽力解决。其次是分清职责和管理范围,明确关系。如从学生中收费一般都应交总务处,实行统一管理。

第二节　总务工作的组织管理和计划管理

一、总务工作管理的组织系统

学校的总务工作在校长领导下由总务处统一管理。总务机构的设置与人员配备视学校的级别和规模大小而定,一般设主任一人,必要时设副主任,规模小的学校只设总务主任,不设总务处;规模更小的,只设事务员。总务处的下属机构:一是财务组,设会计、出纳各一人,会计、出纳必须分开由两人担任。二是保管室,设一人,负责校产保管和易耗物资的收进发出。三是膳食组,设管理员,负责管理伙食团工作。大型中学分设教工伙食团和学生饮食团。四是医务室,高中设医生二人,初中一般设一人,小学由教职员一人兼任。五是图书馆(室),设管理员,其人事关系放在总务处,业务接受教导处指导。此外,还设有事务员、水电工、花工等。

大型中学有管后勤工作的副校长一人,领导后勤工作。

二、总务工作的制度管理

总务工作范围广泛、繁杂,又涉及到钱和物,必须抓好制度管理。设岗之后要明确岗位的职责和权限,要明文规定办事的程序和手续,做到有章可循、照章办事、违章必究、赏罚分明。特别要强调财务制度、财产保管制度和购物请购验收制度的建立健全和严格执行。

《中华人民共和国会计法》把会计工作必须遵循的一些基本原则,以法律形式固定下来,对学校的领导和全体教职工都具有法律约束力。它是财务管理的基本法规。1984 年 4 月 24 日财政部颁发的《会计人员工作规则》也对财会人员的工作规章作了具体要求。学校领导应督促财务人员认真执行。此外,根据学校实际,还应制订一些具体的规章制度。例如,坚持“一支笔”审批经费,规定学校内部报账手续等。

财产管理制度应规定固定财产必须建账,建立定期清理和维修制度。如果设备报废,必须填写报废单,经领导批准后记入财产账。消耗物品要建立进出流水账,领物必须登记签字,隔一定时间要盘点清查一次。

购物制度一般规定必须经过以下程序:使用人(或管理人)填写请购单,主管领导审批签字,采购员负责购买,保管员验收入库,最后才允许报账。报账必须有请购单、发票和由保管员签字的入库通知单。

三、总务工作的计划管理

总务工作的计划应与学校的总体计划配合。总务工作计划一般是按学年或学期制订,其核心是编制财务预算。财务预算的时间区间要与国家财政预算相一致,是以年度为区间的。

编制年度财务预算应注意掌握量入为出、收支平衡,留有余地;保证教学,照顾其他;勤俭办学的原则。编制预算应做好调查研究工作,要充分发动群众提建议。预算方案经校长审查后,应交教代会(或工会)讨论研究。

财务预算的编制是经过一定的组织程序提出的,是十分严肃的。因此,在执行中如发现问题或者情况变化需要修改时,也应经过一定的组织程序才能变动,这就是计划管理的一种手段。

第三节　总务工作管理的内容

总务工作管理可分为财务管理、校产管理和生活服务工作管理三个主要部分,分述如下:

一、财务管理

(一)财务管理的作用和任务

财务管理是学校总务管理的重要部分。它通过安排资金,提供物质条件的手段来保证学校各项计划的实现。

财务管理的任务:一是合理编制,认真执行预算。二是认真做好会计核算。学校的会计核算,是对学校全部经济活动过程及其结果进行系统、连续、综合的反映和监督的一种管理工作。它为学校领导提供需要的各种数据资料,以有利于考核过去,控制现在,预测未来的经济活动。三是合理使用资金,提高资金使用效益。四是贯彻执行国家财政法规。五是正确进行财务监督。

(二)预算管理

学校资金的来源分为“预算内资金”(上级财政下拨的教育经费)和“预算外资金”(学

校自筹自收经费)。为了有计划地使用资金,提高效率,必须按国家规定分别编制“教育事业经费预算”和“预算外资金收支计划”,进行严格管理。学校的预算是教学工作的资金反应,是实现事业计划的财力保证,是财务工作的基本依据。因此,加强预算管理是财务管理的中心环节。

编制预算,要根据党和国家的方针政策、上级的要求和学校的事业计划,参考上年度的预算执行情况进行。编制预算除填报规定的表格外,还应写出预算说明。预算说明主要说明预算编制的指导思想,测算收支的依据,实现预算的措施,预期达到的效果。预算(包括预算外资金计划)由总务部门草拟,经校长审查,并提交教代会讨论,最后应报上级批准。预算一经编制和批准,应采取积极措施,促使其实现。凡是计划了的项目,要保证资金到位;没有计划的,不能随意乱报。如确属预测不足的急需,应通过学校领导审查,调剂经费解决。若因情况发生变化,影响预算平衡,应及时调整。

会计年度结束,学校应按规定编制年度决算。决算反映了全年预算执行和资金活动的最终结果。决算工作除做好财务清理结算外,重点应抓好财务活动分析,其内容包括:分析预算执行、收支管理、资金管理、财产管理等情况。财务活动分析的目的,是找出优点和缺点,以提高财务管理水平。学校领导还应注意掌握预算执行情况,每月应要求总务部门上报执行进度。

(三)收入和支出的管理

在收入方面,预算内收入由上级拨给,按规定办理。预算外收入要注意合理合法。凡是上级有明文规定的,应严格按照规定的项目和标准收取。学校的各项收入都应交财务部门集中管理,任何部门都不能自设“小金库”,也不能把公款以个人名义存入银行。

在支出方面,分为人员经费和公用经费两大类。公用经费包括公务费、业务费、设备购置费和修缮费。要尽可能压缩公务费开支,保证必要的业务费。设备购置费用和修缮费用要慎重审查计划,提高经费使用效益。

学校领导要管好预算内外的支出。应熟悉各项费用的开支范围和费用标准;要制订严密的制度,严格审查支出凭证;注意专款专用;坚持资金支出“一支笔”审批。

(四)预算内、外资金的管理

预算内、外资金要严格分清,不能混淆。要按现行科目分别立账,分别核算。不能把预算内资金转入预算外。国家对资金管理有一系列明确的规定,例如严格控制签发空白支票,不能出借学校在银行开立的账户;各项现金当天存入银行;不能把收入的现金直接进行支付,向银行提取现金不能超过限额;拒绝无关的单位和个人要求代管款项等。学校领导应随时监督财务人员严格执行。

(五)健全管理制度,执行财务监督

要以国家的政策法规为依据,结合学校实际,制订财务管理规章制度和实施细则。如物资的采购、保管、领用制度,福利费管理细则等。必须建立财务监督制度,除了领导监督外,还可通过教代会或工会进行群众性监督。监督的重点,是维护财经纪律。对监督中发现的问题,要弄清事实,找出原因,研究改进办法和处理意见。

二、校产管理

学校财产包括校舍、场地、设备和消耗物资等。校产管理不仅要保证财产不遗失、不流散，而且要保持房舍和设备的良好状态，以充分发挥作用。校产管理的关键是对使用者的管理。要认真对使用者进行爱护公物的教育。同时要明确管理责任，制订管理制度和赔偿制度，从而不断提高使用者的自觉性和责任心。

(一)校舍管理

(1)建立档案。学校每栋房屋的有关文件和工程技术资料(如房产证书、设计图纸、地下管线铺设图等)应集中装订成册，建档保存，以备使用、保养、维修时参考。

(2)合理安排。校舍的使用，应根据总体布局尽量做到分区安排，以保证使用方便，避免互相干扰。各种用房安排以后，应保证相对稳定。特别是各班教室，一般应固定使用，有利于学生对房屋和设备的维护。

(3)维护保养。维护保养好校舍不仅可以延长房屋的使用年限，同时对学生良好品德的养成起到良好的作用。应定期对房舍进行保养维修，做到墙壁整洁，门窗油漆完好，玻璃齐全，电路灯具完好，屋顶不漏雨，下水道畅通等。对影响安全的危险因素应及时修理，不能延误。例如穿透房屋的屋梁下塌，楼房的地基下沉，电线老化断裂，屋面漏雨引起漏电，水管即将破裂，门窗活叶松动将掉落，楼梯和走道护栏损坏等等。凡是危房，要坚决停止使用，并报请上级拨款处理。

在管理上，应采用谁用谁管、责任到人的办法。各班应对教室门窗、内外墙壁、电器设备等的管理落实到人。公共场所由总务处派人分管。学校应制订房屋维护保养制度和公用房屋使用办法，让大家共同遵守。

(4)土地和围墙管理。现在城市土地已十分紧张，大城市可以说已是寸土寸金。而过去很多单位侵占、蚕食学校土地的现象屡见不鲜。学校领导要求教育总务人员要增强国土意识，要依法办理土地使用证，依法处理土地争端。围墙是框定土地使用范围的界线，也是保证安全的重要手段，要经常维护使其完好。

(二)设备管理

设备包含的内容广、数量多、规格杂、分布宽，管好、用好设备是校产管理的主要内容。

(1)管理与使用。要抓好请购、验收、编号、记账、保管、使用等环节。其中请购是保证需要、防止积压浪费的关键。各项设备经过验收、编号等程序后，会计和保管应根据发票(或调拨单)报账、记账和登记上册。

经常和固定使用的设备，由保管员按单位(加班、教研组)填写登记表一式两份，由使用单位和管理人员分别保存。对偶尔借用的设备应实行登记，使用者借物时要登记签字，还物时借物人与保管员共同签字。学校的师生员工对各自使用的设备应加强维护保养，人为的损坏或丢失，要查清情况，明确责任，使责任人和群众受到教育。情节严重者，应承担经济赔偿。

教职工调离学校时，应到各有关部门办理还物手续，各部门要在完清还物后分别签字盖章，在完清财经手续后，领导才审核签字，出具调动介绍信。

(2)维护与修理。各类设备在使用过程中必然出现损耗。为了延长使用年限,充分发挥作用,必须经常加强维护保养和修理。目前,学生中不爱惜公物的现象日益严重,学校应经常进行爱护公物的教育,引导师生都维护保养好设备,使之逐渐成为一种良好的校风。要把维护保养设备纳入经常性评比的内容,对表现良好的单位和个人及时表扬和奖励。要对管理人员下达责任书,要求他们经常检查设备,及时发现和处理问题。

(3)清理与报废。管理人员对各自经管的设备要定期清理,对损坏、遗失、故障等问题做到心中有数。一般说来,学期(或学年)本应结合检查评比对所管设备进行一次清点,做到账物相符。长期借出的东西(如乐器、收录机等)也应收回检查清点,下期再借出。损坏了的设备要及时修复,没有修复价值的应由管理人员提出报废意见,填写报废单,经领导批准后,记入财产账。

(三)消耗品的管理

(1)储备。应依据学校的经费可能、交通条件、市场货源、物质性能等情况,储备一定量的易耗物资(如粉笔、纸张、实验消耗品等),既不要积压,又保证供应。化学实验和医用药品,应注意储备的有效期。

(2)保管。易耗品种类繁多,性能各异,保管时应分类存放。易燃、有毒物,如汽油、有毒药品等,要单独存放。进拨物资应履行入库验收手续:填写验收入库单一式两份,由采购员和保管员两人签字,一份随发票交会计报账,一份留保管员据以登记。

(3)供应。教学常用物品,保管人员应及时送物上门,保证供应。其他物品使用人领物时也应登记签字。保管人员应设置物资流水账,定期结算各类物资进出库数量,并查对库存实物数量。当库存数不足储备量时,应向领导提出采购计划,及时补充。

三、师生生活管理

生活管理,包括伙食管理、宿舍管理和其他服务工作,主要是让师生吃好、休息好,帮助其解除后顾之忧。

(一)伙食管理

伙食管理的基本要求是:

(1)努力提高伙食质量。伙食要讲究营养。每天的饭菜应含有人体所必需的蛋白质、脂肪、碳水化合物及各种维生素。为此,要请医生监测和提出改进意见。伙食要做到饭菜数量足、品种多、价格合理,以适应师生不同的生活习惯和爱好,符合他们的经济支付能力。

(2)搞好饮食卫生。严格执行国家有关食品卫生的规定,建立环境卫生和炊管人员个人卫生的制度,并经常检查督促。要教育炊管人员掌握卫生常识,重视卫生工作,确保师生健康。要定期安排炊管人员参加健康检查,发现有传染病者,要立即调离岗位。

(3)力争收支平衡。学校的伙食是为师生服务的,不能以盈利为目的,应该做到收支平衡。如果发生盈亏大起大落,应分析原因,立即调整。每月收支情况,应向群众公布,便于群众监督。现在有个别学校把伙食团承包给职工,甚至要求承包者定期上缴利润,这种做法是错误的。

要建立一整套伙食管理制度，如验收入库、出库制度，清洁卫生制度，餐券回笼办法等等，使工作有章可循。

(二)宿舍管理

宿舍管理主要应做好卫生和安全工作。学生宿舍应有专人负责管理。宿舍要防漏防潮，防止蚊蝇滋生，消灭鼠虫。严禁学生在宿舍使用电炉、燃点鞭炮等。宿舍区应设置一定量的灭火设施。要设置盥洗室、洗衣槽和晒衣场。对学生要保证热水供应。要禁止留宿外客。星期六学生归宿要加强管理，可实行领取归宿卡办法：学生在班主任处领卡返家，归校时卡片上要有家长签字，证明该生确实回家住宿。总之，应建立一整套管理制度，对卫生、安全、纪律和爱护公物等方面提出要求，定出奖惩办法。

家属宿舍如果在校区内应与学校其他用房隔开，最好另外开门进出，以避免学生和家属的互相干扰。家属区集中的地方可建立家属委员会，由他们自治管理。

(三)水电管理

学校水电管理工作，关系到学校的经费开支和学生节约美德的养成，同时也关系到是否发生火灾和触电事故的安全大事，必须重视。

(1)加强教育，建立制度。要教育和要求师生节约使用水电，支援国家建设；要爱护水电设备，发现损坏及时报告；要建立管理制度，明确水电工不仅要管修理，还要管检查的岗位职责。

(2)保证需要，合理控制。水电的管道和线路的铺设，既要考虑到使用方便，也要有利于管理。例如，要保证生活区、实验室和教室区水龙头的数量要适当，过多易形成浪费，过少则大扫除时会造成拥挤。照明用电方面，教学楼、学生宿舍要安分路总闸，以便管理。

(3)经常检查，及时维修。对裸露的水管定期油漆保护。年久的电路和锈蚀严重的水管、闸阀要及时更换，不要等造成事故再处理。

(四)其他生活服务工作管理

(1)提供师生文娱活动场所及设施。由工会、学生会利用课余时间，组织师生参加有益身心健康的文体活动。

(2)组织小商品供应。可以由学校自办服务部。这对远离城镇的学校尤为重要。

(3)配合工会。学生会做好集体福利工作，包括设置理发室、公用洗衣机等。必要和可能的学校还可自办托儿所。

第四节　勤工俭学工作管理

一、勤工俭学工作管理的作用和任务

勤工俭学工作负有教育学生和为学校创收的双重任务。它为学生开设了生产劳动和实习基地，是对学生进行德育和劳动技术教育的重要阵地。近年来，随着劳动技术课程的加强，不少学校还开设了“分流班”(普通中学学生到三年级时分出的学习职业技术的班)、

"三加一班"(普通中学学生学完三年课程后再加一年职业培训的班)等特殊形式的班级,对勤工俭学工作的要求越来越高,其地位也越来越重要。校办企业收入是学校预算外资金的重要来源,它为改善办学条件和改善师生生活条件提供了必要的物质保证。

二、勤工俭学工作管理的组织系统

总务工作与勤工俭学工作组织系统有两种方式。一是两者合在一起,由总务主任统一领导,财务人员也不分开。小学和校办企业规模较小的中学多采用这种形式。另一种是分成两个平行的系统,都由校长领导。勤工俭学系统设主任一人,专门管理校办企业,做企业法人代表,属于学校中层干部,可以参加行政会议研究学校重大决定。财务人员可由总务处的财务人员兼任,也可另配人员负责,但与总务处的账必须分开另建。

校办工厂(或农场)必须建立生产班子,设专人负责供销。管理和指挥生产的科技人员,应落实国家有关优待政策,在评定职称等方面应与教师一视同仁。供销人员要选派那些奉公守法、吃苦耐劳、机灵应变的人。供销工作是企业的重要工作,在当前市场经济的体制下,显得尤为重要。规模较大的校办厂还应设专管生产实习的人员一人,经常与教导处联系,负责安排和管理学生的生产实习。

三、勤工俭学工作管理的内容

学校领导必须首先端正自己的指导思想,同时教育广大教职工认识勤工俭学的意义。明确开展勤工俭学是兴学育人的重要措施,是教育和训练学生掌握一定生产劳动技术的重要手段。它有助于克服教育脱离实际、脱离经济建设的倾向,有利于全面贯彻党的教育方针。因此,勤工俭学工作始终要把育人放在重要位置。

在管理上具体要抓好以下工作:

(一)选好兴办项目

学校校办企业项目,要根据条件,因地制宜地选择兴办。企业项目包括工厂、农场、商业和新兴的第三产业几个方面。经营商业风险较大,校长也不好控制。但如果经营得当,利润则高。办农场较稳妥,投资也不大,但城市学校没有条件。农村中小学适合于办农场、探索科技兴农的路子,应在农村起好农科结合的示范作用。办工厂较适合城市中小学,它的投资可大可小,便于管理,如果经营得当,效益也很不错。兴办工厂一定要多方面考查,就原料来源、生产设备能力、产品市场和经济效益等方面都要充分论证,不要盲目上马。学校的经济能力有限,一般应从小到大,滚雪球似的发展,不要贪大求洋,以至于一失足将一蹶不振。

(二)健全管理制度

校办企业无论大小,都应建立和健全管理体制和管理制度,例如生产计划、安全生产制度、财务管理制度、材料成品管理制度、设备使用与保养制度等。尤其是财务制度应该严明,一定要遵守国家制订的各项法规。当前市场经济越来越繁荣,经济活动已突破一些旧的框架,应根据实际情况制订出新的管理约束体制,使经办人员既能灵活处理一些业务关系,企业又有制约机制。例如在销售方面,现在不少企业提出了"全员销售法",对销售人员采用"定额销售加超额计奖"办法,出差人员实行经费包干、节约自得等方法,都可借鉴。校办企业虽是学校的一部分,但应实行企业管理的办法。

(三)安排好学生的劳动和生产实习

校办工厂、农场负有对学生进行劳动和生产技术教育的任务,教导处应与企业共同制订计划,安排好这一工作。要使企业职工明确他们也是教育工作者,对学生要言传身教,严格要求,热心指导。对学生要提出要求,职工就是老师,要尊敬他们,服从管理,接受教育。

(四)经济管理

校办企业是单独核算的经济实体,取得利润是其重要任务之一。因此,各级管理人员都必须有经济头脑。国家在税收上对校办企业实行优惠政策,派往企业工作的学校职工又是国家支付工资,因此,赢利应该说是必然的。学校领导不能认为有利就好,而不考查其经济效益的高低。所以,对利润产出率、资金周转率、设备耗损率、劳动生产率等经济指标应认真核算,要求不断提高效益。

在利润资金的分配上,应规定一定比例,不能用完分完,不求发展。地方教育行政部门规定了企业和学校的分配比例,例如利润的一半上缴学校,用于改善办学条件和提高师生福利;另一半留企业以扩大再生产。

学生参加了生产劳动,其劳务费应单独划开,但一般不支付给学生个人,而是用于学生的集体福利。

四、处理好勤工俭学工作管理中的矛盾

目前,社会上有一些不正确的认识,有人甚至公然宣传"能赚钱就是能干的人"。有的学校领导也基于这一错误观念,过于夸大校办企业的作用,抬高企业职工的地位。另外,现在仍有少数教师认为,学校办企业是"不务正业","干扰了教学秩序"。这两种认识都是错误的,应通过宣传教育,帮助大家端正认识。

校办企业职工与其他教职工在分配上也会产生矛盾。校办企业实行企业化管理,由于工作需要,职工在寒暑假和工休日往往要照常工作,有时晚上还要加班。这就造成这部分职工的收入总比同等条件的教职工要高。有的学校企业采取全承包方式,承包者的收入连学校领导也不清楚。于是各种议论就出现了,有的甚至怀疑到学校领导身上。分配是一个十分敏感的问题,也是个不易处理的难题,学校领导要慎重对待。如果让企业奖金定得过高,就会造成很大的心理不平衡,影响学校教职工的积极性;如果定得太低,就调动不了企业人员的积极性,不要说经济效益很低,甚至可能造成亏损或倒闭。解决这个问题的办法是加强民主管理,提高企业管理的透明度。让教代会或工会参与监督,企业应定期向教代会报告生产和财务情况。如果采用承包形式,应采取公开招标,让教代会代表参与核定和决策。

【要点小结】

1. 总务工作管理的基本任务是：管好财物、整建环境、完善设备、改善福利、为实现学校教育目标提供物质保证。

2. 正确处理总务工作管理中的两个关系：一是总务职工与教师的关系，二是教导处与总务处的关系。

3. 总务工作管理的组织系统在校长领导下由总务处统一管理。

4. 总务工作管理的内容主要有：财务管理，校产管理，师生生活管理。

5. 抓好勤工俭学工作需要：选好兴办项目，健全管理制度，安排好学生的劳动和生产实习，经济管理。

【学业评价】

1. 怎样正确处理总务工作管理中的两个关系？

2. 总务工作管理包含哪些主要内容？

第十七章

班级工作管理

【本章知识结构】

- 班级组织目标
  - 班级组织目标系列
  - 班级管理目标系列
- 班级管理内容
  - 对学生思想政治教育的管理
  - 对学生学习的管理
  - 对学生课外活动与课余生活的管理
  - 对学生集体的管理
  - 对学生问题行为的管理
  - 对教室设备的管理
  - 对班级任课教师的管理
  - 对班主任的管理
  - 对有关职能部门和组织的管理
- 班级管理的实施
  - 强化组织管理
  - 加强班级教师教育教学工作的管理
  - 加强对班主任工作的指导
  - 培养学生自我管理的能力
  - 组织和协调班级内外教育力量

【学习目标】

1. 学会分析班级管理目标，能制订切实可行的班级管理目标。
2. 熟悉班级管理的内容。
3. 掌握班级管理实施方法，能运用班级管理方法管理好班集体。

第一节　班级组织目标

学校班级管理，有狭义和广义的理解。狭义的班级管理是指班主任对全班各项工作的管理。广义的班级管理是指学校领导、有关职能机构和班主任对班级的管理以及学生的自我管理。这里采用广义的班级管理概念。班级管理是学校管理的基层单位,它对实现教育目标和管理目标,起着极其重要的作用。

班级是学校组织的一个基层单位。每个组织都有自己的组织目标。组织目标关系着组织的存在和发展,对其成员起着导向、激励和聚合的作用。班级组织的主要目标是培养和教育班级的学生,促使学生德、智、体全面发展和个性发展,促使学生个体社会化。班级组织目标由班级教育目标和管理目标两个系列组成。

一、班级教育目标系列

教育目标就是培养人的质量规格。我国的教育目标是培养德、智、体全面发展的建设者和接班人,是各级各类学校教育的总目标。各级各类学校据此确定自己的教育目标,如普通中小学的教育目标是为高一级学校输送合格的新生,为社会培养优良的劳动后备力量;各类中等专业学校的教育目标是培养各类中等专门人才等等。班级教育目标是学校教育目标的具体化,是从班级学生身心发展现实水平出发,根据学校教育目标,将社会需要与学生个体需要整合一致而形成的目标系列。

班级教育目标系列,从内容上分,有德、智、体、美、劳全面教育的要求和学校教学计划、各科教学大纲的要求;从时间上分,有各学年的教育目标,有人把中学一、二、三年级分为基础阶段、发展阶段和成熟阶段,各阶段有相应的教育目标;从人员上分,有班主任的教育目标、科任教师的教学目标、学生的学习目标。如再分解,每节课、每项活动都有其教育目标,从而形成班级教育目标系列。班级教育目标由学校教育目标决定。各类学校教育目标不同,其班级教育目标因此而异。这里有两种情况:一是班级教育目标与学校教育目标完全一致,各班教育目标相同。只因班级学生的素质水平不同,而在教育要求上有上限和下限之别。如普通中小学和各类中专的班级教育目标就是如此。二是班级教育目标与学校教育目标实质上一致,但在专业方向上不同。如中等职业技术学校的教育目标是培养当地社会需要的中级或初级专门人才。其班级教育目标则根据学校教育目标与各班的专业设置而定,于是就有服装班、财贸金融班、国防班、文艺班、工艺美术班等。各班教育目标因此而异。可见,班级教育目标,在组建班级时,是由学校领导者根据学校教育目标和社会需要预先确定的,而不是班主任和班级成员决定的。班主任只是根据班级教育目标和班级学生实际,分阶段提出班级教育的目标。

二、班级管理目标系列

管理目标是管理者对管理工作所期望达到的一定结果和要求。为有效实现班级教育目标,必须根据学校和班级教育目标以及管理活动的规律,制订班级管理目标系列,并使之优化。

(一)形成整合一致的班级目标系统,制订可行的班级工作计划

班级目标的整合一致主要表现为:①班级管理目标同教育目标吻合。②班级总目标与管理班级的各部门目标一致。③班级管理者与被管理者在目标上整合。其中只有第三方面真正达到整合一致,才能实现前两方面的整合。班级管理者要根据班级组织目标制

订出学期、学年行之有效的班级工作计划。

（二）建立高效率的班级管理机构

高效率的班级管理机构，应达到两方面的要求：从静态上看，它在上下层次、平行部门上关系明确、职责分明、追求高效率；从动态上看，它在活动过程中运转有序，对常规管理活动做到规范化、制度化，对非常规管理活动，鼓励创新、讲究实效。

（三）组建一支高水平的管理队伍

班级管理队伍包括教务行政队伍、思想政治工作队伍和教师队伍。班级管理机构能否保持高效率，班级教育、教学能否达到高质量，很大程度上取决于这支队伍的水平和工作状况。班级管理队伍高水平的标志是：1.各支队伍不仅能达到规定的素质要求而且能够独立地创造性地工作；2.各支队伍综合水平高，整个队伍既能适应当前工作的要求，又能适应学校和班级未来发展的需要。

（四）组织培养班集体，充分发挥学生自我管理的作用

班集体是学生生活、学习、发展的优良环境，它对班级学生的影响是其他教育形式不能替代的。班级学生既是教育和管理的对象，又是教育和管理的主体。不发挥班级学生自我教育、自我管理的作用，就不能做好班级管理。因此，组织和培养班集体，探索有效的班级管理模式，充分发挥学生自我管理的作用，是班级管理的又一重要目标。

（五）协调班级内外教育力量，形成教育合力

班级学生的顺利成长，需要各方面教育力量的一致影响，需要控制或排除不良诱因的影响。因此，协调班内外教育力量，探索形成教育合力的最佳模式，也是班级管理的重要目标。

（六）创设多样化的社会生活环境，促进班级学生个性的充分发展

以上管理目标是为促进班级学生个体社会化而设置的，具有规范性、统一性和共性的特点。而班级学生的发展，不可能只有共性的发展而无个性的发展。事实上人们不同的个性对社会建设和未来生活都是必要的。因此，班级管理目标应探索如何为每个成员创设多样化的社会生活环境，促进其个性的充分发展。

这些班级管理目标同样可以逐层再分解，形成教务处和政教处、学科组和年级组、科任教师和班主任、班级和学生的管理目标系列。

班级教育目标和管理目标，构成班级工作总目标。班级教育目标是制订班级管理目标的依据，班级管理目标是实现班级教育目标的保证。

第二节 班级管理内容

班级管理内容是指根据管理对象和管理目标，从哪些方面来管，或者说管理什么工作。班级管理内容极其广泛，如管人、管事、管物、管有关职能机构和组织等，但主要是管人和管事。其中管人包括管班级学生、任课教师、班主任、年级组和学科级负责人、教务处

和政教处的有关人员。而人的管理又是多层次的,既有中层,又有基层。许多人既是被管理者又是管理者。管理包括思想政治工作、教学工作、课外校外活动和学生生活等等。限于篇幅,本节只谈班级管理的主要内容。

一、对学生思想政治教育的管理

学生思想政治教育管理的主要任务是加强领导,组织和协调教育力量,提高政工队伍的素质,加强学生思想教育的计划管理、组织管理、制度管理和质量管理,切实提高思想政治教育的实效。中小学思想政治教育的内容,包括思想教育、政治教育和品德教育,侧重在思想品德教育和行为规范方面的训练。班级思想政治教育的途径有政治课和思想品德课的系统教育,各学科的思想教育,班主任的日常教育和行为训练,团支部、少先队中队和班委会的教育活动,家长的教育影响。其中主要是班主任深入细致的思想教育和任课教师结合教材进行的恰到好处的思想教育。思想政治教育应根据社会形势、学生的年龄特征、个性特征和思想实际,采取说服教育、榜样示范、情境陶冶、实践锻炼等方法,才能取得实效。学校要充分发挥政教处的职能作用,管理好这一工作。

二、对学生学习的管理

学生学习管理的根本目的,在于提高学生的学习质量和学习效率,培养学习能力。管理学习,一要激发学生学习动力。为此,要激发学生学习动机,培养学习兴趣,端正学习态度,进行学习目的的教育。二要指导学生按照学习过程各环节认真学习,才能取得好效果。这些环节是:计划、预习、听课、复习、作业、小结和应考。三要引导学生认识学习特点,掌握科学的学习方法。学生学习的特点是:学习目的的多样性,学习内容的规定性,学习活动的程序性,学习过程的受控性,学习兴趣的发散性。科学的学习方法是指根据学习过程的各环节进行学习;合理运筹学习时间,科学用脑;根据学段、学科特点及自身学习状况,采取相应的学习方法。四要培养学生的自学能力和学习习惯。五要优化学习环境(课内、课外和家庭学习环境),建立学习管理机构。这个机构由班主任、学习委员、科代表和学习小组长组成。要充分发挥教导处、任课教师、班主任和班级学习管理机构的作用。

三、对学生课外活动与课余生活的管理

班级课外活动的管理,包括校内课外活动与校外课外活动的管理。学生课外活动管理的指导思想是巩固和扩大课堂教学效果,发展学生的智能、特长和个性,增强适应社会生活的能力。课外活动管理要抓以下工作:一是建立班级课外活动指导机构,它在学校相关机构的指导下,由班主任、任课教师、团支部、班委会有关成员组成;二是把课外活动列入班级工作计划;三是聘请和配备辅导员;四是开展课外活动要因条件制宜;五是要处理好课外活动与课堂教学的关系;六是争取有关方面的配合与支持。

学生除课堂学习和自习之外,每天有很多课余时间。学校教导处和班主任,要主动联系家长和社会有关方面,并与他们共同安排和组织一些有教育意义的活动,去占领这一时空阵地。要指导学生合理利用休息时间,要组织丰富多彩的班内外文体活动、科技活动、

公益劳动及各种有益的社会活动，使学生在课外、班外、校外生活得既有乐趣又受教益，要预防学生在课余时间无所事事，游手好闲，从事一些不正当活动。

四、对学生集体的管理

学生集体是极大的教育力量和管理力量，它对学生个性的形成和发展有重大作用。对学生集体的管理着重抓以下工作：

(一)组织和培养班集体

培养班集体的一般做法是：1.确立共同目标，制订班级工作计划；2.发展积极分子、培养班级骨干，形成集体核心；3.建立平等、团结、互助、和谐的人际关系；4.形成正确的集体舆论；5.建立科学合理的集体规范，形成良好的班风和传统。

(二)加强集体中的个别教育

个别教育的对象是全班学生，班主任应针对优秀生、中等生、后进生的特点因人施教，使他们都得到发展。只有这样，才能形成、巩固和发展班集体。

(三)正确对待班级非正式群体

非正式群体是指没有明文规定的以情感为基础的自发形成的小群体。非正式群体的作用有积极和消极之分，这决定于非正式群体的规范性质与活动目标的价值。如果其规范与目标同班级的规范与目标一致，其作用一般是积极的。如果相反，其作用必然是消极的。由此，在班级里就可能有三种类型的非正式小群体。一是亲班级小群体，它对班集体的形成和发展起促进作用。二是偏离班级小群体，它不关心班集体，只关心自己的小群体，班级活动适合自己的需要就参加。反之，貌合神离，出现不守纪律的行为。三是反班级、反社会小群体，它与班集体或社会在情感上处于对立状态，他们人数极少，但破坏作用大。这类小群体极少，甚至有的班级里没有。

据此，对非正式小群体的有效管理应该是：1.正确认识。既看到非正式小群体存在的必然性和可变性，又看到它具有积极作用和消极作用的双重性。2.区别对待。对亲班级小群体要大力支持，充分发挥其积极作用，使之和正式群体相辅相成，成为实现班级目标的积极力量。对偏离班级小群体做好转化工作，化消极因素为积极因素。对反班级反社会小群体要加强教育，促其分化，限期改正。3.做好其"领袖"人物工作。他们一般具有某种特长，在小群体里威信高，有吸引力和号召力。班主任要多做疏导工作，发挥其长处。4.把非正式小群体纳入班集体的管理轨道。如吸收和培养"领袖"人物担任班干部，吸收其成员参加班级兴趣小组，将其置于班级的领导之下；以非正式小群体为基础根据自愿原则进行编组，使班级下属的小组成为保持非正式群体特色的正式组织，这样非正式群体和正式群体自然地就相辅相成了。

(四)充分发挥班集体的教育、管理作用和班主任的主导作用

健全的班集体有巨大的教育力量和管理力量，是其他任何力量所不能代替的。它不仅能支持、配合班主任开展教育活动和管理活动，成为班主任的得力助手；而且能自己提出教育要求和采取管理措施，并使之变成学生的自觉行为，互相关心、鼓励、帮助和督促，

因而容易形成良好的行为习惯,矫正不良行为习惯。所以,班集体是班级成员德、智、体全面发展的良好环境。要发挥班集体的教育作用和管理作用,就要充分发挥班委会、团支部或少先队中队的组织作用和干部的核心作用,就要充分发挥班主任的主导作用。班主任在班集体形成、发展的各个阶段,尽管他(她)的工作重点和工作方式不同,但自始至终都应发挥组织、协调、教育、导向等主导作用。

五、对学生问题行为的管理

问题行为又称偏离行为,是学生在成长和发展过程中出现的阻碍学习、品德和性格健康发展的不正常行为,包括过失行为、不良品德行为、变态行为和犯罪行为等。学生问题行为的主要表现是:厌学、吸烟、离家出走、早恋、性行为、性犯罪、赌博、自杀、打架斗殴、杀人、盗窃,个别学生还有精神异常。学生的过失行为童年期最多,不良品德行为和犯罪行为以少年期和青年初期比例最大。问题行为在学生中普遍存在,差生中有,好学生中也有;过去有,现在有,将来也有。问题行为可能毁掉学生的前程,给家庭带来不幸,干扰学校教育,扰乱社会治安。因此,学生的问题行为必然引起学校、家庭、社会的关注,尤其是学校应当高度重视。

对学生问题行为的管理,要求学校、家庭、社会综合治理,其指导思想是教育为主、预防为主、严格管理。为此,一要正确引导,加强教育,提高学生抗腐蚀的能力,防患未然。二要建立和健全学生行为规范的管理制度并严格执行。三要立足教育。要弄清问题的真相,分清问题的性质、程度、本人态度等,恰当处理,以取得教育实效。四要与家庭、社会形成合力,控制不良诱因,优化育人环境。

六、对教室设备的管理

教室是开展班级教育、教学活动的物质基础。班级对教室设备的管理,主要是对教室内桌凳、灯光、电教设备等的管理。

七、对班级任课教师的管理

一是合理组合,知人善任,人尽其才。二是加强对教师教育教学工作、教书育人的管理。三是协调教师与班主任、教师之间的关系,形成教育集体。四是在工作实践中,提高教师的个体素质和班级教师集体水平。

八、对班主任的管理

选择配备好班主任,指导班主任工作,为班主任开展工作提供必要的条件,提高班主任的业务能力和管理水平。

九、对有关职能部门和组织的管理

班级管理的有关职能部门和组织,主要是教导处、政教处、年级组、学科组以及团支部、少先队中队和班委会。学校要加强对这些职能部门和组织的领导与指导，充分发挥其职能作用和对班级的指导作用，提高其工作效率和管理水平，使之成为学校管理班级的得力助手。

第三节　班级管理的实施

一、强化组织管理

(一)健全班级管理机构

健全的班级管理机构，是班级有效管理的组织保证。目前，班级管理有两种模式：其一，在分设教导处和政教处的学校里，建立双线管理机构：1. 校长→教导处→学科组(教研组)→教师→班级→学生；2. 校长→政教处→年级组→班主任→班级→学生。其二，在单设教导处的学校里，建立单线管理机构：校长→教导处→年级组→班主任→班级→学生。这两种模式，分别适用于两种不同情况的学校。无论哪种模式，一是要有机构，二是要健全机构，各层要有专人负责，管学生的校长要切实把班级管理抓起来。

(二)配备好班主任

大量的具体的班级管理工作，主要靠班主任去做。班主任在班级管理工作中起着举足轻重的作用。因此，校长一定要选好班主任，要选拔思想品德好，热爱教育事业，热爱学生，业务水平较高，组织管理能力较强，善于处理人际关系，在师生中有一定威信的，身体健康的教师担任班主任。

(三)优化组合班级教师群体和学生群体

班级成员组合得当，就能增强内聚力，产生 $1+1>2$ 的整体效应；组合不当，内耗丛生，产生 $1+1<2$ 的负效应。学校领导者要根据每个教师的工作态度、业务水平、教育教学能力、特长爱好、个性特征、男女比例、人际关系等多种因素，全面考虑，恰当搭配，合理组合，使每个班在教学、管理、课外校外活动等方面，都有把关人或带头人。在编班时，由于生源不同，编班目的不同，编班的方法也因此不同。编班的一般做法是：根据学生的成绩、干部力量、兴趣爱好、团群比例、男女比例等因素合理配搭，年龄较大或较小的学生、后进生要分配在各班，要使每班都有成绩优秀的学习带头人，有工作能力较强的主要干部，有文娱体育积极分子。在班级教师和学生确定后，要保持相对稳定。如果情况变化或工作需要，只作个别调整，以利于教师集体和学生班集体的建设以及班级管理。

(四)建立健全班级管理制度

正确、合理、可行的班级管理制度，是班级教育与班级管理的重要手段。教导处和班主任要根据有关法定文件和班级实际情况，建立和健全班级管理制度。对教师来讲，应建立岗位责任制度、考核制度、奖惩制度和汇报研究制度等。对学生来讲，应建立各种课堂常规、学习制度、生活制度和奖惩制度等。各种制度要不断充实和完善。

二、加强班级教师教育教学工作的管理

班级管理的主要目标是培养人、教育人。而班级教师在对学生进行思想政治教育，培养良好的品德行为，传授文化科学知识技能，提高学生学业成绩和学习质量，指导学生课余生活，完成教育任务，达成教育目标等方面，起着重大的更为直接的作用，教导处要充分发挥自己的职能作用，加强对班级教师教育教学工作的管理。从班级管理出发，抓教师管理，基本要求是教书育人，管教管导，着重抓三点：一抓课堂教学，要求教师正确无误地传授文化科学知识，深刻揭示教材的思想性，结合学生的思想实际恰如其分地进行思想教育。二抓课外辅导和课外活动、课余生活的指导。三抓协调任课教师与班主任的关系，协调任课教师之间的关系，共同教育和管理学生。同时要充分发挥学科组(教研组)的职能作用。学科组着重抓以下工作：其一，通过集体备课，以老带新，举行观摩课，互相听课等活动，帮助教师提高好课率和教学质量。其二，研究落实教师的课外辅导和指导学生的课外活动。其三，促进班级教师形成教育集体。

三、加强对班主任工作的指导

(一)帮助班主任树立正确的教育思想和管理思想，提高管理水平

学校领导者要有计划地组织班主任学习马克思主义基本原理，学习教育方针政策，学习教育理论和管理理论，使班主任扩大政治视野，树立正确的教育思想和管理思想。从而能自觉地贯彻教育方针，为祖国社会主义建设和地方经济的发展，为提高民族素质，严格要求、教育、管理学生，把全班学生培养成合格的社会成员；能根据政策正确地妥善地处理学生中的问题；能以高度的责任感教育并转化差生。

(二)对班主任工作业务进行具体指导

学校领导者对班主任的各项工作，要定期布置，具体指导，适时检查；要建立汇报制度，定期进行分析研究；对工作中带有倾向性的问题，组织专题讨论，有针对性地组织班主任学习业务知识，总结和交流班主任的工作经验。

(三)帮助班主任掌握工作方法

学校领导者要结合工作实践，帮着班主任掌握工作方法，提高其工作水平和能力。班主任常用的有效的工作方法很多，诸如调查研究法、说服教育法、榜样示范法、活动教育法、情境陶冶法、实践锻炼法、评比奖惩法、民主管理法等。其中活动教育法是通过各种有意义的活动来教育学生，情境陶冶法是通过创设富有教育因素的情境对学生进行潜移默化的影响，民主管理法是通过学生参与管理受到教育，提高能力。为使班主任掌握这些方法，就要提高其教育理论修养。

(四)为班主任工作创造必要的外部条件

学校领导者要为班主任开展班级工作创造必要的外部条件，如优化学校育人环境，合理搭配班级任课教师，为班级教育教学活动提供必要的物力和财力；教育学生接受和服从班主任的教育与管理，树立班主任的威信；要求任课教师、家长和社会有关方面尊重和支

持班主任工作，解除班主任的后顾之忧。

上述对班主任工作的指导，校长只作宏观的部署，大量的工作应靠教务处、政教处、年级组、学科组去做，因此要充分发挥它们的职能作用。

四、培养学生自我管理的能力

班级管理的主要对象是学生。作为现代社会的学生，必须具有自治自理能力、组织管理能力和独立生活的能力，以适应未来社会的生活与社会需要。班级组织是社会组织的雏型。学生在班级群体生活中进行着社会角色的学习。如学生干部学习怎样领导、组织、指挥、协调全班成员的行为，并为一个共同目标奋斗。学生群众增强了群体意识，他们参与组织决策、分工、沟通，学习怎样服从领导，遵守群体规范，学会控制自己的行为。从而使他们认识领导者与被领导者的权利和义务，认识社会，适应社会。据此，不少学校领导者和班主任把班级当做培养学生自我管理能力的实验基地，并进行了有益的尝试和实践。

（一）值周班制度

每周轮流由一个班级的学生担负执勤工作，负责对全校学生执行校规的督促、检查和评比。这种制度既能促进学校教学和管理工作的开展，又能对全班学生进行集体主义教育和从事公共事务服务的轮训。

（二）班干部的轮换制度

为使每个学生有锻炼的机会，有的中学根据学生个体和班级群体的情况，以及班级工作的需要，通盘考虑，合理组合，制订学生担任干部的三年规划，让每个学生担任半年到一年的班干部工作，以培养学生的组织管理能力。

（三）一周班长制

在常务班长主持经常工作的条件下，让全班每个学生轮流担任一周的班长工作，主要负责对本班学生执行校规班纪的督促、检查、评比工作。值周班长要写出一周的工作书面报告，向全班学生讲评，以培养学生的工作能力。

（四）主持班级活动

让每个学生参加班级活动的设计和安排，从中承担一定的任务，负起一定的责任，从而培养社会活动能力。

（五）见习班主任

让学生轮流担任几天的见习班主任。学习处理班级日常事务，履行班主任的部分职责。如找同学谈话，批阅日记、周记，家访，处理偶发事件等。见习完后向全班总结，征求意见，畅谈体会，让同学评分，记录在案，并宣布下任“班主任”。也有让学生见习校长秘书，见习校长，见习家长（掌管几天全家的开支、交往和家务）等。这一模式让学生扮演处于领导和支配地位的角色，体验自身的价值和尊严，意识到自己是集体中不可缺少的一员，从而激发学生的积极性，形成自主参与行为，锻炼自治自理能力。同时通过角色互换，心理移位，对班主任的工作更理解，进而积极支持班级工作。

五、组织和协调班级内外教育力量

班级内外教育力量的一致影响，是班级学生健康成长的重要条件。组织和协调班级内外教育力量的根本目的是顺利达成班级和学校教育目标。班级内外教育力量的主要组织者和协调者是班主任和学校有关领导。

首先，要组织和协调级内教育力量，这是最关键的一环。一要充分发挥本班任课教师的教育、管理作用。为此，要处理好任课教师与班主任、与学生以及其他教师之间的关系，共同研究教育学生的问题，统一认识，统一步调。二要发挥本班团队组织在集体中的作用，要使团队工作计划与班级工作计划步调一致。三要抓好班委会工作，发挥其组织与助手作用。总之，要使教师、团队组织、班委会的教育目标与班级教育目标整合一致，形成班内教育合力。

其次，要组织和协调校内教育力量。班级教育、管理活动的开展，有赖于校内教育力量的配合与支持。因此，特别是校内领导、班主任要组织教导处、教育工会、共青团、学生会和其他教师、职工等支持班级工作，统一行动。

最后，要争取和运用家庭、社会力量教育学生。家庭教育是学校教育和社会教育的基础。家长都希望把子女教育好，乐意与学校、班级配合。因此，家庭是学校和班级的主要依靠力量。班主任要主动与家长联系，交换学生在家在校的表现，统一教育要求与步调，指导教育子女的方法；要深入了解每个学生家长，善于根据不同类型的家长（通情达理的家长、护短型家长、放任型家长、严厉型家长、破损家庭的家长、独生子女的家长）区别对待。学校和班主任要主动与社会有关单位（如地方党委宣传部、共青团、妇联、工会、校外文化教育机关、街道办事处、公安派出所、居（村）民委员会等）取得联系，邀请其领导参与学校或班级的教育管理工作，争取他们的支持和配合，使社会教育与学校教育一致。

【要点小结】

1. 狭义的班级管理是指班主任对全班各项工作的管理。广义的班级管理是指学校领导、有关职能机构和班主任对班级的管理以及学生的自我管理。

2. 班级教育目标系列，从内容上分，有德、智、体、美、劳全面教育的要求和学校教学计划、各科教学大纲的要求；从时间上分，有各学年的教育目标，有人把中学一、二、三年级分为基础阶段、发展阶段和成熟阶段，各阶段有相应的教育目标；从人员上分，有班主任的教育目标、任课教师的教学目标、学生的学习目标。

3. 要实现班级管理目标，需要形成整合一致的班级目标系统，制订可行的班级工作计划；建立高效率的班级管理机构；组建一支高水平的管理队伍；组织培养班集体，充分发挥学生自我管理的作用；协调班级内外教育力量，形成教育合力；创设多样化的社会生活环境，促进班级学生个性的充分发展。

4. 班级管理内容主要有：对学生思想政治教育的管理，对学生学习的管理，对学生课外活动与课余生活的管理，对学生集体的管理，对学生问题行为的管理，对教室设备的管理，对班级任课教师的管理，对班主任的管理，对有关职能部门和组织的管理。

5. 实施班级管理需要：强化组织管理，加强班级教师教育教学工作的管理，加强对班主任工作的指导，培养学生自我管理的能力，组织和协调班级内外教育力量。

【学业评价】

1. 广义和狭义的班级管理分别指什么？
2. 班级管理的内容主要有哪些？
3. 如何实施班级管理？

【参考书目】

1. 黄崴. 教育管理学——概念与原理[M]. 广州：广东高等教育出版社，2002.
2. 萧宗六. 学校管理学[M]. 北京：人民教育出版社，2001.

第十八章

学校管理的发展趋势

【本章知识结构图】

- 管理权力下放
  - 学校权力下放
  - 政府权力下放
- 校长角色的融合
  - 管理者角色
  - 协调者角色
  - 教育者角色
  - 服务者角色
- 走向开放的学校管理
  - 家庭参与学校管理
  - 社会参与学校管理
  - 校际合作
- 绩效管理思想更加受到重视
  - 绩效管理的意义
  - 国外学校绩效管理概观
  - 绩效管理是提升我国中小学教育质量的必然选择

【学习目标】

1. 了解学校管理发展的新趋势，能结合学校管理发展的新趋势分析当前学校管理实践需要改进之处。

2. 能结合《国家中长期教育改革和发展规划纲要（2010－2020 年）》，简单分析学校管理可能发生的其他趋势。

随着经济社会的发展和教育改革的不断深化，民主、法制、参与的理念不断渗透到学校管理中，为中小学学校管理变革注入新的活力。2010 年 7 月，党中央、国务院颁布《国家中长期教育改革和发展规划纲要（2010－2020 年）》，指明了中小学管理改革的新方向，提出“实行校务会议等管理制度，建立健全教职工代表大会制度，不断完善科学民主决策机制”、“建立中小学家长委员会，引导社区和有关专业人士参与学校管理和监督”等一系列中小学学校管理制度措施，这些制度措施为中小学学校管理的进一步科学化、规范化带来契机，预示着中小学管理将出现新的趋势。

准确把握中小学学校管理的发展趋势，明晰中小学管理改革的方向和路径，对我们坚持立德树人、育人为本的教育理念，积极投身于中小学学校管理变革洪流中，具有重要意义。

第一节　管理权力下放

权力即达到某种目的的能力。权力在组织结构中处于枢纽地位，正因为有权力的存在，才使得组织机器各个部分紧密地联结在一起。西蒙认为：管理就是决策。决策的实质就是管理者利用权力，使组织的各个部分围绕组织共同愿景各安其位、各司其职、各尽其责。权力在包括学校组织在内的各种组织中，发挥着确保组织管理有序进行的关键作用。学校管理权力的下放，将是学校管理发展的重要趋势之一。

学校管理权力的下放，是指在学校管理过程中，将上层机构的决策权移交给下层机构，由下层机构自主确立办学和发展的方式。主要表现为政府权力下放、学校权力下放两种形式。

一、政府权力下放

20 世纪 90 年代以来，随着社会主义市场经济体制的逐步确立，政府权力的下放成为我国社会各个领域的热门话题。政府对中小学学校管理权力的下放，也成为学界探讨的热点。然而，从我国中小学现状来看，政府在中小学管理中充当“全知全能”的角色尚未改变，统一的办学标准和督导评估仍在左右着学校发展。学校资源的获得和利用，必须严格按照政府的统一规划，而对各个学校的差异视而不见。例如：某县政府提出创建“园林式校园”评比，各个学校争先恐后将有限的教育资源投入校园绿化建设，否则难以争取到政府项目资金支持和办学荣誉，而有的学校更为突出的问题，如师资薄弱、设备落后等只能搁置不谈，以政府为本位的权力观忽视了权力客体存在的差异性，造成教育资源使用效率的低下和浪费。

《国家中长期教育改革和发展规划纲要（2010－2020 年）》提出“以转变政府职能和简政放权为重点，深化教育管理体制改革，提高公共教育服务水平”，对中小学管理改革中的政府权力下放提出了新要求。中小学管理中政府权力的下放主要体现在以下四个方面：

第一，学校发展规划权的下放。传统的中小学管理，政府通过财政预算、行政命令、评估督导等措施，对学校发展规划统包统揽，抑制了学校办学的自主性和积极性。在未来的中小学管理中，政府对学校发展的定位、规模、速度、目标等，只有宏观指导职责，而不必做到事必躬亲。学校在坚持社会主义办学基本方向的基础上，结合自身特点，确立不同的办学目标和层次，切实提高学校现有教育资源的利用率，有利于形成百花齐放、百家争鸣的办学格局，为各类人才脱颖而出提供适宜的成长土壤，打破传统千人一面学校管理模式的弊端。

第二，人事安排权的下放。中小学对教师的聘用、管理、培训等，将由学校自主决定，而不必通过政府部门的审批和任命。一方面，对于教师而言，教师是学校管理中的第一资源，不同的学校对教师的专业、数量、学历层次等，有不同的趋好。例如：农村留守儿童聚集的中小学，需要更多心理老师关注学生心理健康；以培养美术特长为办学取向的中小学，对美术类教师的需要多于其他中小学等等。学校拥有人事安排权，为学校办出特色、办出水平奠定制度保证和人才基础。随着特色化办学理念在中小学管理中蔓延，政府人事安排权方面会给学校更多的决定权。另一方面，对于校长而言，政府是学校的创办者，校长是决定学校发展的舵手，校长的产生将在更大程度上取决于学校教师、职工、学生的选择，改变当前以政府委任制为主的现状，让广大教职工在校长的产生和罢免上有一定的发言权。

第三，教材与课程设置权的下放。长期以来，我国中小学存在一本教材、一套课程全国通用数十年的情况，使得我国教材与课程设置同经济社会发展严重脱节，青少年的创新思维被严重束缚。近年来，人教版、苏教版、北师大版等不同版本的教材在各地使用，结束了"一本教材行天下"的历史痼疾。然而，教材与课程设置权还没有真正落实到学校，使用什么教材，怎样设置课程，还是由政府说了算，同一个地区往往使用同一本教材。随着学校办学自主权的进一步扩大和人才培养模式的不断创新，中小学将真正拥有教材与课程的设置权，可以根据学校发展定位和所招收学生的个性特征，使用不同的教材，设置不同的课程。有条件的学校甚至可以编印校本教材、设置校本课程，将教材的选择、课程的设置与学校的办学定位有机结合起来，为实现学校的办学目标奠定条件。

第四，人才培养质量监督权下放。在传统中小学管理中，政府将升学率作为监督人才培养质量的唯一标尺，并以此为主要依据分配教学资源，造成学校忽视学生的素质提升而过多关注升学率的提高，遮蔽了各种学校在办学资源、招生情况、学生进步程度等方面的差异，不利于调动基础薄弱学校的办学积极性。随着政府对人才培养质量监督权的下放，具有一定资质的社会中介机构、学校同行委员会以及学校自身，通过建立更加科学、规范、细致的人才培养质量指标体系，及时跟踪、监控、反馈学校人才培养质量情况，为学校不断改进教学方式、规范教学行为、凝练办学特色，提供了更加有效的依据和准绳。

权力大，意味着对资源的获取和支配具有更多的自主性；权力小，则意味着在资源的获取和支配上受到更多的限制。政府权力的下放，适应了现代中小学学校管理体制改革目标，但政府权力的下放，绝不意味着政府在学校管理中毫无作为，而是政府在学校管理中由高度集权、行政干预过多、管得过细走向管办学方向、管政治原则、管重大政策等，赋予学校更多的决策权，促进学校形成自主办学、自主发展的办学观。

二、学校权力下放

1985 年，中共中央、国务院制定的《关于教育体制改革的决定》要求"学校逐步实行校长负责制"。1993 年，国家又颁布了《中国教育改革和发展纲要》，明确提出："中等及中等以下各类学校实行校长负责制。"1986 年颁布实施的《义务教育法》，经由 2006 年全国人民代表大会常务委员会修订通过，再一次明确"学校实行校长负责制"。

近 30 年的实践证明，中小学校实行校长负责制，有利于明确校长在学校管理中的岗位职责，发挥校长统一指挥的优势，建立起层层负责的管理责任制，在一定程度上避免了人浮于事，效率低下，职责不清，赏罚不明等状况。但是，随着学校内部在管理体制改革、人事制度改革和基础教育课程改革并举的背景下，教职员工参与改革的积极性高涨，加之一些学校在实施中由于缺乏对校长权力的有效监管，逐渐演变成了“校长独裁制”或“校长家长制”，学校权力下放成为社会、学校的共同呼声。

一般来说，校长具有决策指挥权、干部任免权、学校改革权、教职工奖惩权、经费和固定资产分配权等五种权力。中小学学校管理的权力下放是指校长通过一定的形式和途径将学校管理权与教职工共同分享，管理好学校内部各项事务。

第一，通过保障校务委员会、工会、教代会的正常运转下放权力。《中华人民共和国工会法》、《中华人民共和国劳动法》赋予工会和职工代表大会相应职能，我国中小学设有代表教职工利益的工会组织，在实践中常常没有得到依法行使。在某些学校，工会成为学校福利工作的代名词。校务委员会形同虚设，教代会不按期召开，在教职工聘用、解聘、报酬、超时工作、劳动争议等重要事务方面，校务委员会、工会、教代会却很少介入。在一项有关校长负责制的问卷调查中，定期召开教职工代表大会的仅占19%，不定期召开的占61%，不召开的占11%，不清楚的占9%。①

随着《国家中长期教育改革和发展规划纲要（2010－2020年）》提出“实行校务会议等管理制度，建立健全教职工代表大会制度，不断完善科学民主决策机制”在实践中不断运用，校务委员会、工会、教代会将成为普通教职员工参与学校民主管理、科学决策的有效途径，进一步调动起广大教职工树立“校强我荣，校衰我耻”的荣誉感和责任心。

第二，通过强化领导班子分工协作下放权力。校长负责制在实际运行中突出了校长在学校管理中的地位和作用，忽视了领导班子的分工协作。在未来学校管理中，校长需充分发挥领导成员的作用，注意发扬民主，经常与其他班子成员交流意见。领导成员有明确分工，又密切合作，坚持“三分三合”的原则，即职责上分，思想上合；工作上分，目标上合；体制上分，关系上合。学校领导班子是学校最高领导层，是最高决策机构，凡属学校重大的问题都交由校长办公会讨论决定，可以避免校长个人决策的片面性和局限性，有利于发挥集体的智慧，调动领导成员的积极性。

第三，通过建立健全党支部监督下放权力。中小学实行校长负责制的目的是要党政分开，不是削弱党支部在学校改革发展中的领导作用，而是让党管好党，充分发挥党支部在把握学校的办学方向与学校的思想政治工作中的核心作用。发挥党支部的监督作用，有利于保证党的基本路线和教育方针的贯彻执行。党支部参与学校重大问题的决策，由党组织带领教职工切实发挥监督作用，将校长的权力放在阳光下运行，是学校实行民主管理与监督，避免出现一言堂的重要途径。

第四，通过实行校长选举制和任期制下放权力。这一路径的实质是充分落实广大教职工对干部选拔任用的知情权、参与权、选择权、监督权，增强校长选任工作公开透明度。上级授权任免的校长遴选制度，导致校长对上级负责为主。而实行选举制，把校长的选择和聘任权力交给教职工，对其监督的重心也来自学校内部，校长的主要负责对象在学校而非主管部门。上级教育行政主管部门通过建立公开选拔、竞争上岗、择优聘任的校长选拔任用机制，建立科学的绩效评价机制，告别纯粹的任命制和任期制，并实行校长任职期。

① 张志峰.教师视野中的校长负责制——对G市6所公立学校的调查与研究[J].校长阅刊，2006(11)：18

规定校长在同一所学校任期不得超过两届，进行异地流动的任职制度，进一步增进教职工对校长选拔任用的决定权。同时，促进校长强化履责意识，改进办学治校模式，提高教职工的满意度和认同度。

由于传统思维定势的影响和“长官意志”的根深蒂固，政府和学校权力下放的实现，需要政府、校长、教师、社会等多方联动。积极构建学校权力民主、良性、健康运行的体制机制，逐步适应经济社会发展形势的需要，推进学校民主化进程，为学校改革、发展、稳定提供坚实的组织保证和力量源泉。

第二节 校长角色的融合

陶行知先生说：“校长是一个学校的灵魂，评价一个学校，先评价它的校长。”回顾高等教育的教育史，可以发现每一所成功的大学都与一位杰出的校长紧密联系在一起，例如：康普顿与麻省理工学院，艾略特与哈佛大学，蔡元培与北京大学，梅贻琦与清华大学，张伯苓与南开大学等等。对于中小学而言亦如此，校长的能力、素质、气魄、学养决定着学校的发展方向、速度、规模、效益。

校长角色，是指校长在特定的社会关系中的身份以及由此而产生的行为规范和行为模式的总和，它包括校长一系列不同的角色及所要表现出来的相对应的行为。中小学校长在实施学校管理过程中，由单一的管理者角色走向管理者、协调者、教育者、服务者等不同角色的融合，为校长的职业注入新的内涵。

一、管理者角色

在校长诸多角色当中，管理者角色是校长的核心角色。这不仅是校长负责制赋予校长管理学校内部事务的重要职责，也是确保学校组织能够正常运转的必要条件。剥夺、削弱校长作为管理者的角色，将造成学校管理工作的一盘散沙、混乱无序。校长管理者角色的具体内涵有以下三个方面：

首先，准确把握学校发展方向，制订学校发展战略。学校自身组织结构和外部环境在不断发生变化，作为管理者的校长，应当带领师生员工，在充分、客观分析学校历史积淀与现有资源的基础上，对学校发展作出清晰的规划，明确短期、中期、长期发展目标，建立共同愿景，通过共同愿景凝聚教职工履行职责的积极性。同时，制订学校的发展战略要依据学校的特色进行准确定位，做到与时俱进，不断改革创新。

其次，建立和完善学校管理制度，形成“用制度管人，靠制度办事”的机制。学校管理工作千头万绪，如果校长陷身于琐碎杂乱事务中，就无法将有限的精力用于谋划学校的长远发展。通过建章立制，对各个岗位职责进行清晰界定，对各项工作的目标、程序、方式、途径等进行明确要求，形成良性的制度运转体系，要让学校每一位教职员工明白：我们能做什么，应该做什么，做到什么程度。然后大家一起思考：我们如何去做？校长就可以从繁琐的具体事务中解脱出来，在资源的优化整合、组织架构中分配更多的精力，思考学校的长远发展目标。

最后，引领学校教育观念的创新。创新能力是一所学校发展的核心能力。作为管理者的校长，更应担当起学校观念创新的领头羊，不断推进学校教育管理的创新，在学校中营造一种对话的学习交流环境。一方面，校长为广大教职工创新教育观念提供保障条件，例如，搭建教职工共同学习研究的平台，促进教职工相互学习，激励教师群体在自由轻松的教学过程中实现自己教育观念的创新。另一方面，校长应做到以身作则，保持积极进取的价值观，提升自己作为校长的职业素养，为经营学校特色、提升学校品位贡献力量，以此来获得学校持续发展的创新动力与资本。

二、协调者角色

随着学校与外部环境联系的不断加深，校长需要具备较强的公关能力，能够与政府、企业、家长、媒体等各个方面建立关系，为学校发展争取更多的资源。此时，校长所具有的角色就是协调者角色。通过校长的协调作用，提高学校与外部环境的适应性，甚至可以化解危机。例如，有的校长在管理过程中，由于对某些改革措施未能与家长充分沟通协调，导致家长误解甚至坚决反对，造成改革失败。在未来的学校管理中，作为协调者的校长，能够起到沟通四方、协调上下的作用。

首先，校长要有良好的沟通协调能力。沟通协调能力是校长作为协调者的关键素质。一方面，学校作为一个开放的系统，要不断与外界进行信息交流，特别是要从兄弟学校中借鉴成功的改革经验，这一切都离不开校长的沟通协调能力。另一方面，校长要善于营造和谐、顺畅、高效的工作氛围，理解、宽容、倾听，学会妥协，还要坚持组织原则、工作纪律等，为学校组织建立起良好的沟通协调氛围，提高学校的工作效率。国外学校有的校长，定期聚集在一起就管理中的成功经验和出现的问题进行探讨和分享，可以有效提高学校内部的管理效率。

其次，校长要加强与政府职能部门的沟通协调。一所学校的正常运转，离不开公安、消防、卫生、质检、工商等各职能部门的协力合作，为教师乐教、学生乐学提供保障。随着中小学逐渐从封闭走向开放，校长要担当起协调者的角色，与政府职能部门就学校的实际问题进行磋商，积极争取政府职能部门的支持。从政府角度来看，政府对学校的管理从统包统揽走向宏观管理，将更多的权力下放给学校。因此，政府职能部门不可能深入到学校内部，无法洞悉学校改革发展中的一些隐性矛盾，这就要求校长以积极、主动的姿态与政府职能部门进行沟通协调。需要强调的是，我们所说的“与政府职能部门的沟通协调”，绝非溜须拍马、行贿、“走后门”等不良行为，而是通过正常的渠道和途径，向政府职能部门反应问题，争取政府在人员、经费、政策等方面的优惠，为学校发展创造一个适宜的外部环境，这一切的实现，需要校长充分发挥作为协调者的角色。

再次，校长要加强与企业沟通协调。传统的中小学管理，校长将精力主要集中在学校内部事务的管理上，而忽略了与企业之间建立沟通协调机制，似乎校企合作是大学的专利，和中小学不相干。未来的中小学管理，校长作为协调者的作色，将凸显与企业加强沟通协调职能。一方面，加强学校与企业的沟通协调，有利于提高解决学校发展资金短缺问题。《国家中长期教育改革和发展规划纲要(2010—2020年)》提出“积极鼓励行业、企业等社会力量参与公办学校办学”、“吸引境外知名学校、教育和科研机构以及企业，合作设立教育教学、实训、研究机构或项目"等，为校长利用企业资金改善办学水平提供了政策依据。另一方面，中小学与社会的疏离，造成人才培养与社会发展严重脱节。一个突出的表现是：许多学生在面临大学专业抉择时，对于选择哪个专业一筹莫展。校长通过与企业建立合作关系，可以拓展、延伸学生的第二课堂，让学生参与到企业生产实践中去，有效提高学生对企业生产实践的感知，对个人爱好取向的定位，为学生的全面发展积极创造有利条件。

最后，校长要加强与家长的沟通协调。《国家中长期教育改革和发展规划纲要(2010—2020年)》提出"充分发挥家庭教育在儿童少年成长过程中的重要作用"、"加强(家庭)与学校的沟通配合"，明确了家庭教育在中小学生成长中的重要作用。由于教育活动的专业性，许多家长在子女受教育的过程中，仅凭个人经验、好恶、臆想对青少年进行教育，因此，校长在沟通协调家庭和学校关系上的作用显得格外重要。在未来的学校管理中，校长作为协调者角色，要与家长建立一种友善的伙伴关系，并能为家长提供相应的学校教育资源，使家长能参与到学校的各项工作中。此外，学校还可以把每学期的工作绩效向家长公布，以提高学校工作的透明度，从而赢得家长对学校工作的支持和理解。同时，校长通过组织教师召开家长会议和开展家访工作，也是密切家校关系的重要纽带。

三、教育者角色

校长在学校管理中通过个人的榜样示范作用和卓越的领导才能，激励、引导教职工迸发出积极性和主动性，形成自我管理的价值观，校长在其中展现的角色，可以称之为校长的教育者角色。

校长权力的发挥，不仅来自政府的任命，更取决于校长的教育素养和教育人格，取决于他的职业道德素养。具备领导艺术才能的校长，往往很少对教师以命令口吻安排工作，甚至达到"不用扬鞭马自蹄"的境界，教师充分发挥个人能动性全身心地投入到教学中。校长教育者的角色，是对过分仰仗权力来实施学校管理的有力武器。如果校长过分看重权力，甚至擅用职权处理事务，有时尽管能收效于一时，但终究无益于长远，久而久之，会降低威信，影响权力的有效运用。校长要在教学实践中树立起教育者角色，需从以下几个方面下工夫：

第一，校长要成为教学实践上的行家里手。不懂得教学，难以做好教师；不精通教学，难以做好校长。一个校长要想在学校知识分子云集的教师团体中树立威信，必须在自己的专业领域具有一定的权威。校长进行专业引领，不能停留在口头上，必须进得了课堂，说得出名堂。一方面，要深入教学第一线，聚焦课堂，关注课改，坚持上课，认真听课，与教师一起同甘共苦，做到心中有数。另一方面，要掌握全局，站在学校发展层面进行课程领导，运用课改的新理念，分析诊断课堂教学情况，运用课改的新要求，指导教师改进课堂教学，提高教学效率，提高专业发展水平。

第二，校长要积极倡导和践行优秀的团队文化。一个知识分子云集的学校团队，必须要有优秀的团队文化统摄，而校长必须是这种团队文化的倡导者和践行者。校长应当努力打造学校文化的"气场"，建立起追求卓越的共同价值观。这种价值观一旦形成，教师自然而然会在所有的工作中体现一种学校所倡导的价值追求，而不是每件事都要告诉教师应该如何去做。具体如何做事,应当留有空间,让他们去创造、去发挥。校长应加强情感的沟通与交流,给予教师更多的人文关怀,创设宽松和谐的工作环境,创建合作交流的发展平台,营造一种奋发向上的、积极进取的文化氛围。其实,“无为而治”是一种管理者追求的理想境界,“无为”并不是无所作为,而是一种不露管理痕迹的“有所作为”。

第三,校长要具备崇高的人格魅力。人格是指个人的道德品质,也指人的性格、气质特征的总和。魅力是指很能吸引人的力量,身教重于言教,“桃李不言,下自成蹊”。校长用自身的人格力量去影响教师,是校长教育者角色的应有之义。办好一所学校,关键还得靠校长用高尚的道德品质,深厚的专业素养来凝聚人心,提升士气。首先,要具有民主作风,尊重教师的个性特点,注意倾听他们的呼声与建议。教师的工作十分辛苦,负担重、压力大,要多给予关心体贴,多加强情感交流。其次,要严于律己,树立正确的权力观和价值观,把发展学校作为自己的理想追求。再次,要任劳任怨,淡泊名利,始终把师生的利益放在首位。

四、服务者角色

随着以人为本的观念不断深入人心,校长在彰显领导学校改革发展的管理者角色之外,又多了一种重要身份,即服务者。校长要摒弃高高在上的官僚形象,本着服务师生的立场,为全校师生员工提供各个方面的资源,创造良好的条件,来促进教师的专业发展,并使学生获得全面发展。

首先,校长要服务于教师的专业发展。教师是一所学校的核心竞争力所在,教师的专业发展状况决定了学校办学水平和人才培养质量。因此,在未来的中小学管理中,校长要更多地鼓励教师积极参与学校的各项教学、科研、管理工作,为教师的专业发展创造平台。一方面,校长为教师的培训和发展提供更多的机会,针对不同的教师提供不同形式的培训和进修的机会,以提高教师的专业素养和从教水平。培训的内容不仅仅停留在教育教学层面,还可以对他们进行学校管理和领导能力的培训,以提高他们参与管理学校各项工作的能力,促进学校的不断发展。另一方面,为了使教师潜心教书育人,校长要为教师创设一个良好的软环境和硬环境,要在预算编制与财政规划、采购和供应管理、校舍规划和建设、学校社区关系、人事管理、在职培训、学校运行和维护、饮食服务等方面通盘考虑,提高自身的领导水平,使学校处于健康持续的良性运转中,尽可能减少干扰教师教书育人的各种因素。

其次,校长要服务于学生的健康成长。学生是教育活动的中心,一切教学活动都应围绕学生的健康成长。校长的服务者角色,体现在引导全校教职员工履行教育教学职责,承担起教育下一代的伟大使命,来改进学校的教育教学,从而促进学生的发展,提高学生的综合素质,把《国家中长期教育改革和发展规划纲要(2010－2020年)》提出的“关心每个学生,促进每个学生主动地、生动活泼地发展,尊重教育规律和学生身心发展规律,为每个学生提供适合的教育”落到实处。

总而言之,校长的角色在学校管理中由平面走向立体、由单一趋向多元,反映了教育的发展和社会的进步对校长职业提出的新要求,赋予校长的新使命。在未来学校管理工作中,我们很难辨析校长发挥职能究竟是哪一种角色在起作用,校长的管理者、协调者、教育者、服务者等角色聚集于一身，往往是各种角色共同发挥作用，保障了教学管理工作的有序开展。

第三节 走向开放的学校管理

传统的中小学管理，强调学校内部事务管理，偶尔也涉及与学校运转相关的政府职能部门、企业等的管理。进入新世纪，学校管理日趋走向开放，不再局限于学校、政府、企业等狭小范围，通过与家庭、社会以及其他学校开展校际合作，旨在构建一种涵盖范围更为广阔的新型学校管理模式。美国于 1996 年建立了全国伙伴关系学校网络（National Net Work of Partner Ship Schools），致力于维护和发展更有效的学校、家庭、社会合作，促进政策研究和学校发展，至 2005 年已有 16 个国家的教育部门，127 个县，67 个大学/组织，1087 所学校加入该网络，目前还在不断增加。

开放式的学校管理，是指把学校看作一个开放的组织体系，围绕学校管理目标，与外界其他各种组织进行对话交流，提高学校的管理绩效，主要包括家庭、社会以及校际合作三种形式。

一、家庭参与学校管理

“家庭是孩子的第一所学校，父母是子女的第一任教师。”学生接触的第一教育人和教育空间是父母和家庭。将家庭纳入学校管理视野，强调学校要以积极主动的姿态与家庭建立良性互动机制，为中小学生的健康成长提供一个全方位的教育环境。家庭参与学校管理，与纯粹的家庭教育有明显区别，前者强调家庭在学校管理中发挥重要作用，突出“家庭一学校”二者之间的交流；后者强调父母对子女所开展的教育活动，局限于家庭内部。

家庭环境是中小学生成长环境的重要组成部分，家庭环境主要指学生的家庭情况，包括家庭的经济状况，社会地位，父母及其他家庭成员的思想品德、教育程度、相互关系等等。家庭作为社会生活的基本单位，对大学生的健康成长和良好心理品质的形成起着激励、渗透、调控的作用。在学校管理中，重视家庭参与，对于提高中小学管理实效性有着举足轻重的意义。

家庭参与学校管理，主要有以下四种方式：

第一，建立与家庭联系制度，让家长了解子女的现状。充分利用一切条件，定期或不定期地保持与家长的沟通与联系，及时做好学生在校表现情况的沟通，介绍学校及高校教育的重要活动和相关政策，并使家长了解家庭教育的基本原理、规律和方法，树立正确的亲子观、教养观、人才观，学会运用科学的方法和艺术手段进行家庭教育。

第二，建立家长委员会，共同参与学校的事务。邀请部分家长代表参加学校、班级的管理决策会，增强家长参与家校合作教育的积极性和主动性。家长委员会的成员要有一定的代表性，要充分考虑贫困家庭、单亲家庭、高知家庭、富裕家庭等不同类型的家庭在家长委员会中所占比率，使家长委员会充分代表家长群体搭建起学校和家长的桥梁。家长委员会在一些涉及个别学生利益冲突问题上，与学校展开对话，及时反馈中小学生在家庭环境中存在的问题和不足，提高学校管理的针对性。同时，通过家长委员会充分调动家长资源，协助学校开展活动，进行校外实习指导等等。

第三，运用网络建立网上“家校”合作平台。学校要建立专项资金，依托有关专家教授，建立网上“家校”合作平台，拓宽家庭参与学校管理的渠道。重视和发挥信息化平台的作用，打破原有的地域限制，为家庭参与学校管理提供时空上的更大方便。一方面，网络的互动性和便捷性，可以及时让家长了解学生在学校的表现，学校也可以将学校管理的一些制度与家长进行对接，提高管理实效。另一方面，由于网络发展的迅疾，以互联网平台为切入点，可以提高家庭参与学校管理的积极性，吸引家长主动介入学校管理。

第四，建立家长联系制度，对家长开展教育培训。教育学作为一门系统的学科，在现实生活中并未得到家长的普遍重视。由于家庭教育是非制度化、非正规的教育，没有行政管理体系、组织保证，究竟对子女进行什么教育、怎样进行教育，取决于家长。家长的文化素养、教育能力参差不齐，教育效果相差很大，这就需要由学校出面进行家庭教育的指导。通过建立家长联系制度，定期举办培训班，让更多的家长掌握科学的教育方法，而不是盲目施教。例如，如何看待孩子学习成绩的进步或退步，怎样处理好同学关系，父母在家庭教育中承担的角色等等，校长通过建立家长联系制度，提高家长实施家庭教育的专业性、系统性和科学性，有效避免家庭教育的盲目性和随意性。

家庭参与学校管理的作用有两点。一是通过向家长介绍学校的任务、内容和要求，以及学生在学校的表现，要求家长在对孩子的教育上与学校教育同步、一致，也就是在教育目标、内容上形成一致的认识。对于孩子能否向着所期望的方向发展，具有十分重要的意义。二是向家长介绍和交流有关家庭教育的知识经验和方法，提高家长素质和家庭教育的质量，促进学生身心健康地发展。

二、社会参与学校管理

社会是一个比较宽泛的概念，是指共同生活的人们通过各种各样社会关系联合起来的集合。微观上，社会强调同伴的意味，并且延伸到为了共同利益而形成的自愿联盟。学校处于社会中，与社会形成天然联系，构成了参与学校管理的现实基础。

社会参与学校管理，主要考虑社会对学校所起的作用着眼。一方面，社会的法治化进程对学校产生积极影响。另一方面，社会中存在的丑恶现象，尤其是学生家长自身存在的丑恶现象，会直接造成学生的心理困惑，使其产生心理疾患。因此，社会参与学校管理，对学校更好地开展管理工作具有重要意义。

第一，搭建社会监督学校管理的工作平台。教育不仅涉及千家万户，也是全社会关心的焦点。学校管理出现的一些漏洞、缺陷，不仅对中小学生造成重大影响，而且还会引起社会的强烈舆论效应。例如，近年来老师打伤儿童事件不绝于耳，引起社会广泛关注，对学校进一步加强教师队伍管理，提高师风师德具有促进作用。一是学校要主动搭建社会监督学校管理的工作平台，通过设立监督电话、举报信箱等形式，以及通过学校的校务公开栏目，主动向社会提供学校管理实况，有利于学校形成自我管理、自我约束的机制。二是学校向社会宣传教育方针、政策，并与社会各团体协作，制订教育方案和教育措施，使社会参与到教育中来，形成一个强大的教育网。

第二，构建和完善学生参与社会实践制度，有意识、有目的地让学生参与到社会活动中。通过组织学生参与社会实践，使学生较早融入社会，如养老院、幼儿园、机关和公司企业等，都是学校应该充分利用的社会资源。可以组织学生开展各种社会调查、社会实践、社区服务等活动，到孤寡老人家做家务，去社区的幼儿园、日托中心与儿童做游戏等等。通过种种形式的生活体验，让学生熟悉社会规则规范，培养爱心，形成德性。表面上看，组织这些活动对学校管理没有意义，实际上让学生超越书本，更多、更早接触社会，养成良好的行为习惯，对于改善学校管理有重要的促进作用。

第三，学校要主动介入社会领域，为学生健康成长营造环境。学生每天都接受社会文化教育，电影、电视、广播、报刊、书籍、网络等媒体在传播优秀文化的同时，一些色情、暴力等糟粕内容也渗透其中，给学生造成极大的负面影响，甚至导致青少年犯罪。这些现象均反映出社会教育对学生的情感、态度、价值观的形成还有诸多不利的影响，社会教育的自身矛盾现象还不能适应社会发展的方向性要求。培养学生健康的人生观、价值观，仅仅依靠学校是不能达到最终效果的，学校的管理者要主动介入社会领域，通过与企事业单位、政府部门、个体商贩等沟通交流，积极引导正确的、健康的社会风尚，避免学生遭受不良的社会习惯的影响。

第四，实现学校教育资源的共享，增进社会对学校的认同度。学校作为一个组织，需要社会参与学校管理工作，首要的是要以宽阔的胸怀争取社会对学校的认同度，提高社会参与学校管理的积极性。例如，学校拥有大量的体育锻炼设施、图书馆、资料室等，因此可以选择不同时段向社会开放，这样可以有效地缓解学校所在区域教育资源的不足。学校可以选择早晨上课前，场地设施闲置时段，开放给老年人晨练。中午时段开放给广大青少年，并以本校学生为主，从学生、家长辐射到周边地区的居民，减少了学校体育设施午间、放学后闲置不用的浪费现象。周末可以向学校周边地区开放学校图书馆、资料室，从而密切了以资源共享为纽带的学校和社会关系。

从存在形式看，社会的边界比较模糊，没有实体，把社会纳入学校管理视野中，不像家庭那样目标和手段明确，这就需要学校管理者在管理过程中，突破常规管理方式，不断解放思想，创新管理措施，与社会建立更为广泛的联系，不断提高学校管理实效。

三、校际合作

随着校本课程理念的推进，校本管理成为中小学管理改革的重要方向。由于每所学校的办学条件、学校特色、学生需求、师资力量等存在差异，通过开展校际合作，可以促进不同学校之间的合作。在历史和现实的多重因素作用下，中小学群体大致分成了两大类。一类是强势学校，另一类是弱势学校或“发展中学校”。强势学校在竞争与合作两种行为取向和交往方式上，往往倾向于前者，它们都以成为教学科研的“中心”作为自身存在与发展的目标。实践证明，勇于敞开校门与不同学校开展交流合作的学校，才能够在竞争中保持持久的竞争力。

通过开展校际合作，可有效整合教育资源，提高教师专业化水平。因为校本课程开发绝不是学校自我封闭、学校乃至地方之间相互割据的手段。换句话说，校本课程开发“如果只局限在学校本身的活动，而不把眼光放远到学校与其他学校和机构的互动关系，实属短视”。

开展校际合作一般存在以下几个问题：一是合作对象和资源配比类型选择不当。自身的水平与对方差距太大，则合作起来对方没有太大的积极性；对方的层次水平低于自己，则对自身水平的提高又没有很大的帮助。二是合作资源使用中易出现“搭便车”等行为。很多学校，尤其是强势学校在合作的过程中，宁愿设置壁垒，也不让合作校学生享用自己的资源，以免自己的利益被无偿占用，但又都希望能够共享别人更多的资源，这就形成了一种矛盾，最终造成合作无法持续下去。三是资源共享缺乏规范及操作条款。对于已有的校际合作，如学分互认，教师互聘，图书资源共享，大型科研项目的合作，原有的合作项目或内容难度较大，造成实施起来较为困难，因而进展不大。

做好校际合作，提高学校管理绩效，既要着眼现实，又要考虑长远，从纵深方向与不同类型的学校开展交流合作，激发学校内部管理的活力。

开展校际合作，提高学校管理绩效，有以下几个途径：

第一，建立资源库，整合校际之间的优势资源。学校之间的信息沟通和资源流动渠道不畅所带来的弊端，使得搭建一个资源共享的平台显得尤为重要，而建立资源库就是实现资源共享的良好手段。资源库的内容主要包括：一是校本开发的课程产品，如自编的教材、相关的教学资料及课件、有创意的课堂教学设计等；二是学生的学习成果，如有代表性的学习成果、先进事迹、荣誉称号、升学率等；三是研究项目及成果，包括项目申请报告、研究过程、结题报告、研究成果（论文、著作、实验成果等）。

第二，有效选择合作对象及资源组合。各个高校在学科专业、办学层次、资源条件、办学目标和合作需要等方面各不相同，这些因素都会影响到合作的实施和成效。因此，在实施合作计划前，必须对有关的因素做深入细致的分析，结合自身的需要和条件，选择适合自己的资源组合方式，明确地“知己”——我有什么资源可以提供，我需在合作中达到什么目的，“知彼”——对方什么优势能够弥补我的不足，对方合作的目的怎样，然后真诚、积极地参与联合，才能在达成合作共识的情况下，顺利达到各自的合作目标，取得“多赢”效果。

第三，打造教师经验交流平台，提高教师专业化水平。教师是课程开发的主体，教师开发能力的高低直接影响校本课程的质量。因此，校际合作的另外一个目的是为教师经验交流提供更广阔的天地。可以采取跨学校的听课观摩、教研讨论等形式定期交流各合作学校之间的经验。

第四，制订合作机制，完善制度上的保障。由于各校在合作中难免以本校的利益为中心，因此，为了校际间合作能规范地开展，有必要制订相应的制度来协调各学校之间的关系，在必要时需要地方教育行政部门作出整体的规划协调。

第五，充分合理地运用网络技术，有条件的地区学校之间可以建立一种让学生跨学校选课的平台。由于学生的个体需求不同，在“预定菜单式”课程向“自助餐”式课程的转变中，对学校课程的多样化提出了更高的要求。校本课程是给学生提供个性化服务的主要途径，但是一个学校的资源有限，因此，有条件的地区可以采取通过校际之间的合作来为学生提供更多的可选课程。为避免师生在学校间流动所造成的管理上的混乱，一部分课程可以以网络为媒介开展实施。

通过家庭参与、社会参与、校际合作来改善学校的管理，是一项艰巨的工作。在我国，一线中小学建立开放式学校管理的意识还比较薄弱。可以断言,中小学管理走向家庭参与、社会参与、校际合作融合的趋势是历史的潮流,但有许多问题需要在前进的路上不断消化。随着层出不穷的新教育问题的出现,学校将有更多需要解决的共同问题,这将促使它们不断地走向开放。

第四节　绩效管理思想更加受到重视

绩效管理思想源于人力资本理论,原本是企业为提高其生产效率而对企业实施的管理,其根本目的在于提升企业的生产效率。绩效不仅包括工作的结果,同时也包括工作的行为。因此,绩效管理不仅关注目标的达成,也必须关注目标是怎么实现的。绩效管理包括组织绩效管理与个人绩效管理两个维度。组织绩效管理的目的在于提升组织的工作与生产效率。个人绩效管理的目的在于提升个体的工作效率。随着绩效管理在企业管理中的作用的增大,绩效管理逐步被引入了企业外的其他管理中,学校绩效管理正是在此背景下引入并发展起来的。学校绩效管理是在对学校长远规划与发展的基础上,实施的以目标为导向,对学校这一组织机构运行过程中各要素的管理,其目的在于提升学校管理的质量。

一、绩效管理的意义

学校绩效管理是学校管理的一种理念,也是一种实践策略。不仅是领导的责任,同时也是每个教师的责任。探讨绩效管理的意义,须走出管理只是属于领导责任的误区,而应把领导管理、个人自我管理结合起来。否则绩效管理观就是一种片面的管理观。领导管理、自我管理是探讨绩效管理的两个视角或维度,而绩效管理须落实到学校发展目标上。绩效目标既是探讨绩效管理的逻辑起点,同时也是最后的归宿。总体而言,绩效分为组织绩效以及个人管理绩效两种类型,其中组织绩效又分为学校的整体绩效以及部门绩效两种。个人绩效是指个人在完成工作与任务的过程中所体现出来的个人业绩,它是另两种绩效目标得以达成的前提和基础。学校组织绩效指一定时期学校整体所取得的绩效。部门绩效指学校内部各部门在一定时期内所取得的业绩。因此,从绩效的类型出发来探讨绩效管理的意义,有助于更清楚地认识学校绩效管理的价值。

第一,绩效管理有助于提高决策层本身工作的规范化和计划性。绩效管理是以业绩为出发点来衡量工作行为与效率的管理形式。也就是目标管理模式在学校管理中的应用,通过设置层级目标,有助于学校工作有序地开展。

第二,有助于形成积极的、和谐的团队文化氛围。学校绩效管理明确了各部门的职责,减少了各部门之间、个人之间以及个人与部分之间为争权夺利而产生的摩擦。各部门或个人为完成各自的工作须主动地、积极地寻求与其他组织或个人之间的合作,从而有助于形成积极的、和谐的学校文化氛围。

第三,疏通了教职员工职业发展的渠道,有助于提升其工作的积极性。绩效管理更多的是采取量化的手段来衡量部门或个人的工作业绩,部门或个人能清楚自己工作的效率以及本部门或个人在学校工作中的排位,在一定程度上提升了各部门以及教职员工工作的积极性。同时也使得学校在针对教职员工的晋升、学习方面有据可凭,从而减少员工的怨言。

第四,绩效管理有助于提升学校的工作效率。从个人而言,实行绩效管理使其工作的目标更加明确,知道自己的工作要达到一个什么标准,就会努力朝着既定的目标去奋斗。同理,绩效管理也使学校各部门明确自己的工作职责,有利于部门工作效率的提升。以此为基础,学校领导也会带领学校教职员工向着自身的目标前进。因此,绩效管理有助于提升工作效率。

二、国外学校绩效管理概观

绩效管理原本是一种舶来品,源自发达国家的企业管理,是市场经济发展的产物。随着其成熟度的提升,逐步被引入学校管理中,发展为发达国家学校管理的主要模式。现以欧美发达国家学校绩效管理为例,谈谈发达国家学校绩效管理的概况。

第一,就美国而言,联邦政府对学校绩效责任制度极其重视,先后颁布了《美国2000年教育目标法》、《学童教育卓越法》、《不让一个儿童落后法》。以此为依据,各州政府先后制订了绩效责任制度,建立了学区、学校、教师、校长、学生成就绩效评价指标体系和标准,并根据评价结果给予适当的奖惩。以罗德岛州为例,在绩效责任制理念的指导下,编制了一套多层次、多阶段的"学校教学绩效责任"制度(简称SALT)。设计此制度的最终目的在于帮助学校形成自我改善的能力,使其逐步完善学校在管理中存在的问题。

第二,英国与美国一样,都把学校绩效管理作为学校管理的主要模式,并颁布一系列的文件和法令来规范学校的绩效管理。例如,英国政府先后颁布了《教育规章2006:学校教师绩效管理》(The Education School Teacher Performance Management)(England Regulations 2006)、《校长和教师绩效管理的指导方针》(Teachers and Headteachers Performance Management Guidance)等,这些文献都对学校绩效管理的有关内容作出了说明。例如,《校长和教师绩效管理的指导方针》对学校绩效管理主体的角色、权责与任务、管理过程等方面做出了详细的说明。

第三,荷兰也是实行学校绩效管理的国家,1998年8月1日开始施行《质量法案》,其中规定:学校应对教育质量负责,并为提高教育质量采取措施,要求学校建立质量保障体系。在国家规定的范围内,各个学校在管理所分配的资源方面拥有更大的自由,学校在教学大纲的开发和教学选择上享有完全的独立性,学校管理者在征询专任教师的意见后可以聘任或解聘教师。

第四,在新西兰,为了推动学校绩效管理改革,把学校的责任与自主性结合起来,建立了"紧—松—紧"(tight-loose-tight)的学校管理模式。此模式的主要特征是学校具有明确的目标和任务(紧),学校根据目标与任务自主开展工作(松),学校应对教育部负责(紧)。

三、绩效管理是提升我国中小学教育质量的必然选择

自20世纪以来,学校绩效管理在我国日益受到重视,但绩效管理大多存在于研究的

层次上，教育实践中的绩效管理更多是停留在意识的层面，或者是教育管理中融入了一些绩效管理的因素。随着绩效研究的不断推进，学校绩效管理受到了国家教育主管部门的重视。2009 年 1 月，教育部颁布了《关于做好义务教育学校教师绩效考核工作的指导意见》，明确了实施教师绩效考核必须遵循的原则，规定了教师绩效考核的基本内容，其中包括教师必须认真履行《义务教育法》、《教师法》、《教育法》等法律法规所规定的教师必须完成的法定职责，学校岗位职责以及工作实务业绩，具体包括师德的提升、教育教学任务的完成、班主任工作等实绩。其中，绩效管理在学校中的应用最具特征的是教师绩效工资改革。各地相继出台了教师绩效工资改革的实施意见和方案并付诸实施，这是学校绩效管理在我国学校管理中得以深化的重要标志，在一定程度上提升了学校的教育质量。但就我国学校绩效管理实施的实际情况而言，仍有很长一段路要走。

第一，绩效管理必须与传统的学校管理方式相结合。从文化的角度看，我国传统学校管理制度是基于中国传统的管理文化，即在学校管理中强调"人治"，在管理过程中管理者的主观性、随意性较强，这种过分强调主观性而忽视管理科学性的管理文化给学校教育带来了许多弊端。例如，教师工作没有明确的、较稳定的参照与衡量标准，甚至领导自己的工作权责也较为模糊。这样的管理模式导致的现象是有好处的时候大家拼命去争，而没有好处的并需要付出的事却无人过问。另外，在关于教师的晋升、奖惩等方面，因缺乏客观的衡量指标，领导的话成为了衡量教师工作业绩的标准，领导在评定中的随意性容易挫伤部分老师的工作积极性。但传统的学校管理方式并非一无是处，事实上，在中国文化的背景下，传统的"人治"管理模式具有其一定的合理性。因此，在学校管理中应把传统的管理模式与强调科学性的绩效管理模式结合起来，共同促进学校教育质量的提升。

第二，进一步完善学校绩效管理制度是提升教育质量的重要保证。俗话说，没有规矩，不成方圆。即指的是没有规则的约束，人的行为就会发生混乱，这里的规则事实上就是制度的意思。学校管理制度本质上就是一套规约人的行为的规则，其目的在于通过制度来保证学校系统的正常运转。绩效管理作为学校管理的重要组成部分，不能仅仅停留在管理理念的层面上，而更多应该为教育质量的提升发挥重要作用。管理存在两种模式，即"人治"与"法治"，法治本质而言就是依据一套约定的规则来实施管理，具有他治和自治两种类型。学校绩效管理事实上就是以"法治"即制度管理为特征的管理类型。在制度的约束与"监督"下，管理者的管理才有据可凭，自我管理才具有参照体系。就当前我国学校绩效管理制度而言，主要是绩效工资为主要特征的绩效管理制度，以物质的奖惩来实施管理与控制，这是一种"外铄"型管理模式。而事实上，学校的任务是育人，而不是生产产品，人本身是无法精确地被界定的。因此，超越单纯的绩效工资管理制度是学校管理制度的必然选择。这就要求在制度制订的过程中应从外在的约束与内在素养的提升两个角度入手，构建具有人性特征的学校绩效管理制度。

通过分析我们发现，未来的学校管理会出现权力下放，校长角色的融合等新趋势。但是学校作为培养人的重要场所，学校管理的新趋势总是围绕着学校管理的中心工作萌芽、生根、壮大，不会偏离人才培养这个根本目的。相反，这些新趋势对进一步抓住人才培养关键，扩宽人才培养渠道，完善人才培养途径等方面，具有重要促进作用。

【要点小结】

1. 学校管理发展趋势主要表现为：政府放权给学校，学校更多放权给教师和学生，校长的角色由单一的协调者到管理者再到管理者、协调者、教育者、服务者等不同角色的融合，学校管理由封闭走向开放，绩效管理受到重视。

2. 中小学管理中政府权力的下放主要体现在以下四个方面：学校发展规划权的下放，人事安排权的下放，教材与课程设置权的下放，人才培养质量监督权下放。

3. 学校管理权下放的途径主要有：通过保障校务委员会、工会、教代会的正常运转下放权力，通过强化领导班子分工协作下放权力，通过建立健全党支部监督下放权力，通过实行校长选举制和任期制下放权力。

4. 校长要在教学实践中树立起教育者角色须做好：校长要成为教学实践上的行家里手，校长要积极倡导和践行优秀的团队文化，校长要具备崇高的人格魅力。

5. 校长服务者角色主要服务于教师的专业发展以及学生的健康成长。

6. 开放式的学校管理，是指把学校看做一个开放的组织体系，围绕学校管理目标，与外界其他各种组织进行对话交流，提高学校的管理绩效，主要包括家庭、社会以及校际合作三种形式。

【学业评价】

1. 当前学校管理呈现哪些新的发展趋势？

2. 有人说，“能够在上边搞到钱就是有本事的校长”，试对此进行评析。

3. 学校权力下放应当注意哪些问题？

4. 如何处理好学校管理中绩效和公平的关系？

【参考书目】

1. 程振响，刘五驹. 学校管理新视野[M]. 南京：南京师范大学出版社，2001.

2. 娄成武，郑文范. 公共事业管理学[M]. 北京：高等教育出版社，2002.

3. 吴志宏. 教育行政学[M]. 北京：人民教育出版社，2000.

参考文献

1. 安文铸.现代教育管理学引论[M].北京:北京师范大学出版社,1995.
2. 陈孝彬.教育管理学[M].北京:北京师范大学出版社,1999.
3. 程振响,刘五驹.学校管理新视野[M].南京:南京师范大学出版社,2001.
4. 高洪源.学校战略管理[M].重庆:重庆大学出版社,2006.
5. 黄魁耀,王德清.实用学校管理学[M].成都:成都科技大学出版社,1995.
6. 黄崴.教育管理学——概念与原理[M].广州:广东高等教育出版社,2002.
7. 黄志成,程晋宽.现代教育管理论[M].上海:上海教育出版社,1999.
8. 刘电芝主编.教育与心理研究方法[M].重庆:西南师范大学出版社,1997.
9. 娄成武,郑文范.公共事业管理学[M].北京:高等教育出版社,2002.
10. 罗锐韧,曾繁正.人力资源管理[M].北京:红旗出版社,1997.
11. 孙培青.中国教育管理史[M].北京:人民教育出版社,1996.
12. 孙耀君.西方管理学名著提要[M].南昌:江西人民出版社,1995.
13. 孙绵涛.教育管理原理[M].广州:广东高等教育出版社,1999.
14. 吴志宏.教育行政学[M].北京:人民教育出版社,2000.
15. 吴志宏,冯大鸣,周嘉方.教育管理学新编[M].上海:华东师范大学出版社,2000.
16. 吴志宏主编.教育管理学[M].北京:人民教育出版社,2006.
17. 吴志宏等主编.新编教育管理学[M].上海:华东师范大学出版社,2008.
18. 王乃信.面向21世纪中小学管理体制改革研究[M].济南:山东教育出版社,2001.
19. 王德清.学校管理原理[M].成都:成都科技大学出版社,1993.
20. 王德清.现代教育管理技术[M].重庆:重庆大学出版社,2004.
21. 王德清,杨东.管理心理学[M].重庆:重庆大学出版社,2004.
22. 王德清,么加利.管理哲学[M].重庆:重庆大学出版社,2004.
23. 王德清.现代管理学原理[M].重庆:西南师范大学出版社,2000.
24. 王德清.中外管理思想史[M].重庆:重庆大学出版社,2005.
25. 薛天祥.高等教育管理学[M].上海:华东师范大学出版社,1997.
26. 萧宗六.学校管理学[M].北京:人民教育出版社,2001.
27. 萧宗六等主编.中国教育行政学[M].北京:人民教育出版社,1996.
28. 袁振国.教育政策学[M].南京:江苏教育出版社,1998.

29. 张济正.学校管理学导论[M].上海:华东师范大学出版社,1990.
30. 张新平.教育组织范式论[M].南京:江苏教育出版社,2001.
31. 张学敏,叶忠.教育经济学[M].北京:高等教育出版社,2009.
32. [美]哈罗德·孔茨.管理学(第10版)[M].北京:经济科学出版社,2000.
33. [美]周尼尔·A.雷恩.管理思想的演变[M].北京:中国社会科学出版社,1992.
34. 韦恩·K.霍伊,塞西尔·G.米斯克尔著,范国瑞译.教育管理学:理论·研究·实践[M].北京:教育科学出版社,2007.
35. 斯特芬·P.罗宾斯.组织行为学(第七版)[M].北京:中国人民大学出版社,1997.
36. 罗伯特·欧文斯著,窦卫霖,温建平译.教育组织行为学(第八版)[M].北京:中国人民大学出版社,2006.
37. 陈建华.如何制订学校的发展规划[J].全球教育展望,2004(4).
38. 陈德棉,刘云.学科分类与学科之间的相关性[J].科学管理研究,1994(4).
39. 陈桂生.略论教育学成为"别的学科领地"的现象[J].教育研究,1994(7).
40. 成思危.中国管理科学的学科结构与发展重点选择[J].管理科学学报,2001(1).
41. 范文涛.建立系统科学基础理论框架的一种可能途径与若干具体思路之四[J].系统工程理论与实践,2002(8).
42. 贺乐凡.试析学校管理学科发展的趋势[J].中小学管理,1996(6).
43. 黄兆龙.现代学校发展规划研究[J].中小学管理,2005(11):56.
44. 黄崴.主体性教育理论:时代的教育哲学[J].教育研究,2002(4).
45. 黄崴.民办学校内部管理问题透视[J].现代教育论丛,2002(3).
46. 黄崴.关于教育管理学科体系构建问题的探讨[J].广州大学学报,2002(7).
47. 黄崴.学校法人的一般性与特殊性[J].教育理论与实践,2002(12).
48. 黄崴.教育管理学研究对象:规律、现象、活动还是问题[J].现代教育论丛,1999(5).
49. 黄崴.深化与创新:中小学内部管理体制改革路向[J].华南师范大学学报,2001(3).
50. 黄崴.后现代主义教育管理思想解析[J].教育理论与实践,2001(7).
51. 李水田.后进生教育与管理的几点思考[J].吉林粮食高等专科学校学报,2003(3).
52. 楼兆美.管理科学的发展和机遇[J].中外科技政策与管理,1997(7).
53. 彭志越,刘献君.我国高等教育管理研究的百年回顾[J].现代教育科学,2002(1).
54. 彭运石.事实与价值的融合——马斯洛内在价值论述评[J].求索,1999(1).
55. 孙绵涛.论教育管理学的学科体系[J].高等教育研究,1999(1).
56. 吴彤.耗散结构理论的自组织方法论研究[J].科学技术与辩证法,1998(6).
57. 王德清,王红利.关于加强高校学科建设管理的思考[J].现代教育科学(高教研究),2004(2).
58. 王德清.学生对学习策略掌握和运动的因素分析[J].当代教育(香港),2003(11).
59. 王德清.学校管理规律新论[J].中外教育科学(香港),2004(4).
60. 武高涛.论事实的客观性[J].山西大学学报(哲学社会科学版),1994(2).
61. 余敬,毕重荣,俞良蒂.国外管理学科的特色与发展趋势[J].现代管理科学,1997(3).
62. 杨天平.教育管理学学科概念论[J].宁波大学学报(教育科学版),2002(1).

63. 杨天平. 论教育管理学的综合性质[J]. 教育研究,2002(8).
64. 曾美英,马万昌. 教师的课堂教学能力及其结构分析[J]. 北京联合大学学报,2000(3).
65. 张新平. 反思与构建:教育管理现象及其相关问题研究[J]. 华东师范大学学报,2002(2).
66. 周祖城. 正确理解科学管理和管理科学[J]. 技术经济与管理研究,1997(4).
67. 周笑冰. 事实与价值——可持续发展的价值根源[J]. 北京师范大学学报(人文社会科学版),2000(1).
68. 朱安义. 课堂教学管理的基本方法[J]. 教学与管理,2002(6).

内容简介

本书是“教育部 财政部高等学校特色专业教材建设·教育学”系列丛书中的一个分册。全书共分18章，对学校管理学的研究对象、性质和特点，现代学校管理思想的发展、学校管理职能、学校管理过程、学校管理方法、学校行政管理以及各项具体工作都作了较为详尽的分析与论述。读者通过学习该书能够了解现代教育和学校管理思想体系，熟悉学校管理的知识、技能，提高从事学校管理工作的能力。全书理论体系完整，叙述深入浅出，并结合教学的实际需要，在每章设计了“本章知识结构图”、“学习目标”等，不仅适用于大学本科教学，也可作为中学教师的研修培训，以及师范院校的各类学员培训教材，同时还可作为各级教育行政机关及学校管理干部的参考用书。

图书在版编目(CIP)数据

学校管理学/王德清主编. —重庆：西南师范大学出版社，2011.10(2017.6 重印)

教育部 财政部高等学校特色专业教材建设·教育学

ISBN 978-7-5621-5475-4

Ⅰ. ①学… Ⅱ. ①王… Ⅲ. ①学校管理—高等学校—教材 Ⅳ. ①G47

中国版本图书馆 CIP 数据核字(2011)第 199575 号

教育部 财政部高等学校特色专业教材建设·教育学

学校管理学

王德清 主编

责任编辑：钟小族
封面设计：雷 桥 梅木子
照 排：李 燕
责任校对：李雨箫 武莉娜
出版、发行：西南师范大学出版社
(重庆·北碚 邮编：400715
网址：www.xscbs.com)
印 刷：重庆紫石东南印务有限公司
开 本：787mm×1092mm 1/16
印 张：19.5
字 数：500 千字
版 次：2011 年 12 月第 1 版
印 次：2017 年 6 月第 3 次印刷
书 号：ISBN 978-7-5621-5475-4

定 价：45.00 元